U0889275

艺术史研究丛书　范景中　主编

A Study on the Artistic Activities of Li E,
a Poet in Qing Dynasty

诗心游艺

——清代诗人厉鹗的艺术活动

杨晓海　著

中国美术学院出版社

目　录

绪 论

流风结习，于诗则概信为征献之实录，于史则不识有梢空之巧词，只知诗具史笔，不解史蕴诗心。

钱锺书《谈艺录》[1]

本书研究对象为清代中期著名诗人厉鹗。厉鹗（1692—1752），浙江钱塘人，字太鸿、雄飞，号樊榭、南湖花隐，世称樊榭先生。厉氏生活在清代康雍乾三世，虽中举但未涉仕途，在“扬州二马”为代表的文化赞助人和友朋们的支持下从事学术和艺文活动。樊榭先生毕生嗜学，著述宏富，“所著除《樊榭山房集》外，还有《宋诗纪事》一百卷、《辽史拾遗》十卷、《湖船录》一卷、《东城杂记》二卷、《南宋院画录》一卷；又曾参与编纂《西湖志》，增补《云林寺志》，并与友人协作编写《南宋纪事诗》七卷，笺注周密《绝妙好词》等”[2]。另有遗稿《玉台书史》，经后人续纂出版。[3]

厉鹗出身贫寒，幼年时险被寄养僧舍，但其志向高远，一心向学，最终“独辟蹊径，成为诗坛浙派一支的创始人，主持江、浙吟社三十余年。”[4]在群星璀璨的清代中期文坛，没有家世而终得一席之地，殊为不易。樊榭先生自称“性情不谐于俗”，但绝非孤高冷漠的狷介文人，其一生为学术和生计，往来南北之间，结下众多挚友，大家志趣相投互为照拂。不论友朋身份为何，均以诗文学术为核心，结盟雅集，吟诗作文，研读古籍，鉴赏书画文物，考察金石古迹，共同游走于山水名胜之间。这些互动中所产生的大量诗文书画等艺文知识成果，正是中国美术史研究应当重视的材料。

检视厉鹗的著述，其中直接与书画相关的著作就有《南宋院画录》和《玉台书史》两部，其他作品中与美术史相关的材料也极为丰富，例如《东城杂记》和《辽史拾遗》等。查考其诗文集《樊榭山房集》和友朋著述，可知他为多种艺术类著述作序，日常与友朋鉴赏各种艺术品如书画、金石碑拓、古印、钱币、文玩器物等并题跋赋诗，出游时则考察记录各地古迹如佛像、摩崖、古建等，数不胜数。非常有幸的是，樊榭先生本人的手迹和画像也有遗存，值得梳理研究。

由于厉鹗的声望成就，关于他的研究并非冷门。查考历年出版物和中国知网等海内外学术网站中相关资料，专门研究或与其相关的著作和文章不在少数，但绝大多数论者是从文学角度进行考察，讨论多重叠在他的诗人身份、文学成就及影响等，美术史相关问题的直接研究稍显薄弱。当然已有的研究厘清了厉鹗生平中交游、创作等诸多疑问，不少学者工作扎实，其提供的资料丰富翔实，可资利用，例如方盛良对“扬州二马”的研究，叶修成对天津水西庄查氏家族的研究，申屠青松整理的厉鹗年谱长编，夏飘飘对厉鹗研究的综述，笔者都获益匪浅。[5]

中外前辈学者对厉鹗的学识和艺术造诣在艺术史研究中的作用早就有着清醒的认识，并已经做了一些工作，举例来讲：

民国初年（自序书于 1913 年 8 月），平湖葛嗣浵编纂的《爱日吟庐书画别录》付梓，其卷四收有厉鹗行书七言楹帖一件，在介绍作品材质、尺幅、内容之外，又简介厉鹗生平，如下评价引人注意：“（厉鹗）诗于渔洋（王士祯）、竹垞（朱彝尊）外独辟一径，书亦秀雅绝伦。此联翩翩欲仙，超乎笔墨之外，尤觉神妙。南田或能到此，他人非所望也。”[6]虽然这件楹帖事实上是一件赝品，但后代文人对樊榭手迹的喜爱和追摹，由此可见一斑。

1919年，日本学者青木正儿写作并出版《金冬心的艺术》，在这本小书中，他用相当多的篇幅介绍了扬州画派核心人物金农和同乡好友厉鹗的交游及相互影响。[7]

1932年，日本收藏家山本悌二郎编纂《澄怀堂书画目录》，[8]在第8卷收有厉鹗书写于乾隆十四年己巳（1749）的古诗小帧一幅，山本悌二郎在说明文字中给予樊榭很高的评价，称其文坛地位，可和王士祯（渔洋）、朱彝尊（竹垞）相提并论；书法秀雅超妙，唯南田可比；金石学造诣深厚。这些让人眼熟的表述，山本显然是阅读并完全接受了《爱日吟庐书画别录》中对厉鹗学养和书法的评价。

1936年，吴世昌先生在《密宗佛像说略》[9]一文中考察杭州宝成寺麻曷葛剌佛，引用了厉鹗雍正五年（1727）到宝成寺访古后所作的《吴山咏古诗》之一《麻曷葛剌佛并序》。[10]这一点后来为考古学家宿白先生所继承，并做了更为深入的考察和研究。

1937年，蔡冠洛编纂《清代七百名人传》一书，[11]编纂者将厉鹗列入“金石书画”类目，与释道济、邹一桂等人并列。

海外学者在编制中国古代绘画工具书时，对厉鹗的画史著作《南宋院画录》非常重视。1956年，瑞典学者喜龙仁主持编写的7卷本著作《中国绘画》[12]出版，其引用的23种基本中国古籍和工具书中就有《南宋院画录》；1980年，高居翰主持编写的《中国古画索引》[13]一书出版，其参考和引用的必备参考书，《南宋院画录》亦在其中。

1957年初，浙江师范学院图书馆自上海购得《厉樊榭手书白石道人歌曲》一册，[14]夏承焘先生为考辨该书是否确为厉鹗手书，于1957年2月8日携书对比了浙江省博物馆所藏曾鲸绘《张卿子像》上樊榭手书题赞，得出该书为他人过录版本的结论。[15]

1980 年，美国纳尔逊—阿特金斯美术馆和克利夫兰艺术博物馆合办“八代遗珍——中国绘画大展”，在自汉代至清代的 282 件作品中，有一件是绘制于乾隆八年（1743）的《九日行庵文宴图》卷，此卷图绘当年农历九月十九日“扬州二马”在其行庵所举办的一场雅集，图后有厉鹗长篇题跋，文辞晓畅典雅，清楚记录了聚会所在、缘起以及图中聚会人士的种种形态。在克利夫兰艺术博物馆所出的相关图录中，何慧鉴全文翻译了厉鹗的跋文，并详细解读。[16] 此画在海外中国研究者中知名度颇高，常为学者所引用和阐释。[17]

1981 年出版的《启功丛稿》中有讨论董源《龙宿郊民图》一文，启功先生谈到此画入清内府后，“有乾隆御题诗、跋，以不得命名之故，遂以‘龙而见雩’之义当之，谓是雩祭、祷雨之事。厉鹗《樊榭山房文集》卷八《龙宿郊民图跋》亦指为雩祭。文繁不具引。”[18] 1985 年，整理标校厉鹗《樊榭山房集》的陈九思先生特别指出：“……其（樊榭）有关议论考证诸篇，如……《董源龙宿郊民图跋》等，纠正前人谬误，论据充实，说理详明，见解卓确，可供学术研究者之参考。”[19] 在这之后台北“故宫博物院”的王耀庭也注意到了厉鹗文章和乾隆题跋的高度相似，但他只是谨慎地表示困惑，并未展开讨论。[20]

1990 年宿白先生发表《元代杭州的藏传密教及其有关遗迹》，此文考察了吴山宝成寺造像，论述了西天元兴寺遗迹、流放萨迦派重要人物于江南、织造西蕃幡画（唐卡）和刊雕西蕃经咒、版画等史事，这其中宝成寺造像和西天元兴寺遗迹，宿白都引用了厉鹗的诗文，赞扬其《麻曷葛剌佛并序》“既确且详”，而《元西天元兴寺钟题名跋》则是“宋宫五寺可进一步考述其历史者”的仅存文献。[21]

2003 年，在《华嵒研究》（《朵云》57 集）中，薛永年、王婧宪、麻瑞民、赖元冲等学者都注意到了华嵒和厉鹗的交游及相互影响，分别进行了简略的论述。[22]

2004 年，澳大利亚学者安东篱在其《说扬州：1550—1850 年的一座中国城市》一书中，以较大的篇幅，对前述《九日行庵文宴图》的画面和其背后的社会及文化因素，进行了详细深入的探讨。[23]

2007 年，方盛良在《樊榭词新论》一文中，用较多篇幅讨论了樊榭的题画词，他指出厉鹗之所以擅长援画入词，在于他有足够的画学功力、擅于考据。[24]

从 2010 年开始，就厉鹗与中国美术史关系的专门研究或资料整理逐渐增加，目前主要成果有：

1. 2010 年，马雅贞发表《从〈玉台书史〉到〈玉台画史〉：女性艺术家传记的独立成书与浙西的艺文传承》一文。[25] 到 2013 年，海峡两岸各有一篇硕士论文，对厉鹗的《玉台书史》展开专门研究：台南大学国文系黄千惠《玉台书史女书家研究》；吉林大学颜晓《〈玉台书史〉校补》。

2. 2011 年，郭建平在《首都师范大学学报》发表《论明清时期的画学著书风气——以知不足斋本〈南宋院画录卷〉鲍廷博题跋为线索》；2015 年，郭建平又在《厦门大学学报（哲学社会科学版）》2015 年第 4 期发文《从画学著录手跋看清代江南文人的互动圈层——以〈一角编〉等手跋为线索》。

3. 2012 年及 2013 年，王霖在《新美术》先后发表两篇文章：《〈东城杂记〉中的美术史料》《贯休〈十六罗汉图〉考——以杭州西湖圣因寺藏本为线索》。[26]

4. 2015 年，浙江人民美术出版社《南宋院画录校释图笺》一书出版，胡小罕，胡易知校笺。

5. 2016 年，张毅、李开林编著出版《清代史学名家书画评论汇编》，搜集整理了厉鹗的部分题画诗词、论书诗词和书画题跋及记序等。

6. 2017年，李方红在《美术研究》2017年第3期发表《〈南宋院画录〉的内容与版本考述》。

7. 2018年6月，河南大学李梦珠的硕士论文《论厉鹗的艺术史学成就》。

8. 2020年1月，夏飘飘的《厉鹗与康乾诗坛》一书出版，此书是作者在博士论文基础上的补充和修订之作，其中有专门的章节统计并讨论了厉鹗的咏画诗，还提及了振绮堂汪氏家族为厉鹗悬像设祀的史事。

以上研究工作或梳理辨析厉鹗画学著作的著书环境及文人心态，或系统整理并考述厉鹗所编写的书画论著作等，或考订并使用厉鹗文章中的美术史料，并展开研究，具有重要的参考价值。

回顾相关上述学术历程，我们了解到厉鹗一生艺术活动非常丰富，包括金石书画作品的鉴赏、古物和古迹的议论考证、书画学著作的编写以及与艺术家的交游等等，但仍应追问："研究厉鹗和中国美术史的关系究竟有什么意义？"

厉鹗生活的年代，政治和社会状况稳定，经济发展。以大运河为轴心，南北交通顺畅，皇帝、官吏、商人、出入朝野的文人往来其间，生机勃勃。虽然政治和文化上的高压与钳制不断，但中国艺术与文化的发展在这一时期呈现出难以抑制的活力，书画的鉴藏和创作、典籍与文物的收藏和研究，在朝廷和民间都非常活跃。中国美术史对清代帝王、著名收藏家、艺术家的研究已经着力甚多，毋庸多言。[27] 但是从艺术史的角度去审视和钩沉一位诗人的艺文活动，以其为纽带，勾连起朝廷与民间，艺术赞助人与文士之间，艺术家群体之间的互动情况，仍然是一个相对空白的领域。以艺术史的视野审视厉鹗，或许能找到以前被我们忽视的一些问题，比如本书所涉及的"朝廷与民间"问题，其实就是试图从艺术史角度考察"18世纪上半叶清代艺术知识的生产问题"："康雍乾盛世"在朝有皇帝和词臣群体，[28] 在野有以江南地区为核心的民间学人、艺术家及其赞助者们，朝野这两大文化团体，两种学术（艺术）知识生产方式，各自有什么特点？互相之间如何互动和角力？通过厘清厉鹗艺术活动的各个方面，全面呈现其艺术生活状态和主要艺术观念，这对清代早中期的美术史研究可以说是一个必要的补充。

本书将从以下几个章节展开论述：

1. 厉鹗的艺术交游和艺术作品“过眼录”

本章是全书篇幅最重的部分，笔者将简要分析康雍乾时期政治、经济文化环境；以大运河为轴的交通对文化生产及传播的影响；以扬州、杭州、天津为核心的官、商、士人的互动情况。论述的目的是厘清厉鹗与其友朋的艺术交游情况，为了叙述的方便，我不得不勉强将这些友朋分类为“文艺赞助人”及“艺术家”。

（1）艺术赞助人以“扬州二马”为代表，他们是商人也是士人，以自己的财富和知识，将住所变为一流的、开放的文人俱乐部，这里有秀美的园林可供雅集，“图书馆”藏书丰富精良，“博物馆”藏品宏富，以厉鹗为代表的在野文人们可以安心在此展开自由的学术工作。

（2）艺术家以丁敬、金农、华喦、方士庶、高翔、汪士慎等为代表，今天讨论这些艺术家常要归入“西泠四家”或“扬州画派”等，而在当时，他们和厉鹗就是志趣相投的朋友，同学同游，在文学和艺术创作中相互砥砺，在一种平等良好的氛围中竞争或协作。

在丰富的艺文活动中，樊榭先生过眼和记录了大量前代艺术品，并且参与了许多艺术品的创作，笔者尽力将相关作品交织于其交游活动的叙述中，有机地呈现作品和艺术知识的生产过程和成果。

2. 厉鹗的访古考证和艺术鉴赏案例

本章篇幅较小，希望以实际案例体现出樊榭先生的博学和独特眼光。

厉鹗好游，其主要足迹虽局限于江南和运河沿岸的北方及京津二城，但访古考证是毕生所好，在《樊榭山房文集》中此类诗文众多。举例来说雍正五年（1727），厉鹗登杭州吴山访古，作《吴山咏古诗二首》，其一为《麻曷葛剌佛并序》，另有一首《铁四太尉并序》，记述当时吴山东岳庙中的四尊铁像。本章节即以《吴山咏古诗二首》中的《麻曷葛剌佛并序》为核心，展现樊榭先生学养之深厚，史观之公正。

前章说到厉鹗过眼的前代作品众多，并多有题记考证说明古画，陈九思先生即说："……其（樊榭）有关议论考证诸篇，如……《董源龙宿郊民图跋》等，纠正前人谬误，论据充实，说理详明，见解卓确，可供学术研究者之参考。"但查考今藏台北"故宫博物院"的《龙宿郊民图》，诗塘处并无厉鹗题跋，而诗塘现有之乾隆题跋却与樊榭文章相合处甚多，本节即以《董源龙宿郊民图跋》问题为例，探讨清宫对民间学人知识成果的"消化吸收"。

3. 厉鹗的艺术史写作及评价

（1）艺术史专书《南宋院画录》《玉台书史》的编撰和学术影响，此二书学者已有较完善的研究和讨论，本节对相关研究作简要介绍和必要的评析；

（2）厉鹗其他著作中的美术史料及影响，主要介绍《东城杂记》《增修云林寺志》和《辽史补遗》的相关情况；

（3）厉鹗诗文及书画题跋中的艺术史材料，以《樊榭山房集》为核心，谈谈厉鹗论书、论画、论印及论金石古迹、古泉、古物等的相关诗文，简要梳理他的艺术观。

4. 厉鹗的手迹和画像遗存

厉鹗一生勤于著述，书写是其学术与日常生活最重要的组成部分，在其过世后，遗留了大量的书稿、诗词文稿、抄录书籍、信札、书籍跋语、书画题记、楹联等等，虽历尽沧桑，仍有劫余之作存世。笔者将对目前可见的一些厉鹗手迹真伪等问题展开考辨，并讨论厉鹗书法的意义。

在厉鹗生活的年代，描绘文士面貌早已是一个非常成熟的传统。樊榭先生的形象有幸得以存世，但其面貌是写实还是后人的想象？哪一幅绘画最可能接近他本人的样貌？樊榭先生的故事为晚辈学人所传诵，有哪一个题材为人所喜好，并成为一个传世的画题？本节结合传世图像加以说明，正本清源。

5. 厉鹗艺术活动年谱及厉鹗艺术史相关诗词文一览表。

这些内容将以论文附录的形式呈现，希望为今后研究厉鹗与中国美术史相关问题的学者提供便利。

樊榭先生年谱已有多种，资料丰富而全面，本文对已有资料重加梳理，筛选并突出与其艺术活动相关的部分，并补充前人疏漏或误读的信息，以时间线索呈现厉鹗艺术活动的全貌。

厉鹗艺术史相关诗词文一览表，以《樊榭山房集》为核心，搜寻并整理集外文字，以写作时间为线索排列。

厉鹗与其友朋，学问淹博，著作宏富，笔者以下的记录和论述，如汪洋行船，不免有啰嗦混沌之处。钱锺书在《中国诗与中国画》一文中写道："明人鉴赏的常谈（指南北宗说），清人承袭了，例如厉鹗说：'尝以词譬之画，画家以南宗胜北宗。稼轩、后村诸人，词之北宗；清真、白石诸人，词之南宗也。'"[29] 钱先生妙笔几行便将樊榭的诗画修养交代清楚，后学能力不逮，只期望本书的表述不负先贤。

注释

1. 钱锺书：《谈艺录》，三联书店，2011 年，第 104 页。
2. 厉鹗著，董兆熊注，陈九思标校：《樊榭山房集》，上海古籍出版社，2012 年第 2 版，前言，第 1 页。
3. 参见黄千惠：《玉台书史女书家研究》，台南大学国文系硕士论文，2013 年，第 22 页。厉鹗著述等身，相关研究参见申屠青松《厉鹗著述考》，《韶关学院学报》，2016 年第 11 期，第 24—29 页。

4. 《樊榭山房集》，上海古籍出版社，2012 年，前言，第 2 页。
5. 方盛良：《清代扬州徽商与东南地区文学艺术研究 以“扬州二马”为中心》，人民文学出版社，2008 年；叶修成：《紫芥掇实：水西庄查氏家族文化研究》，天津古籍出版社，2017 年；申屠青松：《厉鹗年谱长编》，浙江工商大学出版社，2016 年；夏飘飘：《厉鹗与康乾诗坛》，社科文献出版社，2020 年。
6. 葛嗣浵纂：《爱日吟庐书画别录》，见《爱日吟庐书画从录》（全三册），浙江人民美术出版社，2013 年，第 894—895 页。
7. 青木正児，金冬心の芸術，彙文堂書店，1919 年；再録：『青木正児全集 6』（春秋社、1969 年 11 月）。简体中文版：（日）青木正儿：《金冬心的艺术》，浙江人民美术出版社，2019 年。
8. 山本悌二郎纂：『澄懷堂書画目録』，东京，文求堂，1932 年。
9. 吴世昌《密宗塑像说略》，原刊于国立北平研究院编：《史学集刊》第一期，北平，1936 年。
10. 厉鹗著，董兆熊注，陈九思标校：《樊榭山房集》，上海古籍出版社，2012 年第 2 版，第 372—378 页。
11. 蔡冠洛编纂：《清代七百名人传》，世界书局，1937 年。
12. Osvald Sirén，*Chinese Painting: Leading Masters and Principles,* Lund Humphries The Ronald Press Company，New York，1956.
13. James Cahill，*An Index of Early Chinese Painters and Paintings: T'ang, Sung, and Yuan,* University Of California Press，1980.
14. 此“浙江师范学院”即后来的杭州大学，“厉樊榭手书白石道人歌曲”现藏浙江大学西溪校区图书馆古籍部。
15. 夏承焘：《夏承焘集（第七册）天风阁学词日记（三）》，浙江古籍出版社、浙江教育出版社，1997 年，第 589 页；夏承焘：《“厉樊榭手写白石道人歌曲”

考辨》，载《人文杂志》，1958 年第 2 期。

16. Wai—kam Ho，Sherman E. Lee，Laurence Sickman，Marc F. Wilson，*Eight Dynasties of Chinese Painting: The Collections of the Nelson Gallery—Atkins Museum，Kansas City，and Cleveland Museum of Art.* The Cleveland Museum of Art，1980.

17. 相关著作和文章还有：1992 年，文以诚在他有关中国明清肖像画研究的著作《自我的界限：1600—1900 年的中国肖像画》中对之前的研究做了综述，并提出了自己的看法；此后，2002 年，徐澄淇《一斛珠：18 世纪扬州的商业绘画》（Ginger Cheng—chi Hsü，*A Bushel of Pearls:Painting for Sale in Eighteenth—Century Yangchow.* Stanford University Press，2002.）；2004 年，安东篱《说扬州：1550—1850 年的一座中国城市》（Antonia Finnane, *Speaking of Yangzhou: A Chinese City，1550—1850*（*Harvard East Asian Monographs*）. Harvard University Asia Center，2004.）对此画都有深入的论述。克利夫兰艺术博物馆网站，有此画的详细信息：https://www.clevelandart.org/art/1979.72

18. 启功：《启功丛稿》，中华书局，1981 年，第 284 页；启功著《启功丛稿 题跋卷》，中华书局，1999 年，第 175 页。

19. 厉鹗著，董兆熊注，陈九思标校：《樊榭山房集》，上海古籍出版社，2012 年第 2 版，前言，第 4 页。陈九思先生前言写作于 1985 年 1 月。

20. 王耀庭：《传董源〈洞天山堂〉〈龙宿郊民〉初探》，载《故宫学术季刊》第二十三卷第一期（2005 秋季），第 229 页。

21. 宿白：《元代杭州的藏传密教及其有关遗迹》，《文物》1990 年第 10 期，第 55—71 页。宿白此文考察宝成寺造像，论述了西天元兴寺遗迹、流放萨迦派重要人物于江南、织造西蕃幡画（唐卡）和刊雕西蕃经咒、版画等史事。1995 年宿白对文章再次修订重排，增补部分注释，又据沈卫荣《元朝国师胆巴非噶玛巴考》，增录程鉅夫《雪楼集》卷七《凉国敏慧公神道碑》和柳贯《柳侍制文集》卷九《护国寺碑》中两段重要文字，以说明元代在涿州建护国寺，奉祠摩诃葛刺神事。（宿白：《中国石窟寺研究》，文物出版社，1996 年，第 313—330 页。）1996 年，他又增补插图一帧，说明一则。（宿白：《藏传佛教寺院考古》，北京，文物出版社，1996 年，第 365—387 页。）

22. 《华嵒研究》（朵云 57 集），上海书画出版社，2003 年，参见其中薛永年、王婧宪、麻瑞民、赖元冲等人的论文。

23. Antonia Finnane, *Speaking of Yangzhou: A Chinese City, 1550—1850（Harvard East Asian Monographs）*. Harvard University Asia Center, 2004. 中文简体字译本：（澳）安东篱：《说扬州：1550—1850 年的一座中国城市》，中华书局，2007 年。

24. 方盛良：《樊榭词新论》，载《文学遗产》2007 年第 3 期，第 118—127 页。

25. 马雅贞：《从《玉台书史》到《玉台画史》：女性艺术家传记的独立成书与浙西的艺文传承》，载《清华学报》，40 卷 3 期，2010 年 9 月，第 411—451 页。

26. 王霖：《〈东城杂记〉中的美术史料》，《新美术》，2012 年第 12 期；王霖：《贯休〈十六罗汉图〉考——以杭州西湖圣因寺藏本为线索》，《新美术》，2013 年第 5 期。

27. 关于乾隆帝及其收藏的研究非常活跃，台北"故宫博物院"近年的几次展览学术成果丰富，参见：冯明珠主编：《乾隆皇帝的文化大业》，台北"故宫博物院"，2002 年；何传馨主编：《十全乾隆——清高宗的艺术品味》，台北"故宫博物院"，2013 年；邱士华主编：《行箧随行——乾隆皇帝南巡行李箱中的书画》，台北"故宫博物院"，2017 年。海内外有关清代早中期画家的研究也已经非常丰富，例如石涛、四王、扬州画派等，成果丰硕。

28. 关于乾隆及其文化顾问的研究，冯明珠的研究颇为全面，参见其文《玉皇案吏王者师——论介乾隆皇帝的文化顾问》，载《乾隆皇帝的文化大业》，台北"故宫博物院"，2002 年，第 241—258 页。

29. 钱锺书：《七缀集》，三联书店，2011 年，第 9 页。

第一章　厉鹗的艺术交游和艺文活动

一、运河沿岸的三个文化中心

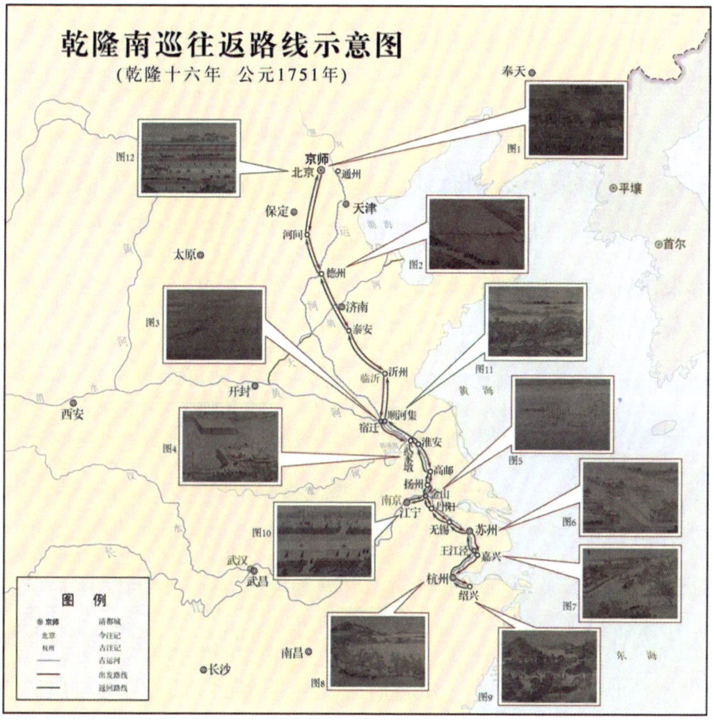

图 1　乾隆南巡往返路线示意图　张洁（中国国家博物馆）[1] 绘制地图

厉鹗生于康熙三十一年壬申（1692），卒于乾隆十七年壬申（1752），年61岁。他的一生横跨康雍乾三世，正是清代最为稳定和繁盛的时期，零星的叛乱与战争则发生在遥远的西北边疆、西南地区或东南岛屿。帝国的东部地区，以大运河为轴，南北交通顺畅，社会稳定，经济发展。站在帝国中枢的角度，如何在经济最为繁盛、文化最为发达的江南地区维护统治的稳定，在知识精英阶层中建立威权，是一件重要而复杂的事。心系前朝的遗民虽然已经慢慢凋零，但不服管教的江南士人，仍然让朝廷头疼。北京的皇帝对南方读书人，尤其是江浙士子态度复杂，一方面科举取士的才子大多来自此处；另一方面浙人的不服管教，"屡生事端"更让统治者愤怒不安。例如雍正四年（1726），查嗣庭"江西试案"发，朝廷就以浙人查嗣庭、汪景祺"诗文悖逆，风气恶薄"，意欲"观风整俗"，十一月廿七日，更诏停浙江士子乡试，以为惩罚。[2] 对以举业为生的众多浙江读书人而言，本已狭窄的上升通道被彻底阻绝，令人窒息。

当然，除了直接的高压手段，从康熙朝开始，南巡成为北京的皇帝在江南建构统治最巧妙和有效的手段。[3] 由水陆两途南下的皇帝，一路巡视河工，校阅军队，检点考察地方的吏治、商业、农耕和文教事业。巡行结束回京之后，皇帝还会以绘制巨型图卷的大型文化工程，记录并昭告天下政府在政治和文化上的正统地位。康熙三十五年丙子（1696），在当时最为杰出的画家王翚主持下，历时六年，12卷的《康熙南巡图卷》问世。图卷的绘制，意味着帝国的知识精英得到笼络，而残存的前代遗民则被分化和瓦解。[4] 雍正朝并无南巡之举。到乾隆年间，这种由国家主导的政治和文化活动，规模更加铺张，手段愈加细密，并且持久地深入各个领域（图1）。总体上，乾隆帝努力将自己打造为文化巨人，[5] 而构建其文化大业的过程和后果，都是复杂微妙的，文化精英们习惯的日常生活和学术研究大受影响，被迫适应变化，朝野之间互动与角力不断。

在这段相对漫长的太平年月里，朝廷虽然有意钳制，地方上的文化活动仍压抑不住地繁盛起来。除政治中心北京之外，运河沿岸的几个城市，特别是大运河南、中、北3个重要节点——杭州、扬州、天津，成为文化活动的中心。杭郡、邗上、津门三大诗群，人员流通交融，其中大部分是江南士子；思想上意气相投，崇尚人格独立；行动上重视学术考据也长于艺文创作。这些南北贤达们所结成的民间学术和艺术共同体，其活动的场所，多是由地方士商所提供，在一种平等和谐的氛围中，迎来了清代中期的文化活动高潮。袁枚的这段追忆被人引用最广："升平日久，海内殷富，商人士大夫慕古人顾阿瑛、徐良夫之风，蓄积书史，广开坛坫。扬州有马氏秋玉之玲珑山馆，天津有查氏心穀之水西庄，杭州有赵氏公千之小山堂，吴氏尺凫之瓶花斋：名流宴咏，殆无虚日。"[6]

三地四处文会中心：扬州马曰琯、马曰璐兄弟的小玲珑山馆，天津查氏家族的水西庄，杭州赵昱的小山堂和吴焯的瓶花斋。其共同点是，主人们几乎都为盐商出身，不仅富有，更具学识和良好的品味，其精心营建的私家园林，风光秀逸，格调高雅，典籍珍本、古今书画、文物雅玩充斥于藏书楼，朝野名士流连忘返。最可贵的是，这些地方为在野的文人提供了开放稳定的文化活动场所。清代盐商的形象通常不太正面，他们以富有和生活奢侈著名，在文化上则常被形容为粗鄙之人，小说《儒林外史》中的一些主人公称盐商为"有钱的盐呆子，其实可恶"，评价刻薄。[7]但实际来看，情况并非如此简单，某些盐商的出身有着深厚的文化渊源，例如天津水西庄创建者、芦盐巨商查日乾是查氏北迁第78世，从宛平迁来天津的第5世。而遍及各地祖籍安徽的盐商们，也向来是"贾而好儒"，商儒并重，尊崇文教，例如杭州吴焯家族和扬州马氏兄弟。

当代学者大多和袁枚意见相同，对"扬州二马"为代表的绅商们在文化活动中的所起的作用，有着充分的认识和积极的评价。丘良任说："……小玲珑山馆在当时成了文人的俱乐部、图书馆和美术馆，还兼营出版，这对推动东南一带的文化事业起了很大作用。"[8]薛永年进一步总结："实际上，马家已成了文人不可不光顾的私家图书馆、美术馆、文艺沙龙与出版社。岂止光顾而已，不少贫困落拓的文士还可以像冯谖客孟尝君一样地寄食于此。因为'二马'以优礼文人善于养士而著称，'四方之士过之，适馆授餐，终身无倦色。'甚至于寄食者的婚丧嫁娶也被一手承担，不但'二马'如此，富可敌国的两淮盐商的商总江春亦无例外。他继'二马'主盟诗坛，礼遇文人学士，有些人在他家一住就是一二十年。"[9] 严迪昌特别指出："言清代文学而轻忽徽商及其子裔对东南人文态势新构变所做出的努力，必难贴近特定时空以梳理整合文学史实。特别是在世事波诡云谲，文坛诗苑几皆万籁俱寂，缙绅士大夫每成寒蝉仗马的雍正、乾隆两朝之际前后约半个世纪时间中，无视彼等为东南人文生态得以维系、养护、平衡以至获致新的生长之诸多贡献，尤属史心不公。"[10]

厉鹗一生频繁往来南北，以诗文学术为缘，与这三地的四处文会中心都结下深厚渊源，他和大量的漂流于各地的在野文人一样，学术和生活若无这些士商支持，多半难以为继。落实到中国艺术史研究来说，扬州画派和扬州盐商之间的关系是研究者们早已熟悉并不断强调的内容，[11] 而扬州画派中占据主流的画家其实就是一群典型的在野或弃官文人，虽为谋生出卖诗文书画，但在逐利的同时，更强调自己的文人身份，他们当中不少人正是厉鹗终身的挚友。以下本文要讨论的就是厉鹗与"文化赞助人"和"艺术家朋友"们的互动情况。

二、厉鹗与三地"赞助人们"的交游和艺文活动

首先还是要说明，对一生贫寒的文士厉鹗来说，这些文会中心的东道主们，确实是其学术和生活上的"赞助人"，但他们之间的相交，若仅仅用"养士"二字形容，还是显得过于冰冷。厉鹗出生于杭州的一个

清贫家庭，幼年丧父，依赖其兄士泰贩烟叶养家，他一心向学，中举但未涉仕途，又无从商的兴趣和能力，虽然可教学或出版著作，但所得菲薄，谋生颇为艰难。观其诗文，生活的困顿和无奈是一种常态。例如乾隆七年壬戌（1742），樊榭时年51岁，早就是一位名士，但上年因爱姬朱氏重病及过世，以致当年“午节贫甚”，所幸好友桑调元冒雨以白银十两相借，方解燃眉之急。[12] 而厉鹗一生学术和艺文活动，需要游历南北，搜检利用大量宋元古籍，过眼众多前代名画文物等等，以他本人家境，力不能及，只能求助于友朋，“赞助人们”当然是其中出力最大的，寒士樊榭与这些士商平等交往，志趣相投是最重要的原因。

（一）杭州，江南的文化重镇

图2　《京杭道里图》（局部）杭州城及周边　浙江省博物馆藏

杭州自古繁华，曾为吴越国和南宋的都城，元代亦是江南重要都会，明清时期，城市地位虽不如前代，但作为浙江地方首府，政治、经济和文化地位仍然是突出的（图2）。在厉鹗生活的时期，杭城地方文教发达，士人众多，文化气氛浓厚。樊榭在家乡结交了不少良朋益友。这其中最重要的是瓶花斋主人吴焯、吴城父子，小山堂主人赵昱、赵信兄弟，同城之便，他们与厉鹗的交往开始较早，而且结下终身友谊，互动甚为频繁。除他们之外，复园主人汪台，收藏家周二学，好友周京等，均对樊榭的艺文生活助益甚大。

1. “平生一掬知交泪，斗酒相和滴到泉。”——厉鹗与瓶花斋主人

吴焯（1676—1733），字尺凫，别字绣谷，晚号绣谷老人。三地四家之中，他年岁最长，瓶花斋藏书也早有声名。[13] 吴氏家族明末由安徽迁杭，经营盐业。吴焯继承父业，有官位，处理盐务，还参与编修地方志，又数次受康熙召见，有献书之举。但其志更重于藏书和学术，对官场和盐务并不热衷。丁申在《武林藏书录》中云：“吴焯又喜聚书，凡宋雕元椠与旧家善本，若饥渴之于饮食，求必获而后已，顾瓶花斋之名，称于天下。”[14] 张熷《吴绣谷先生行状》则称：“先生藏书不下数万卷，元钞宋椠，购常不赀。一书必兼数本相参比，有所举正，辄疏其颠末而甄识之，海内证索家推为第一。性强干，居常应会酬答，率尽朝晡。稍隙，辄坐瓶花斋，签帙纵横，手自点勘，至夜分乃罢。”[15]

吴焯家族所居位于杭州城东荐桥街（清泰街九曲巷口）的药园，由吴焯祖父所筑，厉鹗《东城杂记》载：“药园在东城隅，与皋园相望，明季吴文学我匏名溢构。轩槛虚敞，竹木萧森，玉照堂前玉兰一株，大可数抱，高花如雪，盖百余年物。康熙中，萧山毛西河太史奇龄与吾杭诸名士于立夏前一日集此，作《送春诗》，时橐笔数十人，多有佳句……”[16] 而瓶花斋则是吴焯在康熙四十一年（1702）至四十二年（1703）间新筑的藏书楼之一。[17] 杭州城东是藏书楼集中的所在，瓶花斋相邻就是杭城另一藏书重地汪氏振绮堂，这里自然成为文士聚会的中心。

瓶花斋既成，吴焯在其中读书、藏书、校书，加上长子吴城（1701—1772）的助力，声名远扬，文人雅士慕名而集。厉鹗长居城东，访问瓶花斋颇为方便，两人订交时间不详，但不晚于康熙壬寅年（1722），此年厉鹗与吴焯、赵昱、丁敬同往凤凰山访古，曾在一老媪家观吴越国铜印一钮。后文将论及此事。[18]

到雍正元年癸卯（1723）秋，厉鹗写给吴焯的一首诗中，描绘居住在杭州城东人士所共享的自然奇观——夜半听潮，尤其是秋夜的钱塘江大潮信，语气中可见相知之意。

城东夜月悬群木，汹汹涛声欲崩屋。披衣起坐心茫然，秋来此声年复年。壮心一和《小海唱》，二毛不觉盈吾颠。胸中云梦吞八九，要挽天河斢北斗。倏忽晴空风雨来，杳冥水府神灵走。时哉会见沧溟立，自是乾坤有呼吸。轩辕张乐万耳聋，洞庭天远鱼龙泣。须臾声从静里消，一蕃独语星萧萧。天明作歌寄吴子，想子中宵亦听潮。[19]

吴焯对厉鹗颇为看重，在近年发现的一部八千卷楼旧藏、吴焯批校跋本《唐大诏令集一百三十卷》的第121卷中，吴焯写道："卷内错简，寻绎数十过方得补全，命侍史重书。中春花生日，招同栾城、樊榭、堇浦、小山兄弟瓶花斋集，出此编欣赏永日。"[20]吴焯珍视藏书，并不轻易示人，这里的沈嘉辙（栾城）、厉鹗（樊榭）、杭世骏（堇浦）、赵昱和赵信（小山兄弟）都是瓶花斋常客，志同道合，学问相当，才可以受邀"欣赏永日"。

吴焯和厉鹗除了共鉴古籍，也曾一起观画题诗，只是藏画者并非吴焯，而是大家共同的好友赵昱。雍正二年甲辰（1724），厉鹗、吴焯等人同观赵昱新藏沈周《冷泉亭图》，各赋诗《题沈启南冷泉亭图次韵》。赵昱《爱日堂吟稿》卷二有《石田翁冷泉亭图》，诗注曰："图为田居侍御家藏，余近得之，上有石田自题诗一首。绣谷、栾城、樊榭、授衣、虚舟、敬身、意林依韵同赋。”[21] 由此可知，观看此画并和诗的杭城文士甚多，赵昱在《爱日堂吟稿》中只收了吴焯的同作，这是因为吴绣谷与此画颇有渊源。吴焯诗注及诗云：

谷林五兄出示石田《冷泉亭图》，图为田居先生故物，手题次韵诗于边幅。忆乙未岁余偕先生过虞山访耕烟老人，挈斯画属其临摹，耕烟谢不能为，作焦墨褚本，既而索润笔时，余戏有诗云："听似松涛却是泉，一经过去梦魂牵。虞山粉本分明在，付于王翚卖酒钱。"偶见斯画并旧事书之，诗仍次韵。

晨坐高斋竟落晖，祇因读画悟幽微。听来毕静水生响，看到出神峰欲飞。往事重题增感慨，旧游如梦记依稀。回思裙屐经行处，空恼耕烟阁笔归。[22]

沈周此画作于在成化七年（1471）春，是其第一次游历杭州之时，任道斌描述此行："灵隐的禅意及景色，确实令沈周大开眼界，不忍离去，游兴正浓的沈周在杭州居然住了一个多月，三月十八日在灵隐冷泉亭赏景，此处南依飞来峰，北见北高峰，春水清澈，溪流淙淙，可止可安，可登可涉，令人畅神舒心，返朴归真。乘着酒兴，沈周乃作《冷泉亭图》以记，杭州友人刘英（字邦彦）、汝泰（字其通）、史铿（字西村）纷纷题咏，并将此图付灵隐寺收藏。"[23]

图上刘英题曰："三月十八日，石田、西村二君招予游西山。予与汝其通先行，憩冷泉亭以俟。少焉，二君至，予诗适成。诸君继作，石田仍写图，留为山中故事，俾予录于上，蒹葭倚玉，愧不称也。"其诗云：

雨晴林壑净朝晖，一路看松入翠微。芳草似曾留客卧，黄鹂浑欲近人飞。相逢岩叟收茶早，久别林僧会面稀。同在冷泉亭上坐，赋诗题画淡忘归。

沈周和诗题曰：

入林兜子送斜晖，酒面风清色渐微。白发再来浑觉老，青山久住不重飞。老僧古寺相逢熟，故国遗踪欲见稀。千个长松卧房近，吹灯还照鹤群归。

史鑑题诗：

久图山泽游，苦为风雨款。惊雷破重阴，及晨阳已显。逶迤入幽深，厉揭渡清浅。灵山传飞来，合涧互回转。萝垂手可扪，松高盖惟偃。阳崖丹霞凝，阴洞苍雪满。秀色如可揽，绝巘竟谁栈。众窍因风号，群芳迟春衍。追念平生欢，历历犹在眼。幸逢新相知，已少旧游伴。老僧久见招，相携集闲馆。解衣任盘礴，览物适萧散。形忘虑则消，情至心莫展。寄言同盟人，对酒歌勿缓。

汝泰题诗：

肩舆侵晓别春城，路绕西湖宛转行，满眼青山曾识面，倚云高树不知名。同游喜有同乡客，胜日还寻旧日盟。忽听奔雷鸣涧底，问人才道是泉声。

在赵昱之前，此画的收藏者是“田居侍御”或称“田居先生”，即龚翔麟，[24] 图后有其题记：“沈徵君《冷泉图》真迹，旧为灵隐僧房物，蓝秀才谢青购得之为先大夫寿，在余家二十年矣。踯躅软红，言归未遂，对此恍置身故山林壑间，不觉神往。因和刘汝二君诗并记得图始末。龚翔麟。”

他的两首和诗情意真挚，表现了对官场红尘的倦怠，对故乡杭州景物的怀恋：

曾倚孤亭送落晖，云林风景记依微。泉声咽石奔难住，岚气侵衣湿不飞。岁月渐催尘迹老，乡山久别梦游稀。吟诗看画生惆怅，白发满头犹未归。

扁舟自别锦军城，日日铜街信马行。画里青山逢旧识，眼前乌帽笑浮名。秋风纵爽莼鲈约，烟水终寻鸥鹭盟。记取归时携卷轴，先来亭上听泉声。[25]

根据前述吴焯的记录，我们知道龚翔麟深爱此画，康熙五十四年乙未岁（1715）赴虞山访问王翚时，携带此画希望耕烟能临摹，但是王翚没有答应。

在了解此画渊源之后，厉鹗赋诗并作注：

石润林香下夕晖，风中似有磬声微。好山招隐贫难买，妙画通灵久亦飞。题字尚留前辈在，听泉今见解人稀。频年不踏松阴路，卧以游之恰忘归。图向为灵隐僧房物，后归龚田居侍御，今归赵君功千。上有吾杭刘邦彦、吴江汝其通并启南自题诗。[26]

我们已知过眼此画并次韵题诗的杭郡诗人甚多，有吴焯、沈嘉辙、厉鹗、施谦、赵昱、赵信、丁敬、陈章、姚立德、赵一清等人。厉鹗将沈周画作上原有的题记以及这些次韵诗作全部收入了自己编修的《增修云林寺志》卷六之《冷泉亭图题咏附录》，为沈周以及灵隐寺研究留下珍贵材料。笔者将在后文关于厉鹗的艺术史写作的章节详述这些记录。

在所有后作次韵诗中，厉鹗和吴焯的诗注最有价值，不但说明了此画的递藏经历，题识信息，还提供了王石谷的一段轶事。厉鹗说明此画旧藏灵隐寺，后归"龚田居侍御"，即龚翔麟，新的主人则是小山堂赵昱，画上有当年杭州刘邦彦、吴江汝其通和沈周的自题诗。吴焯则追怀往事，提到康熙乙未岁（1715），在虞山，龚翔麟希望王石谷临摹此画，但耕烟老人"谢不能为"。王翚也曾数次临摹沈周作品，[27] 此次"谢不能为"，或许是耕烟老人对龚翔麟"属其临摹"的态度不太满意。王翚研究，学者用功已深，但从未提及他的这段经历，厉鹗与吴焯的记录颇可补充空白。

杭城风光秀丽，处处古迹。吴焯、赵昱、厉鹗、丁敬等文友经常外出同游，访古寻幽，买舟游湖，登山赏花，并倡和诗词。

前述康熙壬寅年（1722），厉鹗与吴焯、赵昱、丁敬同往凤凰山访古，曾在一老媪家观吴越国铜印一钮。多年后，厉鹗作《和沈房仲论印十二首》，其中一首专记此事，诗云：

葫芦宫井访斜曛，官印浓摹宣德军。阅过土花钱又赵，绝无屈曲少人闻。

诗注曰："康熙壬寅，予同吴尺凫、赵功千、丁敬身凤凰山访古，过葫芦井畔老媪家，出观铜印一钮，纵广二寸许，小篆文曰'宣德军节度使之印'。云淘井时所得。欲买之，坚不肯，墨摹其迹以归。明年重过，老妪已亡，印不知流落何地矣。按：周显德六年，从吴越王俶之请，升湖州为宣德军，以王弟偡为节度使。吾子行云：凡摹印屈曲盘回，唐始如此。今观此印，殆不尽然也。”[28]

雍正五年丁未（1727）五月二十五日，厉鹗、吴焯、丁敬、赵信、沈嘉辙等买舟游湖，其间赵信抚琴，丁敬书写小篆数幅，沈嘉辙以觞碧筒劝酒，厉鹗和吴焯各作《水龙吟》词一阕，风雅至极。《樊榭山房集》卷十词乙《水龙吟》记此事："梅雨初霁，湖上山水浮动，凉气沁人肌骨。尺凫买舟约予辈数人，缘孤山，掠苏堤，入西林桥，以泊于里湖。时意林鼓琴，敬身作小篆数幅，栾城觞碧筒劝客，予与尺凫各赋此曲。极暮乃罢去。丁未五月二十五日也。"词云：

蜻蜓偷眼凉多，飞随小舫摇空翠。西泠五月，碧罗初染，冰壶乍洗。多丽香车，闲情椒壁，梦尘空徙。载荷心酒苦，桐枝弦澹，看一阵，风漪细。

更谱玲珑散水，战长林、叶间疏吹。高寒更忆，回峰隐舍，鸣泉僧寺，易得惊秋，菰芦深处，此歌堪倚。渐钟催人散，平波坠露，点青萤尾。[29]

厉鹗或许还为此次雅会书写了行书对联一副："声华馥似当风桂，气味清如浥露兰。"[30]（图3）此联文句不见于樊榭诗文集，其款识与《樊榭山房集》中所记大致相同，但多一段："子威写西湖雅集图，尺凫蒙书是联。醉眼模糊，未免雷行布鼓也。"若为真迹，则说明此次西湖上的诗酒集会中，还有子威绘图与樊榭书联二事，更添风雅。

雍正六年（1728）冬，厉鹗、吴焯、丁敬登慈云岭访古，"观废石龙净胜院崖上北宋僧冲羽书唐右补阙梁肃心印铭，下方家峪寻刘娘子寺已废，惟凤凰泉犹存，饭于观音洞僧舍而归。"厉鹗为此行作诗三首：

招手湖南畔，平芜净可亲。雾窥山半面，水照鹤双身。野艇容茶具，长桥响钓轮。慈云三度谒，也胜埽门人。

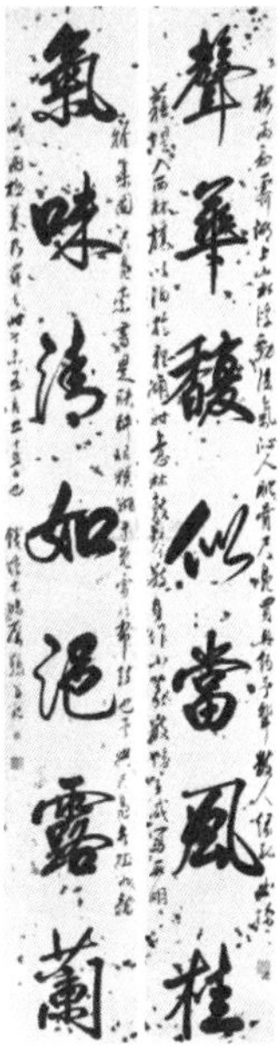

录文：

“声华馥似当风桂，气味清如浥露兰。”

款识：

梅雨初霁，湖上山水浮动，凉气沁人肌骨。尺凫买舟约予辈数人，缘孤山，掠苏堤，入西林桥，以泊于里湖。时意林鼓琴，敬身作小篆数幅，子威写西湖雅集图，尺凫蒙书是联。醉眼模糊，未免雷行布鼓也。予与尺凫各赋水龙吟一阕。极暮乃罢去。时丁未五月二十五日也。钱塘太鸿厉鹗并记。

钤印：
瘦吟阁（朱文）、厉鹗诗词（白文）、太鸿（朱文）

图 3　厉鹗行书七言联及释文
中贸圣佳国际拍卖有限公司 2004 秋季艺术品拍卖会，
LOT 号：0577

畏险须扶掖，上头云倒飞。寒林正摇落，幽趣得因依。龙蜕莓崖积，狐踪莽径微。劖铭辨温媪，弹指昔游非。

禅栖谁再构，妃子有前踪。竹影思遗帔，泉根没废钟。饭余香印断，樵罢漆灯逢。剩得啼乌在，年年怨此峰。[31]

以上可见，厉鹗、吴焯、赵昱、丁敬等聚会甚多，相处极为融洽。可惜的是，吴焯离世较早，其卒年在行状中交代很清楚“雍正十一年九月二十五日卒”。当年（1733）春二月十六日，厉鹗等仍与他同游包家山看桃花，[32] 八月三日还在湖上宴饮，两个月后樊榭就在扬州接到凶讯，他追忆道：“八月三日，与尺凫饮湖上，来广陵两月，遽闻尺凫凶问。仆性寡交游，里中二三故人相周旋，学积行修、意气高爽如尺凫者，何可多得？竟连蹇不遇以死。晚年颇耽琢小词，以仆为能赏音，今无春风之笔矣！十月晦夜，梦尺凫手一笺相示如生平，觉而为诗哭之。”其诗云：

文阵推排岁屡迁，萧闲台远便登仙。秋湖小醉无期别，老笔新词后世传。公等莫追王武子，梦来犹见石延年。平生一掬知交泪，斗酒相和滴到泉。[33]

吴焯身故，瓶花斋由长子吴城（瓯亭）主持，书籍无失，令人欣慰。乾隆十一年丙寅（1746），厉鹗在吴焯墓赋诗缅怀并告慰故人：

赤岸停孤艇，青山对殡宫。平生腹痛语，今日泪痕中。子守书无失，谓瓯亭。人嗟命不融。凌云埋可得，地下傲三公。[34]

瓶花斋少主与樊榭也感情深厚，互动不断，同游同聚，还曾为乾隆南巡之事一起创作《迎銮新曲》。日常生活中，吴城更屡屡有雪中送炭之举，例如为病中的厉鹗送药资，暖人肺腑：

叩户声何急，兼金饷病夫。宁忧宋清券，恰称杜陵须。衰贱君何取，殷勤俗更殊。朝来知有喜，攲枕听风炉。[35]

瓶花斋雅集照常，并有赏画为主的活动。乾隆九年甲子（1744）秋八月二十四日，厉鹗与众友同集瓶花斋赏元人陈基《夏山雨过图》，金农在此画裱边题跋：“乾隆甲子秋八月二十有四日，周京、顾之珽、许大纶、郑江、金志章、厉鹗、汪台、戴廷熺、梁启心、金农、丁敬、杨知、杭世骏、陈兆崙、施安集瓶花斋同观。农书。”[36]这些观画者，也正是乾隆初年，杭州南屏诗社的核心成员。

总之，吴氏父子的学养和待人亲厚，瓶花斋丰富的藏书文物当然有益于厉鹗的艺文学术。

2．“卅载心交类饮醇，道南宅近更情亲。”——樊榭与小山堂赵氏兄弟

杭州小山堂主人赵昱（1689—1747）、赵信（1701—？）兄弟，在雍、乾之际也以藏书宏精著称东南。沈德潜曾云："小山堂为一园之主"，"经、史、子、集，部居类汇"，藏之富足与“虞山钱氏、昆山徐氏、宁波范氏、嘉禾朱氏后先比坍”。而全祖望《小山堂藏书记》则就特定时空赞称之曰：“近日浙中聚书之富，必以仁和赵征君谷林为最。”[37]

赵氏兄弟与厉鹗年纪相仿，可称同学，乾隆元年六月赵昱和厉鹗同行，入京应博学鸿词科，一路唱和，交情深厚。小山堂藏书在赵氏兄弟的苦心经营下名扬东南，樊榭是主要阅书者之一，不少重要作品的资料明确来源于此。例如乾隆六年岁暮，厉鹗姬人朱氏病危，被迫典衣觅药，生活重压之时仍从小山堂借书，笔耕不辍，注成其重要著作《辽史拾遗》。[38]而小山堂藏书对厉鹗艺术史写作最大的帮助或许是《玉台书史》的编纂。[39]

小山堂主人与友朋的日常活动，主要是看书和共同创作，最著名的成果便是雍正癸卯甲辰间（1723），共赋《南宋杂事诗》。[40]沈嘉辙、吴焯、符曾、陈芝光、赵昱、赵信、厉鹗7人，各赋诗百首，符曾多作1首，701首诗咏南宋历史，补《西湖游览志》及《志余》所未备，引证书籍近千种，瓶花斋和小山堂二处的庋藏便是雄厚的靠山。在这些引用书籍中书画金石著作相当广泛，后文讨论樊榭艺术史写作章节将会列举。

除此之外，小山堂主人同样慷慨好客，奢侈之举有乾隆五年（1740）冬请众友同食熊掌。体贴之处则同样是在朋友生病时，助以医药饮食。[41]既慷慨又文雅的活动，则有某次赵昱赠吴焯、厉鹗高丽墨各一，丁敬再求已无，赵昱便赠其流求扇，众人为此倡和作诗。[42]

与吴焯相比，赵氏兄弟对书画的兴趣更为浓厚，小山堂雅集中，更多观画题诗之举。前述雍正二年甲辰（1724），厉鹗、吴焯等人同观赵昱新藏沈周《冷泉亭图》，并赋诗。[43]同年十二月，厉鹗、沈嘉辙、吴焯、赵氏兄弟等，同观赵昱购藏明俞存熙《仙山楼阁图》。[44]

小山堂藏明代绘画，厉鹗在《东城杂记》中提到赵昱有一件项元汴的《芝旸图》。

余友赵谷林，家藏项子京《芝旸图》一轴。山作小斧劈皴，崖上古松数株，墨桃花一树；崖下芝一本，流水潺湲。一高士默坐相对。款云："《芝旸图》，山人项元汴为武林沈君写。"下有"墨林山人"印。左方跋云："汴与樟亭芝旸贤乔梓，道义相洽，意气同调，历交世好。凡其遨游燕楚，经必过晤，把臂博古，逍遥世上。今此偕老，人各守处，仆自向罹家难，受制暴党，甚矣吾衰。世故灰灭，闭门待期，遐弃素交，曷胜兴慨。方在戊子秋，七月既望，儿曹赴省告校，重蒙尊君推恩，访惠兼致，不遗故情，复辱长公寄贻龙井小春茗。合想同臭，犬马垂尽之年，忽得宿好远将之美，铭佩殊深。不惮耄昏，拭眵勉力，走笔是楮。拟作三生，后对来因。拙技穷斯，幸先一晒。墨林子项元汴题。"下有"墨林""项元汴"二印。盖清泰门沈氏故物也。[45]

赵氏兄弟所藏前代绘画，当然不止明人作品，就在雍正二年（1724）更早些时候，厉鹗在赵昱处得观一幅宋人刘松年作《溪山楼阁图》，以诗记曰：

淳熙小字藏石边，绢素微裂凝尘烟。暗门刘郎呼欲出，鹤归城郭应凄然。刘郎自具擘山手，断续飞下云中泉。重楼面势各相背，地非辋口非樊川。蔽亏绿树露小阁，水纹山影阑干前。消摇白日不待遣，倚枰二叟全其天。寻诗一老独有意，目送去鸟穷幽妍。尤工远势写村落，背崦或有桑麻田。丹青不让李晞古，金碧直压赵大年。画史笔力在盘礴，无取小景争便娟。关门听雨品字坐，焚香埽地曲尺眠。落花将春作昨梦，主人与客俱列仙。只愁青壁太斗绝，画里欲学猿猱缘。莫言此画非我有，他日想见哦长篇。[46]

依诗中所记，此画是暮春时节的一个雨天，主客数人闭门同观。画为绢本，绢素已微裂，图绘青绿山水及人物，有小字书淳熙年款。厉鹗对刘松年的评价是“丹青不让李晞古，金碧直压赵大年。”

赵信则藏有一件宋徽宗《鸜鹆图》，雍正九年辛亥（1731），樊榭与沈确士等人同观此画并赋诗，诗中对徽宗禽鸟画特点的描述，非常清晰准确：

繁华如梦宣和事，仍在神霄自游戏。谁传真迹落人间，鸜之鹆之妙无比。松枝淅淅墨针攒，一踏枝鸣二堕地。足钩咮啄定争斗，不然那得风毛坠。中间似欲助老拳，欲飞未飞张两翅。晶莹点漆活眼睛，徽宗画禽鸟，多以漆点睛，高出纸上。郤含万里龙沙泪。我闻物性不逾济，竟遣銮舆随突骑。只应回首愧此图，难谕两官通问使。当时迎驾教瑞禽，扇筤翔集香风深。五月五日工翦舌，学成言语知人心。贯京便佞等豢养，不止乌栖借上林。天机写肖能无误，押字淋漓若垂露。洞庭诗客诗独步，邀我联吟重豪素。休比乾侯鲁国谣，仍为天水王孙赋。[47]

雍正十年壬子（1732）正月初七日，樊榭观南宋画家李迪《竹雀图》于小山堂，知不足斋钞校本《南宋院画录》卷二“李迪”条目，有鲍廷博所抄录的樊榭附记：“李迪《竹雀图》，款云：‘淳熙丁未李迪画。’著色竹间以殊梅，枝叶上残雪炯然，雀立枝头。下遗枯竹叶二片，在地旁有荠菜立茎。寒秀之气扑人衣襟。壬子春人日观于赵氏小山堂，云间王氏物也，厉鹗记。”[48] 对比款识和画面描述，今天藏于上海博物馆的李迪《雪树寒禽图》（图4），应当就是小山堂旧藏。[49] 只是画上款识

图4　上海博物馆藏 李迪《雪树寒禽图》，引自《宋画全集》[50]

应为“淳熙丁未岁李迪画”，樊榭先生或漏记了“岁”字，当然这也不能排除是鲍廷博转抄时遗漏此字。

宋画之外，当然也有元人作品过眼，雍正四年（1726）五月间，厉鹗和赵信同赏陈惟允《采菱图》，各赋诗一首。[51]

樊榭诗云：

水村并青山，丛灌无重数。曲渚藏幽轩，片云过飞雨。彼美学操舟，摇溶出前浦。相期采芳伴，弱腕搴翠缕。长歌渌水调，知音心独苦。垂纶者谁子，习静看沈羽。高士谅贞心，明妆若无睹。日落渡头波，风吹湖上树。

赵信次韵：

采菱复采菱，菱香不知数。绿叶出波平，刺船响于雨。佳人重芳鲜，三五沿南浦。清歌唱满湖，余音袅如缕。荡桨山之阴，竟日忘炎苦。照影惜朱颜，惊飞双翠羽。此中把钓翁，时闻更亲睹。爱住水乡宽，晚峰窥倒树。

陈汝言，字惟允，号秋水，苏州人。生于1331年前后，卒于1371年之前。官山东济南经历，后被洪武帝下令处死。山水宗赵孟頫，人物学马和之。今存世作品中未见此件《采菱图》，或已佚失。从厉鹗和赵信诗作，可知这是一件设色山水，绘水村情景，有菱船和采菱女子，并有垂钓高士等，一派水乡渔隐的气氛。观陈汝言传世作品《荆溪图》（图5），风格应很相近。

除了绘画，赵家兄弟还收藏前代石经残本和古籍珍本，喜好金石的厉鹗及丁敬不会错过。乾隆七年（1742）十二月十五日雪中，厉鹗、丁

图5 陈汝言《荆溪图》，今藏台北“故宫博物院”
（馆藏号：故—画—000380—00000）

敬、赵氏兄弟同集南华堂，观蜀广政石经残本、宋廖莹中世彩堂刻《韩昌黎集》，厉鹗有诗：

园林萧瑟云模糊，鞠角相与寻清娱。南华堂前好水竹，梅枝横出争盘纡。六花高下舞岩岫，似听蟹爪行残芦。顷之洒粉渐照坐，驼裘乌帽主客俱。分茶说饼解寒色，天生一檧[52]重屏图。凋年似此颇不恶，况观宝刻开香厨。孟蜀石经仅一卷，张绍文笔严形模。周南疑误辨輖字，“惄如调饥”石本作“輖”即古“朝”字。月令注释亡哥奴。《毛诗》《仪礼》《礼记》俱校书郎张绍文书。《礼记》用唐明皇删定本，以《月令》为第一，李林甫奉勅注。见《晁氏读书志》。秋壑翘材有首选，特筑世彩临西湖。雕镌韩集称善本，纸墨精好久不渝。降王狎客两寂寞，等为亡国夫何殊。流传幸有经籍在，千秋差免谥至愚。武林城中十万户，纤儿绮榻围温炉。雪中那得二游合，冷淡生活笑异趋。诗成唤起鹿门子，任徐今不居东吴。[53]

寒冬大雪，好友群集赵氏家中，赏雪观梅，品茗解寒，其情景如“天生一帧重屏图”。大家一起研赏石经残本和古籍善本，辨识疑难，其乐融融。

以上可见，赵氏兄弟与樊榭情深谊厚，在图书典籍和金石书画鉴赏方面，对其助益更甚于瓶花斋。乾隆十二年（1747）丁卯，赵昱辞世，樊榭哀痛不已，以绝句四首怀念：

卅载心交类饮醇，道南宅近更情亲。谁知渐老多寥落，才入新年哭故人。

疏泉移岫不离家，扶病犹思踏月华。寂寂西池人定后，吟魂应是绕梅花。

徵车同上话晨昏，往事回思一断魂。可惜空摩乌集阙，而今忍见鴐巢门。

短笺犹在泪痕多，万事风花瞥眼过。还似修文深巷里，十年残梦唤何波。用林艾轩哭徐删定诗意。[54]

三年后，厉鹗过南华堂再忆故人，不胜怅惘：

故人不见已三年，重到池亭更惘然。怅望残梅点残雪，空余新柳舞新烟。尘凝石畔藏书库，雨损堤边送酒船。何处风流未消歇，幽禽留客语清圆。[55]

3．“少日同驰翰墨场，卅年飞电误流光。”——复园主人的红板桥之会

杭城文士的雅集场所，当然不止于瓶花斋和小山堂。乾隆初年，在杭世骏和厉鹗的主持下，杭城儒释两道的名士与诗僧，结成诗社，活动众多。袁枚《随园诗话》卷三云：

乾隆初，杭州诗酒之会最盛。名士杭、厉之外，则有朱鹿田樟、吴瓯亭城、汪抱朴台、金江声志章、张鹭洲湄、施竹田安、周穆门京，每到西湖堤上，掎裳联襼，若屏风然。有明中、让山两诗僧留宿古寺，诗成传抄，纸价为贵。……四十年来，儒、释两门，一齐寂灭，竟无继起者。[56]

文中所记的名士们，正是前述乾隆九年（1744）秋八月二十四日在瓶花斋中观画的成员，也就是以杭世骏和厉鹗为核心所结成的南屏诗社。[57]西湖堤上，古寺之中、私家园林，均是诗社同人聚会的好场所。袁枚提及的“汪抱朴台”，即复园主人汪台，同年稍早时候在杭州城北

武林门的复园池上筑成红板桥一座，请诗社同人宴集，其盛况得以记录，并保存至今。

乾隆九年甲子（1744）七月十二日，复园主人汪台筑红板桥成，召厉鹗、丁敬、杭世骏、金农、释明中等同人会于复园。与会者共 20 人，分韵各赋七律诗 1 首，并手书后装订成册。是年冬明中又补画一幅于诗卷首页，册前则有丁敬篆书题名，《复园红板桥图题咏册》至此可谓诗书画三绝齐备，嘉庆间此册为吴修所藏，并于嘉庆九年甲子七月出示于梁启心的后人梁同书，缅怀 60 年前旧事，而复园故地已是桥柳无存，令人感慨。[58]《复园红板桥图题咏册》（图 6）现藏于浙江省博物馆，珍贵的复园图景和完整的 20 位诗社成员的墨迹，均得以存世。[59]

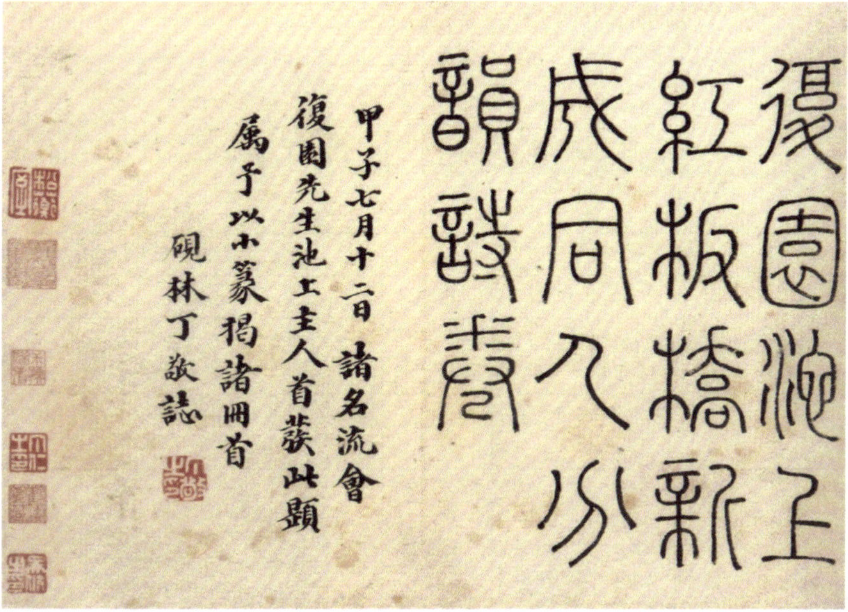

图 6　《复园红板桥图题咏册诗》之丁敬书篆题名及落款　浙江省博物馆藏

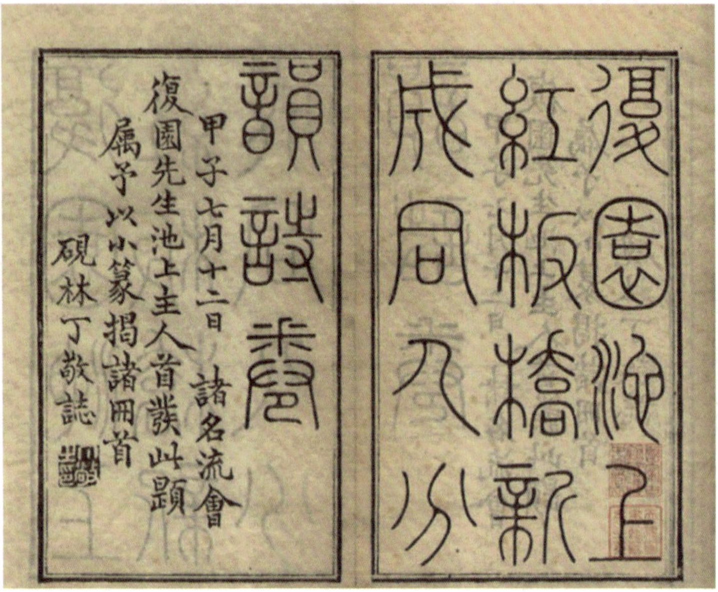

图 7 《复园红板桥诗》书影 丁敬书篆题名及落款
武林掌故丛编第八集，光绪癸未秋八月丁氏嘉慧堂刻本

表 1 “复园雅集”二十人姓氏、爵里及身份 [60]

诗卷署款	姓名	籍贯	身份经历
穆门	周京，字少穆，号穆门	钱塘	国子生考授州同
茶园	顾之珽，字月田，号茶园	仁和	康熙己卯举人，官陕西三原县等职，乞休归田
江声	金志章，初名士奇，字绘卣，号江声	钱塘	雍正癸卯举人，由中书迁侍读，出为口北道
复斋	许承祖，字绳武，自号雪庄居士	海宁	乾隆庚子副贡
筠谷	郑江，字玑尺，号筠谷	钱塘	康熙戊戌进士，改庶常授检讨充明史馆纂修等职，乞告回籍
樊榭	厉鹗，字太鸿，号樊榭	钱塘	康熙庚子举人，乾隆丙辰应博学鸿词试，放归

敬身	丁敬，字敬身，号龙泓	钱塘	少不习举子业，年甫冠始折节读书，厕身佣贩
葭林	梁启心，字首存，号葭林	仁和	乾隆己未进士改庶常，因父年老引疾归，二十年不出，上怜其孝，即家授编修
寿门	金农，字寿门	钱塘	有诗集，工书善画
瓯亭	吴城，字敦复，号瓯亭	钱塘	焯子，克承先志，殚心群籍，勤加校勘，数十年丹黄不去手
堇浦	杭世骏，字大宗，号堇浦	仁和	雍正甲辰乡试，乾隆初举博学鸿词，授翰林，后落职归乡
秋塍	鲁曾煜，字启人	会稽	康熙辛丑进士改庶吉士
烎虚	释明中，俗姓施，字烎虚	桐乡	七岁出家，先后主圣因寺、净慈寺
岭云	释篆玉，俗姓万，字让山，号岭云	仁和	十七岁投净慈寺，雍正十二年游京师，后奉旨还，主龙翔寺
崧亭			扬州诗僧
豫堂	祝维诰，字宣城	秀水	丙辰被征不及试，戊午举于乡考，授中书既终养补官升典籍
壶尊	钱载，字坤一，号壶尊	秀水	少不耐于举业，既以副榜荐博学鸿词，荐经学，皆不获。壬申始联捷，年四十五，由翰詹累擢礼部侍郎
初观	许大纶，字若愚，号初观	仁和	康熙庚子举人，云和教谕
桐石	汪仲鈖，字丰玉，	桐乡	家故饶，兄弟不事生产，搜讨藏书
复园	汪台，字抱朴，号复园	钱塘	贡生，天台教谕

此次与会20人，籍贯相近，除崧亭或为扬州诗僧，其余都是浙江人，杭州籍在一半以上，大致上是同里之会。身份相似，除了丁敬等少数几人和几位诗僧，都有科考的经历，并有钱载这样的致仕高官。当然此会之中，不论身份，均是平等的诗友，许多人工书善画，钱载、金农、杭世骏等人均能画，但最终补画的是与会诗僧明中。（图8、图9）

20人均即席手书本人诗句，书体各异，弥足珍贵，金农的标志性书体颇为醒目（图10），而樊榭与丁敬同书于一开纸上（图11），可见二人关系的亲厚。

图 8 明中补绘 复园红板桥图 浙江省博物馆藏

图 9 明中绘 复园红板桥图 武林掌故丛编丁氏嘉慧堂刻本

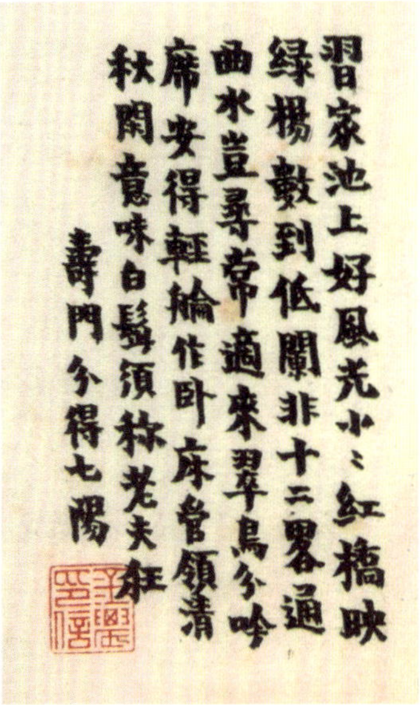

图 10　《复园红板桥图题咏册》（局部）之金农题诗　浙江省博物馆藏

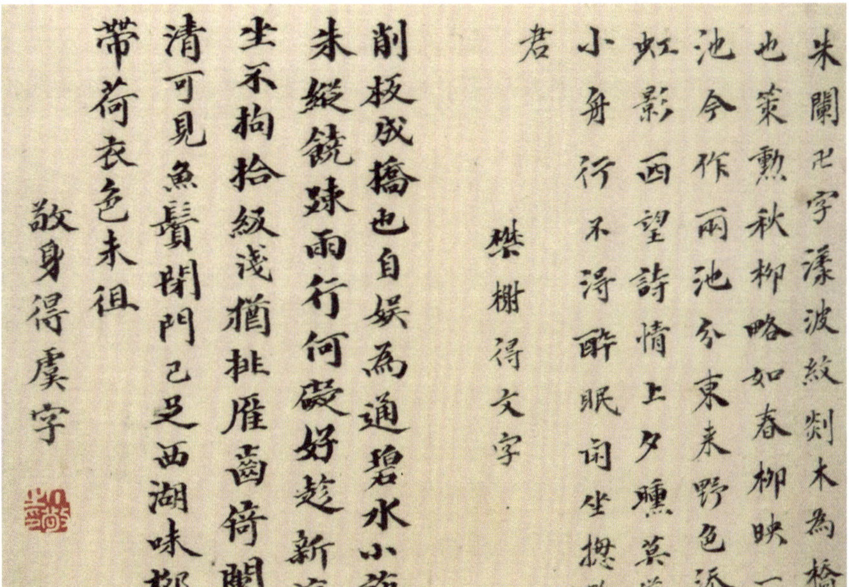

图 11　《复园红板桥图题咏册》（局部）之厉鹗、丁敬题诗　浙江省博物馆藏

樊榭诗释文：

朱栏卍字漾波纹，刻木为桥也策勋。秋柳略如春柳映，一池今作两池分。东来野色添虹影，西望诗情上夕曛。莫道小舟行不得，醉眠闲坐总输君。

樊榭得文字。[61]

厉鹗与汪台其实也是老朋友，乾隆十三年（1748），樊榭为汪台的《汪复园亭角寻诗图》题诗：

少日同驰翰墨场，卅年飞电误流光。不论公瑾小一月，今看须眉各老苍。

城北幽居一水通，荷香柳影冷吟中。分明画出陈居士，亭角披披两袖风。“亭角寻诗满袖风”，陈简斋句也。

老去酒兵元偶尔，新来眉斧不相宜。与君商略闲功课，长日唯消几首诗。[62]

“少日同驰翰墨场，卅年飞电误流光。”点出两人的相同经历和长期友谊。

4. 厉鹗在杭城过眼的其他前代传世佳作

厉鹗的其他杭城好友，也是他鉴赏书画文物的重要来源，其中一位重要人物是周二学。周二学，字幼闻，号药坡，别号晚崧居士，浙江海宁人，家以藏书称富，又好蓄书画、碑帖。工书，以行楷见妙，精赏鉴，亦知装潢，著有《一角编》《赏延素心录》《一粒粟赏》等。[63]厉鹗先后为其两本书画鉴藏和装潢类书籍作序。

雍正十一年癸丑（1733）除夕，樊榭为周二学《一角编》作序：

晚菘居士耽爱书画，独具真赏，此编自比之马远残山剩水，以未见元以上真迹为歉耳。彼唐王广津、宋贾师宪、明严惟中，据枋国之势，肆其豪夺，金题玉躞，充牣箧笥。未几零落，或归天府，或散人间，徒令人有烟云过眼之叹。居士此编，所购虽前代为多，然损砚田、节衣食以营之，辨析入微芒，宝护如头目，以悦吾生，以长子孙，居士复何歉哉？诗不云乎，岂其食鱼，必河之鲂？秘密藏中安乐法，吾从居士而问之。

癸丑除夕，题于南湖花隐。[64]

雍正十二年甲寅（1734）十二月廿一日，厉鹗又为周二学《赏延素心录》题辞曰：

唐内府装潢匠则有张龙树、王行直、王思忠、李仙丹辈，要皆良工好手。宋思陵秘阁龙大渊、曾纯甫审定，目力虽短，而标褾赙诸锦绫、杆轴各色不一，各务精力，见于周公谨氏所记。盖古人留心游艺，不欲苟简如是。若收藏之法，如赵希鹄《洞天清禄》所载，亦可谓之详且密矣。药坡居士有丹邱之鉴识，兼清閟之储藏，此录十则，悉经讲求，自出新意，诚宝墨之金汤，绘林之干城也。张彦远云："非为无益之事，又安能悦有涯之生？"海内不乏雅流，得此亦悦生之一助云。

雍正甲寅嘉平月廿有一日，樊榭厉鹗。

连续为两书撰文，可见二人关系非同一般，周二学所藏书画，樊榭应多有机会过眼。[65]

除前文所述，樊榭在杭州及周边还曾过眼不少传世书画名作，仅绘画就有汪药山藏韩滉《五牛图》、王鸿绪家族旧藏董源《龙宿郊民图》、杭州长明寺旧藏圣因寺后藏贯休《十六罗汉像》、金以宁藏北宋苏汉臣《扫象图》、周穆门藏“马和之小景”、汪旭瞻所购李迪《秋原放牧图》、陈子健藏宋人画《太真按舞图》、吴耕民藏李森《劫钵图》、潮鸣寺藏一十三轴戴进绘功德诸像轴、杭州长明寺藏四明李麟画“祖堂百像”、丁茜园藏陈洪绶《合乐图》、丁敬所藏崔子忠《伏生授经图》等等。

这些作品，樊榭和好友们或同观或先后过眼，若作品灭失，其记录就弥足珍贵了。以周京藏“马和之小景”为例，乾隆八年癸亥（1743）三月十四日，厉鹗过周京斋，赏马和之小景。作《题周少穆所藏马和之小景二首》。其诗注云：“画上有杨妹子题云：‘雨洗东坡月色清，市人行罢野人行。莫嫌荦确坡头路，自爱铿然曳杖声。东坡黄州作也。’”

两诗其一曰：

六飞当日驻钱塘，曾画毛诗马侍郎。五百年来遗墨尽，秋林曳杖见吴装。

其二：

便娟小楷媚多姿，似见杨家弄笔时。南渡已无文字禁，宫闱也爱写苏诗。[66]

樊榭在《南宋院画录》卷三“马和之”条目的附记中，对作品的记述更详细：“乾隆八年三月十四日，过吾友周少穆欣托书斋，出观马和之小幅，上有杨妹子题即雨洗东坡一诗也，字画秀逸。款云：‘杨妹子’。下有双龙小圆印，‘和之’二小字在下方。即四景之一也。少穆云得于松江。厉鹗记。”[67]

乾隆十二年丁卯（1747）正月二十二日，厉鹗又作《马和之小景跋》一篇，其文曰：

右马和之小景，上有杨妹子题“雨洗东坡月色新”绝句一首，盖苏文忠公作也。予友周君穆门得于云间，出以见示。用笔清逸，杨妹子小楷秀媚中饶劲致，其为真迹无疑。尝记沈润卿《吏隐录》载马和之小景四幅，杨妹子各题一绝句云：“人道中秋明月好，欲邀同赏意如何？华阳洞里秋坛上，今夜秋光此处多。”“石楠叶落小池清，独下平桥弄扇行。蔽日绿萌无觅处，‘不如归去’两三声。”“清献先生无一钱，故应琴鹤是家传。谁知默鼓无言曲，时向珠宫舞幻仙？”其四即此幅也。又张泰阶《宝绘录》载黄子久跋马和之画卷云：“陈维寅持《秋林曳杖》小幅来。”景色正与此同，是此幅曾为船场陈氏所藏，为吴中旧物，流传有自，尤可宝也。马为钱唐人，绍兴中登第，官工部侍郎。杨为宁宗杨后之妹，鉴古者所共知，不多缀云。乾隆丁卯正月二十二日，钱唐厉鹗跋。[68]

周京（1677—1749），钱塘人，字西穆，一字少穆，号穆门，晚号东双桥居士。廪贡生，考授州同知。乾隆元年荐博学鸿词，称疾不就试。工书，有诗名。有《无悔斋集》等。[69]周京既是樊榭同乡密友，与金农等亦交好，因此冬心先生也曾过眼该画，并且“赠以古青磁出轴装之”，和樊榭谨慎地称此画为“马和之小景”不同，金农直接命名该画为“马和之《秋林共话图》”，这还促成了他日后的一件创作，即今藏北京故宫博物院的《金农人物山水图册》中的第三开《秋林共话图》。[70]（图 12）

北京故宫本金农《人物山水图》册，纸本，墨笔或设色，每开纵 24.3 厘米，横 31.2 厘米，共 12 开，分别绘佛像、山水、人物故事等题材。徐邦达先生在《古书画伪讹考辨》中评点此套作品：“纸本，横方幅，共十二页……（金农）自识作于乾隆二十四年己卯（一七五九），年七十三岁。笔法清秀，构图新颖，设色淡冶，自与罗聘不同。”[71]学界因此多认为徐先生确定此套作品为金农亲笔。

此开画两位男子双手收于袖间，置于背后，漫步在秋林之间，设色浅淡，一派怡然自得的景象。右侧题诗：“马和之《秋林共话图》用笔疏简，作浅绛色，有杨妹子题诗。同乡周穆门徵君曾藏一幅，余赠以古青磁出轴装之。徵君下世，为梁少师芗林所得，进之内府矣。今追想其意，画于纸册，是耶非耶，吾不得自知也。稽留山民记。”下钤“莲峰居士”（朱白文方印）、“金吉金印”（白文方印）。右侧裱边有“西吴文献世家”（朱文方印）。另有“健庵”（朱文方印）、“潘元永印”（白文方印）、“佞宋”（朱文连珠印）。左侧裱边有王秉恩“雪髯”（白文方印）。[73]

图 12 金农《人物山水图》册之《秋林共话图》[72]（第三开） 北京故宫博物院藏

金农文中所说“梁少师芗林”即梁诗正。梁诗正（1697—1763），字养仲，号芗林，又号文濂子，钱塘人。官员、书法家。梁诗正经常随乾隆帝出巡，朝廷重要文稿多出其手。周京于1749年辞世后，“马和之小景”为梁诗正所得，并进于内府，遗憾的是，此画入内府后便再无信息，今天下落不明。徐邦达对南宋帝后题画书有详细考辨文章，在其所叙存世作品和著录中均未提到这件“杨妹子题诗马和之作品”。[74]幸好有樊榭详细记录此画信息，特别是杨妹子题诗，又有金冬心意临其画，给我们留下“马和之小景”可能的样貌。

杭城民间的文会热闹之外，地方长官也曾出面组织过文人雅集。雍正九年，李卫开《浙江通志》局，厉鹗、杭世骏、吴焯、赵昱、沈德潜等人被聘为分修。此次修志“越二年始削稿，又一年奇厥其事”。[75]志局之中，群贤毕集，成果斐然，工作之余，志局同人也偶有官方组织的西湖雅会。乾隆间诗社大盛，部分原因是“当时清廷派驻浙省的地方官，部分好尚文学，与当地汉族文士交游，策划主持并亲身参与当地的文学创作活动，推动了文学艺术的发展繁荣，如杭州知府鄂敏、乍浦理事同知舒瞻等。”[76]但官方雅集依仗地方长官的个人修养和文艺趣味，毕竟不是常态。厉鹗这样的体制外文人，生活和学术主要依赖的仍是民间众友襄助，除了杭州，还有17—18世纪间中国最为生机勃勃的伟大城市——扬州。

（二）扬州，18世纪中国的大熔炉

扬州因交通和盐业在明清两代繁华，不少商人富而好雅。《扬州画舫录》所记：“扬州诗文之会，以马氏小玲珑山馆、程氏篠园及郑氏休园为最盛。至会期，于园中各设一案上置笔二、墨一、端砚一、水注一、笺纸四、诗韵一、茶壶一、碗一、果盒茶食盒各一，诗成即发刻，三日内尚可改易重刻，出日遍送城中矣。每会酒殽俱极珍美。一日共诗

成矣。”[77]与成本巨大但机会渺茫的进京赶考相比，扬州发达的商品经济，相对宽松的文化环境，吸引了各地文士汇聚邗上，不论籍贯出身，在此均可凭借自身学问才艺，谋得一席之地。在这个18世纪中国经济文化的大熔炉，“扬州梦”成为许多人的共识，正如郑燮《满江红·思家》所云：

我梦扬州，便想到扬州梦我。第一是隋堤绿柳，不堪烟锁。潮打三更瓜步月，雨荒十里红桥火。更红鲜冷淡不成圆，樱桃颗。

何日向，江村躲；何日上，江楼卧。有诗人某某，酒人个个。花径不无新点缀，沙鸥颇有闲功课。将白头供作折腰人，将毋左。[78]

和同代许多江南文人一样，厉鹗去扬州，是为生计所迫。康熙六十年（1721），雍正二年（1724），樊榭两次进京会试，均失利。雍正二年（1724）进京赶考的途中，他曾一路在无锡、扬州等地游历和雅会，结交了好友余元甲，想必对扬州印象不坏。从雍正三年（1725）初春开始，赴扬州寻找机会便是自然的事情，从此一发不可收拾，家乡杭州之外，扬州成为厉鹗一生活动的重心，很多时候一年中要多次往返奔波于杭扬之间。[79]

起初的扬州之行并不如意，让厉鹗感到疲惫沮丧。

雍正三年乙巳（1725）年初，樊榭赴扬州，仲夏方返，作《夏五闲居八首》，其一云：

始春游广陵，仲夏返敝庐。出如谋食鸟，归似止泺鱼。江湖已相忘，三叹无定居。开窗延众绿，检我床头书。[80]

盛夏六月苦热，厉鹗再赴扬州，途中和老友汪清渠抱怨：

频年奔走厌川陆，六月浮舟信更难。苹末不传凉吹起，峰尖空逼火云看。只愁嘲客徐常侍，讵肯因人梁伯鸾。记得松阴对挥麈，掬泉龙吻酌清寒。[81]

这次待到年底方才回杭，风尘仆仆，其《归来》诗曰：

归来抖擞布衣尘，竹几藜床意最真。坐爱阳光通一室，卧闻冰溜落比邻。淮南书内题春女，扬子经中说夜人。我有心情狎寒昼，九逵不著自由身。[82]

雍正四年丙午（1726）早春，又赴扬州。五月二日，樊榭生日，作诗有感：

又是江南梅雨天，此生逾壮思悠然。矜张久厌宣明面，草泽谁知正礼年。上句宋谢晦，下句梁顾协，俱三十五岁事。情类疲牛踏陈迹，身如社燕寄修椽。两年薄游扬州。佳时毕竟推吾土，树外云峰对榻眠。[83]

为了菲薄的报酬，在扬州漂流两年，疲累而不受尊重。“情类疲牛踏陈迹，身如社燕寄修椽。”樊榭先生的心情自然糟糕。当然，由于厉鹗的才学和情趣，在扬州，志趣相投的良友不断出现在他的生活中，给予鼓励和帮助，他逐步站稳脚跟，在扬州展开一方新天地。

1.“琴弦为一心，虽冻讵肎折”——余元甲

余元甲，江都人，字茁村，又柏岩，号葭白。雍正诸生。乾隆初，

荐鸿博，辞不就。工诗。书室濡雪堂，著有《濡雪堂集》。在与马氏兄弟交好前，余葭白应是樊榭先生在扬州所交最好的朋友，两人的订交，便是从观画题诗开始的。

雍正二年甲辰（1724）秋，厉鹗北上应试，离开杭州后，游历无锡，又客居广陵，此时和余元甲相交，为其《青灯雪屋图》题诗曰：

贱子客广陵，尘土感骚屑。白帝初执矩，赤熛未弭节。何方解炎歊，嘘以庾郎雪。移我堕寒林，短纸开凹凸。销余复待伴，入夜气严洁。琤然落风枝，梦醒觉衾铁。灯光与雪光，争此破窗穴。直身凛自持，孤吟惨不辍。琴弦为一心，虽冻讵肎折。起视江外山，玉立正清绝。寤言期斯人，岁晚祛内热。[84]

雍正三年（1725）初春，厉鹗又赴扬州，过余元甲斋，与王藻同观了一幅有趣的画，这就是唐寅所临《韩熙载夜宴图》，余元甲作题画诗一首，厉鹗与王藻各和诗一首。[85]（图 13）

余元甲《题唐子畏画韩叔言夜宴图》云：

空堂八尺霜缣里，艳色豪情欲飞起。五色华灯飐乱红，鸳央社儆珊瑚市。谁领温香一队春，僧衣乞食韩夫子。官情落索春情热，绿扉深处花筵设。几点乌巾集似云，十行雁粉莹于雪。犀渠小带惹银泥，乐伎经

图 13 （明） 唐寅临《韩熙载夜宴图》卷（局部） 绢本 工笔重彩 纵 31 厘米、横 548 厘米 重庆中国三峡博物馆藏

徙纷蝶亵。纤腰未折回星睐，偷得窅娘宫里态。月抱烟眠不自持，琤琮节鼓花床碎。此时似闻群响，一尺红牙舒雅拍。翩跹曳绪那禁风，霓衫愁化千丝碧。香兔斜飞烛花冷，窗名自在犹烘影。可怜老苑梅赜冈，漠漠梨云失乡井。金阊才人唐子畏，大朝也自甘沦弃。弹毫谱出旧风流，九鲤灵仙墨花畀。当年宴罢潜行客，可有闼中诡踪迹。花冠翠仙一声啼，向人枕畔将衣索。[86]

厉鹗和诗曰：

韩郎自是江北人，避地去作江南臣。更从江南到江北，便道江南有人忆。归来笑拥名花丛，疏眉小面居当中。千枝银烛照舞影，满堂宾客看惊鸿。门生解事执乐句，燕支拍碎声穿空。酣嬉跌宕君莫笑，一半桃李无春风。宫中唱念家山破，烧槽哀怨传何穷。聊将群婢污名检，此意未必闻重瞳。六如居士不并时，何由户外三更窥。笔底故有嫱与施，我不见画但见诗。诗工直疑画逊之，眼饱铅黛嘲贫儿。从来裴休说法为人愿，不妨衲衣乞食随歌姬。[87]

王澡和诗：

江南国主亲游宴，御殿年来罢南面。中书省退紫薇郎，轻格逍遥歌伎院。梨花一树春溶溶，壁月半轮香雾浓。搊筝擫笛自檛鼓，狎客门生亦许从。漫矜天堑长江水，卧榻旁难酣睡美。张相将捐城下躯，庾郎恐抱航头耻。自汙名节变行藏，珠翠从中笑几场。纵饮何妨学无忌，穷奢岂是慕汾阳。此意千秋知者寡，桃花庵主豪能写。八尺霜缣神采浮，丹陈粉涴犹妍雅。赋得三生怅怅词，才人寥落有同悲。须知金目天魔舞，不异僧衣乞食时。[88]

图 14　唐寅临《韩熙载夜宴图》（卷）（局部）

唐寅题诗第一首（图 14）位于第一段后："身当钩局乏鱼羹，预给长劳借水衡。废尽千金收艳粉，如何不学耿先生。吴门唐寅。"

钤："梦墨亭"朱文印、"唐伯虎"朱文印、"南京解元"朱文印。

图 15　唐寅临《韩熙载夜宴图》（卷）（局部）

唐寅题诗第二首（图 15）位于卷末："梳成鸦鬓演新歌，院院烧灯拥翠娥。潇洒心情谁得似，灞桥风雪郑元和。吴郡唐寅。"

钤："吴郡"朱文印、"唐寅私印"白文印、"六如居士"朱文印。

画后另有鉴藏印："李氏受轩"朱文印、"李咸中"白文印、"清白太守之子"朱文印、"花竹琴书赏心乐事"朱文印等。

重庆中国三峡博物馆对此件《唐寅临韩熙载夜宴图》卷的说明强调："五代顾闳中的《韩熙载夜宴图》，描绘南唐大臣韩熙载因政治失意而与阁僚、歌伎放纵声色之事，该画对后世人物绘画影响颇大，明清时期多有临本。[89] 此卷为明代唐寅的临本并有所改编，是诸多临本中的佳作……此卷中两处唐寅的书法也为画卷增光添彩。”

回来看余元甲、厉鹗和王藻的三首题画诗，内容大致相似，均准确描述画面情景，追述当年史事，并加以个人评价。眼光最为独到的还是厉鹗，作为诗人，他更多注意到了画上唐寅的两首题画诗（图 14、图 15），并特别加以说明：“笔底故有嫱与施，我不见画但见诗。诗工直疑画逊之，眼饱铅黛嘲贫儿。”有学者从“我不见画但见诗”句，认为厉鹗未能得观此画，仅是和余元甲诗，应是误会了诗意。[90]

重庆中国三峡博物馆的说明文字里还提到“……自唐寅绘此卷后，数百年来为收藏者秘不示人，向不见著录，今一‘醒’惊天下……”，这个“数百年来为收藏者秘不示人，向不见著录”的说法，显然是未曾读过樊榭等人诗句，至少在雍正三年（1725）正月的这次观画，过眼者就有余元甲、厉鹗、王藻三人，其他未见记载者，在扬州一地只怕也有几次。

实际上，厉鹗此诗现在已经被研究者注意。《韩熙载夜宴图》唐寅本的作者归属一直有争议，“徐邦达认为不是唐寅临摹。吕明认为是明代唐寅临摹。胡昌健先前认为是明代仇英所作，后来更改为唐寅所作。”[91] 让胡昌健看法做出改变的正是他对樊榭《和余葭白题唐子畏画韩熙载夜宴图》一诗的发现与解读。未来研究者不应遗漏的还有余元甲和王藻的记录。

余元甲与厉鹗的友情也是延续终生，余葭白离世较早，乾隆壬戌，樊榭作《二哀诗》，纪念故友汪青渠和余元甲。《余葭白》诗云：

淮海无双士，风流见未曾。诗中语盘硬，醉后兴飞腾。雪屋贫留客，秋房晚类僧。闻归襄汉艇，老病失心朋。[92]

此诗便是赞美余元甲，雅爱交友，慷慨好客，当年初到扬州的樊榭，人地两生，正是葭白的热情相待和帮助，让厉鹗站稳脚跟，逐步融入了扬州文化圈。

2.“横陈图史常千架，供养文人过一生”——“扬州二马”

“扬州二马”即马曰琯（图 16）、马曰璐兄弟，他们与东南文化圈构建的关系，学界论述已多，其“养士”的行为之所以受人敬重，并非仅仅“家有千金，行止由心”，这与其自身强烈的文人情怀无法分割。[93]袁枚凭吊马曰琯的诗句“山馆玲珑水石清，邗江此处最知名。横陈图史常千架，供养文人过一生。吾乡厉太鸿陈授衣诸君皆主于其家。客散兰亭碑尚在，草荒金谷鸟空鸣。我来难忍风前泪，曾识当年顾阿瑛。”[94]和阮元所说的“征君昆弟业鹾，赀产逊于他氏，而卒能名闻九重，交满天下，则稽古能文之效也。当时拥重赀过于征君者，奚翅什伯，至今无人能举其姓氏矣。”[95]，都是时人对马氏兄弟最为公允的评价。

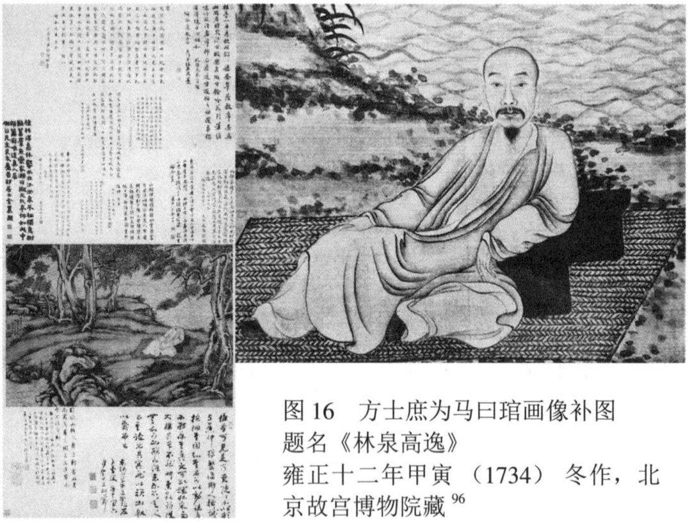

图 16 方士庶为马曰琯画像补图
题名《林泉高逸》
雍正十二年甲寅（1734）冬作，北京故宫博物院藏[96]

厉鹗一生最重要的贵人知己，非扬州马氏兄弟莫属，在二马所构建的文人生态圈中，樊榭扮演了重要的角色。有意思的是，他们之间最初的联结，又是与绘画有关。雍正二年甲辰（1724）六月，厉鹗北上进京赴试，逗留扬州，在与扬州文人的交游中，为马曰璐所藏梅花卷子作题画词一首，《菩萨蛮 马佩兮梅花卷子寓骑省之戚徵予赋此》：

微波冷托湘筠色。高枝早信寻难得。玉骨不为泥。轻于云一丝。镜花留半影。最薄东风命。楚角莫飞声，人间无此情。[97]

雍正三年（1725），厉鹗来扬州讨生活的第一年，当年二次赴扬州期间，又为马曰璐所藏《马麟摹黄筌春波鸂鶒图》题诗：

江南别岸风兰密，宛颈文禽水中出。回眸不异锦城春，内家最赏臣麟笔。沈浮一对常相见，汉宫应有颛房燕。可怜未得辟寒金，夜夜羁雌怨秋扇。[98]

由这些题画诗词开始，厉鹗与马曰璐结识并慢慢熟悉，到雍正五年（1727）暮春时节，马曰璐来杭州，在厉鹗陪同下共游西湖和灵隐，之后又同游吴门，相处甚欢，这可以视为厉鹗被扬州文化圈核心人物彻底接纳的重要标志。[99]从此，樊榭先生在扬州获得了更好的待遇，可以相对安心地从事学术和艺文活动。

以马氏兄弟为核心的扬州诗人群体，他们活动的中心舞台，就是二马在扬州构建的宅邸园林，其主要场所是街南书屋、行庵和南庄，[100]又以街南书屋和行庵更为重要，著名的小玲珑山馆其实只是街南书屋的一部分，但成为二马文会场所的代名词。《扬州画舫录》对二马的生平、宅第、藏书等记述颇详：

行庵，马主政家庵也。在枝上村西偏，今归御花园。门在枝上村竹径中，门内供韦驮像，大殿供三世佛，殿前梧桐三株。由殿东角门入，小屋四间。复由屋西角门入，套房二间。过此则为枝上村竹园。叶震初有《行庵文宴图》，今已无存。马主政曰琯，字秋玉，号嶰谷，祁门诸生，居扬州新城东关街，好学博古，考校文艺，评骘史传，旁逮金石文字。南巡时两赐御书克食。尝入祝圣母万寿于慈宁宫，荷丰貂宫纻之赐。归里以诗自娱，所与游皆当世名家。四方之士过之，适馆授餐，终身无倦色。著有《沙河逸老诗集》。尝为朱竹垞刻《经义考》，费千金为蒋衡装潢所写《十三经》，又刻许氏《说文》《玉篇》《广韵》《字鉴》等书，谓之“马板”。弟曰璐，字佩兮，号半查，工诗，与兄齐名，称“扬州二马”。举博学鸿词不就，有《南斋集》。子裕，字元益，号话山，工诗文，尤精于长短句，小字阿买，见杭堇浦《道古堂集》中。佩兮于所居对门筑别墅曰“街南书屋”，又曰“小玲珑山馆”，有看山楼、红药阶、透风透月两明轩、七峰草堂、清响阁、藤花书屋、丛书楼、觅句廊、浇药井、梅寮诸胜。玲珑山馆后丛书前后二楼，藏书百厨……[101]

由文中可知马曰琯居处在“扬州新城东关街”，马曰璐“于所居对门筑别墅曰街南书屋，又曰小玲珑山馆”。作为18世纪上半叶江南文会圣地，小玲珑山馆的样貌，幸有图像记载并传世，这就是张庚应马曰璐所请绘制的《小玲珑山馆图》，马曰璐还亲书《小玲珑山馆图记》说明建造的原因和轶事：[102]

中有楼二：一为看山远瞩之资，登之，则对江诸山，约略可数；一为藏书涉猎之所，登之，则历代丛书，勘校自娱。有轩二：一曰“透风”，披襟纳凉处也；一曰“透月”，把酒顾影处也。一为“红药阶”，种芍药一畦，附之以“浇药井”，资灌溉也。一为“梅寮”，具朱绿数种，塍之以石屋，表洁清也。阁一，曰“清响”，周栽修竹以承露。庵一，曰“藤花”，中有老藤如怪虬。有草亭一，旁列峰石七,，各擅其奇，故名之曰“七峰草亭”。其四隅相通处，绕之以长廊，暇时小步其间，搜索诗肠，从事吟咏者也，因颜之曰“觅句廊”。将落成时，余方拟榜其门为“街南书屋”，适得太湖巨石，其美秀与真州之美人石相埒，其奇奥偕海宁之绉云石争雄，虽非娲皇炼补之遗，当亦宣和花纲之品。米老见之，将拜其下；巢民得之，必匿于庐。余不惜赀财，不惮工力，运之而至。甫谋位置其中，藉作他山之助，遂定其名“小玲珑山馆”。适弥伽居士张君过此，挽留绘图。只以石身较岑楼尤高，比邻惑风水之说，颇欲尼之。余兄弟卜邻于此，殊不欲以游目之奇峰，致德邻之缺望，故馆既因石得名，图已绘石之矗立，而石犹偃卧，以待将来。

马氏兄弟和厉鹗等扬州诗社同人分作《街南书屋十二首》，全面描述其中的状况，厉鹗诗 12 首如下：[103]

《小玲珑山馆》：

凿翠架檐楹，虚敞宜晏坐。题作小玲珑，孰能为之大?

《丛书楼》：

世士昧讨源，泛滥穷百氏。君家建斯楼，必自巢经始。楼中藏书甚夥，近更广搜经义，补所未备。

《透风透月两明轩》：

前后风直入，东西月横陈。主既如谢譓，客合思许询。

《觅句廊》：

步櫩何逶迤，昼静无剥啄。好句忽圆时，花阴转斜桷。

《红药堦》：

种从亳州移，不是刘郎谱。春风一尺红，阶前晕交午。

《石屋》：

寥豁似天造，华阳南便门。寻仙恐迷路，不敢蹑云根。

《看山楼》：

青山复何在？烟雨晦平陆。待得晚秋晴，徙倚阑干曲。

《七峰草亭》：

青峭落窗中，翛翛竹风举。悠然欲揖之，恍见林下侣。

《梅寮》：

绕舍玉梢发，嫩寒先起探。绝胜尘土客，落月梦江南。

《清响阁》：

横琴小阁闲，希声寄弦指。萧寥不可名，松风乱流水。

《浇药井》：

久视托灵苗，仰流资灌溉。际晓辘轳声，众芳欣所在。

《藤花菴》：

依格青条上，垂檐紫萼斜。天然妙香色，合是佛前花。

对樊榭先生来说，“楼中藏书甚夥，近更广搜经义，补所未备”的丛书楼恐怕吸引力最大，事实上，他也确实大大受益于马家的藏书。在丛书楼，他和马氏兄弟合作完成《宋诗纪事》，成为当时文坛一段佳话。当然还是要强调，樊榭的资料收集是博采众友，前述杭城瓶花斋和小山堂等处藏书，与扬州小玲珑山馆丛书楼共同构成了他的知识武库，并非一家独美。同时，厉鹗等文士在别处所搜集到的重要资料，二马也会遣人抄录，成为丛书楼的庋藏，例如樊榭曾手抄《白石道人歌曲》一册，马氏即遣人过录，留存至今。[104]

小玲珑山馆之外，行庵是邗上诗人活动的另一重要场所。行庵为二马家庵，环境幽静，乾隆九年（1744）夏四月，二马好友，诗人、画家方士庶作过一幅《行庵大树图》（图 17），其题记简要而准确地说明了行庵的性质。

此图本幅右上自识“乾隆九年岁在甲子夏四月，宿雨初晴，窗阴绿满，　悍夫吴丈属画时景，为画行庵大树图以应之。行庵，　吾友马氏嶰谷、半查兄弟读书所也。询远。”[105]画中寥寥数人，意态闲静，或正是行庵主人和方士庶、吴悍夫轻松会晤的场景。

图 17　方士庶　行庵大树图（轴）　纸本设色
纵 132.8　横 64.7 厘米
北京故宫博物院藏（文物号：新 00145982）

就在上一年，方士庶还和人物画家叶芳林合作过一幅画，记录了在行庵举行的一次具有典型意义的扬州雅集，这就是著名的《九日行庵文宴图》（图 18）。李斗在《扬州画舫录中》记述“叶震初有《行庵文宴图》今已无存”，其实此画尚在人间，几经流转，今藏于美国克里夫兰艺术博物馆。[106]

图 18　九日行庵文宴图（卷）（局部）
美国克利夫兰艺术博物馆藏（馆藏号：1979.72）

乾隆八年癸亥九日，即公元 1743 年重阳节时，马氏兄弟邀请扬州诗社同人来行庵花园聚会。这幅画作完成于这次聚会的一个月之后，由人物画家叶芳林和山水画家方士庶（当时聚会的宾客之一）共同完成。画作完成后，当时雅集的参与者纷纷为这幅画作序，并附加在画作之后。参与者包括马曰琯、马曰璐、胡期恒、唐建中、方士庶、闵华、全祖望、张四科、厉鹗、陈章、程梦星、方士倢、汪玉枢、王藻、陆钟辉、洪振珂等人，其中厉鹗、全祖望、查祥、邵泰、方扶南等人的跋尾序记附在其后。[107]

厉鹗的图记是其中最为重要的一篇，名为《九日行庵文宴图记》（图 19），收入《樊榭山房文集》，其文曰：

行庵在扬州北郭天宁寺西隅，马君嶰谷、半槎兄弟，购僧房隙地所筑，以为游息之处也。寺为晋谢太傅别墅，西隅饶古木，霿郁阴森，入林最僻，不知其近郛郭。庵居其中，无斫砻髹采之饰，惟轩庭多得清荫，

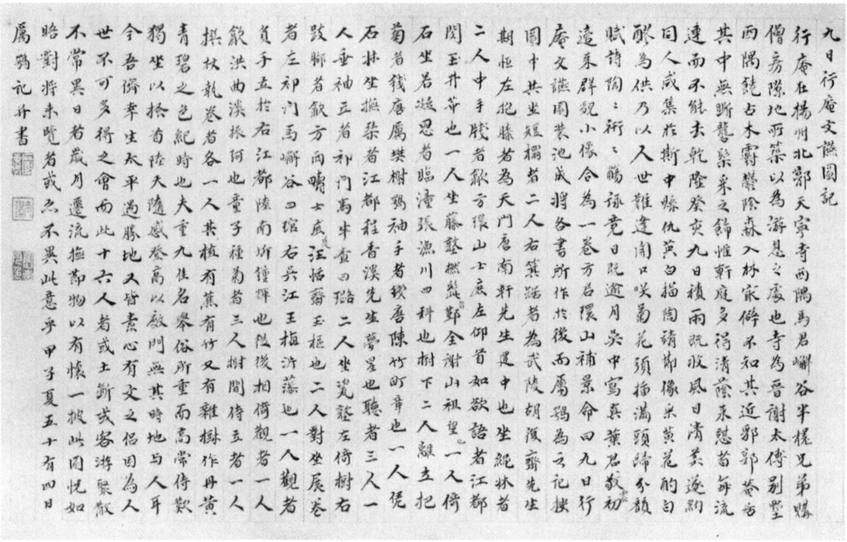

图 19　《九日行庵文宴图》卷（局部）之厉鹗手书题记

来憩者每流连而不能去。乾隆癸亥九日，积雨既收，风日清美，遂约同人，咸集于斯。中悬仇英白描陶靖节像，采黄花，酌白醪为供。乃以“人世难逢开口笑，菊花须插满头归”分韵赋诗，陶陶衎衎，觞咏竟日。既逾月，吴中写真叶君震初适来，群貌小像，合为一卷，方君环山补景，命曰“《九日行庵文宴图》。”装池成，将各书所作于后，而属鹗为之记。按图中共坐短榻者二人：右箕踞者，为武陵胡复斋先生期恒；左抱膝者，为天门唐南轩先生建中也。坐交床者二人：中手笺者，歙方环山士庶；左仰首如欲语者，江都闵玉井华也。一人坐藤墩撚髭者，鄞全谢山祖望也。一人倚石坐，若凝思者，临潼张渔川四科也。树下二人：离立把菊者，钱唐厉樊榭鹗；袖手者，钱唐陈竹町章也。一人凭石床坐抚琴者，江都程香溪先生梦星也。听者三人：一人垂袖立者祁门马半槎曰璐；二人坐瓷墩，左倚树、右跂脚者，歙方西畴士倢、汪恬斋玉枢也。二人对坐展卷者，左祁门马嶰谷曰琯，右吴江王梅沜藻也。一人观者，负手立于右，江都陆南圻钟辉也，从后相倚观者一人，歙洪曲溪振珂也。童子种菊者三人。树间侍立者一人。撰杖执卷者各一人。其植：有蕉，有竹，又有杂树作丹黄青碧之色，纪时也。夫重九佳名，举俗所重，而高常侍叹独坐以搔首，陆天随感登高以杜门，无其时地与人耳。今吾侪幸生太平，遇胜地，又皆素心有文之侣，固为人世不可多得之会。而此十六人者，或土断，或客游，聚散不常。异日者，岁月迁流，抚节物以有怀，一披此图，恍如晤对。将来览者或亦不异此意乎！[108]

樊榭文辞清晰，先交代行庵的坐落、功能、历史渊源、优美环境，随后说明乾隆八年癸亥（1743）的重阳日，同人雅集于此，中间悬挂明仇英白描《陶渊明像》，采黄花置白酒为供，并以杜牧诗“人（尘）世难逢开口笑，菊花须插满头归”句分韵赋诗，觞咏竟日。一个月后，由叶芳林（震初）“群貌小像”绘人物，方士庶补景，完成了这件作品。

《九日行庵文宴图》中人物众多，如何描绘诸人面貌并布置安排，不是一件轻松的工作，主画人物的叶芳林为此花费了不少心力和功夫，最终画中诸人分布有序，样貌逼真，形态闲适而又生动。是年岁晏，叶芳林离开扬州前，为其自作《渔隐小照》向韩江诗社诸君索题，诗见《韩江雅集》卷三之《洞庭叶震初为同人写行庵文宴图岁晏濒行自作渔隐小照索题》，题诗者有胡期恒、程梦星、马曰琯、汪玉枢、厉鹗、方士庶、王藻、方士倢、马曰璐、陈章、闵华、陆钟辉、张四科。[109] 众人对叶震初的画技显然是非常满意，特别强调了画中人物面貌的逼真和形态神气的生动准确，例如程梦星赞赏：“叶君写照能写真，传神阿堵疑有神。文宴图中十六人，一一状貌如其人。”

樊榭所作，亦对人物画家的工作，描述准确，评价甚高：

洞庭之东，笠泽之南。三万顷碧，八九峰蓝。有礐者石，有困者潭。

有蒲有蒯，有鳌有蚶。石林之苗，渔隐是贪。驰丹青誉，惟顾陆眈。朅来邗水，偶写行庵。庵中之人，契托侨郯。庵外之树，色杂枫楠。时维吹帽，朋以盍簪。童子携榼，门生舆篮。悬泉明像，同弥勒龛。大雅将作，非圣不谈。藉君摹绘，殊费砚覃。犁眉森秀，鹤发鬑鬖。或行舒舒，或视眈眈。或弦是捶，或书是勘。绳坐离立，伍五参三。齿长及少，交淡匪甘。哂啾名客，异殊傹男。传神阿堵，冰玉讵惭。顾我形骸，土木何堪。弥月事竣，一帆风酣。自作小影，聊伴归担。豀光福塔，望渔洋岚。言念君子，其乐且湛。孛娄爆玉，王余出泔。盘椒已颂，崦梅可探。开彼瓮蚁，检此芸蟫。我为作诗，字如眠蚕。[110]

图20 《九日行庵文宴图》卷（局部）

“图中共坐短榻者二人：右箕踞者，为武陵胡复斋先生期恒；左抱膝者，为天门唐南轩先生建中也。坐交床者二人 ：中手幭者，歙方环山士庶；左仰首如欲语者，江都闵玉井华也。一人坐藤墩撚髭者，鄞全谢山祖望也。一人倚石坐，若凝思者，临潼张渔川四科也。树下二人：离立把菊者，钱唐厉樊榭鹗；袖手者，钱唐陈竹町章也……童子种菊者三人。”

图 21　《九日行庵文宴图》卷（局部）

“一人凭石床坐抚琴者，江都程香溪先生梦星也。听者三人：一人垂袖立者祁门马半槎曰璐；二人坐瓷墩，左倚树、右跂脚者，歙方西畴士倢、汪恬斋玉枢也。二人对坐展卷者，左祁门马嶰谷曰琯，右吴江王梅沜藻也。一人观者，负手立于右，江都陆南圻钟辉也，从后相倚观者一人，歙洪曲溪振珂也。……树间侍立者一人。撰杖执卷者各一人。”

回到樊榭的《九日行庵文宴图记》，文中厉鹗对比画面，将聚会中人一一说明，可知画面上的与会者共 16 人：马曰琯、马曰璐、胡期恒、唐建中、方士庶、闵华、全祖望、张四科、厉鹗、陈章、程梦星、方士倢、汪玉枢、王藻、陆钟辉、洪振珂（图 20、图 21）。厉鹗文中所未提到一个真相是，全祖望当日并不在扬州，未能与会，后到扬州众人又补了一次聚会，洪振珂则两度都因病未能与会，所以本图是对当日聚会的“部分纪实”，或者说是在现实基础上的艺术虚构，绘图时补入未到场人物，是这个诗人同盟对同道者文化身份的确认。[111] 文以诚在谈到这幅作品的虚构模式时说道：“即便是最具体最现实的群像，也包含着虚构或近乎虚构的元素之亚结构。首先，在雅集这一事实之后画家要重建这一事件，这与某种不可避免的理想化相关联。”[112] 在这幅画中，赞助人与画家所追求的应当就是陶渊明和杜甫所代表的，充满隐逸、闲适与自足气息的文人理想世界。

安东篱对图中所绘诸人的出身和本籍做了一个统计，其中信息颇有意思。

表 2　《九日行庵文宴图》中所绘诸人本籍（* 出身于盐商家族）[113]

姓名	本籍
陈章	浙江杭州
程梦星 *	安徽歙县
方士倢 *	安徽歙县
方士庶 *	安徽歙县
洪振珂 *	安徽歙县
胡期恒	湖南武陵
厉鹗	浙江钱塘
陆钟辉 *	安徽歙县
马曰琯 *	安徽祁门
马曰璐 *	安徽祁门
闵华	安徽歙县
全祖望	浙江宁波
唐建中	湖北天门
汪玉枢 *	安徽歙县
王藻	江苏吴江
张四科 *	陕西临潼

由此表可见，一半以上的参会者是盐商出身，大多数人的本籍是安徽，此次聚会正是当年扬州“大熔炉”的最佳体现。许多海外中国学者根据本图中的众多盐商身份，认为这或许是当时“社会边界模糊”的证据，体现出了商人地位的上升。而安东篱在分析之后，则认为：“与其说这幅画鲜明记录了社会边界的模糊，还不如说它清楚地证实了士人文化的无可挑战的地位。”[114]就美术史问题来说，我们应当注意到的是，在这张画之前，文人雅集图卷的主人公基本是官员身份，不论在位还是致仕，例如“兰亭修禊”“香山九老”“西园雅集”。明代著名的《杏园雅集图》，既是文人雅集，更带有浓厚的政治色彩。[115]前述乾隆九年，杭州的复园红板桥诗会，与会者的身份更加接近前代传统。而乾隆八年（1743）的这次扬州文会，16人中商人和在野文人成为主角，但不论出身如何，他们当然崇尚，并且事实上也实践着典型的士人文化活动。这一点，是《九日行庵文宴图》无可替代的重要意义。

以这次“九日文宴”为代表，小玲珑山馆文会，会期频密，人员稳定，活动丰富多样，成果斐然。二马藏书一流，藏画也极为丰富，赏画是多次雅集的重头戏，《九日行庵文宴图记》中说明重九之日所赏的是一件“仇英白描陶靖节像”，另一个重要节日“重五之会”，二马展示的则是数量和质量均很惊人的钟馗像，乾隆十二年丁卯（1747）五月十五日，马半槎在小玲珑山馆集众人为“重五之会”，厉鹗正好又有记录：

岁丁卯五月十五日。马君半槎招同人为展重五之会于小玲珑山馆。维时梅候未除，绿荫满庭，遍悬旧人钟馗画于壁。钟馗之说不一，如宗悫母妹之名，于劲之字，皆在南北朝，而今人则传终南进士事。又古者岁除画钟馗辟邪，故张说有《谢赐历日钟馗表》，而今人则用于五月五日。是日适为夏至，阴阳交争，防诸沴戾，禳而却之，亦荆楚岁时所不废也。遂人占一画，各就画中物色，赋七言古诗一篇，钱唐厉鹗为之引。

右一篇见《韩江雅集》。[116]

这次集会共展出了13幅钟馗画，分别是《听琴图》《嫁妹图》《踏雪图》《策蹇图》《出猎图》《观傀儡图》《元夕出游图》《戏婴图》《秤鬼图》《夜游图》《执笏图》《品茶图》和《缘竿图》。马曰琯、马曰璐、厉鹗等13人分别作了《展重五集小玲珑山馆分赋钟馗画》13首。厉鹗所赋为《出猎图》：

老馗骏骑风萧萧，一阴生后为夏苗。啸梁之类聚若齿，属目用命无敢嚣。后劲髼鬇各有执，绳床背负携罂瓢。唐装挟簿似从事，数获且待盛诸簝。前驱何所见？丑怪兼跳踃。或对持赤棓，肃若官趋朝。或牵黄臂苍，或鸣钲吹篍。或建中军鼓，鼘鼘振云霄。或树大将旗，猎猎吹招摇。玄豹或锁掣，豪猪或叉撩。此皆偶中耳，老馗沈机密算惨不骄。半涂突出邅迹虎，相顾动色驰群骁。蹶张在地弩交彀，投石向空距独超。揕喉戈长夹大斧，欲除世害袪伥妖。天宝年间杨李辈，翼而冠者如虦猫。老馗胡不殪其党，忍使三郎远幸万里桥？今来画里展重午，徒然策勋酹尔桂与椒。[117]

阮元后来在《广陵诗事·卷七》中记录此事，赞叹不已："扬州诗老云：马氏不但藏书极富，其藏画亦极佳。每逢午日，堂斋、轩室皆悬钟馗，无一同者，其画手亦皆明以前人，无本朝手笔，可谓巨观。"（图22）当日聚会中所观钟馗诸画，见多识广的阮元也只知道《执笏图》为陈老莲画，《听琴图》或是仇十洲所绘。由此可见马氏兄弟藏画之富。

除前所述，厉鹗寓目的二马所藏古画珍品还有不少。

雍正三年（1725），题马佩兮所藏马麟《摹黄筌春波鸂鶒图》。[118]

雍正七年已酉（1729），与二马观元代顾定之《墨竹图》，画上有

漢首山宮銅雁足鐙歌
分詠銷寒故事
嶺曲
銅鼓歌詠邵文莊溫研爐
徐幼文師子林畫冊
東園雜詠
廣陵詩事　卷七　二
流觴展重午集小玲瓏山館分賦鍾馗畫
集讓圃投壺集環溪草堂
及遊金山焦
山諸題馬氏之後有江橙里先生
繼之先生卒後
此風歟絕矣故元撫先生詩有句云從今名士舟不

图 22　《广陵诗事》卷七之“展重午集小玲珑山馆分赋钟馗画”
光绪十六年（1890）扬州志馆刻本　天津图书馆藏

张伯雨、郑元佑、朱泽民题句。[119]

乾隆三年戊午（1738）春，樊榭客扬州。花朝，马曰璐为所藏“唐胡瓌《醉番图》卷”题识，其文曰：

唐胡瑰与子虔俱善画，瑰范阳人，所画皆番地之景。此卷人物气韵渊穆，精采飞动，真可谓神品者矣。旧称瑰画笔用狼毫，极清劲，洵不诬也。余家小玲珑山馆所藏名迹甚伙，惟王诜《设色山水卷》及李伯时《九歌图卷》、江贯道《长江图卷》、关仝《江山渔艇图卷》、李成《寒林图卷》与此卷皆属甲观。向年汪中允退谷过从索观称绝，欲以汉玉谷璧易之，余却之曰：“敝帚自矜，嗜痂成癖，从吾所好而已。隋珠和璧非不宝贵，吾固不欲以彼易此也。”相与大笑而罢，晴窗展玩之下漫笔识之。

乾隆戊午花朝半查马曰璐。[120]

由此段文字可知，到乾隆三年（1738），马氏颇为珍重的藏画就已经有唐胡瓌《醉番图卷》、王诜《设色山水卷》、李伯时《九歌图卷》、江贯道《长江图卷》、关仝《江山渔艇图卷》、李成《寒林图卷》。按陆心源所记，此题识上钤印有两方：朱文“马氏丛书楼珍藏图记”和朱白文“马曰璐”。可知小玲珑山馆的藏画所在应当就是丛书楼内。作为丛书楼常客的厉鹗，与主人同赏这些名作的机会，不言而喻。

乾隆八年癸亥（1743）五月二日，众人集小玲珑山馆观元人李遵道《古木幽篁图》，樊榭记其款云：“至治癸亥十一月廿有五日，蓟邱李士行遵道制。”[121] 诗曰：

溽暑集林亭，轩窗喜垲爽。黯惨尺幅中，风枝互偃仰。此君近醉日，晚笋穿幽壤。因依青铜柯，挺挺绝无党。要之气味同，讵作荣枯想。蓟邱名家子，画法不可两。笔传金错刀，格肖珊瑚纲。盘根积溜痕，密叶分泉响。题字正癸亥，事与年龠往。驶雨送微凉，偏宜今日赏。

乾隆十五年庚午（1750）暮春，厉鹗与马氏兄弟赏文徵明《石湖诗画卷》作诗二首：

吴中佳处我曾知，十里青山塔一枝。泼眼湖光飞鹭外，无声写出范村诗。

桂花香里此夷犹，细雨平桥负好秋。瞥见停云小平远，依然还我旧扁舟。丁卯仲秋，过石湖，欲作一诗未果。[122]

有意思的是，厉鹗的记录还向我们揭示了二马藏画的两种来源：

（1）礼物

乾隆十二年丁卯（1747），厉鹗为马嶰谷所藏郭熙《寒风密雪图》题诗，得知此画乃其“京城好友”所赠：

宋已无李成，寒林尺幅徒强名。今尚有郭熙，官画风雪重见之。主人云此来京师，珍重出自我友贻。不用明窗拂蛛丝，满堂寒色动须眉。峩峩群玉峰，下积阴霭浓。皎皎千树瘿，上绝穷鸟影。但闻虚牝怒号飞湍哀，马蹄得得翻银杯，担囊危栈胡为哉？谁家宽嶂柴门开，别有冻粟生楼台。浦溆一色相萦廻，幽人高卧无人猜。熙宁天子多清燕，诏遣从容扫东绢。是时相公成法变，岂悟凉雾将集霰？图成高张清暑殿，不数十年同席卷。玺压明昌眼中见，歌声又唱青山转。“青山转”，亡金时谣也。宝绘流传仍自汴，零落宣和几宫扇。何如坡谷诗才擅，发兴春山玉堂院？[123]

“主人云此来京师，珍重出自我友贻。”这位好友是谁，竟能将如此珍贵的画作相赠？其实这幅画厉鹗早在12年前已经看过，乾隆元年丙辰（1736）樊榭入京应博学鸿词征，是年秋在京城徐亮直家中得观此画，乾隆八年癸亥（1743），厉鹗在题沈周《蹇驴觅雪图》时追忆了此事：

两崖对矗寒空峭，雾色云端迥相照。瀑冰挂折板桥低，千丈玉龙尾不掉。山腰居人下无路，狐兔迒迷窅窱，疏林攲倒深涧埋。独凭危阑展孤眺，长耳冲风前为谁。袖里鞭梢若垂钓，后者据鞍自呵手。涕冻鼻中强为笑，乾坤清气入诗脾。口不能言领其妙，君不见歇后郑五作相时。心肠冷落无人知，风雪灞桥驴子上。何如二十四考居，台司又不见黄山。先生句得髓圭璧，絮盐良可已诗名。世号赵蹇驴何如，头鹅献罢吟春水。昔年眯眼软尘红，凿冰不到河伯宫。寒风密雪郭熙画，张之秋暑销爞爞。丙辰秋日，在长安观郭熙《寒风密雪图》于徐亮直太史席上。此图物色将毋同，眼明今见石田翁。

安得人间五六月，移置密雪图当中！我当为文策拜庐山公。[124]

“丙辰秋日，在长安观郭熙《寒风密雪图》于徐亮直太史席上。”可见樊榭对此画印象之深刻，8年后仍记忆犹新，观沈周画时忍不住加以对比。时隔12年后在扬州再观《寒风密雪图》，也是机缘深厚。马曰琯此画应当就是来自徐亮直的馈赠，如此珍贵的画作成为礼物，可见二马在京中人脉的深厚。[125]

（2）物物交换

厉鹗本人有一次与马曰璐以画换书的交易。乾隆八年癸亥（1743）花朝节，樊榭向马曰璐出示一幅马远《溪山清夏图》卷，半槎爱不释手，遂以宋版文选交换。马曰璐在此画卷尾题识：“宋马远画山水造微入妙，当时与夏珪齐名，而人物树石生气盎然，夏珪所不能及也。此卷为马远杰作，厉樊榭徵君自武林来，出以示予，予爱之不忍释手，遂以宋版文选与易，藏之小玲珑山馆，以为卧游之一助乐尔。乾隆癸亥花朝半查马曰璐识。”题识边有钤印三：“半槎”“马曰璐印”及“小玲珑山馆”。（图23）

物物交换在中国传统书画交易中并不鲜见，但有趣的是，寒士厉鹗从何处得到这件应当价值不菲的马远画卷？是本人购得还是受他人所托？这些小小的谜题还待解开，不过交换的结果，双方显然是非常满意。

藏画之外，马氏兄弟所藏的古代文物也很丰富，例如“汉铜雁足镫”，亦是诗社同仁雅集题咏的对象，此处不赘述，后文将会提及。[127]

除了在室内和园林雅集，马氏兄弟还常常组织韩江诗社同好出游，在江湖间共观名胜，并加以题咏，留下不少珍贵的艺术史材料。雍正八年（1730）的焦山之行，厉鹗作诗甚多，其中至少两首颇可玩味。

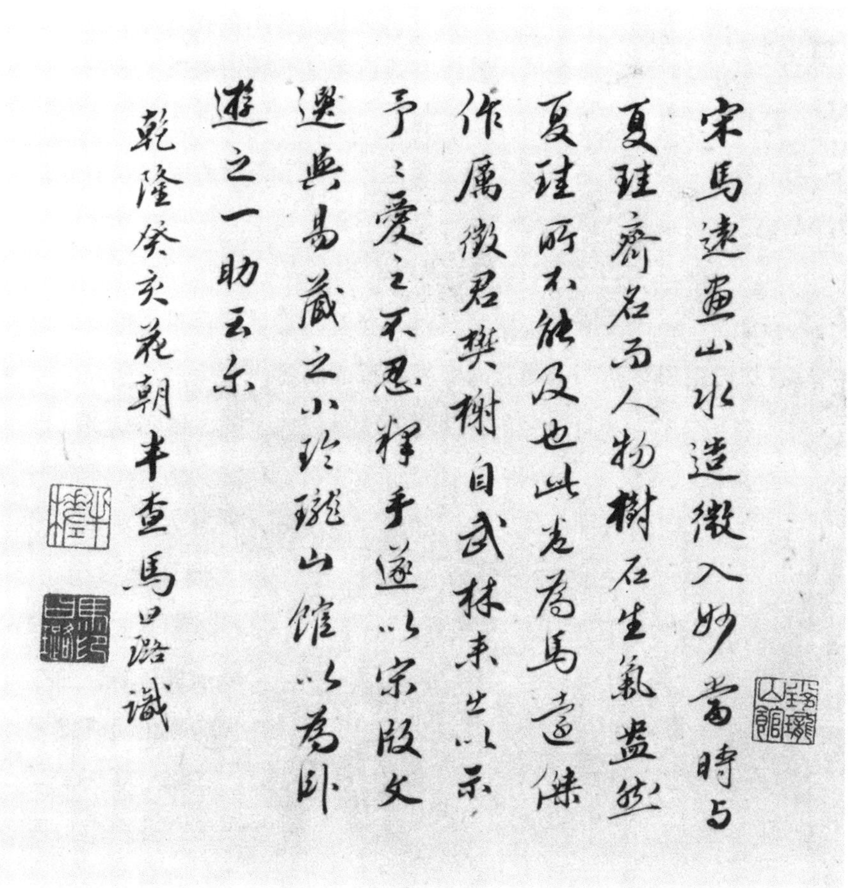
宋馬遠畫山水造微入妙當時与
夏珪齊名而人物樹石生氣盎然
夏珪所不能及也此卷爲馬遠傑
作厲徵君樊榭自武林來出以示
予予愛之不忍釋手遂以宋版文
選與易藏之小玲瓏山館以爲卧
遊之一助云尔
乾隆癸亥花朝半查馬曰璐識

图 23　马远《溪山清夏图》卷尾 马曰璐题识[126]

一首记焦山著名的摩崖《瘗鹤铭》，诗云：

我生好读浮丘经，焦山来访瘗鹤铭。累累之冢令威叹，羽化谁使传千龄。乃知仙家重文字，不异人世谀幽扃。崩崖啮浪下无路，直待水缩霜霰零。墨痕溅面叶藉背，仰卧劣可摹真形。张王近事僧指说，张弨、王瑛。奇险欲动鱼龙听。长沙陈公鹏年发天秘，抉取覆以屋建瓴。缮亭何必历三癸，凿石直疑烦五丁。上皇樵书今得觌，尤虑毡椎日敲击。比量北海遇赵岐，特护翠珉藏复壁。敢辞米老河豚讥，赝本重镂外加幂。篝灯侧足窥大幽，弹涡亲剔笔画遒。真官若掌女青律，管牡失职当穷搜。百番赫蹏走书估，三日卧看毋自苦。摩挲后此五百年，锋棱就视空茫然。吁嗟神物非近玩，不如天吴什袭犹能全。[128]

亲身面对瘗鹤铭所在，感受其雄奇壮美，环境的艰险，更可体会摩崖刻石与捶拓的不易，这和书斋中摩挲拓本，体会自然大不相同。

另一首咏焦山古鼎，可见厉鹗对古代鼎彝的了解，诗曰：

古之彝器篆最奥，佚籀已远谁稽探？横舟持刀或立旃，简质妙若绘事妣。姬周尚文备众体，款识不虑供鱼蟫。二千年物落山寺，王诗大小传东南。西樵、阮亭两先生。兹游一见发绝诧，熊熊光溢燕子龛。腹深八寸唇尺四，叩之清越微声韽。云雷周匝峙饕餮，生砂活翠浮朱蓝。无专世惠释文异，不独立位形相参。籧父郑邠误考据，尚功妘妇迷研覃。惟王酬庸锡册命，銮旗鋈勒兼戈锬。忠忱对扬惧陨越，孝思用享调滑甘。钤山不识此二字，廿年辛苦成虚谈。天池钓叟假盗柄，大鸡亦应台星三。明世宗自号天池钓叟。见沈虎臣《野获编》。铸气为兵事豪夺，攸熺一例如狼贪。上河图子偶伪托，思质陷法人何堪？吉金肯冒辱金辱，得不舁送行趍趧。子孙永宝意尔尔，杂厕尊勺娱宴酣。岂知袁州诏簿录，清玩件系文嘉谙。此鼎潜藏幸神助，同时辈行归瞿昙。空诸所有乃常有，云烟过眼休嘲含。壑舟恐遭大力负，请视覆辙应怀惭。何如留与客吟赏，茶具更携都统篮。[129]

以上所述，二马的书籍和书画文物收藏宏富，尊贤爱士，待人真诚，组织能力强，活动丰富，这一切深深滋养了厉鹗的学术和艺文生活。

3. 扬州所观其他名作及风流余韵

除了余元甲和二马所有，厉鹗在扬州过眼的重要作品还有不少，此处列举两件宋画：

雍正丙午（1726）秋八月，厉鹗观广陵王承武所藏“李嵩《西湖清趣图》”，雍正五年丁未（1727）秋九月六日，樊榭应王承武之请，作长跋为记，此画现藏美国弗里尔美术馆，后文将记录此跋并简要分析。

乾隆十四年己巳（1749），观广陵吴氏藏“萧照《中兴瑞应图》”并作诗为记，诗注：“萧照《中兴瑞应图》。曹勋赞并书。明吾杭陈瓠菴故物，今在广陵吴氏。”诗云：

赵家九叶承平业，乾坤初换红羊劫。銮舆哀痛尘再蒙，自此中原满兵甲。肃王已去康王留，神人助顺先磁州。即真当念衣中诏，避敌翻为海上游。艰难百战英雄死，小朝廷在临安矣。迎得慈宁阿母归，不负黄罗卜棋子。太平功就称翁翁，绍兴间，禁中呼秦桧为“太平翁翁”。见《宾退录》。西湖歌舞骄春风。倦勤竟受天下养，瑞应图呈德寿宫。萧郎曾画延祥壁，萧照奉勅画四圣延祥观壁。见《四朝闻见录》。六百年来抚真迹。中间李固渡头冰，仿佛扶持光武厄。臣勋书赞官职俱，北狩见闻非贡谀。曹勋有《北狩见闻录》。何如元叟浯溪颂，漫比简子常山符。[130]

在此之前，对于萧照及其《中兴瑞应图》，厉鹗早就有所提及。

康熙六十年（1721）成书的《南宋院画录》卷三“萧照”条中，厉鹗引《续云烟过眼录》《清河书画舫》《书画汇考》等书，记录《中兴瑞应图》诸段画面、题跋、鉴藏印等信息极为详尽，文繁不具引。[131]

雍正癸卯甲辰间（1723—1724）他所作的《南宋杂事诗》又提到此画：

貌取湖山玉色愉，萧郎绝笔院中无。调铅杀粉经营极，敕写天家瑞应图。

《清容居士集·萧照江山图》诗："萧郎解作湖山图，上皇一见玉色愉。"

《清河书画舫》："萧照《中兴瑞应图》，前后凡六卷。"[132]

当然这些记录并不能确证樊榭先生在乾隆十四年（1749）之前已经看过此画，他大约未曾过眼，仅是摘录前人记载。但是他的记录和整理对我们认识和鉴赏此画，帮助仍然很大。

今天津博物馆藏有宋人无款《中兴瑞应图》一卷（图24），其说明为："清人厉鹗编辑的《南宋院画录》卷三中著录了宋代画家萧照绘制的一卷《中兴瑞应图》，分绘故事十二段，每段前有曹勋书写的赞引。其中的第七段'黄罗掷将'、第九段'射中台匾'、第十二段'脱袍见梦'的画面和引赞内容，都与本卷的三幅画面和引赞的内容相一致。"[133]

"彩云易散琉璃脆"，18世纪中叶开始，厉鹗及众多友朋，包括马氏兄弟先后辞世，扬州的文化盛事渐渐由高潮走向沉寂，当然这有一个过程，两淮盐运使卢见曾一度接续了二马的文事风流。厉鹗在世时，和其友朋均曾参与过卢氏幕府中雅集。[134] 例如袁枚记金农一则轶事：

卢招人观虹桥芍药，诸名士集二十余人，独布衣金司农诗先成，云："看花都是白头人，爱惜风光爱惜身。到此百杯须满饮，果然四月有余春。枝头红影初离雨，扇底狂香欲拂尘。知道使君诗第一，明珠清玉比精神。"卢大喜，一座为之搁笔。[135]

卢一度因罪罢官并遭流放，但这段遭遇反而加深了他和扬州文人的交往。学者指出："……他被遣出塞是在乾隆五年（1740），这期间他

图 24　宋人无款　中兴瑞应图　天津博物馆藏
绢本设色　纵 26.7 厘米　横 397.3 厘米

大部分时间是在扬州听候发落，虽为去职之人，他还是参加了许多的文学活动，结交了诸多文人。其‘坐台’出塞时，扬州的文士们还曾为其送行，可见其在扬州文坛已经颇有声望。其时，高凤翰为其绘《雅雨山人出塞图》（现藏故宫博物院），并题诗《丈夫行送雅雨翁赴军台》，图上题诗相送者还有十余位，如马曰琯、郑板桥、程梦星、杨开鼎、闵廷容、王藻、马位、马朴臣、马苏臣、方原博、闵华、符曾、钱陈群、吴廷采、周榘、李葂、江昱以及《儒林外史》的作者吴敬梓，而这些人正是此时扬州诗坛的核心人物。卢见曾尤其与‘扬州二马’性情相投，多有交往，他曾赠马曰琯诗曰：‘玲珑山馆辟疆俦，求索搜罗苦未休。数卷论衡藏秘籍，多君慷慨借荆州。’卢见曾多次出入‘二马”之‘小玲珑山馆’借阅图书，由此可以想见，卢见曾在马氏家中必然结识了不少文士，而由我们考索到的幕府文人来看，其幕宾及文友几乎可以说是

'小玲珑山馆'文人群体的官方版本。"[136]

但总体上，卢见曾和二马相比，官气更重，不可能与诗人们真如兄弟般相交。到乾嘉之际，公卿主持文坛聚会渐成主流，例如阮元。官与民，文人团体的交往，区别甚大。杭世骏为《南斋集》作序时就说："君真能推兄弟之好以为朋友，而岂世之务声气、矜标榜所可同日而语哉？"可见，在杭世骏等人的眼里，马氏昆仲与文友们是可以称之为兄弟的，其地位也是平等的。而卢见曾的幕府当中，除了少数游宦之外，其他人都不可能与卢见曾地位平等或以兄弟相称，卢见曾有意无意地总是要维护官方的威严，因此，在其幕府当中也就少了那么一些温情，并且其对文艺的干涉，也是非常直接的，如袁枚曾为卢见曾荐士，而后其人却因文章不合卢氏心意而被逐出幕府，并且卢氏告诫袁枚日后不要再为其举荐，曾出入卢氏幕府的全祖望也有"疏狂容易犯科曹，幕府谁能恕折腰"的诗句，其不平与委曲溢于言表。总之，卢见曾在扬州任职时，与诸多文士相交接，一方面是渴望得到像王士祯那样的声望；另一方面，卢氏想借扬州之地转移文学风气。乾隆二十年（1755），马曰琯、程梦星、全祖望等韩江雅集的中流砥柱分别谢世，预示着"小玲珑山馆"那个可以安其惊魂、敞其心扉、展其才学、抒其积郁的时代已经结束，卢见曾此时应运而为"扶轮大雅"者，以其幕府为核心，主持扬州人文几达十年，形成广陵诗史的另一番格局。[137]

饶是如此，卢见曾之后，仅三四十年，不论扬州还是杭州，诗人纷纷凋零，官、儒、商各界，均风雅不再，还是袁枚，在《随园诗话》中感慨万千：

马氏玲珑山馆，一时名士如厉太鸿、陈授衣、汪玉枢、闵莲峰诸人，争为诗会，分咏一题，裒然成集……至今未三十年，诸诗人零落殆尽；而商人亦无能知风雅者。莲峰年八十三岁，傫然尚存；闻其饥寒垂毙矣！

乾隆初，杭州诗酒之会最盛。名士杭、厉之外，则有朱鹿田樟、吴鸥亭城；汪抱朴台、金江声志章、张鹭洲湄、施竹田安、周穆门京，每到西湖堤上，掎裳联襼，若屏风然。有明中、让山两诗僧留宿古寺，诗成传抄，纸价为贵……四十年来，儒、释两门，一齐寂灭，竟无继起者。[138]

总之，扬州一度的繁华和自由空气，为仕进无门或者拙于生计的厉鹗等在野文士，提供了可靠的谋生机会，优越的治学和创作环境，使文人和艺术家们可以发扬个性，创造了18世纪上半叶民间的文艺盛世。但老一辈诗人的离去，政治和经济环境的变化，扬州梦逐渐风流云散。

（三）天津水西庄文事——北国的风雅

天津毗邻京师，是大运河在北方的要冲，亦是最重要的盐业产区之一，长芦盐业在清代仅次于两淮（图25）。康熙间，长芦盐政和盐运使司移驻天津，其经济和政治地位得到确认。来自各地的商人和文士聚集，文化活动兴盛，让这个早先讲武不讲文的码头逐步变成了北方的文化中心。康雍年间，安尚义、安岐父子的沽水草堂，是书画鉴藏的中心，名噪一时。到雍乾年间，查氏家族所构建的水西庄，成为天津文会的中心，开创了天津历史上灿烂的水西庄文化。[140]

水西庄构建的核心人物是查日乾和查为仁父子，他们同样是盐商身份，文人情怀。查氏父子早年因事陷狱，心灰意冷，遂在天津城外西五里，觅地专心营建园林，名为水西庄。从康熙末年始建，后经查为仁及其弟查礼、查为义逐步扩建，水西庄成为北方名园，乾隆间，弘历曾四次驻跸于此。[141]查氏父子兄弟，在水西庄及天津城内外自家住宅，刊刻图书，收藏金石、书画，款待南北名流才俊、津门乡贤，大约数百人。[142]文士们赋诗填词，

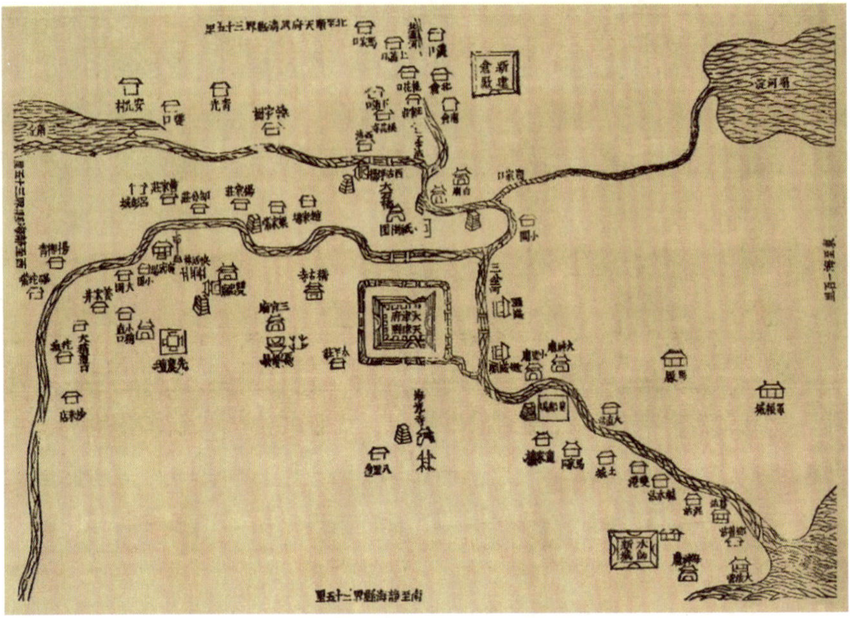

图 25 乾隆四年（1739）天津县境图[139]

评书品画，著书立说，风流不输江南。水西庄今已不存，幸赖查氏家族的画家好友们妙手，保存了名园风貌，其中存世的几幅作品有：

乾隆二年（1737），朱岷作《秋庄夜雨读书图》卷；

道光十一年（1831），陈靖、杨天璧、孙雨卿绘《水西庄图》卷；

道光二十七年（1847），田雪峰绘《水西庄修褉图》卷。[143]

朱岷（？—1759），字导江，号客亭，又号七桥，江苏武进人。擅隶书，精绘画，好收藏，长于鉴赏。康熙年间应查为仁之约，移居水西庄展蕉轩。朱岷曾被推为津门画坛魁首，并于乾隆二年（1737）重阳节后，在水西庄揽翠轩为查为仁之弟查礼作《秋庄夜雨读书图卷》。[144] 朱岷的绘画及题记（图 26、图 27），展现了乾隆初年水西庄的原貌，乾隆十三年（1748），厉鹗北上所见的，当是此景。

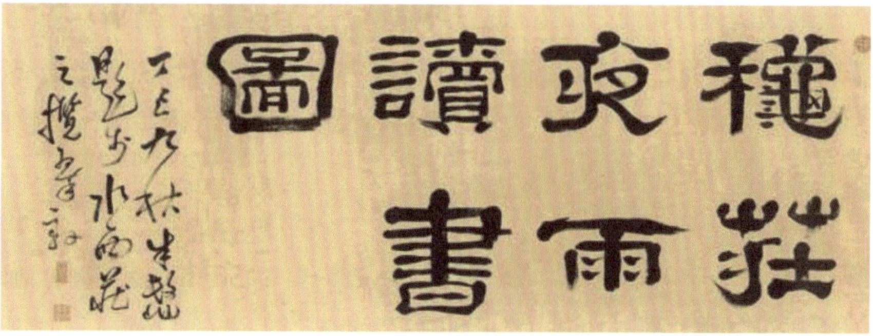

图 26　（清）朱岷　《秋庄夜雨读书图卷》引首，天津博物馆藏
释文：“秋庄夜雨读书图 丁巳九秋朱岷题于水西庄之揽翠轩”

图 27　（清）朱岷　秋庄夜雨读书图卷（局部），天津博物馆藏

此图中朱岷题跋释文：

丁巳秋，茶坨居士读书于水西庄。时丛荷初散，晚菊竞舒，零雨连宵，靡间旬日，深得园中幽旷之致，爰嘱余作图记之。余因按其亭轩之高亚，浦溆之萦洄，并写莽仓萧瑟夜雨意。积日经营撰成此幅，昔人观辋川图不必身诣其地，而神游于南坨北坨之侧，览斯图者亦当作如是观。

落款：品七十二泉主人岷。[145]

水西庄风雅如此，厉鹗之前三次进京应试，却未曾赴天津拜会查氏。乾隆初年，他的几位熟人出入水西庄为宾，特别是好友陈皋和学生汪沆，他们的书信或南归时的当面晤谈，为厉鹗带来了水西庄和查为仁的详细信息，自此南北消息相通，消除了陌生。[146]

查为仁之弟查礼曾编《沽上题襟集》，该集为八位诗人之合集，梓行于乾隆六年（1741），内收水西庄主人查为仁（心穀）、查礼（俭堂）昆季与宾客刘文煊（雪舫）、胡睿烈（炅斋）、万光泰（柘坡）、吴廷华（东壁）、陈皋（对沤）、汪沆（西灏）之诗作。查礼请厉鹗为《沽上题襟集》作序，樊榭序写于乾隆五年（1740）十一月长至日（初三日），附于卷首。从文中可见，此时他对水西庄文事已经颇为熟悉：

古者，赋诗有二：有自作者，如晋士蔿狐裘之赋是也；有引古者，如郑六卿饯韩宣子所赋是也。引古者，义取断章，即如自作，而不出《郑志》，以昵燕好。后世奥区遐览，友朋倡酬之作，权舆于此矣。津门为直沽入海处，自元、明以来，地近几南，运舟官舫，从之取道。词客经由者，率多羁旅闵叹，所谓劳者之歌；求其游集宴衎，赋诗言志，如顾阿瑛《玉山雅集》、徐良夫《耕渔轩集》等，不特自作者不可得，即援引前代，亦寥阒无闻，岂非不得其人，无地主以为之埶哉？查君心穀、俭堂昆弟，诗品皆清警拔俗，性复喜宾友，负郭有水西庄，轩棂虚敞，坐挹风帆云树于无际。主其家者，多浙中名胜，山阴则有刘君雪舫、胡君炅斋，秀水则有万君柘坡，吾杭则有吴君东壁、陈君对沤、汪生西颢。其诗各张一军，与主人为勍敌。合数年来晨夕往还之作，厘为八卷，又附以联句、诗余二卷，目之曰《沽上题襟集》。夫《汉上题襟集者》，唐段成式、温庭筠、周繇、余知古辈在徐商幕府追游之作也。江汉间《国风》所首及，固诗人之渊薮，而诸人所为，坐观花艳，狎燕绮靡，仅步齐、梁之后尘；以视斯集，粲如球贝，和如笙镛，幽鸣相答如松风涧水，近古之会友乐群、相宣以道者，虽仍其名，讵袭其响乎？仆三游长安，皆有事轮蹄，未尝一至水西，与分剧韵。心穀诸君既刱为沽上之作者，后有引古之流，直以为《沽志》可也。[147]

乾隆八年癸亥（1743）正月初五日，厉鹗又为查为仁《蔗糖未定稿》作序：

日下数百里而近，舟车驰骛，憧扰于耳目；门墙授受，诱接其心思，宜其诗之囿于派。而莲坡掉头天际，纵心遥遇，所托意者，山水、禅悦、友朋、书卷之间，通脱雄骜，涤烦释滞，标举胜境，流连景光，辄秀警不可刊置。间为艳诗及乐章，非搴兰佩茝之旨，即花飞钏动之悟，此其陶冶深而采择富，殆无体不苞，以成为莲坡之诗体欤？[148]

同年，厉鹗移居，作移居诗 4 首，查为仁得知有诗遥遥相和，厉鹗再次韵奉酬，诗中提到了“君家水西庄，有数帆台、揽翠轩、枕溪廊诸胜”，可知慕名已久。

风烟迢递两乡余，远道何由接起居。寄讯但凭双鲤腹，将诗好敌百车渠。宵来半面通清梦，海内词人问敝庐。强比成都一区宅，那知身拟老为渔。

神妙秋毫欲到颠，水西庄畔有吟仙。襟题柯古初编集，琴访成连剩刺船。丁字沽分帆歷乱，角飞城对草芊眠。讨春冲冻相思句，传唱江南直万钱。君家水西庄，有数帆台、揽翠轩、枕溪廊诸胜，冲冻每寻孤屿寺，讨春时上暗门船来诗句也。

我住城东小径斜，知君也入昔游夸。当时失把林中臂，幻境如飘席上花。变姓不随齐范蠡，旧人谁是鲁朱家。新来见说耽禅味，手写楞严浣俗哗。

扰扰轮蹄已习闻，达人自著百年勋。飞觞坐上知无数，拜爵田间不复云。骤雨新荷催度曲，青天明月惜同群。为君倾尽金壶汁，他日蛮笺更待分。[149]

如此查氏兄弟和厉鹗虽未谋面，但情谊已深，厉鹗对水西庄心向往之。乾隆十三年（1748）六月樊榭先生再次北上，意图入京，先抵达天津，在水西庄内外盘桓数月，与查为仁密切交流，赏景品画观剧作诗，携手笺注《绝妙好词》，随后南归，成就一段佳话。[150]

乾隆十三年（1748）春末，正是“新笋过墙”之时，厉鹗以孝廉铨选县令进京，众好友颇为惊愕，全祖望更是力阻，但樊榭执意北上，不过这次他特意取道南运河，来与查为仁谋面。旅途中，因水枯阻行，厉鹗遏制不住即将见面的兴奋劲儿，先作诗《六月六日舟中寄查莲坡》一首投寄查为仁：

六月六日寺前闸，客子枯坐愁书空。岱云肤寸几时合，汶水涓流何日通。岂有诗篇传济北，漫将米价问江东。时闻江浙米价腾贵。美人咫尺劳相望，尚隔津门烟树中。[151]

夏末，厉鹗终于到达天津，馆于城内查氏古春小茨。[152]查为仁很快召集在天津的友朋与厉鹗见面，例如七夕在南碕草堂[153]以荷净纳凉，同集者有天津河防同知英廉，吴廷华、陈皋等人。[154]厉鹗留津将近两月，在这期间，他积极参与各类文事活动，使得水西庄的文化活动达到了高峰。其中重要活动之一便是鉴赏书画。

厉鹗为查为仁《澹宜书屋种竹图》题诗二首：

北方种竹如种玉，幽人爱竹一丛足。略似黄陵古庙前，月痕照破秋烟绿。

我家屋后百筤筜，戛雨吟风半亩强。莫怪披图动乡思，来时新笋正过墙。[155]

君子爱竹，澹宜书屋是查莲坡读书著作之处，厉鹗此行与查莲坡合作完成《绝妙好词笺》，此后所出的第一版便是澹宜书屋本。书屋周围当然追求雅致的环境，但北方种竹不易，一丛修竹，可知主人花费不少精力。而厉鹗披图见竹还催动了乡思，或许也无形中减弱了他继续北上的动力。

前面提到厉鹗在天津的访客中有英廉[156]，他是查为仁好友，虽身为旗人高官，但与寒士樊榭见面互相尊重，相聚和谐。在天津期间最有意思的一次聚会，便是厉鹗、查为仁、英廉的凌晨赏画。

某晚，英廉过访厉鹗，作《晚过古春小茨[157]奉访樊榭》：

游云不满空。返景下疏堞。佳人隔深巷，薄暮引幽涉。相违期非遥，相见意弥惬。微风乱烛影，凉雨鸣蕉叶。寂寞共西窗，惜此清净业。[158]

厉鹗作《酬英梦堂晚过寓斋元韵》：

海津多沮洳，高馆傍古堞。闭门秋草长，无客共日涉。司马方外流，趣远神先惬。主人呼灯至，小坐听风叶。即此寻元言，相期在白业。[159]

此次聚会，显然是相见甚欢，到深夜未散，以至于“凌晨客过展画叉”，主人查为仁乘兴出示所珍藏的绘画。大家深夜同赏的画乃是方孝孺所作《双松图》。厉鹗《题方正学先生双松图为莲坡作》，记录此画落款：“洪武八年花朝，写祝丹崖老先生嵩寿，后学方孝孺。”诗云：

逐燕高飞兵甲动，金川门开浩呼汹。侯城先生真大勇，一语文皇魄为悚。骑箕上天不旋踵，故友门生纷总总。惨淡金灯孤主拥，木末亭边但遗冢。文字禁严众胥恐，双松若非牛革巩。定是阴崖鬼神棒，流传何年拂尘冢？玉轴绫装鸾鹊䙚。一株倾攲如病重，作鳞之而疑拳董。其旁一株蚁穿孔，野叉拗怒两臂拱。偃盖纷披白云滃。写祝丹崖唐应奉肃，先生署名端且竦。是年严君戍倥偬，初事潜溪角犹鬈。洪武八年，先生父克勤戍浦江，先生初从宋景濂游。偶然墨戏兴坌涌，劲气贞心天骨重。韦偃毕宏翻傝㒖，澹宜主人宝若珙，出自千秋读书种。白眼阿师讵懵懂，金幼孜胡广诸臣生食俸，桃李争春漫矜宠！[160]

方孝孺，一代名臣，以气节为后人称道。这幅《双松图》是洪武八年（1375）花朝，18岁的方孝孺为前辈唐肃祝寿而作，所绘双松，姿态奇绝：“一株倾攲如病重，作鳞之而疑拳董。其旁一株蚁穿孔，野叉拗怒两臂拱。偃盖纷披白云滃。”可见绘者虽年轻，却少年老成，有不凡的气节。厉鹗观此画显然大受感动，赞叹不已，而诗中“文字禁严众胥恐”一句，是他在深夜中，直抒胸臆，平时难言的压抑和愤懑，此刻一吐为快。

“澹宜主人宝若珙，”查为仁显然是深爱此画，此时亦题诗一首：

凌晨客过展画叉，再拜肃瞻文正笔。青天忽堕双虬龙，谡谡如闻风雨泣。我思此图四百载，绢素虽残墨精采。百灵诃护避劫灰，留与侯城集俱在。挥毫公正丱角年，英气早已腕底宣。花朝写祝丹崖叟，应是上书代戍前。苍皮溜雨明青铜，一松盘屈一摩空。似公东市就义日，慷慨乃携哲弟同。长陵渡江纷白刃，公先诸臣惨相殉。当时荣悴何足凭，少师墨竹随烟烬。戴冠《濯缨亭集》有《题姚少师墨竹诗》。

当夜的另一位贵客英廉也有《题蔗塘所藏方学正先生双松图》诗：

青奴昼阒凉初接，海上仙山乍飞涉。群仙拍手戏游龙，瞥眼云涛见麟鬣。梦回忽睹双松长，挂我疏帘清簟之虚堂。一株特夭矫，直干腾上千尺强。一株俯而偻，枝柯蚴缪蹲其傍。荒烟阒山精魅喜，阴风吹壑蛟虬僵。标题黯淡辨钗股，八载花朝记洪武。侯成作书寿丹崖，四百年来墨香古。先生浩气慷鬼神，沧海可填天可补。戏拈余事扫鹅溪，犹令漫士山樵皆首俯。扁舟昔日过淮阴，载将遗迹抵南金。怪松奇石石斋笔，磊落嵚岑意匠深。方先生，黄夫子，事迹虽殊出处似。兴酣落笔飞云烟。时危致命齐生死。参天材器岁寒心，已向毫端露根柢。一先一后三百年，一代忠贞此终始。吁嗟乎！宝惜君今要细筹，那辞革匮十重周。饶他狡狯桓灵宝，莫学迂疏顾虎头。[161]

此夜观画三人，一位旗人高官、一位地方名流、一位江南寒士，地位迥异，但说到底，都是读书人出身，"凌晨客过展画叉，再拜肃瞻文正笔"。面对前辈文士的傲然风骨，三人识见高度一致，在平等相待的基础上，文化的力量冲淡了世俗的隔阂。

除了这种严肃的观画活动，厉鹗在天津与查为仁等人的赏画题诗，也有轻松的画题，即《莲坡双凤图》，此画涉及查为仁的私生活。厉鹗记述："莲坡于丙寅春，梦双凤飞集屋槫，各衔金篆字，一曰贞，一曰福。后纳二小姬名适与之同，因作此图。"

娉婷市里见双身，好梦分明证宿因。瑶水生来千百媚，彩云飞下一重春。蕙兰元是含贞性，风月何妨号福人。杨廉夫晚号江山风月福人。记取辟寒金上字，香奁诗话最鲜新。莲坡著有诗话。[162]

入秋，即将离开天津之前，查为仁在竹门楼张灯看月为厉鹗饯行，樊榭感慨赋诗三首：

灯映回廊月上楼，交光特为故人留。空庭荇藻浮沈影，衬出红莲竹外秋。

从来秋月最凄清，添得春灯艳更明。不是露虫喧酒半，浑忘身在海津城。

今夜灯筵昨夜歌，欢悰无奈别愁何。明朝回首西津路，明月盈盈秋水多。[163]

厉鹗不再北上，已是确定，未离津门，别愁满怀，可见此次双方相会的融洽。

此前，闰七月初四日，厉鹗于居处“古春小茨”为双方合作的《绝妙好词笺》作序：[164]

绝妙好词七卷，南宋弁阳老人周密公谨所辑。宋人选本朝词，如曾端伯《乐府雅词》、黄叔旸《花菴词选》，皆让其精粹，盖词家之准的也。所采多绍兴迄德佑间人，自二三钜公外，姓字多不著。夫士生隐约，不得树立功业，炳焕天壤，仅以词章垂称后世，而姓字犹在若灭若没间，无人为从故纸堆中抉剔出之，岂非一大恨事耶？津门查君莲坡研精风、雅，耽玩倚声，披阅之暇，随笔札记，辑有《诗余纪事》如干卷，于是编尤所留意，特为之笺，不独诸人里居出处，十得八九，而词中之本事，词外之佚事，以及名篇秀句，零珠碎金，捃拾无遗，俾读者展卷时，恍然如聆其笑语而共其游历也。予与莲坡有同好，向尝缀拾一二，每自矜剏获，会以衣食奔走，不克卒业。及来津门，见莲坡所辑，颇有望洋之叹，并举以付之，次第增入焉。譬诸掇遗材以裨建章，投片琼以厕悬圃，其为用不已微乎。莲坡通怀集益，犹不忘所自，必欲附贱名于简端，辞不得已，因述其颠末如此云。

乾隆戊辰闰七夕前三日，钱唐厉鹗书于津门之古春小茨。[165]

厉鹗在天津成就“笺注《绝妙好词》，不入都而返”的佳话，其实与查为仁的开解指点，密不可分，刚到天津时，某次查为仁赠樊榭佛手柑，厉鹗赋诗称谢：

秋香新载海门船，分得兜罗别样绵。恰称客窗清梦后，偏宜书幌晚风前。悠扬突过千花气，受用惟凭一指禅。我正迷方烦导示，须曼应有旧因缘。[166]

“我正迷方烦导示”，厉鹗的困惑和挣扎并不是孤例。清代早中期，从“遗民”到“后遗民”时代过渡，南北和满汉矛盾张力之下，具有声名的江南士子或艺术家“进京”，经常会受到各方关注，比较典型的前例，就有王翚数次进京的遭遇。如果处理不当，对当事人的声誉会有极大的伤害。厉鹗生活的时期，矛盾已经相对调和，但南方士子对朝廷的心情仍然是非常矛盾，乾隆元年（1736）前后，大家满怀着期望，纷纷进京参加博学鸿词试，以全祖望为代表的厉鹗好友，就极力劝导和推动樊榭进京。但博学鸿词试录取率的畸低，对士子们的热情造成极大打击。随后几年，曾经中选的幸运儿们，纷纷遭遇仕途的不顺，尤其是乾隆九年（1744）前后杭世骏因言获罪的事实，对怀有政治抱负，讲求学术独立性的江南文人，警示颇大。厉鹗晚年的“忽生宦情”，当然让了解其性格特质的好友们紧张，有过在京为官经历的全祖望，此次便大力劝阻。满腹狐疑的樊榭虽坚持北上，在天津的淹留，其实就是受困于此种迷惑，对北京宫廷内幕和官场生活熟悉的查为仁，成为导示厉鹗的不二之选。

樊榭的迷惑困扰，在于是否应当入京求官，查为仁的复杂的人生经历，丰富的官商学人脉，正好可以解决这种疑难。两人的思想交流，就在笺注书籍、欣赏书画、观剧、看月、吟咏等波澜不惊的日常雅事之中完成。樊榭最后兴尽而返，保全声名，查为仁功不可没。逗留津门的两个月虽短，但对于樊榭的意义亦不亚于在杭城和扬州的几十年。

遗憾的是两人见面次年，即乾隆十四年（1749），查为仁去世，同年六月查仍有手书寄厉鹗，到秋天厉鹗获知凶讯，作诗哭之：

燕南耆旧久相推，会面俄成万古哀。漫浪虚充选人去，淹留直为访君来。乾坤刘尹谁知我，湖海陈登未易才。老泪临风何处寄，手书犹在忍重开。[167]

查为仁去世后数年，其弟查礼亦因公务离开水西庄，虽然此后乾隆多次驻跸，查为义不断扩建经营，水西文事同样风流云散，盛况不再。

三、厉鹗和他的“艺术家”朋友们

金农、丁敬、杭世骏、亦谙上人、释明中、华嵒、方士庶、汪士慎、高翔等人，均为厉鹗好友。后人归类或曰“西泠四家”，或为“西湖诗僧”，或称“扬州画派”，或说“韩江雅集前五君”等。但对他们来说，大家就是境遇相近，情趣相投的人生知己，甚至儿女亲家。彼此情感深厚亲切，互动诚挚和谐。这些挚友相处，经常是会聚一堂，活动多有重叠，以下为叙述方便，分别交代其交往情况。

（一）同里密友：金农、丁敬、杭世骏、亦谙上人、释明中

1. 金农

金农和厉鹗交好，早为后人传诵：“厉征君之诗词，与金冬心书画，乡里齐名，人称髯金、瘦厉。”[168]两人订交颇早，终生为友，《樊榭山房集》的第一首诗，便是记厉鹗与金农的艺文交游，时在康熙五十三年甲午（1714）年初，厉鹗过访金农，观其所藏唐景龙观钟铭拓本，并赋诗：

嗜古金夫子，贪若笼百货。墨本烂古色，不受寒具涴。便续金石录，明诚不是过。钟铭最后得，斑驳岂敢唾。照眼三百字，字字蟠螭大。抚迹思景云，往事去无那。初翦桑条韦，柘袍受朝贺。笵钟崇玉清，构炭飞廉佐。九乳器未亡，雄词压寒饿。装比李仙丹，微句迭倡和。虚无奚足称，懋绩于此堕。吾思景钟铭，天笔滥传播。[169]

关于唐景云钟（图28）及其诸拓本问题，罗宏才的考论很明白：“西安碑林东庑南侧小亭存置唐景云二年（711）‘太岁辛亥，金九癸酉金朔，一十五日丁亥’所铸铜钟，原为唐睿宗李旦籍中宗之女长宁公主宅第以为“景龙观”内而留下的弥足珍贵之重要历史文物。因其最早悬挂于唐长安城崇仁坊西南隅之景龙观，故长期以来文献记载多称之为‘景龙观钟’。又因其铸于唐景云二年（711），则现今称谓故多称之为‘景云钟’。”[170]景云钟为初唐皇家铸造，形制精美，在钟身正面下部正中“高一尺八寸，阔二尺”的方框内， 铸有“钟铭十八行，行十七字。四围有各种鸟兽纹，

图 28 景云钟现状 [172]

为睿宗自制铭文自书之”。文为骈体，书系正书。凡 292 字，记景龙观肇建与铜钟铸造缘起、经过及初唐皇室与道术渊源等相关诸事。景云钟铭文辞典雅，书法是正书而兼篆隶，为明清间的好古人士所青睐，纷纷瞻拜并求取拓本。

但晚明以降景云钟的拓本并不多，原因是景龙观钟孤耸高悬，椎拓不易。道光二十八年（1848）《重修迎祥观钟楼碑记》，载“（景云钟）明洪武间，移置于（迎祥观钟）楼，楼三层，高十丈许，钟悬于上层中央”。此地近清陕西西安府臬司衙门，官府对拓取铭文亦多有禁止。可以想见，禁令之下，要在高十丈许钟楼上层中央悬挂之景龙观钟求取拓本，无疑存在较大的难度。据罗宏才的统计，有清一代流传于世且见于著录的景云钟拓本也就是 5 种，其中最早的就是厉鹗所记之金农藏本，另外 4 种则是金衍宗题咏本、何绍基获赠本、傅绳勋藏本、刘鹗题跋本。[171] 由此来看，金农藏本必然来之不易，邀樊榭同观此珍藏，显示出他对两人友谊的高度重视。而厉鹗将此诗收于诗卷卷首，也是惺惺相惜之意。

康熙五十四年（1715），厉鹗江上访金农，观颜真卿《麻姑山仙坛记》及米芾《颜鲁公祠堂碑》拓本，有诗：

云沙绕村南，小筑如鹿柴。埽地焚香人，相见一潇洒。论书近捃拾，勿事徵倒薤。侧闻麻姑坛，名迹兴先迈。馀髪时垂腰，丹砂亦狡狯。有无海扬尘，故地今神界。堂堂小颜公，颇喜究奇怪。波澜缩遒丽，接侍记仙话。陶八碧霞丹，入咽若沆瀣。汝州死大节，竟等蛇蝉解。颠人述其事，穹碑字如虿。缅彼天宝季，艳煽金镜坏。二十四郡中，义士抱耿介。独抗阿荦山，声振哥舒败。晚令使贼庭，谗口足顤齘。即云归罗浮，乘风固可快。灵均为水仙，理有说非诖。持此语故人，相顾发长喟。落落青瑶镌，当见百灵拜。坐深地炉灰，浩歌共决眦。[173]

康熙五十七年（1718）五月，厉鹗与金农一同出游，访长兴令鲍鉁，三人互有唱和，此次行程及交游之樊榭诗作均收于《樊榭山房集》卷一诗甲，计有：《月夜舟出北关同寿门作》《菱湖》《碧浪湖》《同寿门访长兴鲍西冈明府留宿县斋即事》《督牛犁我田欧阳圭斋句也寿门为图因题其后》《同寿门游若溪广惠寺是陈武帝故宅寺中有井相传帝初生时取水以浴忽涌起数尺明归熙甫作令时刻铭其上》《苹洲曲十首和鲍明府》《吴兴归舟作》。[174] 在访问中，鲍鉁赞赏金农诗作，鼓励其结集出版。康熙六十年（1721）之前，金农《景申集》印行，樊榭欣然为好友作序，在文中自谦："若予愚惷卑陋，而以金石文字与寿门偶有夙契，亦获玷诸公末岂非幸耶？"[175]

厉鹗这些诗作中让人最感兴趣的是《督牛犁我田欧阳圭斋句也寿门为图因题其后》：

高人思食力，所寄在扶犁。自足一生事，何知四体疲。乌犍行水浅，白鹭下田迟。缓缓逢邻叟，香秔问可宜。[176]

欧阳圭斋即欧阳玄，字原功，号圭斋，元代延祐乙卯进士，历官四十余年，两为祭酒六入翰林，以诗文名天下，有《圭斋集》传世。[177] 在这次旅行中，金农以欧阳玄诗句"督牛犁我田"[178] 为题作画，樊榭为之题诗，金农所绘应是耕牛、白鹭，稻田等江南水乡的景致，此诗或许是他动笔作画的最早记录。康熙五十七年（1718），金农32岁。张庚说："（金农）年五十余，始从事于画，涉笔即古，脱尽画家之习，良由所见古迹多也。"[179]此言为人所熟知并袭用，但现在看来，更准确的情况是，金冬心50岁之后正式开始卖画，习练绘事，应该是由来已久了。[180]

总体上，在交往的初期，金厉二人单独会面颇多，极为投契。雍正元年癸卯（1723），金农过访厉鹗，以诗卷索序，二人"茶话良久，殊慰寒寂。"樊榭诗云：

尔我相看已壮夫，恒河照影昔游徂。江山兴好朋尊隔，罗绮年来一字无。折脚铛边残叶冷，缺唇瓶里瘦梅孤。只应绝调艰为序，卷卷淹留类贾胡。[181]

两人日常交往，还有琴酒相伴的雅趣。金农《冬心先生集》有《江上迟厉二鹗》一首：

瘵琴有涩声，昨夜雨不止。嗒然罢空弹，独立当门水。新漉酒一升，冷热味何似。墟烟山叶中，知君来曳履。[182]

樊榭善抚琴，金农亦有诗记：

琴传樊氏古良工，君趁凉飔弹塞鸿。堂上槐花飘一寸，七条弦在水声中。[183]

康熙末年或雍正初年，金农、厉鹗和王煛、周京、金士章、汪台等友朋，有过一次共同出游，赴水乐洞，考察壁上题名。乾隆十年乙丑（1745）七月金农作隶书小诗横批一件（图29），追忆往事，此件现藏中国国家博物馆。

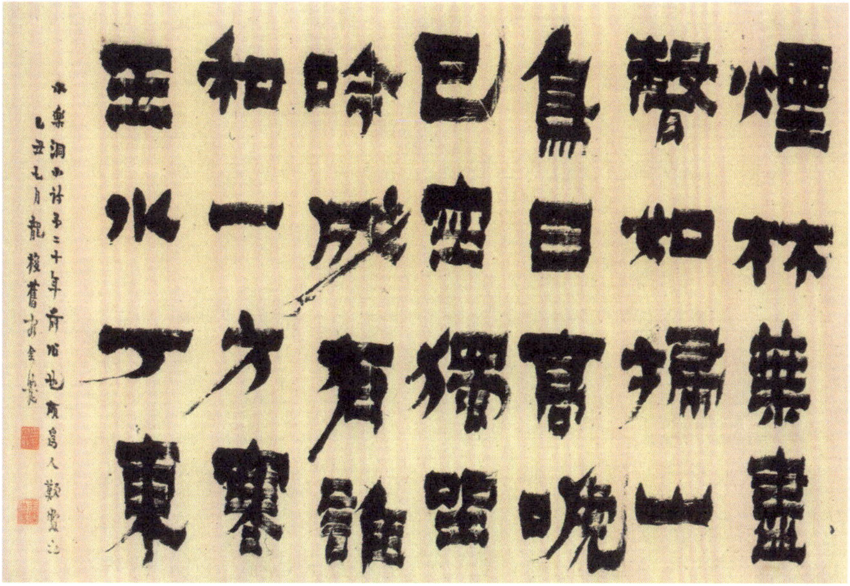

图 29　金农隶书水乐洞小诗横披，中国国家博物馆藏[184]

释文：

烟林叶尽声如扫，山鸟日高啼已空。独坐吟成有谁和，一方寒玉丁水东。

水乐洞小诗，予二十年前作也，颇为人叹赏之。乙丑七月龙梭旧客金农。[185]

“乙丑”即乾隆十年（1745），金农说“水乐洞小诗，予二十年前作也”，可知此诗作于雍正三年（1725）。查《冬心先生集》卷一有《水乐洞》诗，其注曰：“晓登栖霞岭，[186]历水乐洞，转憩慧日精舍，觅壁上题名，泛湖而归，杂书三首寄昔年同游王煛、周京司直、金士章、[187]厉鹗、汪澶台[188]诸朋好。”其诗曰：

羃䍥云容翠巘宽，此闲济胜若骖鸾。野梅苦竹无人见，破晓冰霜各自寒。

烟林叶尽声如扫，山鸟日高啼已空。独立吟成有谁和，一方寒玉水丁东。

蛛尘藓墨认依稀，怊怅题名身世非。坐对诸峰浸湖面，黄妃塔下放船归。[189]

此次金农出行或是单独一人，一早登烟霞岭，先去水乐洞，然后去慧日精舍休憩，或许拜访了好朋友诗僧亦谙上人，[190]在水乐洞辨识前人题名，在山上"坐对诸峰浸湖面"，最后下山到西湖边黄妃塔（即雷峰塔）（图30），泛湖而归，非常尽兴。他说所作之诗，是寄"昔年"同游王煛、周京、金志章、厉鹗、汪潭、汪台诸朋好，中国国家博物馆将此"昔年"解释为金农创作此诗的上一年，即雍正二年（1724），似可商榷。因为"昔年"也可以作"从前"或"往年"解释。查《樊榭山房集》可知，康熙五十九年（1720）九月五日，厉鹗游南山石屋、水乐二洞及理安寺，并赋诗三首，亦有"摩挲辨题名，苔蚀半脱漏"之句。[191]或许，厉鹗的南山之游和金农所记的"昔年同游"，恰好是同一次出行。当然，杭城文人一同出游考古非常频繁，众友朋的"昔年同游"在雍正初年也不无可能。

金农后有山西之行，好友分离，但常有书信往还，聚散之时依依不舍。雍正五年（1727）五月初四，夏至日雨中，厉鹗得金农泽州书：

昨夜雷驱雨，柴门碧涨平。送梅帘额润，改水井眉清。怀友无高翮，函书自远程。怜君太行险，难减独诗情。夏至浚井改水，见《后汉书》。[192]

图 30　《西湖清趣图》（局部）“黄妃塔”美国弗里尔美术馆藏

雍正七年（1729）三月初三，众人汇聚扬州余元甲斋，金农自泽州返扬，亦在会中。春，厉鹗在扬州送金农再赴山西，有诗记惜别之情：

共话风尘里，临分克后期。人同归雁去，树接暮云垂。汾曲存勤俭，江南重别离。登楼吾亦懒，为子立移时。[193]

雍正十二年（1734），厉鹗与金农互动频繁。有意思的是，厉樊榭应金寿门要求，为其爱犬小鹊写了一首长歌：

高人寓物意本廉，祝鸡抱犊初无厌，要与众嗜相针砭。何来小犬皙且黔，细骸茸尾厥喙尖。美净不使尘泥沾，似舐丹鼎吹臛䨲。碧桃花下瑶草䕩，仙姝门户防俗觇，一声吠上金背蟾。何人盗取归重檐？先生得之笑姿妗，胜聘狸奴裹吴盐。练香熏透毛鬑鬑，字以宋产辞颇谦，画筒书槴伺守严。虹月舟载僧庐淹，昏钟几杵霜气铦。麸炭火炉雪一锨，读倦抱汝寒无嫌。主人斋盎芹茆腌，饭馀分供味亦甜，鱼砧馋沫休重拈。风人田车咏载猃，卞彬险出决录棨。乌龙锦茵羡香奁，冬郎妒媒语詹詹。一时豪艳诚难兼，爱才萧仆得汝添，絳缯不逐高门炎。边鸾为君拂新缣，边颐公。下视李廸笔势纤。低头欲入衣襜褕，归来涛江卧茅苫。越山钿朵青刺帘，手栽花护娱老髯，雪麞名共缥囊笺。张伯雨《还钱塘诗》："雪麞应护手栽花。"自注：雪麞，元洲犬名也。[194]

阮元《两浙輶轩录》中记朱彭所说："寿门不事生产，而癖于好古，寄食维扬者几二十年。诗格生新，书法尚古，隶书小变汉人，好写梅竹山石，任意挥洒，然非至好不轻作也。尝蓄一龟，大如钱甲，上绿毛阑斑如古铜。畜一洋狗，名'阿鹊'，每食必于银盘中设肉臛饲之，后阿鹊死，为诗哭之哀。性豪侈，饮食御服悉异乎人，卖文所得，岁计千金，皆随手散去，老妻破屋数椽，不蔽风雨，勿顾也。后遂客死扬州。"[195]金农在扬州以夸张的行为高调养犬，当然有引人瞩目的动机，算是一种身份营销，老友樊榭心领神会，为其赋歌造势，制造舆论。

顺便一提，厉鹗此诗中间，提及边鸾、李迪等画家，又展现了他丰厚的艺术史修养。以李迪为例，康熙六十年成书的《南宋院画录》中就有丰富的相关内容，到乾隆十二年（1747），樊榭好友汪旭瞻重金购得李迪《秋原放牧图》，厉鹗为之赋诗一首：

角觧觧，耳湿湿。《考牧》诗中全物色。天苍苍，野茫茫，敕勒歌里西风凉。西风老树莽萧瑟，认得三朝画师笔。平显《题李迪画诗》："历事三朝老画师。"纵横直是谷量馀，蹢躅疑从畦种出。映坡蔽陇下层阿，夕阳满地沙草多。一人韦裳转首坐，天晴堆积笠与蓑。从来畜兽图非易，宁著青红扫魑魅。今观此卷态逼真，令我他年劳梦寐。汪生读书古人齐，兼金购此索我题。不如长五牸，留二瓶。君看富如猗顿贵卜式，无过西河河南两牧儿。[196]

乾隆元年丙辰（1736），厉鹗应博学鸿词征，金农、周京、赵昱等友人亦先后应征入京。厉、金二人在京期间，均与意图笼络士子的高官有过来往，其中一位是徐亮直。徐葆光（1671—1723），字亮直，号澄斋，别号二友老人，江苏长洲人，翰林院编修，曾出使琉球。惠士奇有诗《送徐亮直编修奉使琉球》：

海神擎日映波红，此去扶桑直向东。鲸眼常明无月夜，鲎身能使不帆风。天书捧到恩应渥，唐帕传来语尽通。自注：唐帕，译者之名。想见中山迎使节，踏歌齐拥紫髯翁。“烟开鳌背千寻黑，日射鲸波万顷金。”三四语足与相敌。[197]

徐亮直与这些待选文士的交往，当然有笼络之意，安排的活动则颇为雅致。厉鹗在徐亮直处，便有幸得观郭熙《寒风密雪图》，前文叙扬州马氏兄弟的书画收藏时，已经论及，即樊榭所回忆的“丙辰秋日，在长安观郭熙《寒风密雪图》于徐亮直太史席上”。[198]

金农同年，亦在京城与徐亮直等京中高官交游观画，他所观的是“赵王孙墨梅小立轴”，72岁的时候，他在自己的一幅梅花图（图31）上题记追忆此事。金农《梅花册》（北京故宫博物院藏）第12开自题释文：

乾隆元年应举至都门，与徐亮直翰林过张司寇宅，司寇出观赵王孙墨梅小立轴，冷香清艳，展视撩人，大似予缁尘染素衣也。今二老仙去，予亦衰颓，追写寒葩，不觉黯然自失，恨不得令二老见我横枝满幅，作

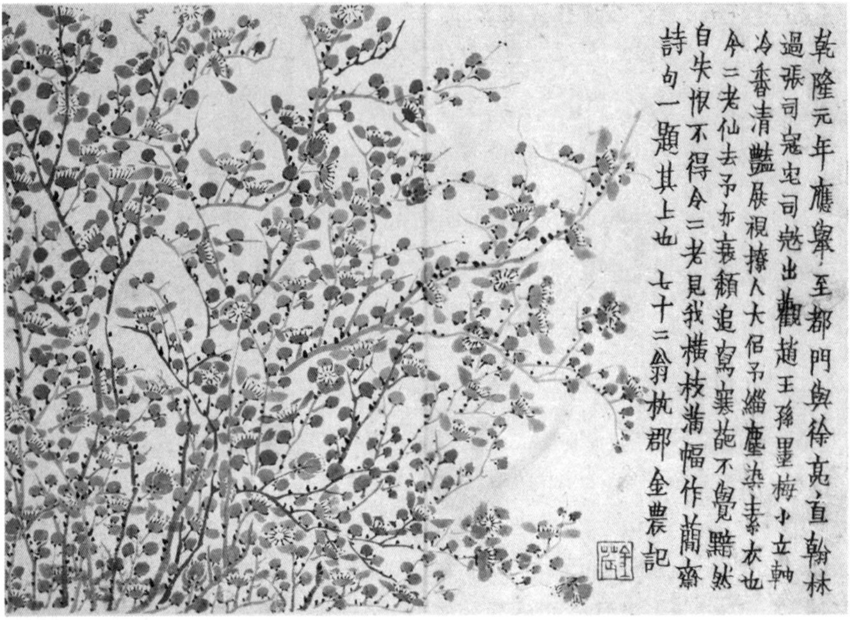

图31　金农　梅花图（册）　共十二开之第十二开，北京故宫博物院藏[199]

简斋诗句一题其上也。

七十二翁杭郡金农记。

当然此次进京，总体上，对厉鹗和金农都不算好的回忆，应试失败，情绪低沉，两人先后郁郁返程，冷暖自知。《清稗类钞》中有“金冬心咏古柏”一条，记曰：

乾隆庚午八月，金冬心游京师，十月驱车出国门，至曲阜展谒孔庙，庙中古柏皆旧时熟识者，裴回久之，乃作长歌一篇，歌云：“八月飞雪游帝京，栖栖苦面谁相倾。献书孏上公与卿，中朝渐已忘姓名。十月坚冰返堠程，得行便行无阻行。小车一辆喧四更，北风耻作鹖旦鸣。人不送迎山送迎，緜之亘之殊多情。冷光寒翠眉际生，先师儒里瞻尊荣。入庙肃拜安心旌，难香何必列牢牲。告曰艺事通微诚，于戏五经昌且明。吾欲手写承熹平，字画端谨矫俗狞。隶学勿绝用乃亨，刻石嵌壁开暗盲。此间古柏含元精，寿可千岁历戊庚。左围右列如墉城，弗为火夺惟汝贞。旧时熟识毋乖盟，日坐其下繁籁揣，恍然奏乐闻竽笙。[200]

总的来说，乾隆年间，厉鹗和金农的单独交往不如从前密切。例如乾隆二年（1737）闰九月初九，厉鹗与金农、陈章等同集吴氏城东水槛。

一些名作双方分别过眼，比如韩滉的《五牛图》。

乾隆四年（1739）中秋，金农观韩滉《五牛图》，同行的姚世钰题记此事：“乾隆己未中秋，钱塘金农、归安姚世钰观于桐乡汪氏求是斋。世钰记。”（图 32）

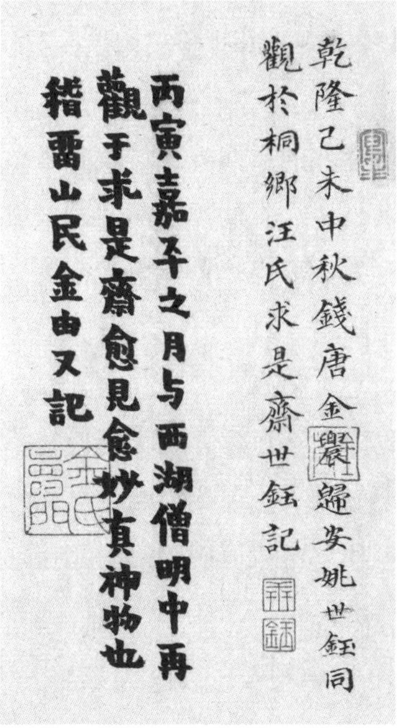

图 32　五牛图（局部）　姚世钰、金农题记　北京故宫博物院藏

乾隆五年（1740）四月十九日，汪药山招厉鹗、丁敬、吴颖芳泛舟西湖，赏其所携书画。其中有《韩晋公五牛图》。厉鹗作诗但未题跋。

乾隆十一年（1746）十二月（丙寅嘉平之月），金农在汪氏求是斋与西湖僧明中再观五牛图并题跋：“丙寅嘉平之月，与西湖僧明中再观于求是斋，愈观愈妙，真神物也。稽留山民金农又记。”（图32）

三次观画，没有一次直接的交集，如果是雍正年间，以两人的交情，很难想象。当然，由于两人的朋友圈高度重叠，间接的交集无所不在。如前文所述，乾隆八年（1743）三月十四日，厉鹗在周京斋中观马和之小景并题诗二首，此画金农亦过眼并印象深刻，到乾隆二十四年（1759），73岁的冬心先生，追想其意作画一开并题记：“马和之《秋林共话图》用笔疏简，作浅绛色，有杨妹子题诗。同乡周穆门徵君曾藏一幅，余赠以古青磁出轴装之。徵君下世，为梁少师芗林所得，进之内府矣。今追想其意，画于纸册，是耶非耶，吾不得自知也。稽留山民记。”马和之作品如今下落不明，厉鹗的记录和金农的画作，共同留下了珍贵的艺术史材料。

笔者认为，厉鹗与金农的后期互动，尤其是单独相处，不如早年频密，与冬心先生为谋求机会，长期漂泊南北，未能早早扎根扬州，进入韩江诗社核心群，大有关系。当然总体上，金厉二人相互欣赏，相互砥砺，是终生的好友并无疑问。

乾隆八年癸亥（1743）春， 邗上马氏昆季文宴小玲珑山馆。金农为之诗，其序曰：“乾隆癸亥暮春之初，马氏昆季宴友于玲珑山馆。秋宇（即秋玉，马曰琯字）主人出前朝马四娘画眉螺黛、太子坊纸、宋元古砚，将意友人。余得秋宇案头巨砚，质虽稍粗，然临池用之，大可快意。老年获此，又得一良友矣。”诗云：

修禊玲珑馆七人，主人昆季宴嘉宾。豪吟董浦须捻手，觅句句山笔点唇。樊榭抚琴神入定，板桥画竹目生瞋。他年此会仍如许，快杀稽留一老民。[201]

在这次小型聚会中，主人出“前朝马四娘画眉螺黛、太子坊纸、宋元古砚”分赠诗友，慷慨大方，而樊榭抚琴助兴，[202] 艺术修养可谓全面。此次聚会座上客还有郑燮，以他的招牌画竹助兴。由此诗还可知小玲珑山馆文具精美，今天津博物馆所藏的一件小玲珑山馆砚山，精美雅致，足令人追思当年之盛（图 33）。[203]

乾隆九年（1744）七月十二日，杭州复园主人汪台筑红板桥成，召厉鹗、丁敬、杭世骏、金农、释明中等二十人会于复园。众人均有诗，并有手迹传世。

同年秋八月二十四日，众人在杭州瓶花斋赏元人陈基《夏山雨过图》，金农在裱边题跋：“乾隆甲子秋八月二十有四日，周京、顾之珽、许大纶、郑江、金志章、厉鹗、汪台、戴廷熺、梁启心、金农、丁敬、杨知、杭世骏、陈兆嵛、施安集瓶花斋同观。农书。”[204] 吴焯早在雍正十一年（1733）已经过世，此时瓶花斋雅集主人是其子吴城。

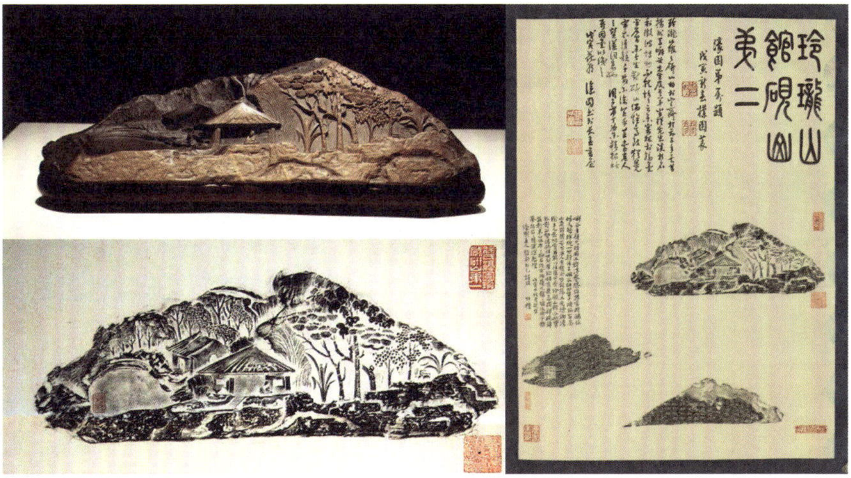

图 33　小玲珑山馆砚山、拓本及题记　天津博物馆藏

是年在杭，正是杭城诗社大盛之年，厉鹗、丁敬、金农、杭世骏等聚会甚多。

乾隆十年（1745）七月，有前述金农隶书水乐洞小诗横披一件，现藏中国国家博物馆。[205] 此诗见《冬心先生集》卷一，诗作于雍正三年（1725），追忆“昔年”与厉鹗等诸友同游水乐洞之事。

乾隆十七年壬申(1752),厉鹗自扬州返杭不久,因病去世,此前不久,仍与大家共同的密友丁敬，讨论金农新编定的《冬心先生续集》。厉鹗对丁敬说：“兄见金二十六自序其续集之文乎？大怪绝，语语皆述陈人之言，类点鬼簿，然自佳，不拾人牙后一字，不涉操觚家蹊径，见髯老倔强处。闻渠腊尾返家，江行必质之子矣。”[206] 语句中对老友的欣赏，溢于言表。可惜的是，樊榭先生不久即下世，期待中的年终聚会，变成永别。

2. 丁敬

厉鹗和丁敬也被人并称，“与同里布衣丁敬身同学，时有丁厉之目。”[207] 丁敬与金农住所相邻，两人的互动也非常热络。厉鹗与丁敬订交确切时间不可考，或晚于金农，但双方关系在随后的岁月中却更显亲密，并且结为儿女亲家。[208]

前文已知，厉鹗和瓶花斋吴焯父子、小山堂赵氏兄弟交往中，丁敬时常同会，这与吴焯和丁敬亦师亦友大有关系。

康熙六十一年壬寅（1722），厉鹗、吴焯、赵昱、丁敬同往凤凰山访古。

雍正四年丙午（1726）正月，厉鹗将扬州所得古钱拓本出示丁敬、金志章、杭世骏诸友，并索诗。丁敬诗见《砚林诗集卷一》之《丙午正月樊榭自扬州回携示汪祓江拓赠厌胜钱文并同人诸作因成七古一章》。

雍正五年（1727）左右开始，两人过往更加频繁，一同探访考察金石古迹，观赏传世书画、文玩等等，用厉鹗的话讲就是“吾侪好奇癖，往往臭味合。”

雍正五年（1727）六月十日，厉鹗与丁敬、石文（贞石）游龙兴寺，观唐开成二年陀罗尼石经，为处士胡季良书。[209]此经幢现位于杭州延安北路灯芯巷口，原龙兴寺内。幢建于唐开成二年（837），是浙江省现存最早的石幢和杭州现存最古老的建筑物。外观八面，高 4 米，由须弥座、磐石、腰檐、幢身、短柱等组成，古朴端庄。现磐石以下俱埋于地下，八角磐石雕单钩阑，上刻云棋，承托平座。座每边宽 0.47 米，刻勾栏，勾栏华板雕饰如意、勾片、斜方等花纹，粗放遒劲。磐石上为高 1.76 米的幢身，每边宽 0.27 米，刻唐书法家胡季良书《佛顶尊胜陀罗尼经咒》，字迹清晰，书刻精良，经文末署：“梁乾化五年五月八日，头陀僧处道重建，内有舍利 54 颗，琉璃瓶盛。”腰檐仿木结构，翼角起翘，檐上刻出筒板瓦垄。其上短柱四面设佛龛，内雕佛、菩萨、力士等像，形象丰颐，姿态各异。柱上屋面系后代为保护经幢而加。

此次考察后，樊榭有诗，其注为：“（龙兴）寺为梁发心院，唐改龙兴，宋改祥符，在杭州城西。旧基广袤九里，后渐没入民舍，石幢在夹墙空壍中，明季忽放异光，居人舍宅重建，去今祥符寺里许矣。”诗云：

凉飔洗河桥，斜景笋鞋踏。青豆垂墙匡，古寺门半阖。千年十宝地，王巩《随手杂录》：钱王有外国颇眩伽宝，方尺馀，状如水晶，置龙兴寺佛髻中。皇朝改为太平祥符寺。自唐至皇朝凡有十宝，此其一也。湫隘屋庐杂。九曲何处寻？东坡有《祥符九曲观灯诗》。废堑产鸣蛤。石幢妙章草，下有舍利纳。立神捧莲趺，光气夜喷欱。遂令妇子栖，俨化栴檀塔。吾侪好奇癖，往往臭味合。丁君尤勇锐，辩证纷駁遝。乍睹增双明，久读绕三匝。濡纸脱其文，可供硬黄搨。问年值唐季，逾历几朡腊。城中易黑灰，此独未摧拉。莹无苍藓生，古色对磨衲。许醉声闻酒，乘月再提榼。[210]

要说明的是，厉鹗其实早就考察并记录过此经幢，并拓取其文字学书。康熙六十一年（1722）之前，他便有一首词《燕山亭》描写这处古迹。词注曰："唐开成陀罗尼石幢在龙兴寺，幢为处士胡季良书，埋地中已久，下有舍利五十四粒。崇祯丙子，忽放光，掘得之，都穆赵崡诸人所未见者也，同徐丈紫山赋此解俟好古者采焉。"词云：

劫化荒燐，风啮怒涛，香界寻常都卷。科斗字残，蜥蜴碑沉，故物武林稀见。怪石能言，夜光迸、天阴深院。奇幻。比雪后峨眉，佛灯吹遍。追数甘露初过，又唱出翘翘，上林花乱。刚纪二年，忽涌青幢，银钩刻来四面。读罢苍凉，无片语、可销征战。堪叹。聊拓取、学伊悬腕。[211]

雍正六年（1728）八月十八日，厉鹗同丁敬游龙华寺，寻石壁上宋人题名。登慈云岭，观永寿院宋仁宗佛牙讃，吴越摩崖篆字。[212]

九月一日，樊榭同丁敬身、张希亮、金以宁、符圣几游天龙寺，石壁上有太平兴国六年心经，门外八卦田即宋郊坛故迹。次登天真寺，灵化洞侧刻字云："梁龙德元年岁次辛巳十一月壬午朔一日，天下都元帅吴越国王鏐，建置钱王拜郊台也。"此寺登眺最为江山胜处。[213]

是年冬，厉鹗、丁敬、吴焯登慈云岭访古。[214]

雍正七年己酉（1729）五月间，厉鹗与丁敬同观"明郑贵妃书泥金普门品经"，并作诗四首。诗注及诗云：

卷首题云："大明万历甲辰年十二月吉日，皇贵妃郑谨发诚心，沐手亲书《观世音菩萨普门品经》一卷，恭祝今上圣主，祈愿万万寿洪福，永享康泰，安裕吉祥。"

梵夹瓷青出汉京，翊坤题处最分明。依稀买得研神记，纸上香多蠹不成。明大内写金字经，多用瓷青纸。翊坤，郑妃宫名。

巧笑由来雨露偏，佛恩遣在圣人前。开函稽首无他愿，一笔泥金寿一年。

柘馆余闲罢女红，祝厘不与众嫔同。也胜密誓高元殿，小字亲封玉合中。

城南诗老观空久，特赋新词继梦华。更待秋山黄叶下，与君礼足九莲花。灵隐寺有慈圣李太后赐九莲观音一帧。[215]

乾隆二年丁巳（1737）长至日有雪，其后小雪初晴，厉鹗访丁敬于城南，同游梵天寺（图 34），“延揽江山之胜，衰徊久之”。丁敬得五字古体一章，厉鹗次其韵。丁敬诗作：

图 34　梵天寺双塔旧影[216]

朝来幽事动，良友过我早。清游敦宿昔，一雪晴正好。逦迤城之南，几度略彴小。蹋冻乾藓坡，徙倚疏林杪。涧风划松雪，残玉落翠纛。钱王此缔构，突兀双塔表。劫火虽皴皵，勾勒犹夭矫。金容归浩空，追蠡翳勿考。依稀景泰字，剔辨劳指爪。灵鳗应就蛰，寒甃慑深窅。褭回日亭午，古意益绵眇。高僧句通禅，心折玉局老。月履疑往来，烟钟寂昏晓。久立肌骨森，烦虑脱如扫。江光莹不摇，极目点云鸟。

厉鹗次韵：

平生重心朋，造访起寒早。坐对屋外山，无丑袛见好。遂果古寺游，雪后风力小。点素在岩崿，插翠出树杪。露盘双蹲蹲，檀越谁戴纛。用梁沙门法云答周舍语。愿服埽塔衣，顶礼向云表。故人诗格健，饥鹰独奇矫。指示乾德年，备史藉稽考。井泥堕军持，野火飞佛爪。叹息殿翼空，闲房叩幽窅。影壁矗焕俨，经函閟眇。重过历十霜，弥觉竹石老。试问护伽蓝，江月几回晓。卓哉眉山翁，心地久泛扫。白氎借余温，一听妙声鸟。[217]

丁厉二友对金石古迹的探访，当然不仅仅是发思古之幽情，他们分工合作，取得了重要的研究成果，其中非常助益于后世的一项，是对当时藏在杭州乌龙社庙的一件元代铸造铜钟铭文的记录和考证。丁敬《武林金石记》卷三有《西天元兴寺铜钟题记》一篇云：

《西天元兴寺铜钟题记》，今钟在乌龙庙。

太师开府仪同三司上柱国录军国重事中书右丞相和宁忠献王脱脱，为江浙等处行中书省左丞相，时以开山住持僧西天高达摩实理扳的达之请，于延祐己未春三月建西天寺，至正壬辰毁于火。戊戌，王之子，仪同三司江浙等处行中书省右丞相兼知行枢密院领行宣政院事节制诸军便宜行事达识帖睦迩，顾瞻感慨，捐俸鼎创，以继先志，更扁山曰“清平”，寺曰“西天元兴”，同祈皇帝万岁皇后齐年皇太子千秋，风调雨顺，国泰民安。提点僧公哥古鲁，住持智明普照大师，依仁屹剌识巴讲主监造，朝列大夫同知浙东道宣慰使司副都元师于应辰。

大元至正十八年十月初三日置。

《书史会要》云：

“达识帖睦迩，字九成，康里人，官至江浙行省封太尉。好读书，能诗，大字学释溥光，小字殊有力。”[218]

丁敬拓得钟铭墨本，记录铭文，又请好友厉鹗考证史事，樊榭说：“吾友丁处士敬身拓得墨本命予考证。”这就有了《元西天元兴寺钟题名跋》：

西天元兴寺在吴山西南，清平山之东，与凤凰山相接，宋故宫芙蓉殿也。元仁宗延祐六年己未，江浙行省中书左丞相、赠太师、和宁忠献王康里脱脱，为西僧高达摩实理板的达建，初扁曰“西天”，至正十六年壬辰，毁于火。子达识帖睦迩仍为是职，捐俸鼎创，以继先志，扁山曰“清平”，寺曰“西天元兴寺”。僧公哥古鲁依仁屹剌识巴等题纪其事于钟上，盖铸钟之年，即刱寺之年也。按《元史》：康里脱脱，世祖时入宿卫，于武宗、仁宗有定策功，曾辅武宗为中书右丞相。至大四年，仁宗即位，出为江浙行省左丞相，开杭城，通江河，以便商旅。明许复斋作《元史阐幽》，惜其泽不广于天下，而独被于吾浙。贤相不竟其用，仁宗之过也。其子达识帖睦迩，以至正七年来为行省平章兼知行枢密院，许以便宜行事。是时，江淮盗起，使为达识帖睦迩者，辑和民人，训练军实，缮城池以固围，选将才以御敌，收苗军之用而抚以威信，识淮张之诈而讨以大义。则红巾可无蹦浙之虞，白驹可无据杭之祸。奈何贿赂滋彰，庸懦日甚，始则倚完者为重，以拒士诚，终则受士诚之欺，而歼完者，卒致薇省沸狼，禾中饮鸩，生无功以报国，死何面以见父，乌在一寺之建，能继先志耶！贡礼部师泰《玩斋集》有建寺碑，载高达摩实理板的达居山中久，一旦拂袖去，莫知所之，后有见之秦、陇间者，盖已百余岁矣。达识帖睦迩重建时，又于殿左刱屋四楹，奉祠先王，割田供祀，皆可补此记之缺。夏大理时正《成化杭州府志》云："宋故宫寝殿基为尊胜寺，和宁门基为般若寺，后殿基为小仙林寺，垂拱殿基为执国寺，与元兴而五。至正壬辰七月，寇至，郭万户屯罗木桥东营与对敌，市民咸登望江亭以觇，寇退命军士焚之。"是寺之毁，即至正十六年士诚逼杭，达识帖睦迩弃城潜遁时也。既毁而创，仅及期月，士信且拆白塔以筑城，五寺又递湮矣。今遗趾已不可考，独钟存万松岭乌龙社庙中，题字阳文在栾间，上下俱铸作蒙古书。吾友丁处士敬身拓得墨本，命予考证。予尝登凤山之原，空林眢井，触目苍凉，不谓钟虡尚留，两朝废兴之感备焉。故为之书。[219]

樊榭文中引《成化杭州府志》所记元代建"宋宫五寺"，早已湮没不存，有效的文献记录的其实也并不丰富，到今天乌龙庙和铜钟更是荡然无存。丁敬与厉鹗所记所考，严谨充分，就为后人了解元代藏传佛教在江南的传播，提供了珍贵和扎实的材料，宿白先生在考察杭州藏传佛教遗迹时赞叹："宋宫五寺有文献可进一步考述其历史者，仅一西天寺——西天元兴寺。清雍乾间， 杭州学人记录宝成寺麻曷葛剌像同时，又注意到当时保存于宝成寺西南万松岭乌龙庙中之元兴寺铜钟。"[220]宿白在此基础上对相关史事钩沉辨析，写出了精彩的考察报告，此处不再赘述。[221]

考察金石之外，丁、厉也常在一起观赏书画，品鉴文玩，倡和论印。

乾隆二年丁巳（1737），两人同赏丁敬所藏崔子忠《伏生授经图》，樊榭观后题诗：

树底危坐秦博士，头童背偻须眉苍。彼姝侍侧两鬟妥，启唇似有声微扬。一人炯视面若削，高冠褒衣意则庄。刻深颇似见颜色，颍川掌故称智囊。据石作几俛首听，手操不律书几行。登来化我本齐语，岂至难辨如公羊。此时未有蔡侯纸，非是简策应缣缃。嬴灰既冷孔壁匿，圣权独赖生扶将。二十五篇复继出，微言大义难低昂。后儒往往疑作伪，欲与百两俱沦亡。典午清谈那辨蒲苋切此？地下齿冷梅豫章。操矛入室真鲁莽，安得生也相撑搪？北平崔丹古节士，布袍草履神扬扬。贵人乞画怒不与，槁死土室甘饥尫。龙泓馆主得小轴，晨夕坐对斋屋张。遗经独抱溯姚姒，朴学正可传诸郎。犹胜济南一女子，宛转膝下青袿裳。[222]

是年冬，厉鹗还为丁敬作《龙尾石松皮砚铭》，其款曰："作鳞之而为坚多节阅世风霜著书岁月。乾隆丁巳冬，樊榭生厉鹗为龙泓樵客丁先生造。"[223]

乾隆五年（1740）四月十九日，汪药山招厉鹗、丁敬、吴颖芳泛舟西湖，赏其所携书画二种。画为《韩晋公五牛图》，书为《贾秋壑玉枕兰亭》。

乾隆七年壬戌（1742），丁敬得一件奇石，厉鹗为之起名"抱云峰"并作诗，其序曰："敬身得灵璧石，高五寸许，数小峰环峙其下，中洼如甃。最高一峰，上有白脉，萦绕而达于背，髣髴云气也。叩之声清越，良久乃已。予为名曰'抱云峰'。时敬身小疾初起，又得宋高、孝两朝赐杨和王御札墨本，所衬纸是至正间海运册子，皆希代之玩也。好事而具鉴识，往时里中前辈人，无如敬身者。敬身索予诗，乃用元遗山赋武伯英云岩诗韵以遗之。”诗云：

幽人病起学炼颜，江村寒寂鸦影还。帝遣灵文传十赉，先以泗滨之砚山。似听松声吹鏊底，森然却立丁香鬼。洞天一品未足奇，剑倚千寻令公喜。米元章有洞天一品石。玉女衣披巫峡雨，胡桃文浃青泥髓。客儿有句写幽抱，笑杀巴音歌下里。片帆欲往搜湖嵌，君今绕案浮烟岚。吴兴风篁响清绝，漫费琴丝窾碧岩。赵子昂以丝弦系太湖石两窍，立之斋前，风过有声如琴，名“风篁石”。我愧心魂未斋祓，螺子应为赐汤沐。故家好事谱空青，无此玲珑袖中物。五代李赞华有奇石一峰，目曰“空青府”。闭户看山道自尊，出岫已嬾如幽人。云根莫道悭肤寸，望拜三峰礼七真。[224]

文人玩石的传统和趣味在这里表述得甚是清楚，厉鹗还兼记了丁敬所得“宋高、孝两朝赐杨和王御札墨本，所衬纸是至正间海运册子，皆希代之玩也”。关键是“好事而具鉴识，往时里中前辈人，无如敬身者”。评价至高。

丁敬以浙派印风的创始人而知名，研究其印学风格的形成过程，厉鹗的记录极为重要。乾隆八年（1743）二月，厉鹗与丁敬唱和沈心的《论印绝句》12首，[225] 留下一批重要的艺术史文献。后文关于厉鹗艺术史写作的章节将详述其作品，这里先列出与丁敬直接相关的两首：

其二：

葫芦宫井访斜曛，官印浓摹宣德军。阅过土花钱又赵，绝无屈曲少人闻。康熙壬寅，予同吴尺凫、赵功千、丁敬身凤凰山访古，过葫芦井畔老媪家，出观铜印一钮，纵广二寸许，小篆文曰“宣德军节度使之印”。云淘井时所得。欲买之，坚不肯，墨摹其迹以归。明年重过，老妪已亡，印不知流落何地矣。按：周显德六年，从吴越王俶之请，升湖州为宣德军，以王弟偡为节度使。吾子行云：凡摹印屈曲盘回，唐始如此。今观此印，殆不尽然也。[226]

前面章节已经说过此诗，反映出双方在康熙六十一年壬寅（1722）的交游往事。

十二：

绝艺吾乡岂识真，布衣前数顾山臣。城南诗老推能事，肯刻龟螭与贵人？谓丁敬身。[227]

厉鹗对丁敬品格和技艺的推崇与欣赏溢于言表。

关于《论印绝句十二首》的意义，方小壮在讨论丁敬篆刻艺术的文化基础和源头时，特别指出："著名的《论印绝句十二首》就是由沈心首唱，厉鹗、丁敬分别同题唱和的论印组诗。在这一系列的论印诗中，我们不但看到唐宋以来历代文人别集和印章谱录中所涉及的有关印章史事、印章流传轶事及印人趣事，已成为时人所津津乐道的话题。更为可贵的是，在'浙派'诗人的心目中，印章已不拘于为学术研究上考据文字、稽证史乘服务。他们将印章的篆刻视为一门艺术，并出于审美的需求，对印人、印章史、印章流派、印章创作等内容进行了评价和总结。"[228]

方小壮又进一步举丁敬的《论印绝句十二首》第三首为例说明，丁敬诗云：

三桥制作允儒流，步骤安详意趣遒。何事陶庵《印人传》，不知待诏先箕裘。

诗中，丁敬以"儒流""步骤安祥"等词，描述了文彭印作所表现的审美意趣，并因《印人传》不载文徵明对文人篆刻有导夫先路之功而质之作者周亮工。而在沈心的诗中，则以秦汉印的传统为标准，抨击了因师承何震“雪渔派”用刀过于猛利一路的印风而坠入“野狐禅”的流绪，诗云：

鸾翥蛟蟠见古人，流胪韵格挹天真。野狐禅踵雪渔派，全失秦朱汉白神。

在这次唱和中，丁敬总结了印章艺术发展史，以超前的胆识关注六朝唐宋印，大胆提出“六朝唐宋妙”的印章审美观，诗云：

古人篆刻思离群，舒卷浑同岭上云。看到六朝唐宋妙，何曾墨守汉家文。

实质上，丁敬在这首诗中所提出的汉印（汉家文）与六朝唐宋印二者并非相互对立。作者所强调的是以汉印传统为基础并融会六朝唐宋印之妙的多元印章审美观，反对的是“墨守”仅以汉印一元为标准的陈规。即倡导以宗汉为主的多元审美旨趣。因厉鹗唱和的《和沈房仲论印绝句十二首》收入《樊榭山房诗续集》卷三诗丙，此集为编年体，故可推知丁敬唱和的《论印绝句十二首》当同作于乾隆八年（1743）。[229]

还是在乾隆八年（1743），厉鹗为丁敬所收藏的汉铜龙虎鹿卢镫作歌：[230]

今年曾咏雁足镫，新诗传唱满广陵。归来江上访高士，又见一镫奇可称。镫似舟形本无足，亦非锭中堪置烛。吕静《韵集》：无足曰镫，有足曰锭。徐铉云：锭中置烛谓之镫。偃则为盖仰为盂，盂乃有味中有轴。鹿卢一转一惆怅，心在两京千载上。焚兰照影复何人，可怜漆炬迎幽圹。盂底镂文出良手，青雕素威分左右。《后汉书张衡传》：左青雕以捷芝，右素威以司钲。注：青龙、白虎也。

铭衔三字宜子孙，子孙今日知谁某？庐江李氏昔得一，独少羲文片辞吉。江淹漫叹庶人镫，充庭艳帐何堪述。与君莫师无眼禅，顶礼白石莲花前。灯传无尽诗无尽，试与佳儿诵此篇。

乾隆九年甲子（1744），厉鹗为丁敬所藏《觉范画梅》作诗：

古来画梅谁最好，僧中独数花光老。花光衣钵付何人，石门释子得其真。曾闻花光能画影，墨晕寒苞偏耐冷。石门画梅兼画月，比校烘云尤幻绝。只圈花瓣不安须，看去胧胧月如泼。画月之外更画烟，烟笼玉质难为传。斜枝一抹忽中断，似倚孤山向晚船。流落南屏定几时？君今幸得收藏之。写作春风十分态，举似湘西瘦阿师，个是浪子无声诗。[231]

丁敬此画，金农亦过眼并盛赞，乾隆二十二年丁丑（1757），冬心先生在一开梅花册页（图 35）上题到：

石门僧画梅，吾友丁处士敬身藏一轴，密萼繁枝，孤诣独绝，踵后尘者，越城王郎。余仿其意，不求形似耳。后数百年，若王彦、辛贡、陈宪章之流，又踵越城王郎后尘也。丁丑十月七日稽留山民画记，时在广陵诗弟子罗聘宅。

乾隆九年甲子（1744）七月十二日，复园主人汪台筑红板桥成，召厉鹗、丁敬、杭世骏、金农、释明中等 20 人会于复园。众人均有诗，并有手迹传世。厉鹗与丁敬诗作书于同一开，这又是二人关系亲厚的重要证明。

乾隆十四年（1749）十二月廿八日，厉鹗与丁敬同游潮鸣寺，访大圜上人，得观戴进画功德诸像立轴残本。二人皆有诗。厉鹗作：

图 35　金农《梅花图册》十二开之二，美国纽约大都会艺术博物馆藏[232]

城东结游侣，残腊得清暇。忻兹后梁寺，复驻南宋驾。冰释鱼尾莘，林疏鸟鸣沙。菜甲畦棱斜，山影屋头亚。旁闯白竹扉，中启赤华舍。上人此安禅，苔榻句无价。“雨深苔到榻，粮欠鹤辞笼。”上人句也。语及戴画迹，尘网解包乍。迦文失庄严，天女尚娅姹。冠花凹凸裂，衣叶披翻罅。散脂药又徒，戈鋋俨欲下。又写尸陀林，枯骼瘦堪怕。圆劲意犹存，精彩炯相射。当时修门召，画院定雄霸。赠诗虽有杨士奇，被放无奈谢廷循。人往三百年，一艺妒堪咤。冥搜作佛事，旧观随元化。聊为柯古述，归剪寒灯夜。[233]

这批戴进绘功德诸像立轴残本显然保护欠佳，尘网堆积，画面残损，但是仍让观者感到“圆劲意犹存，精彩炯相射。”樊榭又以诗句描述了相传已久的戴进入京遭遇，即戴进画技出众，却因谢环嫉妒，遭构陷被贬斥的故事。或许樊榭自己数次进京应试不利的经历，让他对戴进的怀才不遇故事，有了更多的同情。

丁敬诗名《己巳腊月二十八日同樊榭过潮鸣寺访大圜上人请观戴进所画功德残本一十三轴》，说明了这批戴进画残本共 13 轴，其诗云：

城隅返照明，仁祠面寒塘。天风遏海潮，但鸣金琅珰。访古空寂舍，穹碑失朱梁。老僧具威仪，导客青豆房。请观画功德，沙弥起趋跄。磊落十三轴，抖拂麈坌黄。丹粉信沉著，绢素惜皴皵。睹史陁铁围，苦乐意何长。慈云散毫端，恍闻知见香。修罗摩醯众，善气各飞扬。髑髅惨欲语，争乞甘露浆。咄哉两眉妩，牛头嗤阿旁。画手识前辈，戴老久擅场。被谗获放归，斯焉寄禅床。事见郎仁宝《续七修类稿》。青蝇早粪土，白玉终何场。发挥逢我曹，妙伎应更张。出寺忽大笑，俗物真茫茫。[234]

此次观画，丁敬显然也是颇受触动，作品虽已残破，但戴进之笔神气充足，表现力极为强劲。和厉鹗一样，丁敬对前辈的怀才不遇大为激愤，结尾诗句“出寺忽大笑，俗物真茫茫”，可知长期在野之士，内心深处的抑郁愤懑之情。

厉、丁二友相知几十年，终于面对了不得已的分别。乾隆十七年壬申（1752），厉鹗自扬州返杭不久，因病去世，丁敬悲痛不已，怀念至深，有诗悼念：

西风一棹返蓬门，岂意俄成冢上魂。白发顿枯伤子泪，红莫空圻乞诗痕。案头残稿犹思妾，箧内遗编待付孙。回首寒梅香又好，扬州明月忍重论。君病中尚向予诵词一阕，为扬州去妾作也。

卅年情抱与君同，眉宇何堪瞬转空。一代词人姜白石，两湖诗客鲍清风。搜穷万象应生妒，静倚高天转欠公。俯仰春光看飘荡，泉台可有杏花红。张贞居诗："只有天公终可倚。"君每春遣使乞余园中繁杏作供。[235]

"卅年情抱与君同，眉宇何堪瞬转空。"丁敬的惋惜和沉痛极为诚挚。

乾隆十八年癸亥（1753）春三月望日，丁敬为金农《冬心先生续集自序》书序，其后，又回忆了厉鹗殁前不久的言行：

昨秋八月既望，厉二樊榭自扬州归，语我曰："兄见金二十六自序其续集之文乎？大怪绝，语语皆述陈人之言，类点鬼簿，然自佳，不拾人牙后一字，不涉操觚家蹊径，见髯老倔强处。闻渠腊尾返家，江行必质之子矣。"予曰："唯然。魏武感乔元一言，遂有车过腹痛之语，盖深悼知己之不易也。况文人自昔工于倾敝，求一寓目即生嫉妒者，已如星中月，况能举其所得，誉其终身者乎？况其人已往，其语尤可念乎。"未几樊榭下世，予哭之失声，且迁怒髯老之诗之异，何称之者遽为陈人也邪！[236]

丁敬语句沉痛，怀念真切，可知樊榭临终前不久，仍然对金农的诗句赞赏有加，而丁敬则因樊榭下世，"迁怒髯老之诗之异"，这些言语可以看出厉、金、丁三人之间，关系亲近远超他者。

乾隆二十三年戊寅（1758）三月，64岁的丁敬为女婿厉志黼作"樊榭后人"一印（图36），其印款云："余婿厉绣周，课文之余，时攻有韵之言。每以所作就正老夫，其致思周笔，骎骎日有家法。深喜吾友樊榭先生之有后，而吟事继起之有人矣。”[237]

3. 杭世骏、亦谙上人、释明中

杭世骏与厉鹗交往非常早，两人被同称“杭厉”，成为当时杭城文士的代表，前述南屏诗社，杭、厉便是核心。两位文友，亦有画缘。杭城诗僧与文士交好者众，但诗画均有影响的是亦谙和明中二人，恰好，两位僧人均由杭大宗为之作传，因此笔者将这三位放在一起论述。

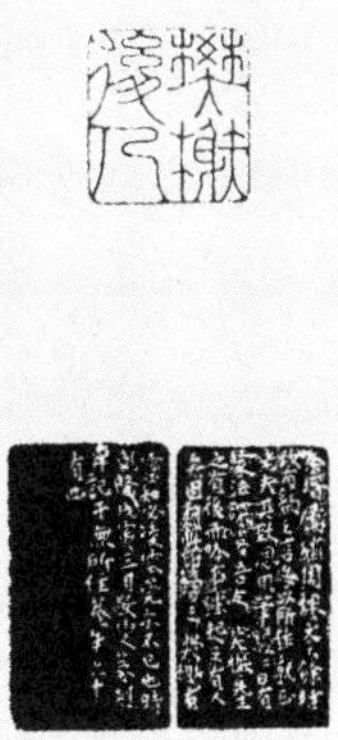

图36　丁敬为女婿厉志黼作“樊榭后人”印

厉鹗早年从杭世骏之父杭可庵先生游，与杭世骏成为密友，多年后，厉鹗应杭世骏之请，为其重摹的先父遗像作《杭可庵先生遗像记》，文辞恳切，既是两人交游的第一手记录，又是对中国写真传统的最佳说明。樊榭文曰：

古者，人子之于亲亡也，为之旗以识之，为之重主以依之，为之尸以祭之。至汉氏以来，乃有画像，虽非古制，实寓生存，遂相沿不能废。宋之先儒，有恐似他人之议，则画手不可不工也。晋荀勗于钟会新宅门堂，作太傅形象，衣冠状貌如平生。会兄弟入门，便大感恸，宅遂空废，宜会之不克终也。太傅开达理干，一时俊伟，幸得勗笔传写，会应居此宅，朝夕奉侍，以思克嗣。何至一恸之余，闭置勿视？隋徐孝肃生不识父，问母知状，求工图写，搆庙定省。夫孝肃早伤孤露，犹于豪素髣髴见之，况逮事膝下，于亲之像，使有苗发不肖，揆之孝子之心，必有怒然大不安者。杭君堇浦尊甫可庵先生殁十余年，先是有遗像一帧，须眉都似，神明不存，堇浦每低回追慕，不足于中也。会同里黄君西清善貌人，堇浦出遗像拜请重摹之。摹成，请鹗为之记。犹忆鹗弱冠时，从先生游，堇浦小于鹗四岁耳。先生眸子朗然，美须髯，冲虚恬淡，不自衒暴。鹗于先生为后进，于堇浦为密友。先生命其少子执经于鹗，而堇浦亦时相过，以文辞往复。先生性喜读书，手自缀辑至数百卷，尝指堇浦谓鹗曰："吾老矣，炳烛之光，恐难为继，他日此子必能卒吾志。"今堇浦甫强仕，学成而名立。鹗自顾行业无少长进，荏苒已二十余载，展先生遗像，酒阑灯炧，前语犹栩栩唇吻间，洵非西清之画之工不至此。承堇浦请，不敢以不文辞，惧违孝子之心也。于是乎记。[238]

杭世骏能文亦能画，因此厉鹗也曾为其题画。雍正六年戊申（1728）春，大宗曾作《松吹书堂图》，厉为之题诗云：

阅世翛然涤烦玑，著书种松皆十围。居士散发兼散衣，疏钗满地开林扉。幂翠蒙烟漏朝晖，须臾动影飒欲飞。风驭适从何处归？披薄纤末无停机。瓶笙幽咽泉语微，听匪缘耳悟者希。此中默喻理不违。但将画本付韦偃，勿用谈柄持张讥。[239]

丁敬亦有《题堇浦松吹读书堂图》：

高松无凡声，旷士无近想。风檐展奇书，朗诵答清响。[240]

日本京都国立博物馆现藏一幅杭世骏绘《西溪卧梅图》（图37），上面亦有厉鹗题赞。

杭城文士与西湖诗僧交游颇多，其中最著名者是亦谙和烎虚。杭世骏在《烎虚上人诗序》中说：“西湖有二诗僧：一为亦谙，一为烎虚。亦谙癯而逸，烎虚秀而腴。亦谙主涵青院，与钱塘诗人陈撰玉几、符曾药林、厉鹗樊榭相酬唱，亦谙殁而三人相继下世，不能传其诗也。烎虚早侍内廷，荷两朝之恩遇，历主圣因、天竺、净慈、乾峰四道场，道力坚凝，文采丰赡，在彼法中为师子儿。与诸诗老角力亦掷象之调达也。”[241]

“癯而逸”的亦谙上人较为年长，颇受杭城文士敬重，被称为“亦公”。杭世骏另有文记其生平：“钱唐亦公，名上绪，亦谙，其字也。貌癯骨寒，持行清苦，无世僧拈槌竖拂之习。智光内映，元理独超，破戒作诗，发中机的，乡之诗人若陈撰、金农、厉鹗、符曾、施安皆乐与酬和。居士汪潭等请主葛岭之涵青院，久之，去游京师。晚主相国寺。雍正甲辰，以病示寂，有《盋后集》十卷，其徒愼机等葬之南山……”[242]

图 37　杭世骏西溪卧梅图
厉鹗题跋
纵 82.2 厘米，横 28.1 厘米
日本京都国立博物馆藏
馆藏号：A 甲 564

亦谙上人曾居西湖南山，杭城文士访古此地时，常会顺道去拜望亦公。与亦谙交游较早的是金农，康熙四十二年癸未（1703），17 岁的金农习声韵之学，便已和亦谙过往，“西湖后岭水乐洞，闻有诗僧亦谙，已公之亚，青鞋布袜，常造精庐，得句呈佛，旬日忘返。”[243]

相比较而言，厉鹗结识亦谙较晚，目前可见最早的记录是，康熙五十五年（1716）秋日，樊榭同王菊存、汪青渠、杨开绪渡湖至嫛菴，由幽居洞上看司马光《家人卦》摩崖，登慧日精舍访亦谙上人，际晚下山，寻明昌化伯墓不得，泛舟而还。厉鹗得诗四首：

延缘截镜面，一湖殊阴晴。西南三五峰，云气缕缕生。孤棹即前浦，翘鹭凉不惊。朱甍林表灿，绿树崇冈缨。遥闻微钟响，旁见孤塔明。南屏忽觌面，苍翠纷相迎。水天寂于夜，到岸菰蒲声。

注目望山坳，静侣若孤往。隐见草间泉，时有修蛇想。清风散木鱼，佛屋藏筱簜。度桥潭镜皎，入洞岳楹敞。窌寥中复穿，微径折屡上。快观涑水碑，义取风火象。摩崖擅八分，遗迹成俯仰。秋气松际来，吹作居巢响。

绝顶露扶阑，悬崖庋禅榻。为访赞公来，不惮芒履踏。入室憺忘言，风树自相答。四角铃铎鸣，众绿何猎飒。俯见北峰云，奄与南峰合。雨脚渡湖至，惊起两栖鸽。一气中迷蒙，天镜互开阖。稍霁烟鬟靓，日射黄妃塔。了然清净界，幻象无不纳。同游五六人，看雪期深腊。

取径下仄磴，秋草自作花。山风袭人衣，叫噪白项鸦。饱闻外戚墓，厚葬崇骄奢。当时议礼者，恩先丁傅家。吁嗟百年后，变化如虫沙。大儒椎控颐，金枣出隧斜。欲往吊兴亡，觅路迷三叉。暝色起前林，唤渡艓子拏。晚湖波皴鳞，众岫兴阴霞。归时想清景，漏鼓忘频挝。[244]

“为访赞公来，不惮芒履踏。入室憺忘言，风树自相答。”25岁的厉鹗见到亦谙上人时显然还很青涩，拜访中不敢多言。此后，双方逐渐熟悉，颇为相投。

亦谙诗画皆能，康熙六十一年壬寅（1722），樊榭有《题亦谙山人黄山图》：

忆昔观此图，南屏倚高阁。松云荡心魂，有句不能作。冉冉七阳秋，南北缚双屩。去年东阿城，逢师瘦于鹤。如闻化人心，积苏故可托。停车通一语，游戏除六凿。我归师亦归，昨梦风扫箨。尘缠最惭愧，咫尺迹如削。入春独掩关，窗疏迟景落。此图忽寄示，逋句云当索。旧观已复还，慰眼暂为乐。似证飞行仙，层层度林壑。惟闻木莲花，香气满寥廓。真幻两无住，黄山被师攫。借师画中禅，聊尔资嗢噱。[245]

此诗中“去年东阿城，逢师瘦于鹤”，是厉鹗回忆康熙六十年（1721）三月，在东阿邂逅亦谙的事情，当时樊榭会试下第，正在南返途中，心情郁闷之际，得遇上人，共同南归，一路对话投机，肯定颇受抚慰。厉鹗此时评上人的《黄山图》，“真幻两无住，黄山被师攫。借师画中禅，聊尔资嗢噱”。显然是盛赞亦谙的山水，深有禅意，也是表达内心的敬爱之情。

亦谙上人去世很早，雍正二年甲辰（1724）便因病示寂，厉鹗对他怀念深切，多年之后，乾隆四年己未（1739）三月十八日，再访南屏山还有诗纪念上人：

南山三月暮，幽暎此林阿。僧寂房犹在，潭空客再过。洗松看塔小，坐石见湖多。卦剔孱颜字，吾今悟刹那。昔访亦谙上人于此，已二十四年，上人化去久矣。[246]

“秀而腴”的烎虚，即释明中，初名演中，字大恒，浙江桐乡人，俗姓施，曾主杭州圣因寺、上天竺、净慈寺等。杭世骏记述：“师讳演中，字大恒，后改明中，又字烎虚，桐乡施氏子。生而茹素，七岁出家秀水楞严寺，从师某薙染。某早世，师祖含明教之读儒、释两家书，颖悟非凡。雍正十二年（1734），游京师，受具皇戒。世宗宪皇帝于千僧中选留有根器者二十二人侍讲佛楼，师在其列。复于二十二人中选得四人，师又在其列。特旨住吉祥苑池南，参究禅学。万几之暇，日必一至，查问课程，训谕详切。圣意于师尤笃，恩赐手勅数千言，发明本地工夫，及杖钵、如意、法帖等物。未三年，龙驭上宾，今上御极，奉旨出居，许各还本籍。”[247]

明中与厉鹗、丁敬、金农、杭世骏等均交好，主圣因寺期间，厉鹗才得以观看圣因寺所藏贯休《十六罗汉图》。前述金农再观韩滉《五牛图》并题记时，同观者正是“西湖僧明中”。

明中是僧人、诗人，也是一位画家，乾隆九年甲子（1744）春，厉鹗有诗《晓行苏堤作二首》，其二记录了大恒长老所绘的一幅《春湖月泛图》，诗云：

破晓招寻不待呼，山烟水雾敛还无。楼头柳眼如窥宋，堤上花枝总姓苏。价重十千春易买，才高八斗景难摹。惠崇小有丹青手，肯为佳游写作图。圣因寺大恒长老为作《春湖月泛图》。[248]

由此不难理解，前述乾隆九年的复园之会，由明中补绘的《复园红板桥图》（图 38），成为复园雅会记录的点睛之笔。复园之会参与者中，善画者非至一人，最终却由明中出手，可见杭城文士对其敬重之情，其画则颇受欢迎。

乾隆十五年庚午（1750）腊月十一日，诸同人集于杭世骏桂堂为明中 40 岁生日贺寿，当时明中正住持上天竺寺，为表谢意，他还为杭堇浦作山水小幅，厉鹗有诗为记：

西池雪后渐春融，香饭初炊祝远公。乳窦云堂新法席，竹针麻线旧家风。画分山色来湖上，杖带泉声入座中。知有大千归掌握，长年应与辨才同。[249]

文人为僧人集会祝寿，诗僧为诗人作画，一室风雅，宾主尽欢。康雍乾时期，杭城僧儒两道的和谐氛围，此为典范。

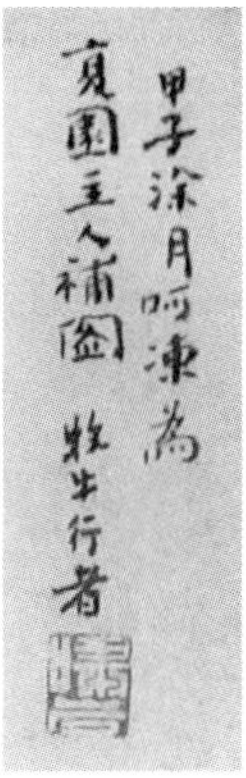

释文：
甲子涂月，呵冻为复园主人补图。牧牛行者。

图 38　明中补绘《复园红板桥图》落款，浙江省博物馆藏

（二）扬州画派中的几位画家：华喦、方士庶、高翔、汪士慎

厉鹗常年往返杭州扬州之间，几乎与扬州画派中每一位重要画家都有过交集，密友金农之外，还与华喦、方士庶、高翔、汪士慎交好。

1. 华喦

华喦生平及创作，学界已有充分研究，线索和材料都非常清晰。[250] 华喦迁杭州，以画技猎食，是在康熙四十二年癸未（1703），厉鹗时年仅 12 岁，两人应当没有交集。[251] 双方的交游，是后来对各自才华的欣赏，时间不晚于康熙五十八年己亥（1719）。当年，厉鹗为华喦一件《横琴小像》作词《高阳台 题华秋岳横琴小像》：

剑气横秋，诗肠涤雪，风尘湖海年年。三径归来，慵将身事笺天。草堂不著樱桃梦，寄疏狂、菊涧梅边。想清游，如此须眉，如此山川。枯桐在膝冰徽冷，纵一弦虽设，亦似无弦。世外音希，更求何处成连。几时与子苏堤去，采苹花、小艇冲烟。笑平生，忘了机心，合伴鸥眠。[252]

一直怀着剑气雄心的华嵒非常喜爱这首词，又示于好友徐逢吉。康熙六十年（1721）十二月，徐逢吉在华嵒处读到此阕《高阳台》，激赏不已。康熙六十一年（1722），徐为厉鹗《秋林琴雅》题辞记录了此事："……去腊于友人华秋岳所，读樊榭《高阳台》一阕，生香异色，无半点烟火气，心向往之。新年过访，披襟畅谈，语语沁入心脾，遂相订为倡和之作……"[253]

三人订交，惺惺相惜，在思想和艺术上相互砥砺。雍正九年辛亥（1731），华嵒出诗卷《离垢集》之时，徐逢吉九月九日为之作序，厉鹗则书五言诗一首为跋尾，诗云：

> 我爱秋岳子，萧寥烟鹤姿。自开方溜室，高咏游仙诗。云壁可一往，风泉无四时。沧洲画成趣，傥要故人知。[254]

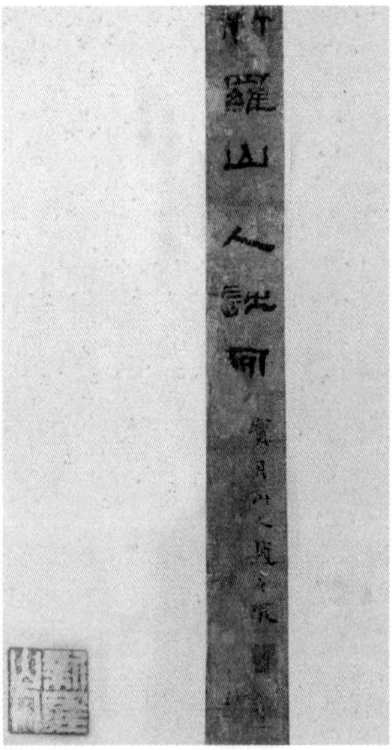

图39　新罗山人诗册　赵之谦题签　浙江省图书馆藏

目前所知，华嵒诗集至少有3件稿钞本存世，分别是无锡本（图40、图41左）、中国台湾本（图41右）和浙图本（图39）。无锡博物院所藏为《离垢集》墨迹本，中国台湾"国立中央图书馆"所藏标记为《离垢集》"手稿本"（中国台湾文海出版社1974年将此本影印出版，即《清代稿本百种汇刊 第66册 集部 离垢集》）。

《离垢集》无锡墨迹本和中国台湾手稿本在跋尾五言诗之后，都附有厉鹗题句："辛亥上春获读秋岳先生诗集，惊叹高妙，非尘埃中所有。敬题五言一首聊当跋尾。"落款为："同学弟厉鹗顿首。"言辞恳切，颇见

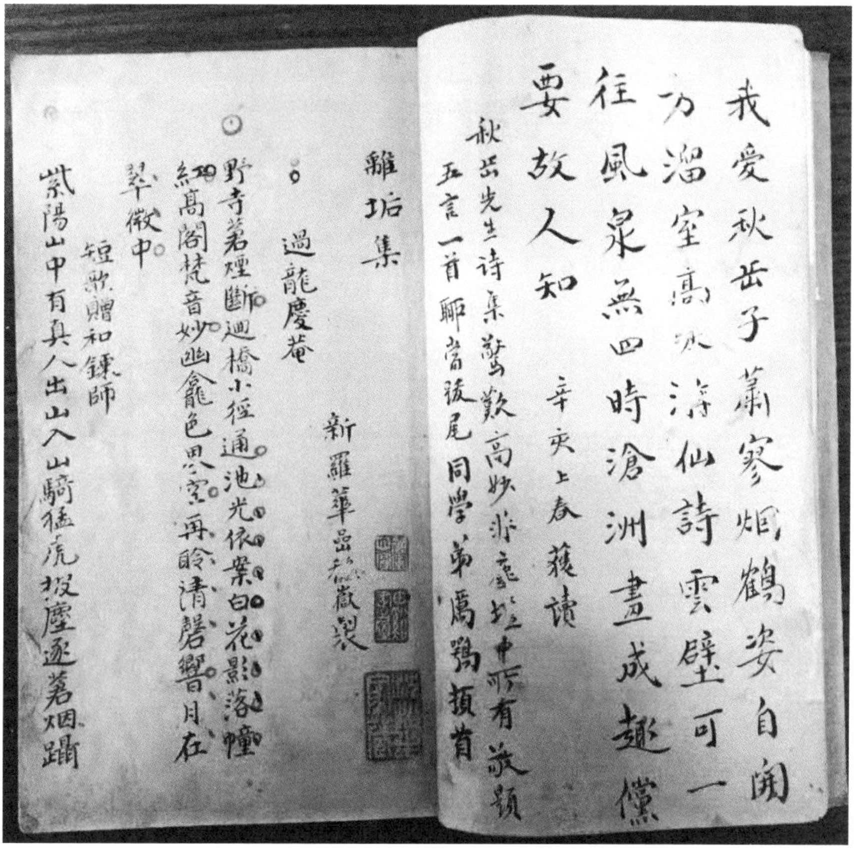

图 40　《离垢集》墨迹本（王照宇摄）　无锡博物院藏

释文：

我爱秋岳子，萧寥烟鹤姿。自开方溜室，高咏游仙诗。云壁可一往，风泉无四时。沧洲画成趣，傥要故人知。

辛亥上春获读秋岳先生诗集，惊叹高妙，非尘埃中所有。敬题五言一首聊当跋尾。同学弟厉鹗顿首。

收藏印：

“丽圃心赏”白文方印、“田溪书屋”白文方印、“沈松生家藏”白文长方形印。其中“丽圃心赏”与“田溪书屋”的印主为清末广东著名收藏家何冠五的藏印。（王照宇释读）

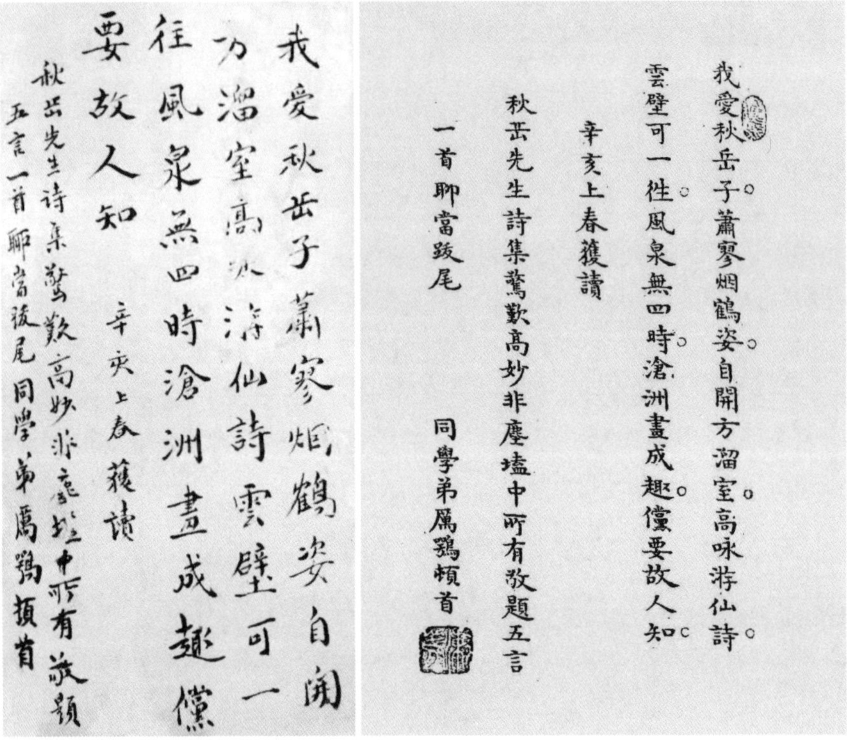

我愛秋岳子，蕭寥烟鶴姿。自開方溜室，高咏游仙詩。雲壁可一住，風泉無四時。滄洲畫成趣，儻要故人知。

辛亥上春獲讀

秋岳先生詩集驚歎高妙非塵壒中所有敬題五言一首聊當跋尾

同學弟厲鶚頓首

我愛秋岳子。蕭寥烟鶴姿。自開方溜室。高咏游仙詩。雲壁可一住。風泉無四時。滄洲畫成趣。儻要故人知。

辛亥上春獲讀

秋岳先生詩集驚歎高妙非塵壒中所有敬題五言一首聊當跋尾

同學弟厲鶚頓首

图41　无锡本（左）与中国台湾本（右）对照

敬重之意。从字迹来看，无锡本的书写较为随意，中国台湾本则比较工整。浙江图书馆古籍部所藏华嵒诗稿钞本，则仅有手书诗稿，并无徐逢吉序和厉鹗跋，或是华嵒自书诗存稿。

《樊榭山房集》内外现存好几首厉鹗为华嵒所作的题画诗词，或盛赞其画技，或为之说明绘画主题，可算共同创作。华嵒的作品，在杭城文士中颇受好评，而厉鹗对好友的欣赏和赞美也是不遗余力。

康熙五十八年己亥（1719），厉鹗为华嵒作《高阳台　题华秋岳横琴小像》。

康熙六十一年壬寅（1722）四月，厉鹗为金志章《江声草堂图》题诗，此画出自华喦之手，厉鹗将华秋岳比作“今倪瓒”，赞美有加。诗云：

江声主人江上住，范村西去缘江路。草堂仿髴木香村，竹屿依稀铁炉步。门前江色晴黏天，屋角岚霏昼摇树。柳絮著水鱼正肥，花片入帘燕新乳。主人急装将远游，风光似此盍少留。尘中知己苦寂寂，邹生枚叟徒沈浮。为言频年役衣食，人生识字宁无忧。有田十双我将老，息壤在彼盟诸鸥。华君秋岳墨戏今倪瓒，下笔烟云互凌乱。归来旧径在眼中，隔浦低桥青不断。贫无送子双玉瓶，展画吟诗反覆看。他时相约力著书，钓石犹堪置柔翰。[256]

康熙六十一年壬寅（1722）九月，华喦为杭城老名士，大家共同的好友吴允嘉画像，厉鹗为之题诗，说明吴丈的身份和样貌特点，诗句亲切感人：

我识石仓叟，长身比鹤癯。青衫旧名士，白发老潜夫。城市看花入，溪山载笔俱。襄阳刁凿齿，著述近来无。吴丈近葺《武林耆旧集》，搜讨最为该洽。[257]

应当也是在康熙六十一年（1722）之前，厉鹗为华喦《松月图》题词：

查牙老树。记得何年遇。攒出翠针千百，是妙手、新栽处。过雨凉月吐。纷纷清影舞。孤鹤不成秋睡，又翻下、半空露。[258]

周京藏有一件华喦作《虎丘中秋夜泛诗画卷》，乾隆十四年己巳（1749），樊榭为之题诗三首，诗注：“画为华秋岳笔”。诗云：

抹月批风老更狂，殢人灯火是山塘。吴中胜事君知否？写在周家十一章。

老我吴船易感秋，秋灯秋月几曾游。夜来多少行云影，不梦阊邱梦虎邱。

如此中秋天下无，船船银烛度歌珠。风林烟塔迷离处，除却倪迂那解图？[259]

乾隆十四年己巳（1749）秋八月，华喦作《村童闹学图》一轴（图42）。“村童闹学”是一个传统画题，新罗山人之作，多有精彩的童戏

图42 华喦 村童闹学图（局部） 上海博物馆藏[260]

题材，此画也颇为生动。

厉鹗词作中则有一首《醉太平·题村学堂图》，作于乾隆十六年（1751）之前，词云：

村夫子面孔，渴睡汉形容。周遭三五劣儿童。正抛书兴浓。探雏趁蝶受朋侪哄，参军苍鹘把先生弄，甘罗项橐笑古人聪。不乐如莱佣。[261]

厉鹗词与华嵒画作表现非常吻合，生动幽默，樊榭先生虽然没有词注，但很有可能是为此画所作。

乾隆十五年庚午（1750）早春，厉鹗为华秋岳《浴鹅图》题诗：[262]

昙石襄村中我旧过，嗔船无力困沧波。近来颇厌书生幻，不爱笼鹅爱浴鹅。

两位好友之间，互相也有书画往还。杭州西溪，风光秀丽，是厉鹗和友朋们喜游流连之地，樊榭先生曾和华嵒同游西溪后索画一幅，两人书画往还，留下珍贵的诗文和手迹。

乾隆二年丁巳（1737），华嵒为厉鹗作《西溪卜居图》，樊榭作一阕《落梅风》题于画上：

横斜影，清浅溪，翠濛濛嫩寒山气，梅花见招深处栖，草堂资故人谁寄？[263]

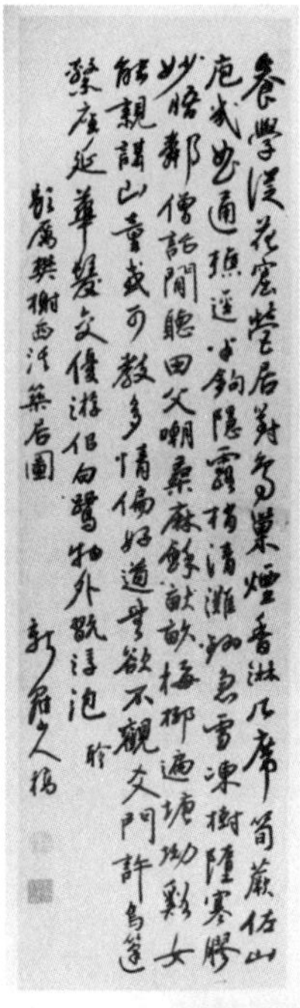

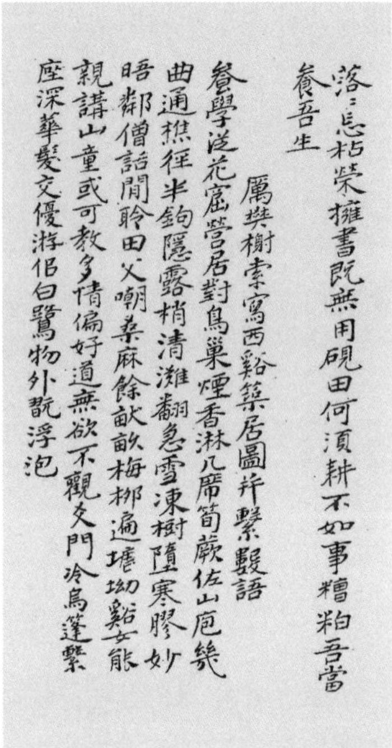

落落忘枯榮擁書既無用硯田何須耕不如事糟粕吾當
養吾生

厲樊榭索寫西谿築居圖并繫數語

養學從花窟營居對鳥巢煙香淋几席筍蕨佐山庖幾
曲通樵徑半鈎隱露梢清灘翻急雪凍樹墮寒膠妙
晤鄰僧話閒聆田父嘲桑麻餘畝畝梅栁遍塘坳谿女能
親講山童或可教多情偏好道無欲不覲爻門冷鳥蓬繫
座深華髮交優游侶白鷺物外翫浮泡

图 43（左）华喦　行书题厉樊榭西溪筑居图诗轴　纸本　纵 93.1 厘米　横 27.4 厘米[264]
（右）《离垢集》卷二《厉樊榭索写西溪筑居图并系数语》[265]

华喦则书《题厉樊榭西溪筑居图诗》一首，其手迹存世（图 43 左）。

华喦《行书题厉樊榭西溪筑居图诗轴》释文：

养学从花窟，莹居对鸟巢。烟香淋几席，笋蕨佐山庖，几曲通樵径，半钩隐露梢。清滩翻急雪，冻杈堕寒胶。妙晤邻僧话，闲听田父嘲。桑麻余亩亩，梅柳遍塘坳。溪女能亲讲，山童或可教。多情偏好道，无欲不观爻。门许乌篷系，座延华发交。优游侣白鹭，物外玩浮泡。

题厉樊榭西溪筑居图，新罗山人稿。

起首钤“起心入微”朱文长方印，下钤“布衣生” 朱文圆印，“华喦”白文方印。

对比此件手迹和《离垢集》文本（图 43 右）可以发现，个别文字略有小异，如“闲听田父嘲”，集中作“先聆”，“无欲不观爻”的“观”字边书有一个“聆”字，“门许乌篷系”，集中作“门冷”，“座延华发交”，集中为“座深”。显然这是华嵒的一件手稿，当他编诗入集时，对文字又多有推敲。从书法的角度，单国霖则认为：“华嵒是年五十七岁，此轴行书体势已具有欹侧偃仰的变化，用笔从早年的较峻强趋向圆转浑厚，映现出他转变期的书法风貌。”[266]

厉鹗还有一件行书《为华嵒书西溪纪游诗》扇页（图 44），现藏杭州博物馆。[267]

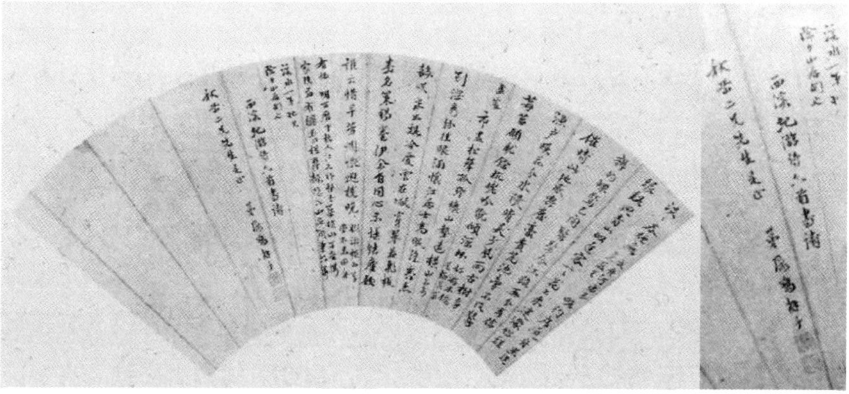

图 44 （清） 厉鹗 行书西溪纪游诗扇页 杭州博物馆藏
纸本 纵 17.7 厘米 横 47.7 厘米

题款：西溪纪游诗六首，书请秋岳二兄先生是正。弟厉鹗顿首。
钤印：“厉”“鹗”朱文。

华嵒一生坎坷困顿，幸有厉鹗等杭城文士，始终声气相应，互为知音。除了樊榭，华嵒与金农亦是好友，两人相交应是同在扬州卖画期间，约乾隆七年（1750）前后。[268] 到乾隆十五年（1750），金农在《冬心先生画竹题记》中的一则记述，还提供了华嵒老年时的状况：

丹阳许滨江门，善画窠石水仙……汀州华嵒秋岳侨居吾乡，相对皆白首矣。尝画兰草纸卷，卷有长五丈者，一炊饭便了能事。清而不媚，恍闻幽香散空谷中。二老每遇古林茶话，各出所制夸示，予恨不能踵其后尘也。今年六月，予忽尔画竹。竹亦不恶，颇为二老叹赏于群公间……[269]

冬心对秋岳的欣赏和敬重，溢于言表。

2. 方士庶

方士庶（1692—1751），字循远，一作询远，号环山，又号小狮道人，祖籍新安（今安徽歙县），是清代中叶活跃于扬州的著名诗人和书画家，有《环山集》《天慵斋笔记》等存世。士庶擅画山水，亦能花卉、走兽。[270]方士庶和厉鹗年岁相近，经历相似。乾隆八年癸亥（1743）寒食，方士庶在《为怡斋作山水图》（现藏北京故宫博物院）上题记自述："余离故乡二十九寒暑，前度深秋公来，春仲感时纪事，具在尺幅之中矣。癸亥寒食，小师道人士庶。"[271]由此可知方士庶青年离乡，又据其自撰《祭本生母沈太安人文》中言"追戊申（即雍正六年，公元1728年）春，长兄病殁……此后不孝废举业，就鹾务……不孝或远离乡井，虽信报平安，犹隐隐不释于怀。"可见，方士庶37岁时，由于生父与长兄接连去世，使本已困窘的家业更加艰难，使他终于放弃了科举仕途之念，开始独立谋生。[272]同样因谋生而奔波于江湖间的厉方二人，相识相知，情理之中。

方士庶与厉鹗同适小玲珑山馆，二马所组织的邗上诗社，两人是核心成员，被归入韩江雅集的"前五君"之中，马曰璐曾作《前五君咏》，纪念诸人。前述方士庶为马曰琯肖像补景，更好地表现了小玲珑山馆主人的雅致和闲适气质；绘《行庵大树图》，表现了二三知己的日常活动；

《九日行庵文宴图》则记录了较大规模的雅集。前文已有讨论，此处不再赘述。这些作品，最好地表现了马氏兄弟为文士们所提供的优越生活和创作环境。

方士庶也藏有前代绘画并且向诗社同人展示，乾隆八年癸亥（1743）韩江诗社同人集方环山斋赏其所藏明宁献王画，众人皆有诗，樊榭作：

寒斋延明曦，壁讶数峰接。其下松桧阴，斸水穿石摺。岩扉中有人，停琴展幽牒。侍立双玉童，衫袖空翠裛。我疑卢鸿一，期仙磴可蹑。谛观出宁藩，珍重墨林笈。高皇十七子，龙种何蹀躞。晚年慕冲举，自抑金川捷。幸非七国败，思与八公揖。此图寓意耳，深萝神隐惬。浑如匡庐云，尚裹草堂颊。太息南昌城，空宫填落叶。[273]

乾隆十六年（1751）四月，方士庶卒，樊榭作《挽方环山》悼念：

别时君善饭，惊见素帷陈。水逝悲同甲，松摧失俊人。文章秋卷冷，粉墨夜台新。旧赠营邱笔，今逾什袭珍。曾作《临平藕花图》及《仿云林小景》见贻。[274]

由诗注可知，方士庶曾作《临平藕花图》及《仿云林小景》赠樊榭，厉鹗称“营邱笔”，赞许环山之画有李成的风格，也可能是肯定方士庶山水有李成般的高度。斯人已逝，睹画思人，悲从中来。

3. 高翔、汪士慎

高翔和汪士慎是相知好友，人称“二友”，金农《冬心画梅题记》云：“画梅之妙，在广陵得二友焉，汪巢林画繁枝，高西唐画疏枝，皆是世上不食烟火人。”“二友”亦是扬州二马座上常客，频频集于街南书屋和行庵等处，因此与厉鹗的朋友圈颇多重合，除了二马，大家的共同好友包括了金农、丁敬、姚世钰、陈章等人。[275]

雍正十年壬子（1732）冬至后三日，厉鹗过马半槎南斋，马曰璐烧炙明宣宗禁中所制“甜香”供客，厉鹗谱《国香慢》一阕，赞美其“风味幽绝”。第二天马曰璐请樊榭以绿笺书写此词，装池成小轴，并由高翔以篆书题首，曰“甜香新唱”。樊榭词序及词云：

壬子冬至后三日，过马半槎南斋，炙甜香以供客，风味幽绝，前明宣宗时禁中制也。坐上索予谱斯阕成，半槎谓予云：“昔熊讷斋请詹天游赋《软香·庆清朝慢》，云：‘愿扫陈言。’君于此题，当与天游竞爽矣。”明日以绿笺请予书之，装成小轴，高西唐篆其首曰“甜香新唱”。

雨浥芳尘。爱花瓷宝屑，百种芬氲。谁将蜜脾滋味，散作浓春？颤袅微烟犹未，写兰韵、如幻如真。轻翻小银叶，舌本先参，鼻观徐闻。汉官遗事远，叹寻方难和，按谱偷分。茗瓯初啜，依约搀了馀熏。缥缈华胥一枕，蝶飞来、犹恋梨云。回思嫞人处，寄与当时，浣罢罗巾。[276]

乾隆二年丁巳（1737）秋日。厉鹗和高翔游扬州铁佛寺，寺在扬州北郭，为五代杨行密故宅。樊榭诗曰：

树压平冈碧殿孤，我来何处吊杨吴。佛从劫火销时见，秋到遥天尽际无。草乱难寻朱瑾墓，鸦归犹学黑云都。淮流不洗当年恨，谁与英雄酹一壶。[277]

乾隆五年庚申（1740）春，众人同游扬州红桥，厉鹗有诗并赞高翔“高子哦诗妙五字”：

客愁当春乱如丝，挂在红桥新柳枝。主人官小肯爱客，载酒唤船波拍拍。孟婆跋扈作余寒，玉箫吹过曲阑干。东陵飞下三青鸟，女儿破颜钿窝小。繁华瞥眼徒纷纭，牛羊踏穿阿麽坟。隔江山映残梅晚，招之不来殊偃蹇。主人劝客为乐方，陈郎叩舷发老狂。高子哦诗妙五字，游鱼出听灯在水。风花上已连清明，有约更赋丽人行。[278]

乾隆八年（1743）冬天， 在马氏小玲珑山馆中， 汪士慎、高翔同绘10幅“梅花纸帐”，厉鹗、全祖望、陈章、方士庶、闵华等同人均为之赋《梅花纸帐歌》，成为一段佳话。[279] 大部分诗作都着墨在两位画家的创作上，比如马曰琯作：“巢林古干淡着色，高子补足花缤纷。”闵华写：“巢林画笔如有神，幻出罗浮梦里春。”[280] 而厉鹗的角度有所不同，他的《梅花纸帐歌》云：

幽人筮得随六爻，宴息短榻风飕飕。思将斗帐卫安寝，不用蛮毡蜀锦绡裁鲛。楮先生者吾故友，清文密理魂可交。琴溪产冰下，清江出革抄。先以白石硾，次用槐椎敲。十幅揉成飞絮软，千针联就轻云包。犹嫌太素境清冷，春气搀入三花两蕊千万梢。问谁种此睡乡里？无乃叔雅粉本、觉范皂子胶。吴绫矮额数蛱蝶，压绣云自闺中描。滕王设色未曾到，谢逸著句空相嘲。夜寒穿花那得见？风流楚客情难抛。用东坡诗意。蘧然一枕忽成梦，梦入朱明洞口水帘坳。湘妃峨峨立冻蛟，麻姑裙影如飞旓。幽人惊起香入骨，仿佛翠羽鸣咬咬。作歌刻意洗凡语，远胜瘦岛之瘦謷叟謷。[281]

这里又展现了樊榭先生百科全书式的博学洽闻，纸的制备，帐的制作，画家所绘梅花的精妙，在诗中全部交代得清清楚楚。

乾隆四年己未（1739），汪士慎移居，厉鹗为《汪近人移居图》

题诗：

买屋古城下，闻君喜客寻。图书初检校，邻曲共幽深。扫壁除蛛网，开窗纳树萌。自怜流转意，对此一沈吟。[282]

汪士慎（图 45）爱梅又嗜茶，高翔为其作《煎茶图》，樊榭则为此画题诗，将汪士慎的爱好和风骨，表现得淋漓尽致，诗云：

巢林先生爱梅兼爱茶，啜茶日日写梅花。要将胸中清苦味，吐作纸上冰霜桠。敲门走送古梅枝，索我《煎茶图子》诗。此图乃是西唐山人所作之横幅，窠石苔皴安矮屋。石边修竹不受厄，合和茶烟上空绿。石兄竹弟玉川居，山屐田衣野态疏。素瓷传处四三客，尽让先生七椀余。先生一目盲似杜子夏，不事王侯恣潇洒。尚留一目著花梢，铁线圈成春染惹。春风过后发茶香，放笔横眠梦蝶床。南船北马喧如沸，肯出城阴旧草堂？[283]

图 45　汪士慎像[284]

由于朋友圈的重合度高，厉鹗和汪士慎两人还曾先后为好友吴蔚洲家中珍藏的“十三银凿落”作歌。所谓“十三银凿落”，即13件银质酒器。诗酒之会，美器不可或缺，杭州瓶花斋主人吴焯便曾拥有108件瓷酒器，精美雅致，吴尺凫身故多年之后，其子吴敦复还请樊榭作歌纪念。[285]乾隆十三年（1748）秋，厉鹗结束天津之行，归返扬州，在老友吴蔚洲秋琴馆做客，同样应主人之请，为其家传13件明代银凿落作歌，于是有了《吴氏家藏十三银凿落歌为蔚洲作》：

秋琴馆里秋窗拓，主人示我银凿落。一一数如琴上星，云是前朝季年作。先世留贻手泽存，石交介寿心盟托。文如丝发镌刻精，制比商周彝鼎各。历时知更几晦朔，请为中金溯其略。神禹梁州陈土贡，银与砮磬齐磊硌。先秦仅充器饰用，汉兴三币旋废阁。朱提大侵赤仄权，唐始蛮乡行渐博。承安宝货铸即成，金溪孝女冶曾跃。轻赍利共粟俱生，变化无端累杯杓。空传白氏梅浆洗，白香山《寄银榼与裴侍郎》诗云：“重用盐梅试洗看。”自注：“银匠洗银，多以盐花梅浆也。”已笑韩公花叶铄。韩昌黎《寄崔立之》诗：“我有双银䑨，其银得朱提。黄金涂物象，雕镌妙工倕。”又云：“野草花叶细，不辨薋菉葹。”况当千古必争地，江左苍黄事堪愕。史相壁垒未崩摧，高家兵马先焚掠。此时凿落何处藏，鬼护神诃免搜索。至今珍秘深且严，椟以香檀谨扃钥。二分不敢醉明月，十千那肯浇红药？莫教恶客髻中匿，岂使贪夫市上攫。因思古人铭彝器，子孙永宝宜虔恪。君今持已等持盈，沐浴诗书光灿若。为君作歌歌思长，祖德看君更恢廓。[286]

这些银酒器做工精良，经历改朝换代的劫难幸存，因此吴蔚洲家族极为小心，“至今珍秘深且严，椟以香檀谨扃钥”。厉鹗诗重在史事记述，并未交代吴家如何使用这批银酒器，对制造时间说得也比较含糊，

“云是前朝季年作”，究竟是什么时候呢？乾隆十五年庚午（1750）秋九月，汪士慎亦受邀为吴蔚洲作并书《十三银凿落歌》。其手迹保存至今，现藏扬州博物馆（图 46）。这篇长歌补充了厉鹗未提供的信息。

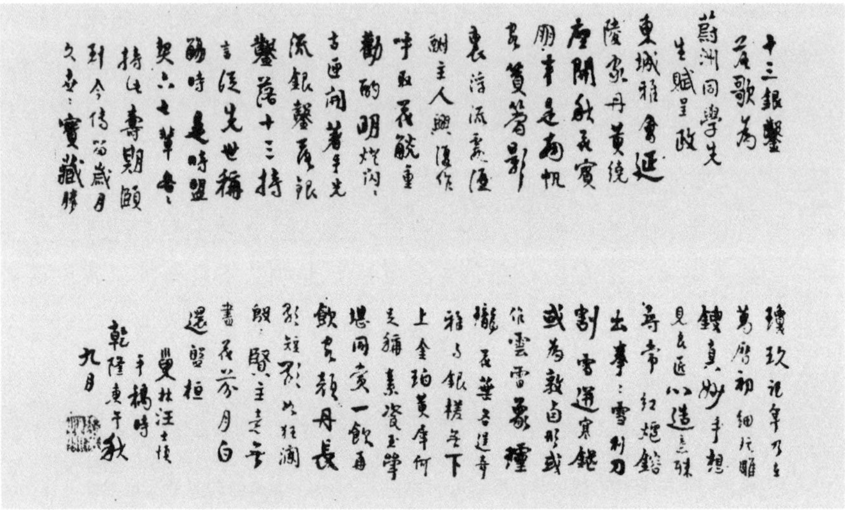

图 46　汪士慎　十三银凿落七古歌卷　行草书　扬州博物馆藏
全卷长 114 厘米、宽 15 厘米，计 201 个字[287]

释文及署款：

《十三银凿落歌》，为蔚洲同学先生赋呈政。

东城雅会延陵家，丹黄绕座开秋花。宾朋半是南帆客，筼筜影里浮流霞。酒酣主人兴复作，呼取花觥重劝酌。明灯闪闪古匣开，著手光流银凿落。银凿落，十三持，言从先世称觞时。是时盟契六七辈，各各持此寿期颐。到今传留岁月久，世世宝藏胜琼玖。记年乃在万历初，细玩雕镂真妙手。想见良匠心，造意殊寻常。红炉镕出拳拳雪，利刀割雪迸雪铓。或为敦卣形，或作云雷象。玲珑花叶各逞奇，雅与银槎无上下。金珀黄犀何足称，素瓷玉斝堪同赏。一饮再饮客颜丹，长歌短歌如狂澜。殷殷贤主意无尽，花芬月白还盘桓。

巢林汪士慎诗稿。时乾隆庚午秋九月。[288]

汪作中给出了这批银酒器制造的明确时间："记年乃在万历初。"并且还说明了这些银酒杯的作用是"称觞""盟契"。汪士慎形容主人酒兴酣浓时，"一饮再饮客颜丹，长歌短歌如狂澜"。场面生动，显然是亲历盛会的如实记录。扬州博物馆蒋华指出："这件手卷的文字，曾收入《扬州八家史料》和《巢林集》以及《淮海英灵集》中。各本及手迹个别字句稍有出入，当是作者自己修改润色所致……汪作虽也述及史事与杯的精致，但侧重'东城雅会'的盛况。"[289]

蒋华评价此件作品的书法时则强调："汪士慎的书体，多为行楷和行草，特别是在他的题画中是如此。但由于他工于隶书，所以无论是他的行书或楷书，笔下都含有隶意，而在他的隶书中又自有画笔，从而形成了他的那种独特的'八分隶意'的书法风格。这件《十三银凿落歌》手卷，即是行草而具有隶意的那种书体。"[290]

由于相知相交，厉鹗对汪士慎的书法特点非常了解并欣赏，乾隆十六年辛未（1751），樊榭作《汪巢林八分书歌》，对汪氏书法做出了中肯的介绍和评价：

少陵论书得其真，曾云书贵瘦硬方通神。昌黎论书有深意，苦道羲之俗书趁姿媚。由来八法坏六书，二篆微茫竟谁嗣。八分元从二篆生，强被欧阳呼隶字。汉人近古无差讹，流传后代已不多。郭香察书久埋没，武梁画像今销磨。任城五碑虫蚀藓，泗水九刻龙腾梭。巢林居士老好事，典衣不惜穷蒐罗。手摹心追笔成冢，坐卧三日难同科。腕悬仍似蚕头篆，笔礫稍存隼尾波。只余瘦硬乏姿媚，每受俗眼相讥诃。兴来为我书数幅，奴视唐朝韩择水。豪家屏障岂相宜？挂我翛翛竹间屋。[291]

在诗中，樊榭对巢林八分书的金石源流，交代非常清晰："巢林居士老好事，典衣不惜穷蒐罗。手摹心追笔成家，坐卧三日难同科。"可知汪士慎对金石材料的搜集不惜财力，而日常习练则极为勤奋，最终形成了"瘦硬"的风格，但显然在当时并不受欢迎，"每受俗眼相讥诃"。作为相知的好友，厉鹗对之大加赞赏，有"奴视唐朝韩择水"的高度评价。我们注意到，在樊榭家里，挂有数幅汪士慎即兴所书的条幅，与其"翛翛竹间屋"极为相宜。

厉鹗家中以好友的书画作品为装饰，由来已久。雍正六年戊申(1728)六月一日，樊榭午睡梦见好友程友声，醒时见壁上悬《垂虹檥棹图》，正是友声为他而作，赋诗一首：

守穷故乡居，畏暑蓬户闭。风幔小眠斋，借作凉云翳。故人千里驾，良觌已隔岁。落落知无营，不问别来计。茶果俄欲陈，惊起厌蝉嘒。睨壁得新画，一角题字细。帆色入渺茫，峰远秀于髻。写我泛春寒，长桥望云霁。烟墨关性灵，绝境得精诣。始悟梦为因，匪直思发嚏。[292]

我们知道，厉鹗斋中还有陈玉几所赠《梅花芭蕉小幅》，华嵒绘《西溪卜居图》，方士庶作《临平藕花图》及《仿云林小景》等，樊榭先生固然清贫，但寒舍之中书画精雅，堪称理想的文人居所。

《汪巢林八分书歌》也是《樊榭山房续集》所收的最后一首诗作，回想《樊榭山房集》卷一是以《金寿门见示所藏唐景龙观钟铭拓本》开篇，这充分体现出厉鹗与艺术家朋友们的深厚友情和共同志趣。

小结

在前人对厉鹗的研究中，常有一种误会，认为他是在扬州二马的供养下，度过了清闲的大半生。[293] 如果单看某些诗文，厉鹗们似乎整日忙于宴饮雅集与优游山水，或如本章内容所述，他们生活中好像也只有金石书画的雅趣，几乎很少涉及民生和时事。但实际上，在这种“清闲”的背后，掩藏着江南社会各个阶层生存的艰辛和无奈。汉族文人，不论在朝在野，都直面着种族和地域的双重歧视。康雍乾三朝，既是安定的太平盛世，也是文网严密，统治酷烈的时期。清闲和优雅的另一面，潜藏着诸多惊心动魄的暗流。[294] 本书第四章将要讨论的一组厉鹗书五言隶书楹联，亦体现了这一时代背后的张力。[295]

面对严酷的政治环境，厉鹗和他的朋友们，努力用贯穿于日常的艺文活动，构建起一张自足的知识之网，安定身心。于是，不论在杭州、扬州还是天津，无论官员、商人还是寒士，大家以诗文为核心，友善、平等，声气相投，营造并享受着理想的文艺生活。在这种良好气氛的滋养下，他们共同创造了清代最为活跃和健康的一段文化历史，其气氛令后人钦慕和向往，其成果泽被后世。就美术史研究来说，这些材料不但可以对老问题查漏补缺，也足以提供研究的新角度和新路径。例如，厉鹗与丁敬的交游，对于研究中国古代印论历史，尤其是清代印论史的学者，帮助就非常直接。黄惇在论述“金石学刺激下出现的‘印外求印’倾向”时，便自然而然地举出了丁敬与厉鹗共同搜访石刻的例子。[296]

本章所述的内容，力图呈现的是厉鹗艺术活动的全貌。下一章，笔者将择取访古考证和艺术鉴赏两则具体案例展开解析，以展现樊榭先生的眼光和学养。

注释

1. 樊祎雯:《解密清代叙事画巨制〈乾隆南巡图〉》,载《艺术市场》2016年1月,图1,第83页。原图未标绘京师东南的运河重镇天津,笔者补入。有意思的是,厉鹗一生南北行迹,与康乾二帝的南巡路线高度相似。
2. 史松:《清史编年 第四卷(雍正朝)》,中国人民大学出版社,1988年,第229页。
3. 有关康乾时期,帝王巡幸与统治构建相关问题,张勉治的研究非常全面。参见(美)张勉治:《马背上的朝廷:巡幸与清朝统治的建构(1680—1785)》,江苏人民出版社,2019年。
4. 王翚在京交游及创作的研究较为充分,参见武佩圣:《王翚客京师期间之交往与绘画活动》,载朵云编辑部编《清初四王画派研究论文集》,上海书画出版社,1993年,第607—628页;付阳华:《"后遗民时代"王翚的三次进京及其"南北"焦虑》,载《美术与设计》,2015年第1期,第53—59页;以及吕晓:《名动长安客 偏随倦鸟还—试论王翚主绘〈南巡图〉后选择南返的主客观因素》,载澳门艺术博物馆《山水清晖——王鉴、王翚及虞山派绘画学术研讨会论文提要》。
5. 乾隆帝的相关研究极为丰富,对其巡游之治和文化事业上的努力,历来评价褒贬不一,欧立德的观点较为持中,他指出:"乾隆非常追求事情的条理化、理性化和规范化;这种追求自然也会从政治机构的语言扩展到艺术和文学领域。乾隆自认为他的这种做法有益于艺术的传承和发展,希望能够借此成为不朽的收藏家和艺术资助者。而且,通过将自己训练成为一个艺术鉴赏家和实践者,乾隆想要展现给众人的是一个理想的君子形象……"参见(美)欧立德:《乾隆帝》,社科文献出版社,2014年,第154—155页。
6. (清)袁枚《随园诗话》卷三,浙江古籍出版社,2016年,第50页。
7. (清)吴敬梓著,李汉秋辑校:《儒林外史汇校汇评本》,上海古籍出版社,2010年,第346—347页。书中第二十八回《季苇萧扬州入赘 萧金铉白下选书》

记主人公鲍廷玺与辛先生和金先生攀谈。辛先生道："扬州这些有钱的盐呆子，其实可恶！就如河下兴盛旗冯家，他有十几万银子。他从徽州请了我出来，住了半年，我说：'你要为我的情，就一总送我二三千银子。'他竟一毛不拔！我后来向人说：'冯家他这银子该给我的。他将来死的时候，这十几万银子，一个钱也带不去，到阴司里是个穷鬼。阎王要盖'森罗宝殿'，这四个字的匾，少不的是请我写，至少也得送我一万银子！我那时就把几千与他用用，也不可知！何必如此计较！'"说罢，笑了。金先生道："这话一丝也不错！前日不多时，河下方家来请我写一副对联，共是二十二个字。他叫小厮送了八十两银子来谢我。我叫他小厮到跟前，吩咐他道：'你拜上你家老爷，说：金老爷的字，是在京师王爷府里品过价钱的：小字是一两一个，大字十两一个。我这二十二个字，平买平卖，时价值二百二十两银子。你若是二百一十九两九钱，也不必来取对联。'那小厮回家去说了。方家这畜生，卖弄有钱，竟坐了轿子到我下处来，把二百二十两银子与我。我把对联递与他。他，他，两把把对联扯碎了！我登时大怒，把这银子打开，一总都掼在街上，给那些挑盐的、拾粪的去了！列位！你说这样小人，岂不可恶！"另一位主人公季苇萧更是刻薄的总结："你们在这里讲盐呆子的故事？我近日听见说，扬州是'六精'。"辛东之道："是'五精'罢了，那里'六精'？"季苇萧道："是'六精'的很！我说与你听！他轿里是坐的债精，抬轿的是牛精，跟轿的是屁精，看门的是谎精，家里藏著的是妖精，这是'五精'了。而今时作，这些盐商头上戴的是方巾，中间定是一个水晶结子，合起来是'六精'。"说罢，一齐笑了。捧上面来吃。四人吃著，鲍廷玺问道："我听见说，盐务里这些有钱的，到面店里，八分一碗的面，只呷一口汤，就拿下去赏与轿夫吃。这话可是有的么？"辛先生道："怎么不是有的。"金先生道："他那里当真吃不下！他本是在家里泡了一碗锅巴吃了，才到面店去的！"

8. 丘良任：《扬州二马及其〈小玲珑山馆图记〉》，载《扬州师院学报（社会科学版）》，1983 年第 3 期，第 125 页。

9. 薛永年：《商品经济与扬州八怪》，载《美术》1989 年第 3 期，第 25 页。
10. 严迪昌：《往事惊心叫断鸿——扬州马氏小玲珑山馆与雍、乾之际广陵文学集群》，载《文学遗产》，2002 年第 4 期，第 105 页。
11. 庄素娥:《扬州八怪和扬州盐商的关系》，载《扬州八怪书画精品展》，台北“国立历史博物馆”，1999 年。
12. 《樊榭山房续集》卷二《午节贫甚弢甫冒雨以白金十两假我赋此奉谢》，《樊榭山房集》，上海古籍出版社 2012 版，第 1054 页。
13. 吴氏父子生平与瓶花斋书事，参见：杨欢：《瓶花斋吴氏父子生平考》，载《艺术科技》，2015 年第 2 期，第 282—283 页；郑幸:《钱塘吴氏与瓶花斋书事考述》，载《浙江学刊》，2017 年第 1 期，第 122—129 页。
14. 杨欢：《瓶花斋吴氏父子生平考》，载《艺术科技》，2015 年第 2 期，第 282 页。
15. 郑幸：《钱塘吴氏与瓶花斋书事考述》，载《浙江学刊》，2017 年第 1 期，第 124 页。
16. 厉鹗:《东城杂记》卷上之《药园送春句》，《厉鹗集》，浙江古籍出版社 2015 年，第 805 页。
17. 阮元：《两浙輶轩录》卷十五“吴焯”条：“……辟楹曰瓶花、曰青萝、曰鉴阁、各聚书万余种。”可知吴焯造藏书楼三处，各有书万种。
18. 《樊榭山房续集》卷三《和沈房仲论印十二首》其二，《樊榭山房集》，上海古籍出版社，2012 年，第 1114—1115 页。
19. 《樊榭山房集》卷三《秋夜听潮歌寄吴尺凫》，《樊榭山房集》，上海古籍出版社，2012 年，第 206—208 页。
20. 参见西泠拍卖网资料：http://www.xlysauc.com/news_det.php?id=4640&cid=2。
21. 《清代诗文集汇编》编纂委员会编《清代诗文集汇编 265 沙河逸老小稿 嶰谷词 兰雪堂诗文集 锄经余草 锄经续草 野航诗钞 容安诗钞 容安齐诗集 爱日堂吟稿》，上海古籍出版社，2010 年，第 456 页。
22. 同上，第 456 页。此诗厉鹗亦收入《樊榭山房集》和《增修云林寺志》，《樊榭山房集》中诗尾加注："田居侍御曾属王石谷临摹。"《增修云林寺志》中诗尾则注为："龚田居先生曾属王石谷临摹。"

23. 任道斌：《沈周与浙江》，载《苏州文博论丛》，2012 年，第 38—41 页。

24. 龚翔麟（1658—1733），清代藏书家、文学家。字天石，号蘅圃，又号稼村，晚号田居，浙江仁和人。康熙二十年（1681）中顺天乡试乙榜。由工部主事累迁御史，有直声，致仕归。工词，与朱彝尊等合称"浙西六家"，著有《田居诗稿》《红藕庄词》。

25. 厉鹗：《增修云林寺志》卷六之《冷泉亭图题咏附录》，光绪戊子刊本。标点参考《增修云林寺志》，杭州出版社，2006 年，第 165—167 页。

26. 《樊榭山房集》卷三《题沈启南冷泉亭图次韵》，《樊榭山房集》，上海古籍出版社，2012 年，第 239 页。厉鹗在《樊榭山房集》中只收了本人和沈嘉辙、吴焯的三首次韵诗。

27. 田艺珉：《清初"四王"摹古研究》，故宫出版社，2016 年。

28. 《樊榭山房续集》卷三《和沈房仲论印十二首》其二，《樊榭山房集》，上海古籍出版社，2012 年，第 1114—1115 页。

29. 《樊榭山房集》卷十词乙《水龙吟》，《樊榭山房集》，上海古籍出版社，2012 年，第 690—691 页。

30. 此联出现于中贸圣佳国际拍卖有限公司 2004 秋季艺术品拍卖会，LOT 号：0577 。

31. 《樊榭山房集》卷五《同尺凫敬身过湖登慈云岭观废石龙净胜院崖上北宋僧冲羽书唐右补阙梁肃心印铭下方家峪寻刘娘子寺已废惟凤凰泉犹存饭于观音洞僧舍而归得诗三首》，《樊榭山房集》，上海古籍出版社，2012 年，第 410 页。

32. 《樊榭山房集》卷五《二月十六日吴尺凫招同袁舒雯沈栾城符幼鲁赵谷林意林杭大宗丁敬身包家山看桃花》，《樊榭山房集》，上海古籍出版社，2012 年，第 381—382 页。

33. 《樊榭山房集》卷七《哭吴尺凫并序》，《樊榭山房集》，上海古籍出版社，

2012 年，第 530 页。

34. 《樊榭山房续集》卷五《亡友吴绣谷墓下作》，《樊榭山房集》，上海古籍出版社，2012 年，第 1370 页。

35. 《樊榭山房续集》卷六《谢瓯亭送药资》，《樊榭山房集》，上海古籍出版社 2012 版，第 1390 页。

36. 《中国文物集珍：敏求精舍银禧纪念展览》（*Anthology Of Chinese Art*），城市委员会（The Urban Council）出版，中国香港艺术馆（Hong Kong Museum of Art）制作，1985 年，第 79 页。

37. 严迪昌：《谁翻旧事作新闻——杭州小山堂赵氏的“旷亭”情结与〈南宋杂事诗〉》载《文学遗产》，2000 年第 6 期，第 48—59、143 页。

38. 参见《樊榭山房续集》卷一《岁暮二咏》，《樊榭山房集》，上海古籍出版社 2012 年，第 1034—1035 页。

39. 参见本书第三章对《玉台书史》成书情况的论述。

40. 具体时间地点，赵昱《春草园小景分记》之《二林吟屋》有记：“即南楼也，亦曰画选楼，予与意林读书处，昔沈栾城、符药林、袁南垞尝假馆焉。雍正癸卯、甲辰间，共赋《南宋杂事诗》，觞咏流连，盍簪于此群书藏弃楼上，额为初白先生书。又题壁语：‘春草池塘， 辄得佳句；棣华碑版，洵是奇才。’亡友吴绣谷赠。”参见严迪昌：《谁翻旧事作新闻——杭州小山堂赵氏的“旷亭”情结与〈南宋杂事诗〉》载《文学遗产》，2000 年第 6 期，第 56—57 页。

41. 《樊榭山房集》卷七《病中承功千以佳豉满器见饷遂进滹糜率裁小诗报贶》，《樊榭山房集》，上海古籍出版社，2012 年，第 546 页。

42. 《樊榭山房集》卷六《功千送高丽墨用山谷和文潜谢穆父赠松扇韵》《敬身用山谷韵乞高丽墨于功千而墨仅二枚一赠尺凫一以赠仆竟无以应也次韵荅之仆亦同作》《和功千遗敬身流求扇以偿高丽墨之请三用前韵》，《樊榭山房集》，上海古籍出版社，2012 年，第 451—454 页。

43. 赵昱：《爱日堂吟稿》卷二《石田翁冷泉亭图图为田居侍御家藏余近得之上有

石田自题诗一首绣谷栾城樊榭授衣虚舟敬身意林依韵同赋》，标点参考《厉鹗年谱长编》，浙江工商大学出版社，2016 年，第 49 页。

44. 赵昱：《爱日堂吟稿》卷一《仙山楼阁图用东坡烟江叠嶂图韵序》，标点参考上书，第 52 页。

45. 《东城杂记》之《项子京芝畅图》。见《厉鹗集》，浙江古籍出版社，2015 年，第 797 页。

46. 《樊榭山房集》卷三《功千见示刘松年溪山楼阁图用坡公集中韵》，《樊榭山房集》，上海古籍出版社，2012 年，第 235 页。

47. 《樊榭山房集》卷六《意林所藏宋徽宗鸜鸽图同确士作》，《樊榭山房集》，上海古籍出版社，2012 年，第 498—499 页。

48. 《知不足斋钞校本南宋院画录（外一种）》，中华书局，2016 年，第 67 页。

49. 《宋画全集》第二卷第一册，浙江大学出版社，2009 年，图 12《雪树寒禽图》，第 157—163 页，图版说明，见第 282 页。

50. 《宋画全集》第二卷第一册，浙江大学出版社，2009 年，第 157 页。

51. 《樊榭山房集》卷四《题陈惟允采菱图》以及赵信次韵诗，《樊榭山房集》，上海古籍出版社，2012 年，第 320—321 页。

52. 《樊榭山房集》诸本皆用此“㡧”字，或应为“帧”的异体字“㡧”。

53. 《樊榭山房续集》卷二《十二月十五日雪中同敬身集谷林南华堂观蜀广政石经残本宋廖莹中世彩堂刻韩集作》，《樊榭山房集》，上海古籍出版社，2012 年，第 1099 页。

54. 《樊榭山房续集》卷六《哭赵谷林四绝句》，《樊榭山房集》，上海古籍出版社，2012 年，第 1415—1416 页。

55. 《樊榭山房续集》卷八《过南华堂追悼谷林》，《樊榭山房集》，上海古籍出版社，2012 年，第 1603 页。

56. （清）袁枚：《随园诗话》卷三，浙江古籍出版社，2016 年，第 50—51 页。

57. 南屏诗社相关问题参见：刘正平：《南屏诗社考论》，载北京大学学报（哲学社会科学版），第 50 卷第 3 期，2013 年 5 月。

58. （清）吴修：《复园红板桥诗》一卷，武林掌故丛编第八集，光绪癸未秋八月丁氏嘉慧堂本。

59. 浙江省博物馆编：《幽居与雅集：明清山水人物画中的文士生活》，浙江人民美术出版社，2019 年，第 76—85 页。

60. 嘉庆间，吴修编辑《复园红板桥诗》，其卷末收录有《二十人姓氏爵里考》，是关于与会诗社成员生平的可靠记载。此 20 人为：周京、顾之珽、金志章、许承祖、郑江、厉鹗、丁敬、梁启心、金农、吴城、杭世骏、鲁曾煜、释明中、释篆玉、崧亭、祝维诰、钱载、许大纶、汪仲鈖、汪台。表中信息，主要依据吴修编辑《复园红板桥诗》卷末的"二十人姓氏爵里考"，原文漏记之处，由笔者补入。原文参见吴修《复园红板桥诗》一卷，武林掌故丛编第八集，光绪癸未秋八月丁氏嘉慧堂本。

61. 《樊榭山房集》集外诗《复园池上红板桥新成同人分得文韵》，《樊榭山房集》，上海古籍出版社，2012 年，第 1697 页。书中"虹"作"红"，未收"樊榭得文字"一句。

62. 见《樊榭山房续集》卷七《题汪复园亭角寻诗图三首》，《樊榭山房集》，上海古籍出版社，2012 年，第 1530—1531 页。丁敬亦有同题之诗。

63. 郭建平：《从画学著录手跋看清代江南文人的互动圈层——以＜一角编＞等手跋为线索》，载《厦门大学学报（哲学社会科学版）》，2015 年第 4 期（总第 230 期），第 151 页。

64. 《樊榭山房文集》卷二，《樊榭山房集》，上海古籍出版社，2012 年，第 717—718 页。

65. 章震宇：《周二学〈赏延素心录〉研究》，中央美术学院人文学院硕士论文，2018 年。

66. 《樊榭山房续集》卷三《题周少穆所藏马和之小景二首》，《樊榭山房集》，上海古籍出版社 2012 版，第 1138—1139 页。

67. 《知不足斋钞校本南宋院画录(外一种)》，中华书局，2016 年，第 106—107 页。

68. 上书，第 111—112 页。此文收入《樊榭山房续集集外文》，参见《樊榭山房集》，上海古籍出版社，2012 年，第 1717—1718 页。

69. 厉鹗为之作序。

70. 这套画本子众多，国内博物馆就藏有 5 个本子，王照宇对此有所梳理，他说："……清乾隆己卯年，即乾隆二十四年，西元一七五九年，时年七十三岁的金农绘制了一套内容集人物、山水、花鸟为一体的册页，所以也有命名为《杂画》册者，不一而足。该帧册页现分别收藏于故宫博物院（简称故宫本）、上海博物馆（简称上博本）、沈阳故宫博物院（简称沈阳故宫本）、广西壮族自治区博物馆（简称桂博本）、无锡博物院（简称锡博本）等五家国内博物馆。据说台北"故宫博物院"也有一本，但查不到相关资料，故该本暂不在讨论之列，姑存此说。这套册页各自成册，开数不一，或十二开，或八开，内容既有完全相同的，亦有风马牛不及者，但其画风与创作时间均保持了一致，都是在乾隆己卯年。"参见王照宇：《金农〈人物山水图〉册系列图像研究——以"故宫本"为核心》，《荣宝斋》2018 年第 4 期，第 132—143 页。

71. 徐邦达：《古书画讹伪考辨(叁)》(《徐邦达集 12》)，故宫出版社，2015 年，第 364 页。

72. 说明文字引自北京故宫博物院。图片引自北京故宫博物院数字文物库(文物号：新 00053929—3/12)。https://digicol.dpm.org.cn/cultural/detail?id=d76b4e35ff6345f0be2e70f16d61c8e7

73. 题记及钤印参见王照宇：《金农〈人物山水图〉册系列图像研究——以"故宫本"为核心》，《荣宝斋》2018 年第 4 期，第 134 页。

74. 徐邦达：《南宋帝后题画书考辨》，载《文物》，1981 年第 6 期，第 52—64 页。

75. 王小恒《厉鹗的文学思想与诗词创作》，西北师范大学硕士学位论文，2007 年，第 10 页。王小恒还指出："值得注意的是，后来发达的沈德潜与厉鹗在修史之余谈文论诗，意见已见分歧。袁枚就说‘吾乡厉太鸿与沈归愚，同在浙江志馆而诗派不合。’”两人的志趣和命运对比，是清代诗坛一个有意思的案例。

76. 刘正平:《南屏诗社考论》，载北京大学学报（哲学社会科学版），第50卷第3期，2013年5月，第51页。

77. （清）李斗撰，汪北平、涂雨公点校:《扬州画舫录》卷八，中华书局，1960年，第180页。

78. （清）郑燮：《郑板桥集》，清乾隆间清晖书屋刻本，《扬州文库．第五辑．诗文集类》（第89册），广陵书社，2015年，第136页。

79. 杭扬之间水路交通极为便利，明弘治年间，漂流至中国的朝鲜人崔溥记录杭州至扬州运河行程，其于弘治元年戊申（1488）二月十三日自杭州武林驿出发，二十二日便至广陵驿，费时不超十日。到厉鹗生活的年代，康熙乾隆二帝，极重河工，连年治理，运河水运更加通畅便捷，厉鹗一年内数次往返于两地之间的记录，比比皆是。明代时朝鲜人崔溥在运河的交通史料和研究参见：朴元熇：《崔溥漂海录校注》，上海书店出版社，2013年，第73—89页；范金民：《朝鲜人眼中的中国运河风情——以崔溥＜漂海录＞为中心》，载《漂海闻见•15世纪朝鲜儒士崔浦眼中的江南》，中国书店，2016年，第17—36页。明清商旅交通基本史料参见：（明）黄汴著，杨正泰校注：《天下水陆路程》，山西人民出版社，1992年。

80. 《樊榭山房集》卷四《夏五闲居八首》，《樊榭山房集》，上海古籍出版社，2012年，第275页。

81. 《樊榭山房集》卷四《梁溪舟中苦热寄汪青渠》，《樊榭山房集》，上海古籍出版社，2012年，第282页。

82. 《樊榭山房集》卷四《归来》，《樊榭山房集》，上海古籍出版社，2012年，第308—309页。

83. 《樊榭山房集》卷四《五月二日生日有感》，《樊榭山房集》，上海古籍出版社，2012年，第319页。

84. 《樊榭山房集》卷三《题余葭白青灯雪屋图》，《樊榭山房集》，上海古籍出版社，2012 年，第 250—251 页。

85. 余元甲、厉鹗及王藻诗均收于王藻编《广陵倡和录》。王藻（1693—？），字载扬，号梅沜。江南吴江人。监生。早岁以贩米为生。乾隆元年荐举博学鸿词科，罢归。王藻亦与扬州二马交好，与邗江诗社中诸多文人结下深厚友谊。《广陵倡和录》共编入王藻及友朋三十四人（二马、厉鹗、高翔、汪士慎等等）共三百余首诗作，厉鹗为之作序。

86. 王藻编：《广陵倡和录》，南京图书馆藏乾隆写刻本，影印本参见《扬州文库》第五辑，第 83 册，广陵书社，2015 年，第 370 页。

87. 上书，第 370—371 页。另见《樊榭山房集》卷四《和余葭白题唐子畏画韩熙载夜宴图》。

88. 上书，第 371 页。

89. 明清诸临本研究参见：张朋川：《〈韩熙载夜宴图〉系列图本的图像比较——五议〈韩熙载夜宴图〉图像》，载《南京艺术学院学报（美术与设计）》，2010 年第 3 期，第 17—30 页。

90. 夏飘飘：《厉鹗与康乾诗坛》，社科文献出版社，2020 年，第 87—88 页。

91. 明清诸临本研究参见：张朋川：《〈韩熙载夜宴图〉系列图本的图像比较——五议〈韩熙载夜宴图〉图像》，载《南京艺术学院学报（美术与设计）》，2010 年第 3 期，第 19 页。

92. 《樊榭山房续集》卷二《二哀诗》之《余葭白》，《樊榭山房集》，上海古籍出版社，2012 年，第 1052 页。

93. 卞孝萱：《从〈扬州画舫录〉看清代徽商对文化事业的贡献》，载《徽学》2000 年卷，第 155—165 页；严迪昌：《往事惊心叫断鸿——扬州马氏小玲珑山馆与雍、乾之际广陵文学集群》，载《文学遗产》，2002 年第 4 期，第 105—118 页；方盛良：《清代扬州徽商与东南地区文学艺术研究——以“扬州二马为中心”》，人民文学出版社，2008 年。

94. （清）袁枚：《小仓山房诗集》卷二十七《扬州游马氏玲珑山馆感吊秋玉主人》，清乾隆五十八年（1793）刻本。

95. （清）阮元 辑录：《淮海英灵集》卷四，清嘉庆三年（1798）小琅嬛仙馆刻本。

96. 此图引自王耀庭：《清方士庶〈仿董源夏山烟霭图〉的画缘与人缘》，载《云林宗脉——新安画派学术研讨会》，中国澳门艺术博物馆，2012 年，图 10。这件作品，在《中国古代书画图目》中登记为："京 1—5584 清方士庶补林泉高逸图轴绢设色 雍正甲寅（十二年，1734）73.4×50.3 △。"图版见《中国古代书画图目》第 23 册，第 160 页。北京故宫博物院"数字文物库"中还登记有一件"《汪昌言画守斋像方士庶补景册》，（文物号：新 00098084）"，目前馆方未提供图像，不知与此画是否一致。

97. 《樊榭山房集》卷十《菩萨蛮 马佩兮梅花卷子寓骑省之戚徵予赋此》，《樊榭山房集》，上海古籍出版社，2012 年，第 685 页。

98. 《樊榭山房集》卷四《题马佩兮所藏马麟摹黄筌春波鸂鶒图》，《樊榭山房集》，上海古籍出版社，2012 年，第 284 页。

99. 这次同游的记录，参见《樊榭山房集》卷五相关诗篇：《暮春马佩兮来游湖上用去年泊垂虹桥谒三高祠韵》《和佩兮游冷泉寺》《独游沧浪亭五首》《同祓江佩兮游支硎山》《寒山寻赵凡夫隐处有法螺菴千尺雪诸胜》等，《樊榭山房集》，上海古籍出版社，2012 年，第 346—352 页。

100. 南庄情况参见厉鹗：《樊榭山房续集》卷五《题嶰谷半槎南庄七首》，《樊榭山房集》，上海古籍出版社，2012 年，第 1304—1306 页。

101. （清）李斗：《扬州画舫录》卷四，中华书局，1960 年，第 86、88 页。

102. 相关记录和研究参见：丘良任：《扬州二马及其〈小玲珑山馆图记〉》，扬州师范学院学报（社会科学版），1983 年第 3 期，第 123—125 页；罗蔚文《山馆几经易主玲珑奇石犹存》，扬州师范学院学报（社会科学版），1983 年第 3 期，第 126—127 页。笔者对丘良任释文及句读有疑问之处，已做修订。

103. 厉鹗诗见《樊榭山房集》卷六《题秋玉佩兮街南书屋十二首》，《樊榭山房集》，上海古籍出版社，2012 年，第 419—430 页。除厉鹗之外，作《街南书屋杂记十二题》者众多，有王藻、余尗、符曾、鲍鉁、陈章、闵华、姚世钰、汪沆、齐召南、马曰琯等人。王藻将诗编入《广陵倡和录》，南京图书馆藏乾隆写刻本，影印本参见《“扬州文库”第五辑，第 83 册》，广陵书社，2015 年，第 374—380 页。

104. 参见本书第四章中讨论《厉樊榭手书白石道人歌曲》的相关内容。

105. 杨丹霞：《方士庶与行庵大树图》，《收藏家》1996 年第 1 期，第 53 页。

106. 此图引自克里夫兰艺术博物馆网站，参见：https://www.clevelandart.org/art/1979.72。

107.《中国书法》，2017 年 9 月，第 112—113 页。

108.《樊榭山房文集》卷六《九日行庵文宴图记》，《樊榭山房集》，上海古籍出版社，2012 年，第 780—781 页。

109.《韩江雅集》卷三之《洞庭叶震初为同人写行庵文宴图岁晏濒行自作渔隐小照索题》，《扬州文库》第五辑（83），广陵书社，2015 年，第 198—201 页。

110.《韩江雅集》卷三之《洞庭叶震初为同人写行庵文宴图岁晏濒行自作渔隐小照索题》，《扬州文库》第五辑（83），广陵书社，2015 年，第 199 页。《樊榭山房集集外诗》亦补入厉鹗此诗，《樊榭山房集》，上海古籍，2012 年，第 1705—1706 页。

111. 全祖望：《九日行庵文宴图序》，全祖望《鲒埼亭集外编》卷二十五，《全祖望集汇校集注》，上海古籍出版社，2000 年，第 1238—1239 页。

112.（美）文以诚：《自我的界限：1600—1900 年的中国肖像画》，北京大学出版社，2017 年，第 128 页。

113. 此表引自（澳）安东篱：《说扬州——1550—1850 年的一座中国城市》，中华书局，2007 年，表 10—3，第 227 页。此书中译本有较多错译之处，例如中文姓名，本书已作订正。

114. 上书，第 228 页。

115. 尹吉男：《政治还是娱乐：杏园雅集和〈杏园雅集图〉新解》，载《故宫博物院院刊》2016 年第 1 期。

116.《樊榭山房全集》集外文《分赋钟馗画引》，《樊榭山房集》，上海古籍出版社，2012 年，第 1724 页；又见《韩江雅集》卷十一，《扬州文库》第五辑（83），广陵书社，2015 年，第 282—286 页。

117.《樊榭山房续集》卷六《五月十五日客广陵马半槎招集小玲珑山馆为展重午之会出诸家钟馗画索题予得出猎图》，《樊榭山房集》，上海古籍出版社，2012 年，第 1429—1430 页。

118.《樊榭山房集》卷四《题马佩兮所藏马麟摹黄筌春波鸂鶒图》，《樊榭山房集》，上海古籍出版社，2012 年，第 284 页。

119.《樊榭山房集》卷六《马秋玉佩兮招饮出观顾定之墨竹上有张伯雨郑元佑朱泽民题句》，《樊榭山房集》，上海古籍出版社，2012 年，第 418 页。

120.（清）陆心源：《穰梨馆过眼录》，清光绪十七年吴兴陆氏家塾刻本，卷之一。书中记载："唐胡瓌《醉番图卷》，溧阳沈氏藏。绢本，高一尺零六分，长二尺五寸九分（书中误为"寸"）……跋纸高一尺七分，长三尺五寸。"

121.《樊榭山房续集》卷三《五月二日集小玲珑山馆观李遵道古木幽篁图款云至治癸亥十一月廿有五日蓟邱李士行遵道制》，《樊榭山房集》，上海古籍出版社，2012 年，第 1152—1153 页。

122.《樊榭山房续集》卷八《题文待诏石湖诗画卷二首同嶰谷半查作》，《樊榭山房集》，上海古籍出版社，2012 年，第 1615 页。

123.《樊榭山房续集》卷六《题嶰谷所藏郭河寒风密雪图》，《樊榭山房集》，上海古籍出版社，2012 年，第 1440 页。

124.《樊榭山房续集》卷三《题沈石田蹇驴觅雪图》，《樊榭山房集》，上海古籍出版社，2012 年，第 1126 页。

125. 徐澄淇对这个问题早有清楚的认识和表述，在其 2002 年出版的著作《一斛珠：18 世纪扬州的商业绘画》第 57 页谈到马氏兄弟藏品的来源问题，"礼物"

一节，所举的例证就是厉鹗 1736 年（丙辰）在北京观郭熙《寒风密雪图》，在 1747 年扬州马曰琯处再观并知悉是赠礼。Ginger Cheng—chi Hsü，*A Bushel of Pearls:Painting for Sale in Eighteenth—Century Yangchow.* Stanford University Press，2002. pp.57.

126. 王世杰、那志良、张万里 主编：《艺苑遗珍（名画第一辑）》，香港开发股份有限公司，1967 年，图二二。此画绢本，设色，纵 24 厘米，横 221 厘米。

127. 王小恒：《论浙派扬州诗人群落的“同题集咏”唱和活动——以“扬州二马”为中心》，载《内蒙古社会科学（汉文版）》2019 年第 5 期，第 150—155 页。

128.《樊榭山房集》卷六《瘗鹤铭》《樊榭山房集》，上海古籍出版社，2012 年，第 470—471 页。

129.《樊榭山房集》卷六《焦山古鼎》《樊榭山房集》，上海古籍出版社，2012 年，第 473—474 页。

130.《樊榭山房续集》卷七《萧照中兴瑞应图》《樊榭山房集》，上海古籍出版社，2012 年，第 1574—1575 页。

131.《知不足斋钞校本南宋院画录（外一种）》，中华书局，2016 年，第 121—132 页；《南宋院画录校释图笺》，浙江人民美术出版社，2015 年，第 99—103 页。

132.《南宋杂事诗》，见《樊榭集》，浙江古籍出版社，2016 年，第 855 页。

133. 天津博物馆典藏说明：http://www.tjbwg.com/cn/collectionInfo.aspx?Id=2545。另纽约大都会艺术博物馆藏有一件旧传萧照作《中兴瑞应第七图》（馆藏号 47.18.119），图绘楼阁人物，手卷。参见：https://www.metmuseum.org/art/collection/search/51726。

134. 尚小明：《清代学人游幕与清代学术》（增订本），东方出版社，2018 年。

135. 袁枚：《随园诗话》卷三，浙江古籍出版社，2016 年，第 52 页。

136. 张兵、侯冬：《卢见曾幕府与清代中期扬州诗坛》，载《甘肃社会科学》2012 年 2 期，第 134 页。

137. 上文，第 136—137 页。

138. 袁枚：《随园诗话》卷三，浙江古籍出版社，2016年，第50—51页。

139. 天津市规划和国土资源局编著：《天津城市历史地图集》，天津古籍出版社，2004年，第45页。

140. “水西庄（芥园）”历史概况参见：郭喜东，张彤，张岩著：《天津历史名园》，天津古籍出版社，2008年，第78—108页。

141. 水西庄创建时间学界一般认为是雍正元年，但也有学者估计自康熙末年查氏家族就已开始营建。水西庄相关研究参见：政协天津市红桥区委员会、天津博物馆编《水西余韵》，天津古籍出版社，2008年；天津博物馆编：《鹾之韵——长芦盐业与天津城市文化》，天津人民美术出版社，2016年；叶修成：《紫芥掇实——水西庄查氏家族文化研究》天津古籍出版社，2017年等。

142. 与查氏父子交往、出入及复兴水西庄的部分名人名录和事迹参见：天津博物馆编：《鹾之韵——长芦盐业与天津城市文化》，天津人民美术出版社，2016年，第87—90页。

143. 以上三件作品均藏于天津博物馆。

144. 天津博物馆编：《鹾之韵——长芦盐业与天津城市文化》，天津人民美术出版社，2016年，《秋庄夜雨读书图》见第54—55页，朱岷简介见第73页。

145. 朱岷题跋释文为2019年10月15日，笔者在天津博物馆观看此画原件时，与天津博物馆书画部邵晋主任等共同释读。

146. 查厉交游研究情况详见：叶修成：《厉鹗与水西庄查氏的文学交游及其意义》，载《北京社会科学》2017年第4期，第93—103页。此文亦收入叶修成：《紫芥掇实——水西庄查氏家族文化研究》，天津古籍出版社，2017年。另参见本文第171—172页，第四章所讨论的小莽苍苍斋旧藏厉鹗致陈皋信札一件。

147. 《樊榭山房文集》卷二,《樊榭山房集》上海古籍出版社,2012年,第727—728页。

148. 《樊榭山房文集》卷三，《樊榭山房集》上海古籍出版社，2012年，第735页。

149. 《樊榭山房续集》卷二《津门查莲坡和予移居诗四首远寄次韵奉酬》，《樊榭山房集》，上海古籍出版社，2012年，第1087—1088页。

150. 参见《樊榭山房续集》卷七，《樊榭山房集》，上海古籍出版社，2012 年，第 1486 页后相关诸篇。

151.《樊榭山房续集》卷七《六月六日舟中寄查莲坡》，《樊榭山房集》，上海古籍出版社，2012 年，第 1486—1487 页。

152. 厉鹗文中误作“古春小築”，查询《樊榭山房集》诸版本皆同，其实查氏在天津城内有一组建筑名为“屋南小筑”，和厉鹗下榻的古春小茨相距不远。当然古春小茨的位置，学者也有争议，或认为是水西庄建筑之一，或认为是城内建筑，笔者采用叶修成的“城内说”。参见叶修成著《紫芥掇实：水西庄查氏家族文化研究》，天津古籍出版社，2017 年，第 299—302 页。

153. 南碕草堂在天津城南，与水西庄无涉，可知查氏在津门招待友朋有多个地点。

154.《樊榭山房续集》卷七《七夕查莲坡招同英司马梦堂吴东壁陈对沤集南碕草堂以荷净纳凉时分韵得荷字》。《樊榭山房集》，上海古籍出版社，2012 年，第 1496—1497 页。

155.《樊榭山房续集》卷七《题莲坡澹宜书屋种竹图二首》，《樊榭山房集》，上海古籍，2012 年，第 1498 页。

156. 英廉（1707—1783），冯氏，字计六，号梦堂，内务府汉军旗人，雍正十年（1732）举人，一路升迁，位高权重，是权臣和珅的重要推手。他也是诗人，在天津数度为官，和查氏家族交好。参见叶修成：《紫芥掇实：水西庄查氏家族文化研究》，天津古籍出版社，2017 年，第 116—146 页。

157.《樊榭山房集》诸本皆误作“古春小築”，应是樊榭原稿即误。

158.《樊榭山房续集》卷七《晚过古春小茨奉访樊榭》，《樊榭山房集》，上海古籍出版社，2012 年，第 1500 页。

159.《樊榭山房续集》卷七《酬英梦堂晚过寓斋元韵》，《樊榭山房集》，上海古籍出版社，2012 年，第 1499 页。

160.《樊榭山房续集》卷七《题方正学先生双松图为莲坡作》，《樊榭山房集》，上海古籍出版社，2012 年，第 1500—1501 页。

161.（清）英廉：《梦堂诗稿》卷八，转引自叶修成 著《紫芥掇实：水西庄查氏家族文化研究》，天津古籍出版社，2017 年，第 127—128 页。

162.《樊榭山房续集》卷七《题莲坡双凤图》，《樊榭山房集》，上海古籍出版社，2012 年，第 1506 页。

163.《樊榭山房续集》卷七《莲坡饯予竹门楼张灯看月得三绝句》，《樊榭山房集》，上海古籍出版社，2012 年，第 1511—1512 页。

164.《绝妙好词笺》澹宜书屋本和四库本序文皆同，句读参见《樊榭山房文集》卷四，《樊榭山房集》，上海古籍出版社，2012 年，第 756—757 页，文集中未收此文落款。

165. 此落款："乾隆戊辰闰七夕前三日，钱唐厉鹗书于津门之古春小茨。"《绝妙好词笺》澹宜书屋本和四库本皆同，可见"古春小茨"无误。

166.《樊榭山房续集》卷七《莲坡以佛手柑见饷赋谢》，《樊榭山房集》，上海古籍出版社，2012 年，第 1498 页。

167.《樊榭山房续集》卷七《哭查莲坡》，《樊榭山房集》，上海古籍出版社，2012 年，第 1574 页。

168. 见《樊榭山房集》附录之"轶事"，《樊榭山房集》，上海古籍出版社，2012 年，第 1752 页。

169.《樊榭山房集》卷一《金寿门见示所藏唐景龙观钟铭拓本》，《樊榭山房集》上海古籍出版社，2012 年，第 1 页。

170. 罗宏才：《唐景云钟诸种拓本与相关问题考论》，《碑林集刊（十六）》，2010 年，第 322 页。另见罗宏才著《西部美术考古史》，上海大学出版社，2015 年。

171. 罗宏才：《唐景云钟诸种拓本与相关问题考论》，《碑林集刊（十六）》，2010 年，第 324—325 页。

172. 图片引自西安碑林博物馆网站 http://www.beilin—museum.com/contents/14/972.html。

173.《樊榭山房集》卷一《江上访金寿门出观颜鲁公麻姑山仙坛记米海岳颜鲁公祠

堂碑拓本》，《樊榭山房集》，上海古籍出版社，2012年，第40—41页。

174.《樊榭山房集》卷一，《樊榭山房集》，上海古籍出版社，2012年，第80—91页。

175.《樊榭山房文集》卷三《景申集序》，《樊榭山房集》，上海古籍出版社，2012年，第732页。《景申集》印行时间尚不清楚，但不晚于康熙六十年，见孟宪钧：《金冬心著作版本知见录之三》，载《紫禁城》2009年第11期，第119页。青木正儿认为此序作于雍正元年，时间上判断有误。参见（日）青木正儿 著《金冬心的艺术》，浙江人民美术出版社，2019年，第23页。

176.《樊榭山房集》卷一《晳牛犁我田欧阳圭斋句也寿门为图因题其后》，《樊榭山房集》，上海古籍出版社，2012年，第82页。

177.参见宋濂为《圭斋文集》所作序言。（元）欧阳玄《圭斋文集》之宋濂序、明成化刊本。

178.此句似不见于《圭斋文集》。

179.于安澜编：《国朝画徵录》，上海人民美术出版社，1963年，第111页。

180.武佩圣指出，金农三十多岁时还画过兰竹，不过仅为文人随兴的墨戏，参见：武佩圣《金农及几位扬州画家之生平与绘画活动》，载东南大学学报（哲学社会科学版），2003年5月，第五卷第三期，第88页。

181.《樊榭山房集》卷三《金寿门过访以诗卷索拙序茶话良久殊慰寒寂》，《樊榭山房集》，上海古籍出版社，2012年，第220页。

182.《冬心先生集》卷一《江上迟厉二鹗》，雍正十一年（1733）广陵般若庵刻本，上海古籍出版社，1979年，据南京图书馆藏本影印。

183.《冬心先生集》卷一《怀人绝句三十首》，雍正十一年（1733）广陵般若庵刻本。

184.《中国国家博物馆馆藏文物研究丛书•书法卷（清代）》，上海古籍出版社，2018年，第139页。

185.上书，第138页。

186.《中国国家博物馆馆藏文物研究丛书•书法卷（清代）》将“栖霞岭”误释为“楼岭”。笔者认为《冬心先生集》中的“栖霞岭”实为“烟霞岭”之误，因为水乐洞是“烟霞三洞”之一，与栖霞岭无涉。

187.《冬心先生集》中作“金士章”，或误，应为金志章，字绘卣，别号江声。初名士奇，字道园。钱塘人。在杭城诗坛颇为活跃。金江声也是厉鹗好友，乾隆初在口北道为官，乾隆八年（1743）致仕返杭。

188. 此处应指汪潭、汪台二人。

189.（清）金农：《冬心先生集》卷一，清雍正十一年广陵般若庵刻本，上海古籍出版社，1979 年，据南京图书馆藏本影印。标点参考《冬心先生集》，西泠印社出版社，2012 年，第 15 页。

190. 金农与亦谙上人结识甚早，约在康熙四十三年甲申（1704）已有过往。

191.《樊榭山房集》卷二《九月五日南山纪游三首》，《樊榭山房集》，上海古籍出版社，2012 年，第 82 页。

192.《樊榭山房集》卷五《夏至日雨中得金寿门泽州书》，《樊榭山房集》，上海古籍出版社，2012 年，第 353 页。

193.《樊榭山房集》卷六《广陵送寿门游河东》，《樊榭山房集》，上海古籍出版社，2012 年，第 417—418 页。

194.《樊榭山房集》卷七《金寿门有犬名曰小鹊要予赋长歌》，《樊榭山房集》，上海古籍出版社，2012 年，第 553—554 页。

195.（清）阮元：《两浙輶轩录》，稿本，卷二十，“金农”条。

196.《樊榭山房续集》卷六《李迪秋原放牧图为旭瞻作》，《樊榭山房集》，上海古籍出版社，2012 年，第 1383 页。

197.（清）沈德潜编：《清诗别裁集》（下），上海古籍出版社，2013 年，第 889 页。

198.《樊榭山房续集》卷三《题沈石田蹇驴觅雪图》，《樊榭山房集》，上海古籍出版社，2012 年，第 1126 页。

199. 参见北京故宫博物院“数字文物库”之“金农梅花册，”文物号“新 00146506—12/12”。https://digicol.dpm.org.cn/cultural/detail?id=e9d80d7d255f40d88eee81d692bf17d2。

200. 徐珂编纂：《清稗类钞》（第44册 植物 下 第5版），商务印书馆，1928年，第166页。

201.（清）金农：《冬心先生集》，西泠印社出版社，2012年，第278—279页。

202. 樊榭善抚琴，金农早有诗记："琴传樊氏古良工，君趁凉飔弹塞鸿。堂上槐花飘一寸，七条弦在水声中。"参见《冬心先生集》卷一《怀人绝句三十首》，雍正十一年广陵般若庵刻本。

203. 蔡鸿茹：《中华古砚100讲》，百花文艺出版社，2007年，第126—129页。

204.《中国文物集珍：敏求精舍银禧纪念展览》（*Anthology Of Chinese Art*），城市委员会（The Urban Council）出版，香港艺术馆（Hong Kong Museum of Art）制作，1985年，第79页。

205.《中国国家博物馆馆藏文物研究丛书 • 书法卷（清代）》，上海古籍出版社，2018年，第138—139页。

206.《砚林集拾遗》之《书冬心先生续集自序后》，引自《西泠五布衣遗著》，浙江古籍出版社，2015年，第321页。

207.（清）李斗：《扬州画舫录》，中华书局，1960年4月第一版，2016年3月北京第6次印刷，第90页。

208. 厉鹗与丁敬交游情况，以下两文有很好的论述：方小壮：《"浙派"宗师——丁敬研究》，南京艺术学院博士论文，2003年；郑幸二《丁敬与厉鹗交游考论》，载《浙江树人大学学报》2005年第5期。

209. 龙兴寺经幢研究，参见高念华：《杭州龙兴寺经幢辨正》，载《杭州师范学院学报（社会科学版）》1987年第3期，第142—145页。书家胡季良研究，参见毛波：《唐代书法家胡季良考略》，载《湖州师范学院学报》第34卷第4期，2012年8月，第33—37页。

210.《樊榭山房集》卷五《六月十日同丁敬身石贞石游龙兴寺观唐开成二年陀罗尼石幢为处士胡季良书》，《樊榭山房集》，上海古籍出版社，2012年，第357—358页。

211.《秋林琴雅》二《燕山亭》，《樊榭山房集》，上海古籍出版社，2012年，第896页。

212.《樊榭山房集》卷五《八月十八日同丁敬身游龙华寺寻石壁上宋人题名登慈云岭观永寿院宋仁宗佛牙讃吴越摩崖篆字》，《樊榭山房集》，上海古籍出版社2012年，第400—401页。

213.《樊榭山房集》卷五《九月一日同丁敬身张希亮金以宁符圣几游天龙寺石壁上有太平兴国六年心经门外八卦田即宋郊坛故迹次登天真寺灵化洞侧刻字云梁龙德元年岁次辛巳十一月壬午朔一日天下都元帅吴越国王镠建置钱王拜郊台也此寺登眺最为江山胜处》，《樊榭山房集》，上海古籍出版社，2012年，第406—407页。

214.《樊榭山房集》卷五《同尺凫敬身过湖登慈云岭观废石龙净胜院崖上北宋僧冲羽书唐右补阙梁肃心印铭下方家峪寻刘娘子寺已废惟凤凰泉犹存饭于观音洞僧舍而归得诗三首》，《樊榭山房集》，上海古籍出版社，2012年，第410—412页。

215.《樊榭山房集》卷六《明郑贵妃书泥金普门品经同丁敬身作四首》，《樊榭山房集》，上海古籍出版社，2012年，第432—433页。

216.［日］常盘大定、关野贞著：『中国文化史迹』第四辑，法藏馆刊行，1939年，图45.凤凰山 梵天讲寺。

217.《樊榭山房集》卷八《小雪初晴访敬身于城南同游梵天讲寺延揽江山之胜裵徊久之敬身得五字古体一章予次其韵愧不称也》，《樊榭山房集》，上海古籍出版社，2012年，第612—615页。

218.（清）丁敬:《山阴吴氏遁盦金石丛书 武林金石记》卷三，叶三至叶四，西泠印社，1916年。（此书版记：丙辰七月西泠印社吴隐石潜聚珍版印。书口：西泠印社聚珍版 山阴吴氏遯盦金石丛书。）

219.《樊榭山房集》文集卷第八《元西天元兴寺钟题名跋》，《樊榭山房集》，上海古籍出版社，2012年，第824—826页。丁敬《武林金石记》卷三亦录入此文。

220.宿白：《元代杭州的藏传密教及其有关遗迹》，《文物》载1990年第10期，第 61 页。

221. 上文，第 61—63 页。宿白先生未注意到是，厉鹗在乾隆十年（1745）和十四年（1745），又两度赴凤凰山与友朋寻访乌龙庙中的西天元兴寺铜钟。乾隆十四年，杭世骏招同人凤凰山看桃花，樊榭作《堇浦招同诸公凤凰山看桃花作》，诗末“来访西天寺里钟，碧藓蚀残蒙古字”句下有诗注：“乙丑三月六日，顾丈月田招看花于此，觞咏乌龙古庙中，今下世已五年，为之泫然。庙有元西天元兴寺钟一口，上有江浙行省平章达识帖睦迩题字并蒙古字经。”见《樊榭山房续集》卷七《堇浦招同诸公凤凰山看桃花作》，《樊榭山房集》，上海古籍出版社，2012 年，第 1557 页。

222.《樊榭山房集》卷八《题敬身所藏崔子忠伏生授经图》，《樊榭山房集》，上海古籍出版社，2012 年，第 621—622 页。

223.《樊榭山房续集集外文》,《樊榭山房集》,上海古籍出版社,2012 年,第 1714 页。

224.《樊榭山房续集》卷二《抱云峰并序》，《樊榭山房集》，上海古籍出版社，2012 年，第 1079—1080 页。

225.《樊榭山房续集》卷三《和沈房仲论印十二首》，《樊榭山房集》上海古籍出版社，2012 年，第 1114—1130 页

226.《樊榭山房续集》卷三《和沈房仲论印十二首》其二，《樊榭山房集》，上海古籍出版社，2012 年，第 1114—1115 页。

227.《樊榭山房续集》卷三《和沈房仲论印十二首》之十二，《樊榭山房集》，上海古籍，2012 年，第 1120 页。

228. 方小壮《“浙派”宗师——丁敬研究》,南京艺术学院博士论文,2003 年,第 44 页。

229. 上文，第 45 页。

230.《樊榭山房续集》卷三《汉铜龙虎鹿卢镫歌为敬身作铭四字曰“宜子孙吉”》，《樊榭山房集》，上海古籍出版社，2012 年，第 1155—1156 页。

231.《樊榭山房续集》卷四《觉范画梅为敬身作》，《樊榭山房集》，上海古籍出版社，2012 年，第 1250—1251 页。

232. 大都会艺术博物馆的此套作品馆藏号为 1986.495a–l。

233. 《樊榭山房续集》卷七《同丁龙泓过潮鸣寺访大圜上人观戴进画功德诸像立轴残本》，《樊榭山房集》，上海古籍出版社，2012 年，第 1579 页。

234. 见《砚林诗集》卷二《己巳腊月二十八日同樊榭过潮鸣寺访大圜上人请观戴进所画功德残本一十三轴》，参见《西泠五布衣遗著》，浙江古籍出版社，2015 年，第 231—23 页；《丁敬集》，浙江人民美术出版社，2016 年，第 55 页。

235. 《樊榭山房集》，上海古籍出版社，2012 年，第 1733 页。

236. 《砚林集拾遗》之《书冬心先生续集自序后》，《西泠五布衣遗著》，浙江古籍出版社，2015 年，第 321 页。

237. 丁敬 :《砚林印款》，《丛书集成续编》本，第 105 册，台湾新文丰出版公司第 764 页。另参见小林斗盦编著：《篆刻全集 : 丁敬、蒋仁、黄易、奚岗 .4. 中国〈清〉》，二玄社，2001 年。

238. 《樊榭山房文集》卷五《杭可庵先生遗像记》，《樊榭山房集》，上海古籍出版社，2012 年，第 771—772 页。

239. 《樊榭山房集》卷五《题大宗松吹书堂图》，《樊榭山房集》，上海古籍出版社，2012 年，第 385 页。此画丁敬亦有题诗。

240. 《砚林诗集》卷一，《西泠五布衣遗著》，浙江古籍出版社，2015 年，第 192 页。

241. （清）杭世骏：《道古堂文集》卷十四《芟虚上人诗序》，《杭世骏集》，浙江古籍出版社，2015 年，第 205—206 页。

242. 上书，第 692 页。

243. 《冬心先生集》，西泠印社出版社，2012 年，第 77 页。

244. 《樊榭山房集》卷一《秋日同王菊存汪青渠杨开绪渡湖至壑菴由幽居洞上看摩崖家人卦登慧日精舍访亦谙上人际晚下山寻明昌化伯墓不得泛舟而还得诗四首》，《樊榭山房集》，上海古籍出版社，2012 年，第 51—55 页。

245. 《樊榭山房集》卷二《题亦谙山人黄山图》，《樊榭山房集》，上海古籍出版社，2012 年，第 179—180 页。

246.《樊榭山房集》卷八《三月十八日同麐徵瑶圃右阶苏门游南屏山》，《樊榭山房集》，上海古籍出版社，2012 年，第 645 页。

247.（清）杭世骏：《道古堂文集》卷四十八《赐紫住持南屏净慈禅寺芡虚大师塔铭》，《杭世骏集》，浙江古籍出版社，2015 年，第 693 页。

248.《樊榭山房续集》卷四《晓行苏堤作二首》之二，《樊榭山房集》上海古籍出版社，2012 年，第 1242 页。

249.《樊榭山房续集》卷八《腊月十一日同人集董浦桂堂为恒公四十寿》，《樊榭山房集》，上海古籍出版社，2012 年，第 1623 页。

250. 薛永年：《华嵒研究》，天津人民美术出版社，1984 年；上海博物馆 单国霖主编《华嵒书画集》，文物出版社，1987 年；卢辅圣主编：《华嵒研究（朵云第 57 集）》，上海书画出版社，2003 年。

251. 薛永年：《华嵒研究》，天津人民美术出版社，1984 年，第 79 页。

252.《樊榭山房集》卷九词甲《高阳台 题华秋岳横琴小像》，《樊榭山房集》上海古籍出版社，2012 年，第 666 页。

253. 徐逢吉写作此文落款为："时康熙六十一年壬寅白露前一日，同里紫山徐逢吉题。"《秋林琴雅》题辞，《樊榭山房集》上海古籍出版社，2012 年，第 879 页。

254.《樊榭山房集》卷六《题华秋岳诗卷》，《樊榭山房集》上海古籍出版社，2012 年，第 482—483 页。集中仅收五言诗，无题记及落款。

255.（清）华嵒撰：《离垢集》，"国立中央图书馆"藏手稿本，影印本《清代稿本百种汇刊 第 66 册 集部 离垢集》，台湾文海出版社，1974 年。

256.《樊榭山房集》卷二《题金绘卣江声草堂图》，《樊榭山房集》，上海古籍出版社，2012 年，第 184—185 页。

257.《樊榭山房集》卷二《题吴文志上小像》，《樊榭山房集》，上海古籍出版社，2012 年，第 188 页。

258.《秋林琴雅》卷三《霜天晓角 华秋岳松月图》，《樊榭山房集》，上海古籍出版社，2012 年，第 906 页。

259.《樊榭山房续集》卷七《题穆门虎邱中秋夜泛诗画卷三首》，《樊榭山房集》上海古籍出版社，2012 年，第 1565 页。

260. 上海博物馆单国霖主编《华嵒书画集》，文物出版社，1987 年，第 59 页。

261.《樊榭山房续集》卷十《醉太平•题村学堂图》，《樊榭山房集》，上海古籍出版社，2012 年，第 1659 页。

262.《樊榭山房续集》卷八《题华秋岳浴鹅图》，《樊榭山房集》，上海古籍出版社，2012 年，第 1601 页。

263.《樊榭山房续集》卷十《落梅风 双调 华秋岳为予写西溪卜居图因题其上》，《樊榭山房集》，上海古籍出版社，2012 年，第 1676 页。

264. 上海博物馆单国霖主编：《华嵒书画集》，文物出版社，1987 年，第 102 页。

265.（清）华嵒撰：《离垢集》，"国立中央图书馆"藏手稿本，《清代稿本百种汇刊（第 66 册）集部 离垢集》，中国台湾文海出版社，1974 年影印，第 76 页。

266. 上海博物馆单国霖主编：《华嵒书画集》，文物出版社，1987 年，第 141 页。

267.《中国古代书画图目 11》，文物出版社，1994 年，第 226 页；又见《西溪画寻》，西泠印社出版社，2010 年，第 20—21 页。旧藏杭州文物考古所，现藏杭州博物馆。

268. 薛永年：《华嵒研究》，天津人民美术出版社，1984 年，第 12 页。

269.（清）金农：《冬心先生题画记》，上海人民美术出版社，1986 年，第 19 页；《冬心先生集》，西泠印社出版社，2012 年，第 206 页。

270. 杨丹霞 :《方士庶与行庵大树图》，载《收藏家》1996 年第 1 期，第 52 页。方士庶研究，还可参见王耀庭 :《清方士庶〈仿董源夏山烟霭图〉的画缘与人缘》，载《云林宗脉——新安画派学术研讨会》，澳门艺术博物馆，2012 年。

271. 杨丹霞 :《方士庶与行庵大树图》，载《收藏家》1996 年第 1 期，第 52 页。杨丹霞误释为"三十九寒暑"，以此判断方士庶十五岁离家，误。

272. 上文，第 53 页。

273.《樊榭山房续集》卷四《集方环山斋题明宁献王画》，《樊榭山房集》，上海古籍出版社，2012 年，第 1223 页。

274.《樊榭山房续集》卷八《挽方环山》,《樊榭山房集》,上海古籍出版社,2012年,第1637页。

275. 蒋华:《略述汪士慎及其生平友好》，载《扬州大学学报（人文社会科学版）》1985年第4期，第53—59页。

276.《樊榭山房集》卷十《国香慢》，《樊榭山房集》，上海古籍出版社，2012年，第693—694页。

277.《樊榭山房集》卷八《秋日同高西唐游铁佛寺寺在扬州北郭为五代杨行密故宅》,《樊榭山房集》，上海古籍出版社，2012年，第606页。

278.《樊榭山房续集》卷一《红桥春游曲祝荔亭席上西唐授衣同作》，《樊榭山房集》，上海古籍出版社，2012年，第977—978页。

279. 王小恒:《论浙派扬州诗人群落的“同题集咏”唱和活动——以“扬州二马”为中心》，载《内蒙古社会科学（汉文版）》2019年第5期，第150—155页。

280.（清）闵华:《澄秋阁集》卷四《梅花纸帐歌》，清乾隆十七年（1752）刻本。

281.《樊榭山房续集集外诗》之《梅花纸帐歌》,《樊榭山房集》,上海古籍出版社,2012年，第1704页。

282.《樊榭山房集》卷八《题汪近人移居图》，《樊榭山房集》，上海古籍出版社，2012年，第647页。

283.《樊榭山房续集》卷一《题汪近人煎茶图》,《樊榭山房集》,上海古籍出版社,2012年，第960页。

284. 蒋华：《清汪士慎的〈十三银凿落歌〉》，载《文物》1979年6月，第56页。

285.《樊榭山房续集》卷六《瓶花斋百八瓷酒器歌》，《樊榭山房集》，上海古籍出版社，2012版，第1451—1452页。

286.《樊榭山房续集》卷七《吴氏家藏十三银凿落歌为蔚洲作》，《樊榭山房集》上海古籍出版社，2012年，第1519页。

287. 蒋华:《清汪士慎的＜十三银凿落歌＞》，载《文物》，1979年第6期，第94页，图版玖。

288. 此手稿与阮元《淮海英灵集》中所收文字不同之处颇多,《淮海英灵集》卷四《吴氏家藏十三银凿落歌为蔚洲赋》:“东城雅会延陵家,丹黄绕座开秋花。宾朋半是南帆客,筼筜影里浮流霞。酒酣主人兴复作,呼取盘盂重劝酌。明灯闪闪古匣开,着手光流银凿落。银凿落十有三,记得先世觞宾客。一觞一咏恣欢谈,到今岁月留传久。世世珍藏胜琼玖,玉壶酒满泻红云。香沃芙蓉光在手,或为彝鼎形,或作云雷象。玲珑花卉各逞妍,玉斝素磁同雅赏。一饮再饮客颜丹,长歌短歌如狂澜。玉山欲倒金樽翻,花阴月色移栏干。”参见阮元辑《淮海英灵集》,清嘉庆三年小琅嬛仙馆刻本、卷四。

289. 蒋华:《清汪士慎的《<十三银凿落歌>》,载《文物》,1979 年第 6 期,第 93 页。

290. 上文,第 93 页。

291. 《樊榭山房续集》卷八《汪巢林八分书歌》,《樊榭山房集》,上海古籍出版社,2012 年,第 1640 页。

292. 《樊榭山房集》卷五《六月一日午睡梦程友声醒时见壁上悬垂虹檥棹图乃友声为余作者》,《樊榭山房集》,上海古籍出版社,2012 年,第 396 页。

293. 《樊榭山房集》,上海古籍出版社,2012 年,前言第 1—2 页。

294. 严迪昌:《往事惊心叫断鸿——扬州马氏小玲珑山馆与雍、乾之际广陵文学集群》,载《文学遗产》2002 年第 4 期,第 109 页。

295. 参见本书第四章中关于隶书联“相见亦无事,不来忽忆君”的内容。

296. 黄惇著:《中国古代论印史(修订本)》,上海书画出版社,2019 年,第 295 页。

第二章　厉鹗的访古考证和艺术鉴赏案例两则

前文已知，厉鹗有好古之癖，日常寻访金石古迹并加以考证，在其众多记录中有一则涉及元代的杭州藏传佛教遗迹，体现出樊榭先生独特的眼光。在厉鹗鉴赏考证的众多传世绘画中，有董源《龙宿郊民图》，樊榭先作的图跋与乾隆后出的题跋，存在着惊人的相似之处，其中缘由值得思考。

一、樊榭先生的吴山宝成寺访古及记录

雍正五年（1727）冬，樊榭先生登吴山访古，作《吴山咏古诗二首》，其一为《麻曷葛剌佛并序》，记述宝成寺内的“麻曷葛剌造像一铺”，另一首为《铁四太尉并序》，记述东岳庙中的四尊铁像。[1]所谓麻曷葛剌，是梵文“大黑天”之意，杭州吴山宝成寺“麻曷葛剌圣相一堂”镌于元至治二年（1322），是目前国内发现的唯一有绝对纪年的藏传佛教大黑天摩崖石刻造像，题刻清晰，造像组合完整独特，对元史、藏传佛教史、考古及艺术史研究具有特殊意义。2001 年 6 月，宝成寺麻曷葛剌造像被国务院列为第五批全国重点文物保护单位。（图 1）[2]

图 1　宝成寺麻曷葛剌造像现状（杨晓海摄）

（一）历史文献中的宝成寺沿革

宝成寺，位于杭州城中吴山之紫阳山东麓。吴山地处杭州市区南部，钟灵毓秀，人文荟萃。山上寺观林立，基本兴自吴越，盛于南宋，最多时达 100 余座之多。[3] 这些宗教活动场所，佛寺、道观、城隍庙、名人祠堂等等无所不有，公私捐奉，香火旺盛。多种信仰和谐共处于一山，包容、开放与草根正是吴山地区宗教信仰的突出特点。

宝成寺因无寺志，其记载散见于各朝史料，兴废历史众说纷纭。杭州市园林文物局吴山景区管理处文物科的王兴臣，通过史料考据与实地勘查相结合，对杭州宝成寺的历史变迁进行了考证，得出其寺址由西湖畔到吴山上，名称从“释迦”改额“宝成”，经历了吴越的“宝刹初建”、两宋的“改名赐额”、元代的“搬迁合并”、明代的“重建复兴”、清

代的“衰败颓废”和民国的“私人尼院”，直到新中国成立至今的沿革。（图 2）[4]

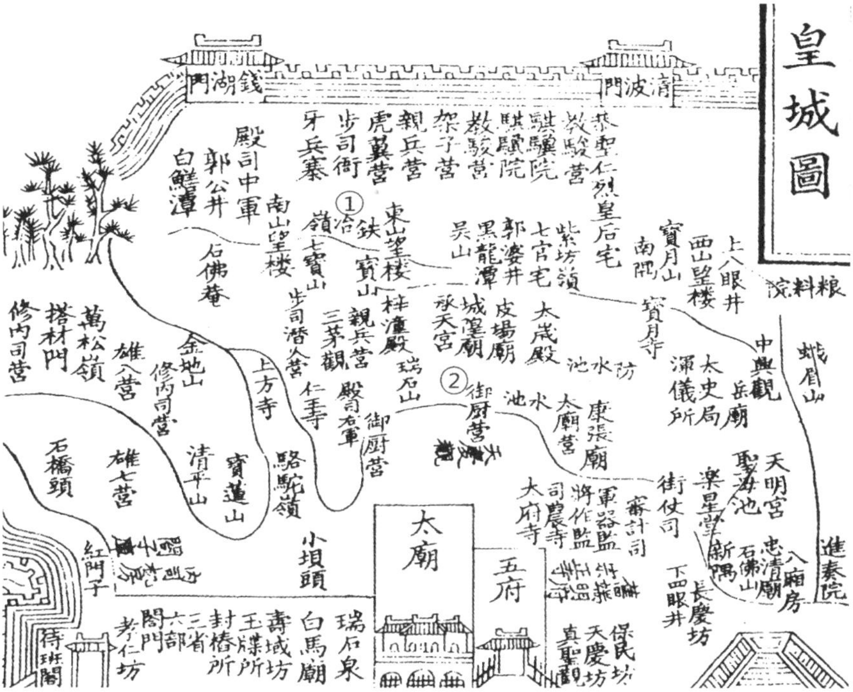

图 2　《咸淳临安志》卷一《行在所录皇城图》（局部，太庙及吴山）[5]
说明：图中①为宝成寺创建时大致位置，②为宝成寺现址大致位置

宝成寺创建地点在杭州涌金门至钱湖门城外西湖畔，《咸淳临安志》卷七十九《寺观五》“自涌金门外至钱湖门”有记：

> 宝成院，天福中吴越王妃仰氏建，旧额释迦，大中祥符中改今额，宝佑五年赐额曰宝成。[6]

宋末元初周密沿用此说，但仅记 7 字：“宝成院，旧名释迦。”[7] 周密惜字如金，大约可知宝成院在当时吴山周边众多寺观中并不突出。

目前暂未找到元代文献记录，但明代史料认为宝成寺在元代有重要的搬迁合并之举，即从涌金门外至钱湖门的铁冶岭迁至吴山观音岩下，与海会寺合并。[8]

元代的宝成寺面貌虽无史料记载，但依据今日寺中遗存的造像和历年研究成果，基本上可以判定，此时的宝成寺是杭州城中一所藏传佛教寺院，其造像风格以元代上层阶级中盛行的藏传佛教为基础，融合了藏、蒙、汉等风格。常青综合近年研究指出：“宝成寺三所摩崖造像龛，不仅是杭州重要的元代佛教遗迹，也是全中国极为珍贵的早期藏传佛教艺术。根据第 1 龛的题记与三龛均有的藏式莲台与坛床，三龛均造于元代，具体时间应在 14 世纪早期。第 1 龛为藏式的麻曷葛剌并有浓厚汉、藏、蒙古风格相结合的骑狮与骑象的胁侍像，造于元至治二年（1322），功德主为来自大都的武将伯家奴。第 2 龛的三世佛像是元朝藏传寺院主殿供奉的主要形像，具体题材似为释迦、药师、无量寿，具有典型的藏式风格。第 3 龛主龛内的原造像应为观音与二胁侍，原像风格已不清楚，可能是藏风，也可能是汉式，或汉藏合璧式。主龛两侧的八小龛外围雕刻有观音救八难图像，是汉、藏图像与样式的结合。因此，宝成寺三龛应是为元代杭州汉人服务的作品，在力图宣扬藏风艺术的同时，也夹杂着汉式艺术。”（图 3）[9]

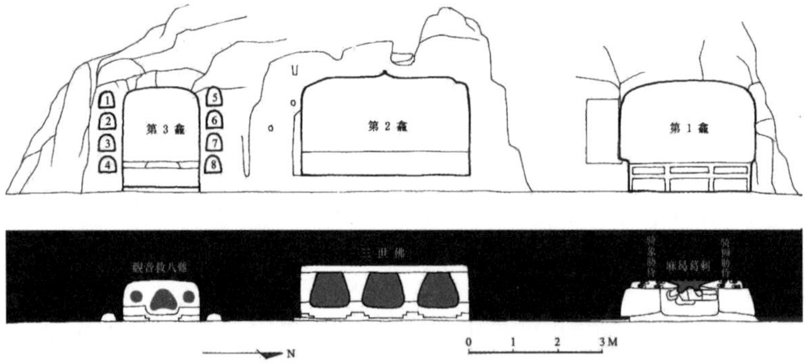

图 3 宝成寺摩崖造像龛平面与立面图（常青绘）

到明代中期，宝成寺的记载渐多，最常被引用的是田汝成《西湖游览志》：

宝成寺，晋天福中建，名释迦院。宋大中祥符间，改额宝成寺。有石观音罗汉像。壁间有苏子瞻《宝成院赏牡丹诗》……诗镌石壁，笔法甚遒，其旁有“岁寒松竹”四字，乃成化间吴东升题者。[10]

此文言简意赅，对寺庙沿革，周边名胜均有交代，但“有石观音罗汉像”一句与寺内实际造像情况不符，应指宝成寺后感花岩北上方的石观音阁内造像。此后《万历杭州府志》对宝成寺的所在记载比较清楚：“石佛山，旧为宝成讲寺，今寺废而石佛尚在。上为重阳庵，其西为青衣洞，有青衣泉。”[11]

对于“石佛山”位置以及“寺废”的原因，明人郑圭《石佛山东坡祠记》说：

虎林城中瑞石山麓有石佛山，山有石佛三身及大士金翅诸像，镂于岩际……旧有宝城讲院及石佛寺、牡丹亭……嘉靖初，有夷警，募麻阳兵入城寓诸寺，充斥狼藉，僧尽逐，寺遂毁。[12]

可见，宝成寺似乎并未遭遇元明交替时的战火，明代中期的“夷警”，即当时的倭寇侵扰和乱兵入驻才是寺毁之祸因。

清代人对宝成寺位置和沿革的描述，变化不大，如吴锡麒的描述：“杭州宝成寺，在紫阳山之东，吴越王妃仰氏建也。旧号释迦之院，改额祥符之年。”[13]

张鉽《杭都杂咏》中的记述则更加明确：

宝成寺，在瑞石山之侧宝莲山南。晋天福中，吴越王妃仰氏建，旧额释迦院，宋宝祐五年赐今额。有石观音、罗汉像。元至治二年，左卫亲军都指挥使伯家奴凿麻曷葛刺佛于左右石壁。或云马合吃刺佛，或云马吃刺佛，盖梵音无定字故也。岁久，寺废为黎氏园。明万历壬子，布政使吴用先捐资建大观楼，开砌石径于此，今仍呼宝成寺。[14]

（二）一处名胜的产生：明清宝成寺的重修及相关活动

宝成寺在明代嘉靖初年遭毁，到万历壬子（即万历四十年，公元1612年），寺庙及其周边名胜才得以重建，《武林梵志》中说：

宝成寺，晋天福中建，名释迦院。宋大中祥符间改今额。岁久废为黎氏园。万历壬子，方伯吴公请复捐资建大观楼，开砌石径，焕然一新。[15]

由郑圭《重修石佛殿纪事》[16]的记录可知，当时的布政使吴用先主持收回宝成寺及左近山地二十余亩，与杭城官绅合力，在宝成寺及感花岩等处开石径，建大观楼、牡丹亭（东坡祠），重建石佛殿等，逐步恢复了古刹气象。在明代文人雅士们的用心经营下，宝成寺及其周边感花岩、“岁寒松竹”石刻等“再造”的人文景观（图4），成为杭城一处名胜。[17]围绕“东坡牡丹诗”石刻等，文人访古，次韵唱和，题诗、摩崖等活动，明清两代颇为盛行。

郑圭还详记万历年间复建的佛殿：“因山为制，以殿覆岩，以岩覆佛，环廊入殿。”此奇特殿制与今日一致。关于岩壁上的三龛佛像，“宝成石佛像三尊，镌自晋、唐，不详岁月。螺髻凤膺，蜂腰月面……”这显然是描写岩壁正中的三世佛造像形态，“左一楹所奉观音大士”于今不同，而“右一楹奉麻曷葛剌抔像”是目前所知最早明确记述“麻曷葛

图 4　感花岩石刻（杨晓海摄）

刺”造像的文字。郑圭还记录了关于石佛的“种种灵异”：“（宝成寺）地与卫弁黎氏邻，弁为督府门官有缘，竟斥其地为宅，壁上书题多遭剥滤，又划诸石像与金翅首，首血涌出，大惧，又时有光怪，天阴闻鬼哭，砌石像及肩，辄覆……”[18]可见，麻曷葛剌在明代为杭人崇拜，已经由藏传佛教护法神的身份，一变为汉传佛教或民间神灵信仰崇拜的对象。

万历四十三年（1615）十二月，宝成寺主持成实又起工重建正殿，今日寺中所藏的一方重修石碣（图 5），开头便说：“万历四十三年十二月起工重建正殿，伏蒙创施，姓名开具于左，其先后依银至次序，以前募助不用于此殿内者，不敢混载……”从捐助者来看，大多为杭城各级官员，共 34 人，助银数量至少在 226 两以上。[19]

图5 宝成寺藏明万历四十三年（1615）主持成实重修石碣（杨晓海摄）

表3 万历四十三年（1615）宝成寺重建正殿捐助情况一览

职衔	姓名	籍贯	助银日期	助银数量（两）
督抚部院	刘一焜	南昌		10
按院	李邦华	吉水		16
左布政使	何申	桐城	四月初三	30
左布政使	陈所学	景陵	九月十一	30
右布政使	王在晋	太仓		10
督粮道	胡世赏	合州		50
督学道	周延光	蕲水		5
杭严道	王应乾	睢宁	五月十六	8 10 38

杭嘉湖道	周著	南昌		3
漕务都司	张大道			3
两浙都转运盐使司运使	陈以躍	江西奉和		3
翰林	钱象坤			不详
御史	董元儒			不详
提学	张汝霖			不详
吏部员外	虞淳（熙）			不详
礼部员外	黄汝亨			不详
给事中	洪澹祖			不详
提学副使	葛寅亮			不详
知府	凌登名			不详
知县	赵（尔）□			不详
知县	张汝懋 / 愗			不详
指挥	□□□			不详
军门	黄承玄等十一人			不详
县丞	王宗智			10

万历四十五年（1617）六月，寺中麻曷葛剌造像也得到信徒的捐助得以“重绘一新”，并刻石记述。由此可知，宝成寺及其造像的礼拜活动，在明中晚期得以恢复。

宝成寺在清初的情况，卓尔堪《近清堂诗》之《宿紫阳山宝乘寺》云：“寺即家庙，先王父龙纹公、先君闻仲公习静处。”[20] 卓尔堪约生活在康熙年间，尚可在寺中住宿。但至雍正五年（1727）冬，厉鹗到宝成寺访古时，所见却已经是“游人迹罕到，破殿虫网丝。”[21] 可见兴废不定，几度浮沉。

厉鹗生活的清代中期，考据之风盛行，在他考察作诗记述之后，学人们逐步热心于对麻曷葛剌佛像的考古。志书的记载也反映了这些考据的一些成果，比如《乾隆杭州府志》引《清波类志》记：

（宝成）寺后有东坡《牡丹诗》摩崖。左右壁有麻曷葛剌佛像，乃元至治二年，左卫亲军都指挥使伯嘉努所凿，旁有畏吾儿书记云。（《清波类志》）[22]

修志者首次明确将 “麻曷葛剌佛像”的资料载入官修志书，但遗憾的是“旁有畏吾儿书记云”，究竟在什么位置什么内容，语焉不详。对此吴锡麒记录：“梵相左壁，纪畏吾之文。”[23] 可见乾嘉之时，“畏吾文”题记存在无疑。可惜的是，目前还未发现当时的“畏吾文”题记拓片或译文留存。

清中晚期，宝成寺又有一次重修活动，吴锡麒《募重修吴山宝成寺疏》记载甚详。[24] 到清末诗僧笠云赴杭游历时，其《听香禅室诗集》卷五有《宝成寺》诗一首，[25] 其中“卧疴宝成寺，萁荚两荣枯……佛会斋时集，千声数念珠”等句，表明寺中可以住宿，宗教活动正常。该诗集出版于光绪丙申年（1896），可见19世纪晚期的宝成寺经过重修，已经香火旺盛。

综合历代文献可知，宝成寺由吴越王妃仰氏始建于五代后晋天福年间（936—944），旧名释迦院，北宋大中祥符年间（1008—1016）改额宝成院，南宋宝祐五年（1257）赐额宝成寺，旧址约在西湖之畔涌金门外至钱湖门之间，元代时搬迁合并于今日地址，即杭州吴山紫阳山之东，寺中石壁上有佛像三龛，其中一龛麻曷葛剌像，为元至治二年（1322）伯家奴所捐刻。明嘉靖年间（1522—1566），寺庙遭毁，废为黎氏园。万历壬子（1612）之后殿宇及周边名胜得以重修，佛像重绘一新。至清代雍正年间，寺庙再次荒废，乾嘉之际再得修葺，香火续传。

（三）厉鹗的访古和记录

厉鹗访吴山次数甚多，尤其喜爱瑞石山一带的“林壑之趣”，老朋友张东扶在雍正癸卯年（1723）移居此处，到乾隆己未年（1739）间，久居城东的樊榭先生也有了移居此处的想法，但家贫难以承担房钱，无奈作罢。他说："予赁居南湖上八年矣，其主将鬻它氏，复谋栖止。瑞石山下有屋数楹，东扶导予相度，颇爱其有林壑之趣，以价贵未遂也。因用癸卯赠东扶移居韵寄之，并邀城南吟社诸君共和焉。"其诗云：

性僻爱高栖，依山静闻见。怀此已有年，五藏待洒练。夙契西溪西，花深地颇善。近便城北隅，风漪展湖面。庑下终借人，弹指信流转。素交张长公，谋为置破砚。林扉并南麓，江影白成片。峰皴翠坌入，岩裂泉自荐。消摇隔市声，聊可寄幽眷。老大役生理，来去如社燕。谁营草堂赀？坐使襄阳先。洛中见山钱，囊空复何遣。胡颜谢岚霞，缄口向亲串。瑞室颂有时，秪恐年鬓晏。[26]

这里所说的瑞石山，其实就是紫阳山的别名，前文说到明代文人雅士恢复的宝成寺及周边文化景观，正在此地。厉鹗虽遗憾不能居此，到此游山确是常态，宝成寺附近早有涉足，雍正三年乙巳（1725）春，他就和陈章、丁敬、石贞石等人一起登吴山，赏宝成寺后石壁上的东坡释迦院看牡丹诗，并赋诗：

红妆小队行春时，江山著色供吾诗。坡公健句入苔石，花残石泐公应知。登高今日情难已，不约还成七人矣。嬉游大好同队鱼，何必飞腾千万里。[27]

到雍正五年（1727）冬，樊榭先生又登吴山访古，这次作《吴山咏古诗二首》，其一为《麻曷葛剌佛并序》，记述宝成寺内的麻曷葛剌造像一铺，另一首为《铁四太尉并序》，记述当时吴山东岳庙中的四尊铁像。[28]

《麻曷葛剌佛并序》云：

麻曷葛剌佛，在吴山宝成寺石壁上，覆之以屋，元至治二年，骠骑卫上将军、左卫亲军都指挥使伯家奴所凿。案《元史》：泰定帝元年，塑马合吃剌佛像于延春阁之徽清亭下。《辍耕录》亦称马吃剌佛，盖梵音无定字故也。元时最敬西僧，此其像设狞恶可怖，志乘不载，观者多昧其所自，故诗以著之：

寺古释迦院，青滑石如饴，何年施斧凿，幻作梵相奇。五采与涂饰，黯惨犹淋漓。一躯俨箕踞，努目雪两眉，赤脚踏魔女，二婢相夹持。玉颅捧在手，岂是饮月支？有来左右侍，骑白象青狮，狮背匪锦幪，荐坐用人皮，髑髅乱系颈，珠贯何累累，其余不尽者，复置戟与铍。旁纪至治岁，喜舍庄严资。求福不唐捐，宰官多佞辞。我闻刘元塑，妙比元伽儿，搏换入紫闼，秘密无人知。此像琢山骨，要使千年垂，遍翻诸佛名，难解姚秦师。游人迹罕到，破殿虫网丝。来观尽毛戴，香火谁其尸？阴苔久凝立，想见初成时。高昌畏吾族，奔走倾城姿。施以观音钞，百定鸦青披，题以朴樕笔，译写蟠虬螭，照以驼酥灯，深碗明流离，供以刲羊心，洁于大祀牺。红兜交膜拜，白伞纷葳蕤。琅琅组铃语，逢逢扇鼓驰。到今数百祺，眩惑生凄其。但受孔子戒，漫书胆巴碑。赵子昂延佑二年奉命书胆巴帝师碑。“胆巴”华言“秘密”。访古为此作，聊释怪谍疑。[29]

《铁四太尉并序》：

铁四太尉在吴山东岳庙庑下，宋名中兴观像。凡四躯，擎拳瞋目，丑怪骇人。相传江中浮来，郡人有忿争凶隙者，则迎而诅之。案凌彦翀《柘轩集》有《吴山东岳庙化铁四太尉疏》云：“吴山东岳庙铁四太尉，一曰灵应侯、二曰福佑侯、三曰忠正侯、四曰顺佑侯，以御灾危，以铁肖像，非一日矣。因军器造作，有欲假为用者，一夕，托梦于王子澄曰：‘吾欲助国，将作吾新像，以离于此。’已而果为国用。子澄识其语不忘，果蒙神佑，动止协吉，欲求众力圆成，庶见神功昭著。”彦翀为至正末人，像当重铸于此时。不知何年复增铸一躯，讹为五方之神，俗名“铁哥”而敝俗不可息矣。

岱宗长五岳，秩祀百代举。仙释争傅会，幽眇竟难距。临安宋行都，寓祭亦名旅。四尉知何神，封号侯爵序。冶官巧笵铁，面目黑如秬。讹传泛涛江，风掀出沙渚。奇事神降莘，里俗文诅楚。慎匪金人铭，诞将木甲侣。泰山上有木甲，汉武帝时神也。见应劭《汉官仪》。唯有避俗翁，皎皎载玉楮。当年著灵功，志在捍疆圉。不为钱可耕，不为釜可煮。愿铸为五兵，廓如扫烽炬。报贶重肖形，争传梦中语。斯事略足徵，诺皋傥见许。冲寒过琳宫，虚廊窜松鼠。[30]

两处遗存，均为元代时造，一是藏传佛教石窟寺造像，一是汉地民间信仰铁铸神像。樊榭先生敏锐地抓住了两处宗教造像的共同点，即吴山一带包容、活跃、草根气十足的民间信仰活动，“铁四太尉”的传续和崇拜其实比较好理解，但形貌怪异与汉地佛教神像大相径庭的“麻曷葛剌佛”何以从元代存留至今，厉鹗做出了相对完整的记录和思考。

回顾上书“麻曷葛剌佛”一诗，樊榭在序中先简要概述佛像所在，再以摩崖石刻文字为依据，说明造像时间和功德主，然后引用《元史》和《辍耕录》相关材料，说明所谓“麻曷葛剌”即元代史料中的“马吃剌佛”，“盖梵音无定字故也”，此句极为精准，“麻曷葛剌”和“马吃剌”确实都为梵文“大黑”之音。而这一铺造像在不了解其宗教背景和含义的大部分汉地士人眼中，只觉得“狞恶可怖”，这之前的志书大多不载其事，观者更是不明所以。

随后厉鹗便以长诗细致如实地描述此铺造像的面貌，关于此种造像的渊源联想到元代艺匠刘元，可能的礼拜方式则想象当年“高昌畏兀族”神秘色彩浓厚的密教仪轨。其知识之广博，判断之准确，令人称奇。在诗文最后，他以当年赵孟頫书《胆巴碑》一事结尾，既是对史实的引用，似乎又别有深意。

在大多数人对麻曷葛剌佛视而不见，或者“昧其所在”的时候，为什么厉鹗可以头脑如此清晰？说到底樊榭先生是一位极富历史感的诗人，学养深厚，又多识辽宋金元史事。[31] 由于其对宋元时期历史的用功之深，识见之准确，《麻曷葛剌佛并序》的价值因此深得后代学者认同，多有引用，宿白先生称赞此诗内容“既确且详”，在其考察宝成寺造像的《元代杭州的藏传密教及其有关遗迹》一文中全文引用。[32]

沈卫荣在研究西夏、蒙元时代大黑天崇拜时，也全文引用此诗并评价：“这篇文字不失为一篇有关摩诃葛剌之造像和求修仪轨的好文章，它亦是我们在发现黑水城文书以前所知的唯一一篇有关摩诃葛剌神像的汉文文献。”[33] 沈卫荣之说前半句评价恰如其分，但“唯一一篇汉文文献”的说法则不准确，厉鹗之后，清代学人不断跟进，诗文颇多，其中最突出的一位是汪师韩。

汪师韩字抒怀，号韩门，浙江钱塘县人。生于清圣祖康熙四十六年（1707），年少工诗文，雍正十一年（1733）进士，改翰林院庶吉士。好读苏轼之诗。雍正时在圆明园内教授皇子，赐居圆明园旁，乾隆曾称赞他“好学问”。后有御史弹劾汪师韩治家无状，遭罢官。卒年不详。其著作《韩门缀学续编》中记载：

《樊榭山房集》有《吴山咏古诗》二首。其一麻曷葛剌佛，引《元史·泰定帝纪》及《辍耕录》为证。以余考之，似尚有未尽者。麻曷葛剌佛译言欢喜佛。《元史·释老胆巴传》（附《八思巴传》后）：元贞间，海都犯西番界，成帝命祷于摩诃葛剌神。已而，捷书果至。又《泰定帝本纪》：英宗至治三年十二月，塑马哈集作合，误吃剌佛像于延春阁之徽清亭下，阁在大明殿后近暖殿，时帝已即位，明年方改元。序作泰定元年，亦非也。此即伯家奴凿石佛于吴山宝成寺之第二年。《成宗皇后伯岳吾氏传》云：京师创建万宁寺，中塑秘密佛像，其形丑怪，后以手帕蒙覆其面，寻传旨毁之。《方技·刘元传》云：所为西番佛像多秘，人罕得见者。明时犹有此像。何良俊《四友斋从说》云：大善殿旧塑佛像，栖各梁上，备诸淫亵之像，一切焚弃，别建慈宁宫焉。大善殿成于永乐中，乃司礼太监张政督工监造。慈宁，太后宫也。张习孔《云谷卧余》云：世宗撤大善佛殿，毁佛像一百六十九座。徐学谟《世庙识余录》云：佛像皆金银为之。《春明梦余录》云：宗伯夏言《议瘗佛疏》云，大学士李时同臣言如看大善殿内有金银铸像，巨细不下千百。其曰摩诃、曰马哈、曰马吃剌、曰秘密，皆即麻曷葛剌佛也。今宝成寺所凿，土人或称麻栗扢答佛，应是当时闻有此佛号，遂以是当之，而实非也。元阿合马妄引住藏二熟人皮于柜中，两耳俱存，云诅咒时置神座其上。《明史·佞幸传》云：西番僧取荒冢顶骨为数珠，髑髅为法碗。彼人且然，而况此石刻者乎？其颈系人首，荐坐人皮，侍者捧头颅于侧，固无怪也。[34]

由《樊榭山房集》的记载出发，汪师韩做了更深入的考据工作，其钩沉的史料揭示了元明两代藏传佛教信仰的不少情况，但基本延续了汉族士大夫对藏传佛教固有的偏见，视此类佛像为“淫亵之像”，而“麻曷葛剌佛译言欢喜佛”，更是想当然的误解，远不如樊榭先生“盖梵音无定字故也”的清晰认知。我们特别注意到像汪师韩这样身在北京的汉族朝廷官员，对乾隆时期大盛于宫中的藏传佛教信仰活动，几乎一无所知，可知此类信仰活动限于宫禁，是清代帝王贵胄的专利，仅用于自己修行和统御蒙藏地区，乾隆帝针对国家不同地区的分别治理，人为制造了巨大的藩篱，而汉地知识分子的知识缺陷和偏见亦加深了此种误解。

汪师韩还在《上湖诗纪续编》中作《吴山金石两像歌》一首：

樊榭山房有《咏吴山麻曷葛剌佛》及《铁四太尉》二诗，余考麻曷葛剌，译言欢喜，亦名马合吃剌佛，见《元史泰定帝纪》。亦名摩诃葛剌佛，见《胆巴传》。其象备诸丑秽，是以成宗伯岳吾后于万宁寺见之，以手帕蒙面而过。方技刘元所为西番佛多秘，人罕得见者。至明初大善佛殿梁上塑此像，嘉靖时毁之。今宝成寺所凿应是当时人闻是佛号，遂以称之，而实非也。元阿合马置神座于二熟人皮上。《明史》西番僧取荒冢顶骨为数珠，髑髅为法碗，石像犹此意耳。铁四太尉虽凌云翰疏注为重铸，而未详所始。考宋显仁后当高宗出使时，有小妾见四金甲人执刀剑为卫，后知阴助，及北迁归，立四圣延祥观于西湖上。乾道《临安志》及《西湖游览志》所载略同。四太尉当即四圣，民间以其能御灾患祀之吴山，未可知也。樊榭先生没于壬申，恨无从献疑请正，聊赋七言诗识之：

南湖征君性疏朗，吊古偏搜狞恶像。遂令金石胥山冈，铁幢白塔同奇赏。土马当年驰巨鹿，金介何人刀剑矗。香镂珠缀返宣和，民亦熔金竞祈福。石岩遗刻尤怖人，啖人剥取皮作裀。穿珠捧碗作吻吮，喇嘛作佛事，吹人骨以为乐器。那似秘戏通絪缊。宝成寺尚劖痕在，延祥园经再三改。征君逝亦孰质疑，姑妄言之从忏悔。《宋史后妃传》：韦贤妃从上皇北迁，高宗即位，遥尊为宣和皇后。[35]

厉鹗卒于乾隆十七年壬申（1752），汪师韩非常遗憾不能向樊榭先生献疑请正，其治学热诚可见一斑。两人虽未谋面，但汪师韩显然注意并领会到了厉鹗将麻曷葛剌和铁四太尉共同论述的用意，即杭州吴山地区强大的民间信仰力量，只要“灵验”，不拘何路神仙，在吴山都有一席之地，这种草根性、包容性正是这些神佛出现并长存于此的根本原因。

自汪师韩之后，钱大昕亦有收获，其《潜研堂诗集》之《宝成寺观元人所凿麻曷葛剌佛石像，次药耘韵》诗云：

世间何人最慈悲，调御丈夫号悉达。若云惨毒可度世，何异活人用野葛，世尊皮肉舍勿吝，时济众生如救渴。云何番僧作变相，却塑魔王唤菩萨。祝釐漫说朵儿禅，梵语或讹马吃剌。累累髑髅悬胸前，吮血磨牙澹生活。旁观缩舌增恐怖，错认鬼母劫儿钵。我闻黑神起北方，柳贯《护国寺碑》：摩诃葛剌神，汉言大黑神也。摩诃葛剌即麻曷葛剌，译音无定字。提兵南下助式遏。当时君臣各膜拜，受戒皈依意恻怛。涿鹿之北全宁南，涿州全宁路俱有摩诃葛剌神祠。六时供养求解脱。此像镌成至治年，石不能言也涂抹。供羊羊果害人不，帝师义堕气已夺。《辍耕录》：今上初入戒坛。见马哈剌佛前供羊心。上曰："曾闻用人心肝者。有诸？"帝师答曰："有之。凡人萌歹心害人者，事觉则以其心肝作供耳。"上再问曰："此羊曾害人乎？"帝师无答。《辍耕录》所云"今上"，谓庚申君也。[36]

文中对柳贯《护国寺碑》的引用，考出了麻曷葛剌研究的一条关键史料，影响深远。

除此之外，龚濩身《雪浦诗存》之《麻曷葛剌佛》，魏之琇《柳州遗稿》之《吴山宝成寺麻曷葛剌佛》，许正绶辑《国朝两浙校官诗录》之《吴山宝成寺寻至治二年所凿麻曷葛剌石佛》等诗文均在厉鹗诗作的基础上，展开讨论，提供了不少历史线索。当然和民间对石佛的接受和崇信不同，这些清代文人的共同继承了明代以来对藏传佛教的敌对心理，对麻曷葛剌贬斥有加，其中龚濩身[37]的态度尤其激烈。其《麻曷葛剌佛》诗末尾写道：

……目击此像神愤怒，恨不斧斫荒江投。我佛慈悲定欢喜，讵肯贻此身含羞？南湖居士补志乘，诗歌博采兼旁搜。无益世教殊可哂，俚言用敢毫端抽。使者輶轩访及此，急当毁去无停留。莫教山川日月万古愁。[38]

作者对麻曷葛剌态度极为排斥厌弃，幸亏只说不做，如果仿效明人张岱等对飞来峰佛像一样动手打砸，只怕麻曷葛剌石佛今日无存。回想厉鹗当年在诗中语："但受孔子戒，漫书胆巴碑。访古为此作，聊释怪谍疑。"就是担心别人指责，龚澡身"南湖居士补志乘……无益世教殊可哂"的斥责不幸被他言中。

这些文人情绪化的表达，正如沈卫荣所指出的，一方面反映出元明清汉族士人对异族统治与压迫所怀有的焦虑之情，另一个原因则是清代大部分汉族文人对藏传佛教的隔膜，其流风余绪到今天也未消除。[39]

实际上，清朝对藏传佛教高度重视，入关之前已经崇奉大黑天为国家护法。在对待藏汉佛教的态度上，显然更加重视藏传佛教，学者赖惠敏指出："清朝皇帝修缮与供养寺庙的银两，视不同的佛教传统，而有不同的数量，这与皇帝的宗教政策和信仰有关。以藏传佛教来说，兴建与修缮寺庙、赏赐喇嘛、供给喇嘛口粮等经费非常庞大，约为八百万两，若连同户部供养喇嘛钱粮，则超过一千三百万两，约为关税三年总收入。"[40]乾隆年间，清宫中藏传佛教信仰盛行，乾隆帝所赞助的三世章嘉国师若必多吉，向其传授多套大黑天仪轨，故宫中兴建了多处修密法的场所，如雨花阁、六品楼、梵华楼等等，其中均供奉有大黑天。虽然章嘉国师为格鲁派，但其供奉的大黑天亦包括萨迦派一面二臂的宝帐护法，清宫汉译为"宫室勇保护法"，文物遗存甚多。[41]但这些信仰活动显然仅限于清代皇室贵胄之间，供其密修祈福，汉族臣工则少有了解，这与元代藏传佛教相对的开放态度形成鲜明对比。

在这种信息不对称的情况下，汉族臣工和在野文人对藏传佛教不了解乃至反感，情有可原。而厉鹗以其学识和清醒的头脑，避免了常见的情绪化表达，公正详实记录宝成寺麻曷葛刺造像，给后人留下珍贵的见证材料，居功甚伟。

二、厉鹗的传世绘画考证——《董源〈龙宿郊民图〉跋》

厉鹗《樊榭山房文集》卷八有《董源〈龙宿郊民图〉跋》一篇，记录当时还藏在“江南一大家”的《龙宿郊民图》，跋文如下：

南唐董源有《龙宿郊民图》，见于江南一大家，系董思白宗伯故物。宗伯题其上云：“此宋曹武惠下江南，箪食壶浆以迎王师之图也。”虽数百年，败素黯黕，好手装池，神气尚全。上作层峦列岫，林木蓊郁，泉络石下为大川，濒川居者，屋宇鸡犬，参差隐见。川中维舟数十，有数十人连臂踏歌而来，亦有椎鼓者、树旗者；山下林中有灯毬二三，翳浓荫中，数妇女翘袖招摇出其下。噫！宋师下江南，源为李氏供奉旧人，曷为图哉？且“龙宿”非地名，画中物色，于迎师无肖也，此殆写雩祭图尔。《春秋传》：“龙见而雩。”杜氏注云：“龙见建巳之月，苍龙宿之体昏见东方，万物始盛，待雨而大，故祭天，远为百谷祈膏雨。”《月令》云：“仲夏之月，命有司为民祈祀山川百源，大雩帝，用盛乐。”杜氏以为月令秦法，非周典也。然《春秋经》亦有秋八九月及冬雩者，因旱耳。后郑云：“雩吁嗟求雨之祭，为坛南郊之旁，雩五精之帝，配以先帝。”何休注《公羊传》又云：“君亲之南郊，以六事自责，曰：政不一欤？民失职欤？宫室崇欤？妇谒盛欤？苞苴行欤？谗夫昌欤？使童男女各八人，舞而呼雩。”《周礼》女巫职云：“旱暵则舞雩。”后郑云：“使女巫舞，旱祭崇阴也。”今按画中所见，以古礼参之，其为雩祭乎？云“龙宿郊民”者，其为民请命于郊乎？然则源何以为此图也？考陆游《南唐书》：嗣主保大十一年，大蝗，八月不雨，至十二年三月，民大饥，疫死者大半。三月而四月，正龙见之期也。是时，嗣主仅命有司为粥以食饿者，绝不闻有遍走山川百神之举。方任用宋齐邱、冯延已、陈觉诸壬人，殚国用于闽、楚，弃师旅于淮甸，未几周师攻下壽、滁等州，而《檀来》之歌闻于海陵矣。源为此图，殆古之工执艺事以谏者。使嗣主能绎吁嗟之义，躬六事之责，何至身殂豫章，传子逾纪，而黄花水落，金陵之庙社为墟也哉？若宗伯云云，所谓以耳治者欤！[42]

传董源《龙宿郊民图》，现藏台北“故宫博物院”，山水画，轴装、绢本。纵 156 厘米、横 160 厘米。画幅阔，已近于正方形，用双幅绢拼成（图 6）。因原作无款，关于该画年代、作者、画名、画面内容及含义，有着多种看法和推测，台北“故宫博物院”的王耀庭对此画研究的学术史有非常全面的论述，周安庆亦有文章交代此画的来龙去脉。[43]

该画诗塘现有董其昌、王鸿绪和清高宗三人的题跋[44]

图6　（传）董源　龙宿郊民图　现藏台北“故宫博物院”
（馆藏号：故—画—000894—00000）

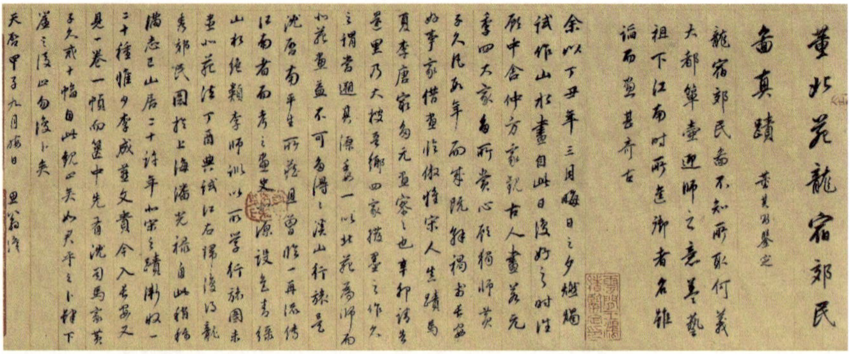

图7 （传）董源 《龙宿郊民图》之董其昌题跋

题跋1董其昌（图7）

董北苑龙宿郊民图真迹。董其昌鉴定。

题跋2董其昌（图7）

龙宿郊民图。不知所取何义。大都箪壶迎师之意。盖艺祖下江南时所进御者。名虽谄而画甚奇古。 董其昌。

题跋3董其昌（图7）

余以丁丑年三月晦日之夕，燃烛试作山水画，自此日复好之。时往顾中舍仲芳家，观古人画，若元季四大家。多所赏心，顾独师黄子久，凡数年而成，既解褐。于长安好事家借画临仿，惟宋人真迹马夏李唐最多，元画寥寥也。辛卯请告还里。乃大搜吾乡四家泼墨之作，久之谓当溯其原委。一以北苑为师，而北苑画益不可多得。得《溪山行旅》，是沈启南平生所藏，且曾临一再，流传江南者。而考之画史。北源（苑）

设色青绿山水，绝类李师（思）训。以所学《行旅图》，未尽北苑法。丁酉典试江右归，复得《龙秀郊民图》于上海潘光禄，自此稍称满志。已山居二十许年，北宋之迹，渐收一二十种，惟少李成、燕文贵。今入长安，又见一卷一帧。而箧中先有沈司马家黄子久贰十幅，自此观止矣。如君平之卜肆，下帘之后，止勿复卜矣。

天启甲子九月晦日。思翁识。

这些跋语，董其昌清楚表明了自己的读画意见，题跋三中关键信息不少：

万历五年丁丑（1577）三月三十日夜间，董其昌燃烛试作山水，“自此日复好之”。随后颇留意于古人画迹。或观或求，或借画临仿，宋元真迹涉猎不少。

万历十九年辛卯（1591），他请告还里，“大搜吾乡四家泼墨之作”，溯其原委，以北苑为师，遂努力搜求，得沈启南所藏《溪山行旅》。

万历二十五年丁酉（1597），董氏典试江右归，得《龙秀郊民图》于上海潘光禄，“自此稍称满志”。

天启四年甲子（1624）九月三十日，董其昌在画上书此题跋。

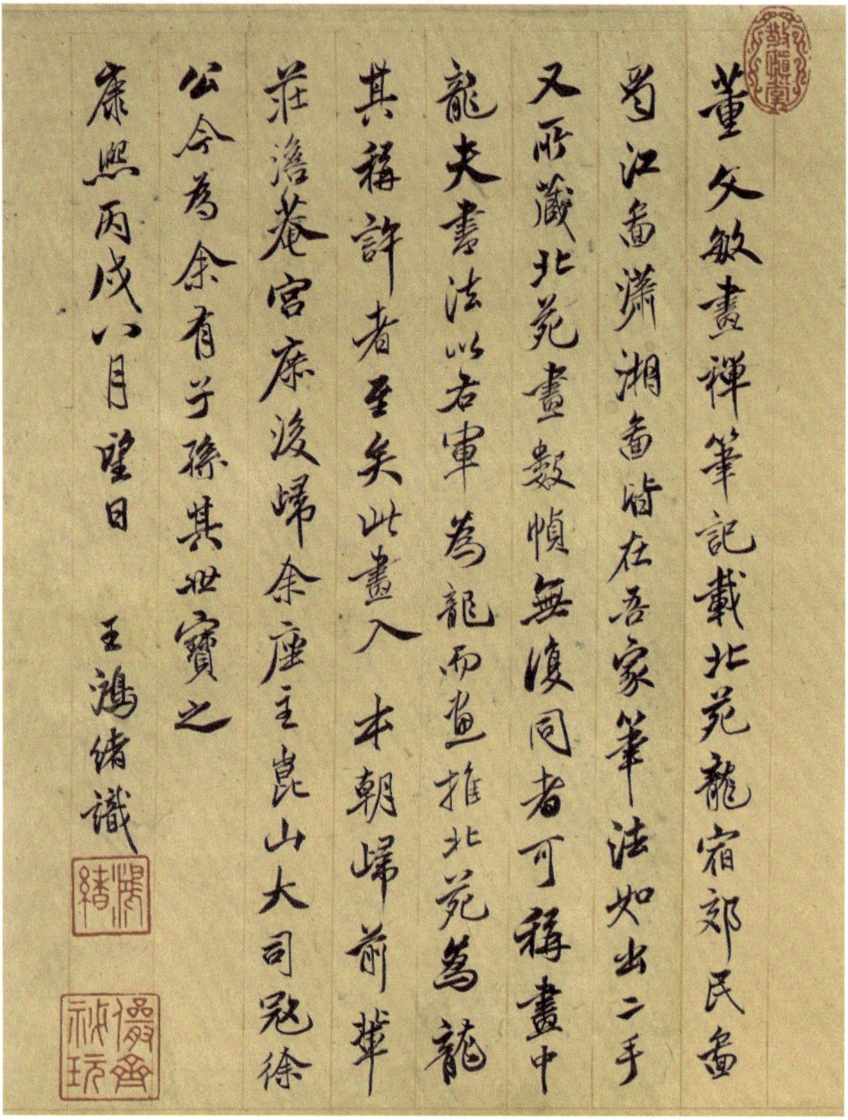

图 8 （传）董源 《龙宿郊民图》之王鸿绪题识

题跋 4 王鸿绪（图 8）

董文敏《画禅（室）笔记》载：北苑《龙宿郊民图》《蜀江图》《潇湘图》，皆在吾家，笔法如出二手。又所藏北苑画数帧，无复同者，可称画中龙。夫书法以右军（ 王羲之）为龙，而画推北苑（董源）为龙，其称许者至矣。此画入本朝，归前辈庄澹庵宫庶（冋生），后归余座主昆山大司寇徐公（乾学）。今为余有，子孙其世宝之。

康熙丙戌八月望日王鸿绪识。

王鸿绪作为董其昌的松江老乡，对董氏点评信之不疑。[45] 此跋总结并理清了董其昌所收董源作品的状况，尤其是这幅《龙宿郊民图》在明清易代之际的遭遇，可知入清之后，此画先归庄冋生，后归昆山徐乾学，再传入王鸿绪之手。康熙四十五年丙戌（1706）八月十五日，已得此画的王鸿绪，在画上题跋。

回到厉鹗的图跋，由于《樊榭山房文集》中所收文字为樊榭存稿，多不署日期，因此他得观此画的机缘和时间已无法确知，但开篇即说“南唐董源有《龙宿郊民图》，见于江南一大家，系董思白宗伯故物”，显然是此画无疑，而“江南一大家”就是指王鸿绪家族。笔者猜测此画是王鸿绪家族成员，某次展示此画，厉鹗因故得观，遂为之跋，并自留一稿。王鸿绪家族得樊榭之文，是否随画装池，不得而知，因为厉鹗文中对董其昌的评点，有着鲜明的不同意见。但有意思的是，厉鹗图跋中的核心内容，还是会出现在这幅画上。

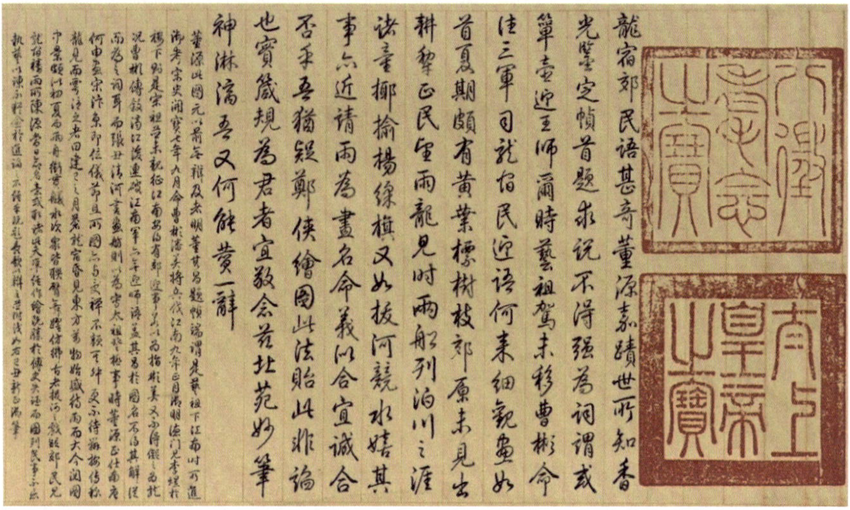

图 9 （传）董源《龙宿郊民图》之乾隆御题诗及题跋

题跋 5 清高宗 御诗 行书（图 9）

龙宿郊民语甚奇，董源嘉迹世所知。香光鉴定帧首题，求说不得强为词。谓或箪壶迎王师，尔时艺祖驾未移。曹彬命往三军司，龙宿民迎语何来。细观画如首夏期，颇有黄叶标树枝。郊原未见出耕犁，正民望雨龙见时。两船列泊川之涯，诸童揶揄扬彩期。又如拔河竞水嬉，其事亦近请雨为。画名命义似合宜，诚合否乎吾犹疑。郑侠绘图此法贻，此非谄也实箴规。为君者宜敬念兹，北苑妙笔神淋漓。吾又何能赞一辞。

题跋6清高宗 题识 行书（图9）

董源此图，元以前无辨及者。明董其昌题帧端，谓是艺祖下江南时所进御。考《宋史》，开宝七年九月，（宋太祖）命曹彬、潘美将兵伐江南。（开宝）九年正月，御明德门，见李煜于楼下。则是宋祖并未亲征江南，安得有郊迎事。若以为指彬美，又不得拟之为龙。况曹彬传，叙济江后，连破江南军，亦无迎师语。盖其昌于图名不得其解，从而为之词耳。而张丑《清河书画舫》，则以为写太祖登极事。时董源正仕南唐，何由画宋汴京即位仪节？且所图亦与受禅不类，其舛更不待辨。按传称：“龙见而雩。”注之者曰：“建巳之月，苍龙宿昏见东方，万物始盛，待雨而大。”今阅图中景，颇似初夏，而两舟衔贯舣水次，众皆联臂舞跃，仿佛古者拔河之戏，疑郊民见龙宿祷雨所陈。源当日命名，意或取诸此。夫准经作绘，既胜于傅史失诬。而图列民事，不忘执艺以谏，不犹愈于进谄之不经乎。既题长歌以辨之，并附识如右。

己丑新正。御笔。

王鸿绪亡故后，家藏书画逐步流散，一些藏品进入宫中，最著名的就是这件《龙宿郊民图》。乾隆对此画显然青眼有加，一诗一题颇见重视。诗与题，均针对董其昌的鉴定意见，做出了针锋相对的评价。

以下先将樊榭先生和乾隆的图跋并列做一个对比，看看其异同之处：

厉鹗《董源龙宿郊民图跋》	乾隆题诗及跋
南唐董源有《龙宿郊民图》，见于江南一大家，系董思白宗伯故物。宗伯题其上云："此宋曹武惠下江南，箪食壶浆以迎王师之图也。"虽数百年，败素黯黕，好手装池，神气尚全。上作层峦列岫，林木蓊郁，泉络石下为大川，濒川居者，屋宇鸡犬，参差隐见。川中维舟数十，有数十人连臂踏歌而来，亦有椎鼓者、树旗者；山下林中有灯毬二三，翳浓荫中，数妇女翘袖招摇出其下。噫！宋师下江南，源为李氏供奉旧人，曷为图哉？且"龙宿"非地名，画中物色，于迎师无肖也，此殆写雩祭图尔。《春秋传》："龙见而雩。"杜氏注云："龙见建已之月，苍龙宿之体昏见东方，万物始盛，待雨而大，故祭天，远为百谷祈膏雨。"《月令》云："仲夏之月，命有司为民祈祀山川百源，大雩帝，用盛乐。"杜氏以为月令秦法，非周典也。然《春秋经》亦有秋八九月及冬雩者，因旱耳。后郑云："雩吁嗟求雨之祭，为坛南郊之旁，雩五精之帝，配以先帝。"何休注《公羊传》又云："君亲之南郊，以六事自责，曰：政不一欤？民失职欤？宫室崇欤？妇谒盛欤？苞苴行欤？谗夫昌欤？使童男女各八人，舞而呼雩。"《周礼》女巫职云："旱暵则舞雩.”后郑云"使女巫舞，旱祭崇阴也。"今按画中所见，以古礼参之，其为雩祭乎？云"龙宿郊民"者，其为民请命于郊乎？然则源何以为此图也？考陆游《南唐书》：嗣主保大十一年（953），大蝗，八月不雨，至十二年（954）三月，民大饥，疫死者大半。三月而四月，正龙见之期也。是时，嗣主仅命有司为粥以食饿者，绝不闻有遍走山川百神之举。方任用宋齐邱、冯延已、陈觉诸壬人，殚国用于闽、楚，弃师旅于淮甸，未几周师攻下寿、滁等州，而《檀来》之歌闻于海陵矣。源为此图，殆古之工执艺事以谏者。使嗣主能绎吁嗟之义，躬六事之责，何至身殂豫章，传子逾纪，而黄花水落，金陵之庙社为墟也哉？若宗伯云云，所谓以耳治者欤！	御题诗： 龙宿郊民语甚奇，董源嘉迹世所知。 香光鉴定帧首题，求说不得强为词。 谓或箪壶迎王师，尔时艺祖驾未移。 曹彬命往三军司，龙宿民迎语何来。 细观画如首夏期，颇有黄叶标树枝。 郊原未见出耕犁，正民望雨龙见时。 两船列泊川之涯，诸童揶揄扬彩期。 又如拔河竞水嬉，其事亦近请雨为。 画名命义似合宜，诚合否乎吾犹疑。 郑侠绘图此法贻，此非谄也实箴规。 为君者宜敬念兹，北苑妙笔神淋漓。 吾又何能赞一辞。 御笔题跋： 董源此图，元以前无辨及者。明董其昌题帧端，谓是艺祖下江南时所进御。考《宋史》，开宝七年九月，（宋太祖）命曹彬、潘美将兵伐江南。（开宝）九年正月，御明德门，见李煜于楼下。则是宋祖并未亲征江南，安得有郊迎事。若以为指彬美，又不得拟之为龙。况曹彬传，叙济江后，连破江南军，亦无迎师语。盖其昌于图名不得其解，从而为之词耳。而张丑《清河书画舫》，则以为写太祖登极事。时董源正仕南唐，何由画宋汴京即位仪节？且所图亦与受禅不类，其舛更不待辨。按传称："龙见而雩。"注之者曰："建已之月，苍龙宿昏见东方，万物始盛，待雨而大。"今阅图中景，颇似初夏，而两舟衔贯舣水次，众皆联臂舞跃，仿佛古者拔河之戏，疑郊民见龙宿祷雨所陈。源当日命名，意或取诸此。夫准经作绘，既胜于傅史失诬。而图列民事，不忘执艺以谏，不犹愈于进谄之不经乎。既题长歌以辨之，并附识如右。 己丑新正。御笔。

对比《龙宿郊民图》画面和董其昌题跋，可知厉鹗确实亲见此画，观察细致入微，其记录董其昌题记为：“此宋曹武惠下江南，箪食壶浆以迎王师之图也。”和董其昌原题：“龙宿郊民图。不知所取何义。大都箪壶迎师之意。盖艺祖下江南时所进御者。名虽谄而画甚奇古。”文辞虽不完全相同，但意思完全一致。厉鹗的主要工作是针对董其昌的说法，展开质疑和辨析。但更有意思的是，厉鹗和乾隆的题跋，两文相似相近之处实在不少。

两人均对董其昌的鉴定意见表示了异议，即董言：“龙宿郊民图。不知所取何义。大都箪壶迎师之意。盖艺祖下江南时所进御者。名虽谄而画甚奇古。”厉鹗说：“若宗伯云云，所谓以耳治者欤！”乾隆更不客气地认为董其昌是“求说不得强为词。”

在具体展开论述的过程中，双方都是既重视画面本身提供的图像信息，也充分使用了多种史籍来求证问题。

厉鹗描述画面：“虽数百年，败素黯黕，好手装池，神气尚全。上作层峦列岫，林木蓊郁，泉络石下为大川，濒川居者，屋宇鸡犬，参差隐见。川中维舟数十，有数十人连臂踏歌而来（图10），亦有椎鼓者、树旗者；山下林中有灯毬二三，翳浓荫中，数妇女翘袖招摇出其下。”根据这些场景，樊榭的意见是：“画中物色，于迎师无肖也，此殆写《雩祭图》尔。”即董源所写是南唐民众求雨场景而非所谓董其昌所谓“迎王师”。

图10　（传）董源　龙宿郊民图　（局部）
厉鹗：“川中维舟数十，有数十人连臂踏歌而来”

以下，博学的厉鹗引各家史籍，证明此画为何是“《雩祭图》”，其核心史料是《春秋传》所记：“龙见而雩。”杜氏注云：“龙见建巳之月，苍龙宿之体昏见东方，万物始盛，待雨而大，故祭天，远为百谷祈膏雨。”而且樊榭还强调雩祭的时间不仅有“仲夏之月”，还有“秋八九月及冬雩者”，只要干旱，便会有此祭礼。礼拜的地点和形式，则是君主亲往南郊，遣人舞蹈。以此文图对应，厉鹗说：“今按画中所见，以古礼参之，其为雩祭乎？云‘龙宿郊民’者，其为民请命于郊乎？然则源何以为此图也”？

樊榭考证至此，并未止步，他又考陆游《南唐书》所记：“嗣主保大十一年（953），大蝗，八月不雨，至十二年（954）三月，民大饥，疫死者大半。三月而四月，正龙见之期也。”值此大灾，南唐中主李璟“仅命有司为粥以食饿者，绝不闻有遍走山川百神之举。”在三四月应当行雩祭的时候，南唐嗣主并未实行，因此厉鹗的猜测是“源为此图，殆古之工执艺事以谏者”，即董北苑以此画进谏，劝诫君主实行祭礼。而南唐君主对此事的轻忽，也埋下了未来覆亡的种子。

乾隆的考证所引材料与樊榭略有不同，他先引用了《宋史》中开宝七年（974）九月，宋太祖命曹彬、潘美将兵伐江南事，说明宋太祖并未亲征江南，“安得有郊迎事”。彬、美二人为将，又不得拟之为龙，而且曹彬传，记述渡江之后，连破江南军，亦无迎师语。“盖其昌于图名不得其解，从而为之词耳。”其次，乾隆又驳张丑在《清河书画舫》中所说的此画“为写太祖登极事”，认为当时董源正仕南唐，不可能画汴京的宋太祖即位仪式。

那么究竟画何场景？乾隆所引材料便与厉鹗一模一样了，《春秋传》称：“龙见而雩。”注之者曰：“建巳之月，苍龙宿昏见东方，万物始盛，待雨而大。”

接着又结合图中场景：“颇似初夏，而两舟衔贯舣水次，众皆联臂舞跃，仿佛古者拔河之戏，疑郊民见龙宿祷雨所陈。源当日命名，意或取诸此。”所引“联臂舞跃”的局部画面与樊榭一致。而最后的结论“图列民事，不忘执艺以谏……”，也与厉鹗完全一样。

当然，乾隆观画也有自己独到和细致之处，在御诗中有“细观画如首夏期，颇有黄叶标树枝”等句（图 11），可知他读画确实细致入微。

图 11　（传）董源　龙宿郊民图　（局部）
乾隆：“细观画如首夏期，颇有黄叶标树枝。”

回顾此画的学术史，可知近代以来学者已有充分讨论，厉鹗跋文与此画的关系也有学者注意到。

1981 年出版的《启功丛稿》中有讨论董源《龙宿郊民图》一文，启功先生谈到此画入清内府后，“有乾隆御题诗、跋，以不得命名之故，遂以‘龙而见雩’之义当之，谓是雩祭、祷雨之事。厉鹗《樊榭山房文集》

卷八《龙宿郊民图跋》亦指为雩祭。文繁不具引。”[46]启功博学，发现了乾隆御题和厉鹗的文义相通之处，可惜他似乎未能注意到厉鹗文章和乾隆御题的时间先后，因此未能展开讨论，“文繁不具引”，更是可惜。

1985年，整理标校厉鹗《樊榭山房集》的陈九思先生特别指出："……其（樊榭）有关议论考证诸篇，如……《董源龙宿郊民图跋》等，纠正前人谬误，论据充实，说理详明，见解卓确，可供学术研究者之参考。”[47]陈先生的主要工作是标校，考证书画并非本业，但显然对厉鹗文章的价值颇为肯定。

2005年，台北“故宫博物院”的王耀庭注意到了此画清高宗题跋和厉鹗之考证文字高度相似的问题，但也只是谨慎地表示困惑，并未展开讨论。[48]

《樊榭山房文集》中所收厉鹗诸文，有不少未录年款，因此无法确知樊榭写作《龙宿郊民图跋》的时间，但可以大致梳理一下此画在明清之际流传的时间线：

明万历二十年丁酉（1597），董其昌典试江右归，得《龙秀郊民图》于上海潘光禄。

明天启甲子（1624）九月晦日，董其昌在画上题跋。

明清易代之际，此画先归庄冏生，后归昆山徐乾学。

康熙四十五年丙戌(1706)八月十五日,王鸿绪已得此画,在画上题跋。

雍正元年癸卯（1723）八月十五日，王鸿绪卒于京师。其部分收藏书画辗转流入宫中，包括董源《龙宿郊民图》，但入宫确切时间不详。

乾隆十七年壬申（1752）秋，厉鹗去世。

乾隆三十四年己丑（1769）新正，乾隆御题董源《龙宿郊民》图，共一诗一跋。

乾隆四十三年戊戌（1778）七月，樊榭先生嗣子厉志黼刻《樊榭山房文集》成，汪沆为之序。文集卷八收入《董源龙宿郊民图跋》。

我们只能判断，厉鹗观看此图并写作跋语在其过世的1752年秋天之前，但肯定远早于乾隆御题此画的1769年新正。对比两文的相似之处，虽然不能完全肯定是乾隆抄袭，但是以樊榭先生的文学地位，其题跋之文写成后交予拥有此画的“江南一大家”，即王鸿绪家族是完全有可能的。目前看《龙宿郊民图》诗塘，显然是乾隆御题之后，在宫中重新装裱的，保留收藏大家董其昌和前一藏家王鸿绪题跋，置乾隆御题于中心位置，同时由皇帝来指正前人，特别是收藏大家董其昌的错误，正可表现乾隆帝的博学。这种建立文化权威的工作，贯穿于乾隆内府收藏活动。

作为一个公开的秘密，“十全皇帝”的博学来自其背后的智囊，尤其是曾经入直南书房的诸臣。冯明珠指出：“南书房诸臣‘入臣儤直，出奉皇华，以备天子顾问’，是君主身边最重要的文学侍从，他们全都是当时最杰出的知识分子，学问优长，能诗能文，兼具书画艺术创作及鉴赏能力，陪着酷好诗文艺术的乾隆皇帝，进行创作、鉴赏、吟游、整理内府天家收藏及执行各项文化工作，留下了大量诗书墨迹……”[49] 例如，乾隆对赵孟頫《鹊华秋色图》的考证和“纠错”，他与词臣们关于韩滉《五牛图》的题咏，关于《富春山居图》诸本真伪问题的论辩等。在这些观画与讨论之中，词臣某些意见得到皇帝采纳吸收，不同意见受到批评，在内廷藏画题跋中屡见不鲜，这亦是艺术史界极为熟悉的议题。

乾隆身边活跃的词臣中，目前已知沈德潜、钱陈群等人，均与厉鹗有过交往。樊榭先生的洞见，或为内廷词臣所知，或者英雄所见略同，最终的结果都成为全能皇帝的文化丰功，精心装池并传诸后世。此间微妙，后来者不能不察。

总之，本章展现厉鹗的两则考证诗文，虽非鸿篇巨制，细微处却充分展现了他的敏锐和博学，这些艺文知识的产生，建立在樊榭先生丰富的知识储备和独立自信的学术人格之上。以下，笔者对他的艺术史写作，进行综述和评析。

注释

1. 《樊榭山房集》卷五《吴山咏古诗二首》,《樊榭山房集》,上海古籍出版社2012年,第372—378页。
2. 宝成寺及其造像研究近年成果丰富,参见:杨晓海:《杭州吴山宝成寺麻曷葛剌造像研究》,中国美术学院硕士学位论文,2013年;王兴臣:《杭州宝成寺变迁考》,载《杭州文博》2016年第1期,第122—129页;赖天兵:《杭州吴山元代宝成寺救八难摩崖造像考》,载《杭州文博》2016年第5期,第102—107页; 陈越、唐卫萍:《州吴山宝成寺麻曷葛剌造像二胁侍身份献疑》,载《杭州师范大学学报(社会科学版)》2016年11月,第6期,第119—128页;常青:《元代杭州的藏传佛教:宝成寺摩崖龛像调查研究》,载《美在成久》2019年第7期,第48—65页。
3. 卓军、徐飞主编:《吴山》,研究出版社,北京,2009年,第2页。
4. 王兴臣:《杭州宝成寺变迁考》,载《杭州文博》2016年第1期,第122—129页。
5. 转引自杭州文物考古所编著:《南宋太庙遗址》,文物出版社,2007年,第4页,图四。据该书注释其所用的《咸淳临安志》版本为道光庚寅钱塘振绮堂汪氏仿宋本重雕,广陵古籍刻印社,1986年版。
6. (宋)潜说友原纂修,(清)汪远孙补校:《咸淳临安志•卷七十九•寺观五•自涌金门外至钱湖门》,台北成文出版社,据清道光十年重刊本影印,1970年,第766页。
7. (宋)周密:《武林旧事》卷第五"湖山胜概",浙江古籍出版社,2011年,第83页。
8. 明《成化杭州府志》载:"宝成寺,在铁冶岭,元中统间建,后为筑城而毁。重建于吴山观音岩下,并海会寺。"《万历杭州府志》也记载:"宝成寺,并海会寺,今废。"(以上均引自[清]丁丙:《武林坊巷志(第二册)》,浙江人民出版社,1986年,第806页)成化杭州府志所记的建寺日期与宋人不同,但旧址铁冶岭正是在“涌金门外至钱湖门之间”。

9. 常青：《元代杭州的藏传佛教：宝成寺摩崖龛像调查研究》，载《美在成久》2019年第7期，第65页。
10. （明）田汝成辑撰，尹晓宁点校：《西湖游览志》卷十二《南山城内胜迹》，上海古籍出版社，2017年，第121页。田汝成（1503—1557），钱塘人，嘉靖五年（1526）进士。
11. （明）刘伯缙等修，陈善篡：《万历杭州府志·卷之二十·山川·城内南山·吴山》，台北成文出版社，1983年，第1407页。成文版书名为《浙江省杭州府志》，系据明万历七年（1579）刊本影印。
12. （清）丁丙：《武林坊巷志（第二册）》，浙江人民出版社，1986年，第818—819页。圭字孔肩，钱塘人。原文收于《武林文献》。
13. （清）吴锡麒：《募重修吴山宝成寺疏》，载《有正味斋骈体文笺注》（下册），大达图书供应社，1936年再版，第111页。此文收于《有正味斋骈体文笺注》卷下“募疏”类。吴锡麒（1746—1818），字圣征，号谷人，钱塘人。乾隆四十年（1775）进士，在京任官甚久，颇有文名。
14. （清）丁丙：《武林坊巷志（第二册）》，浙江人民出版社，1986年，第807页。
15. （明）吴之鲸：《武林梵志》卷一《城内梵刹》之“宝成寺”，杭州出版社，2006年，第22页。
16. 全文见《武林坊巷志（第二册）》，浙江人民出版社，1986年，第808—809页，原文收于《武林文献》。
17. 陈汉民、洪尚之：《杭州西湖苏轼书迹著录若干疑误考辨》，《浙江学刊》1994年第4期，第126页。
18. 转引自《武林坊巷志（第二册）》，浙江人民出版社，1986年，第818—819页，原文收于《武林文献》。
19. 此石碣早经发现，宿白先生考察时便已得见，但其内容一直未公布，本文所用石碣铭文及释读，得到杭州市园林文物局吴山景区管理处文物科王兴臣先生的热情帮助和指导，在此深表谢意。

20. （清）丁丙：《武林坊巷志（第二册）》，浙江人民出版社，1986 年，第 810 页。

21. 《樊榭山房集》卷五《吴山咏古诗二首之麻曷葛剌佛并序》，《樊榭山房集》，上海古籍出版社，2012 年，第 372—373 页。

22. 转引自（清）丁丙：《武林坊巷志（第二册）》，浙江人民出版社，1986 年，第 807 页。

23. （清）吴锡麒：《有正味斋骈体文笺注》（下册），大达图书供应社，1936 年，第 112 页。

24. 同上书，第 111—113 页。

25. （清）笠云：《听香禅室诗集》（八卷），明复法师主编：《禅门逸书初编》第 10 册（影印清光绪丙申孟秋徐树钧刊本），台北明文书局，1981 年，第 44 页。笠云，清同光年间湖南名僧，诗词书法禅修均有盛名，有“诗僧”之誉，曾在杭州活动，赋诗颇多。

26. 《樊榭山房集》卷八《予赁居南湖上八年矣其主将鬻它氏复谋栖止瑞石山下有屋数楹东扶导予相度颇爱其有林壑之趣以价贵未遂也因用癸卯赠东扶移居韵寄之并邀城南吟社诸君共和焉》，《樊榭山房集》，上海古籍出版社，2012 年，第 655 页。

27. 《樊榭山房集》卷四《人日同陈授衣丁敬身石贞石登吴山用石壁上东坡先生释迦院看牡丹韵》，《樊榭山房集》，上海古籍出版社，2012 年，第 269 页。

28. 《樊榭山房集》卷五《吴山咏古诗二首》，《樊榭山房集》，上海古籍出版社，2012 年，第 372—378 页。

29. 《樊榭山房集》卷五《吴山咏古诗二首》，《樊榭山房集》，上海古籍出版社，2012 年，第 372—373 页。

30. 上书，第 376—377 页。

31. 厉鹗第一个对《辽史》进行全面考证，其《辽史拾遗》，汇集了近 400 种宋、元著述中的相关资料。见《剑桥中国辽西夏金元史》，中国社会科学出版社，2007 年，第 672 页。

32. 宿白：《元代杭州的藏传密教及其有关遗迹》，载《文物》1990年第10期，第57—61页。

33. 沈卫荣：《西夏、蒙元时代的大黑天神崇拜与黑水城文献——以汉译龙树圣师造〈吉祥大黑八足赞〉为中心》，载沈卫荣著《西藏历史和佛教的语文学研究》，上海古籍出版社，2010年，第421—422页。（此文原载《贤者新宴》第5辑，上海古籍出版社，2007年。）

34. 转引自（清）丁丙：《武林坊巷志（第二册）》，浙江人民出版社，1986年，第812—813页。

35. 上文据《两浙輶轩录》卷十八《吴山金石两像歌并序》校订。（清）阮元辑：《两浙輶轩录四十卷》，引自《续修四库全书•一六八三•集部•总集类》，上海古籍出版社，2002年，第587页。

36. （清）丁丙：《武林坊巷志（第二册）》，浙江人民出版社，1986年，第815—816页。

37. 龚澡身，钱塘人，乃龚自珍祖父辈，其兄弟五人：龚敬身、龚澡身、龚禔身、龚理身、龚治身，前三位有文名，人称“东城三龚”。

38. （清）丁丙：《武林坊巷志（第二册）》，浙江人民出版社，1986年，第814页。

39. 沈卫荣：《神通、妖术与贼髡：论元代文人笔下的番僧形象》，原载于《汉学研究》第21卷第2号，2003年，219—247页。转引自沈卫荣：《西藏历史和佛教的语文学研究》，上海古籍出版社，2010年，第507—528页。

40. 曾尧民：《乾隆时期的北京官修、官管汉传寺庙及其意义——以西城北路、西北城为主》，载《故宫学术季刊》第三十三卷第四期，第72页。

41. 故宫中大黑天护法，现存于故宫中康雍乾年间造办的金银塑像、唐卡、经卷画、擦擦等宗教物品之中，而乾隆、嘉庆年间编辑的《诸佛菩萨圣像赞》、《三百佛像集》及《宝生纳塘百法金刚鬘所述之绘像：利见往》等图录中更是系统的收录了各类大黑天图像。这其中宫室勇保护法（宝帐怙主）甚多。

42. 《樊榭山房集》文集卷第八《董源龙宿郊民图跋》，《樊榭山房集》上海古籍出版社，2012 年第 2 版，第 826—827 页。

43. 王耀庭：《传董源〈洞天山堂〉〈龙宿郊民〉初探》，载《故宫学术季刊》第二十三卷第 1 期（2005 年秋季），第 225—240 页；周安庆：《南唐董源〈龙宿郊民图〉的来龙去脉之谜》，载《文物鉴定与鉴赏》，2014 年第 8 期，第 64—69 页。

44. 本文中此画题跋的释文参考了台北"故宫博物院"书画检索系统中的相关资料，句读则参考了周安庆《南唐董源〈龙宿郊民图〉的来龙去脉之谜》一文。

45. 刘金库：《南画北渡：清代书鉴藏中心研究》，台北石头出版社，2007 年，第 326—327 页。

46. 启功:《启功丛稿》，中华书局，1981 年，页 284；启功：《启功丛稿 题跋卷》，中华书局，1999 年，第 175 页。

47. 《樊榭山房集》，上海古籍出版社，2012 年，前言，第 4 页。陈九思先生前言写作于 1985 年 1 月。

48. 王耀庭：《传董源〈洞天山堂〉〈龙宿郊民〉初探》，载《故宫学术季刊》第二十三卷第一期（2005 秋季），第 229 页。

49. 冯明珠：《玉皇案吏王者师——论介乾隆皇帝的文化顾问》，载《乾隆皇帝的文化大业》，台北"故宫博物院"，2002 年，第 249 页。

第三章　厉鹗的艺术史写作及评价

樊榭学问博洽，交游广阔，眼光精到，考证扎实，那他的艺术史写作总体上究竟呈现出怎样的面貌呢？大体上，厉鹗的艺术史写作成果可分为三类情况：

1. 艺术史专书；

2. 笔记著作中的艺术史料；

3. 诗词文章中与艺术史相关部分。[1]

以下本章就这三个方面分别作出论述。

一、艺术史专书《南宋院画录》和《玉台书史》

厉鹗著述等身，但艺术史专书仅有《南宋院画录》和《玉台书史》，这两本书的编撰、版本和学术影响，学者已有较完善的研究和讨论，笔者仅对相关研究作简要介绍和必要的评析。

（一）《南宋院画录》

北宋宣和画院可称中国古代宫廷画院巅峰，南宋高宗偏安杭州时，恢复画院，延续并发展了宫廷绘画的传统，宋亡后，南宋画院旧事渐渐湮没无闻。[2]四库馆臣评价厉鹗“生平博洽群书，尤熟于宋事”。此言切中肯綮，樊榭先生搜采多种史料，于康熙六十年辛丑（1721）撰成八卷《南宋院画录》，从此南宋院画旧事又被人重新认识。厉鹗自序曰：

宋中兴时，思陵几务之闲，癖耽艺学，命毕良史开榷场，收北来散佚书画，而院人粉绘，往往亲洒宸翰以宠异之。故百余年间，待诏、祗候，能手辈出，亦宣、政遗风也。顾李唐以下，如晋文公复国图、观潮图之类，托意规讽，不一而足，庶几合于古画史之遗，不得与一切应奉玩好等。予家古杭，每乐稽诸人名迹，考《梦粱录》《武林旧事》等书，姓氏存者寥寥，岂以其院画少之欤？暇日因据《图绘宝鉴》《画史会要》二书，得如干人，遍搜名贤吟咏题跋，与夫收藏赏鉴语，荟萃成帙，名曰《南宋院画录》。自愧家乏秘册，见闻狭陋，凡有阙略，幸好古君子之助我焉。[3]

《南宋院画录》问世后，颇受欢迎，形成了多种版本，2017年李方红从《南宋院画录》的具体内容和版本出发，考察其版本系统及其优劣，并指出内容中的若干讹误，以期为后续研究提供帮助，其论述颇完备。[4]他指出：“《南宋院画录》的版本状况相对清晰，现存版本有：1. 国家图书馆藏乾隆二十八年（1763）鲍廷博知不足斋抄本；2. 四库全书本；3. 浙江图书馆藏武林掌故丛编本；4. 上海博物馆藏清抄本；5. 中央美术学院藏清刊本；6. 中央民族大学藏清抄本；7. 光绪十年（1884）钱塘丁氏竹书堂刊本；8. 黄宾虹美术丛书本；9. 于安澜画史丛书本；10. 上海书店四库艺术丛书本；11. 世界书局艺术丛编本；12. 浙江人民美术出版社艺文丛刊本。”[5]

李方红将这些版本又大概分为五大独立的系统：

1. 鲍廷博知不足斋抄本，此抄本后有“乾隆癸未（1763）秋从樊榭山房稿本清出”的注语，且全本有鲍廷博的校勘批注。

2. 钱塘丁氏竹书堂刊本。通过比较可知这一版本与知不足斋本正文内容相同，但是鲍廷博的校勘批注内容却没有采纳，因此，可以把竹书堂版本看成是一个新系统。在这一系统下，产生了浙江图书馆藏武林掌故丛编本、中央美术学院藏清刊本和于安澜画史丛书本。

3. 四库全书本。四库馆臣在提要中并没有提及版本问题，考察其内容，当为一新版本。在这一版本系统下，产生了上海书店四库艺术丛书本。

4. 百尺楼抄本。此抄本现存上海博物馆与中央民族大学。

5. 汉南叶氏写本。黄宾虹美术丛书本与世界书局艺术丛编本采用此版本。

考察《南宋院画录》的五大版本信息，可知鲍廷博的知不足斋抄本为目前最佳，原因为：1. 此本为现存最早的抄本；2. 此本是鲍廷博“乾隆癸未（1763）秋从樊榭山房稿本清出”，又经过鲍廷博详细的校勘；3. 知不足斋的善本藏书与鲍廷博的专业精神。《南宋院画录》成书于清康熙末年，距四库全书成书年代不远，虽不知四库馆臣所精选底本，但从其撰写的提要中可以判断其考证精当，似有准确根据（图 1）。[6]

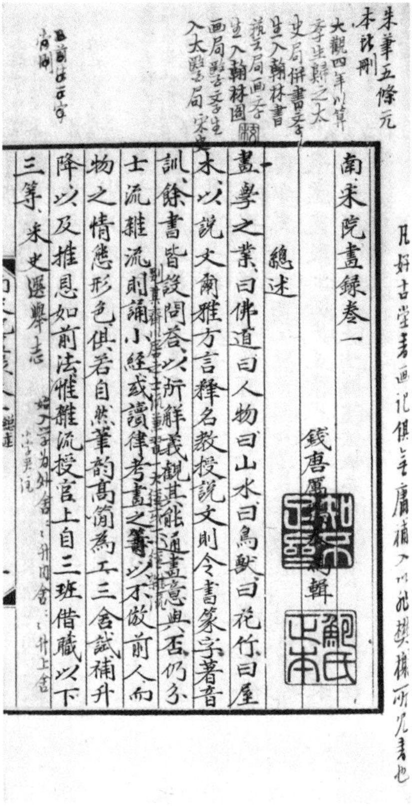
南宋院畫録卷一
總述　錢唐厲鶚輯
畫學之業，曰佛道，曰人物，曰山水，曰鳥獸，曰花竹，曰屋
木，以說文、爾雅、方言、釋名教授。說文則令書篆字，著音
訓，餘書皆設問荅，以所解義，觀其能通畫意與否，仍分
士流、雜流，則誦小經或讀律。考畫之等，以不倣前人而
物之情態形色俱若自然，筆韻高簡為工。三舍試補升
降以及推恩如前法，惟雜流授官止自三班借職以下
三等。宋史選舉志

图 1　《知不足斋抄校本南宋院画录》书影之一[7]

本书半页 10 行，每行 21 字，黑口，左右双边，字迹端正大方，批注清晰。2016 年中华书局旗下“古逸英华”以《知不足斋抄校本南宋院画录（外一种）》之名将国图所藏鲍抄本影印出版，并说明：“今所见最早版本为鲍廷博知不足斋抄本……是本系乾隆二十八年（1763）鲍氏由厉鹗手稿抄出，厉鹗引有不确者，鲍氏更广觅原书校过，以致批校满卷。今厉鹗原稿已不可见，此本价同稿本，且鲍氏批语对厉鹗原书补正良多，洵为是书第一善本。”[8] 中华书局影印本基本反映出原书面貌，但非常遗憾的是全本单色印刷，朱批墨批无从分辨，只能从墨色浓淡，去判断书写的时间差异。如果批校页可以全色印刷，则参考价值更高。

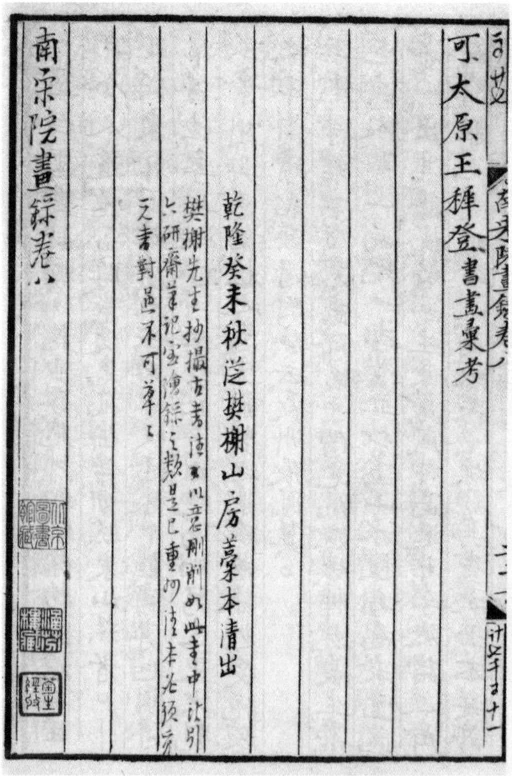
可太原王穉登書畫彙考
乾隆癸未秋從樊榭山房稾本清出
南宋院畫録卷八

图 2 《知不足斋抄校本南宋院画录》书影之二[9]

是书书末鲍廷博有跋文两段（图 2）：

1. 墨批：“乾隆癸未秋从樊榭山房稿本清出。”

2. 朱批：“樊榭先生抄撮古书，往往以意删削。如此书中所引《六研斋笔记》《宝绘录》之类，是已重抄清本，必须觅元书对过，不可草草。”[10]

从墨色可见两跋当书于不同时间，其一为抄录完成的时间记录，其二则是鲍廷博检校之后的心得，此评论对于《南宋院画录》的价值判断，指导意义甚大。

这里要举的例子就是厉鹗引用材料中《宝绘录》所带来的争议，人们一直疑惑，学养丰厚如厉鹗和鲍廷博为何会信任并使用《宝绘录》这样的伪书？

此问题学者郭建平有所研究，但其看法却有着深深的误解。[11] 由《南宋院画录》的著作背景他认为：“从学术史讲，画学研究一直处于边缘地位，一般文人做画学著作，缺乏专治此学的背景，而纯粹的画学领域的学者，一般欠缺精确考证及文献研究的功力；厉鹗也如是，其是典型的清代在野文人，以诗词兼及补遗史书名世，在小玲珑山馆多年，除了作《南宋院画录》外并未见有其他画学著作流传。”[12]《南宋院画录》成书于康熙六十年辛丑（1721），是年，厉鹗 30 岁，主要活动于杭州，和扬州马氏兄弟建立联系还要等到雍正二年前后，此时何来“在小玲珑山馆多年”之说？《南宋院画录》中厉鹗所引资料应当主要来自杭州瓶花斋和小山堂，此时他所观名画也确实尚少，《南宋院画录序》中说得清楚：“暇日因据《图绘宝鉴》《画史会要》二书，得如干人，遍搜名贤吟咏题跋，与夫收藏赏鉴语，荟萃成帙，名曰《南宋院画录》。自愧家乏秘册，见闻狭陋，凡有阙略，幸好古君子之助我焉。”[13]

郭建平还认为：“厉鹗虽有治学粗疏的毛病，但作为当世颇为知名的学者，《宝绘录》如此明显的谬误之处，以他的眼力是应该看出来的。

更何况，鲍廷博作为藏书家，对古籍真伪、版本优劣辨之尤清，说他们二人仅仅是不察该书的问题，是说不过去的。可奇怪的是，此二人却以大量引用《宝绘录》内容及刊刻《宝绘录》的形式助长了此谬书的流行，这中间的问题就颇值得玩味了。解读这种矛盾现象，当从他们生活的地域人文环境入手。《南宋院画录卷》的作者厉鹗为浙江杭州人，藏书家及作题跋者鲍廷博虽祖籍安徽歙县长塘，但后来长期居住浙江桐乡，彼此地域相近，交往颇多，生平活动范围皆不出江浙一带。而自明代开始，江浙一带经济的繁荣造就了规模化的书画市场，书画作伪行业已具一定规模，当时江南地域书画界名家几乎全部不可避免地卷入其中，形成一股很强的造假风气，明清时期藏书家及画学著书者也主要集中于江南地域，画学著书与书画作品及书画创作者有着紧密的关联，受时风影响，《宝绘录》二十卷的出版，极可能会有靠伪著录来销书画伪作的商业化的行销行为，'岂先流布其书，后乃以伪画出售，希得厚值耶'也许可以看作《宝绘录》创作目的之注脚。清代此风仍盛，而《宝绘录》所录之假画，很可能流通于江浙一带的书画家收藏家之中。由于厉鹗及鲍廷博等长期生活在江浙一带，与这一带文人、学人、书画家有广泛的交往，很难不受到到这股作伪风气的影响。”[14]

这段评述带有强烈的动机猜测。明清时期商品经济发达的江南地区书画作伪猖獗，确是实情，江浙文人圈内有一定的作伪风气也不必否认，但由此断定厉鹗著作《南宋院画录》和鲍廷博刊刻《宝绘录》就是服务于书画伪作的“商业化行销行为”，实在是厚诬古人。查《南宋院画录》鲍抄本中的鲍廷博本人两段批注，恰好说明了他刊印《宝绘录》的过程和看法变化。

此页中厉鹗引用了张泰阶所著《宝绘录》资料，鲍廷博有批注两段（图 3）：

1.“张泰阶《宝绘录》二十卷。刻于胜国末年，流传绝少，藏书家

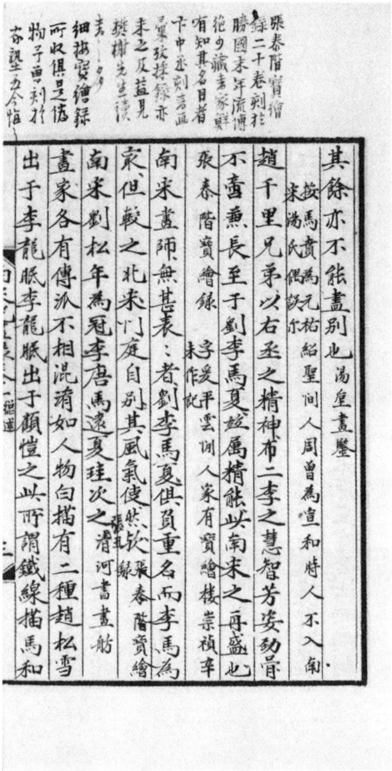
張泰階寶繪錄二十卷刻於勝國末年流傳絕少藏書家鮮有知其名目者卞中丞刻書畫彙考採錄亦未之及益見樊榭先生讀書之多
細讀寶繪錄所收俱是偽物予曾刻於家塾至今悔之

其餘亦不能畫別也 湯垕畫鑒
按馬賁為元祐紹聖間人周曾為宣和時人不入南宋湯氏偶誤耳
趙千里兄弟以右丞之精神布二李之慧智芳姿勁骨
不啻兼長至于劉李馬夏益屬精能此南宋之再盛也
張泰階寶繪錄 子愛平雲間人家有寶繪樓崇禎辛未作記
南宋畫師無甚表表者劉李馬夏俱負重名而李馬為
冢但較之北宋門庭自別其風氣使然歟 張泰階寶繪錄
南宋劉松年為冠李唐馬遠夏珪次之 張丑清河書畫舫
畫家各有傳派不相混淆如人物白描有二種趙松雪
出于李龍眠李龍眠出于顧愷之此所謂鐵線描馬和

图 3 《知不足斋抄校本南宋院画录》书影之三[15]

鲜有知其名目者。卞中丞刻《书画汇考》采录亦未之及，益见樊榭先生读书之多。”

2.“细读《宝绘录》所收俱是伪物，予曾刻于家塾，至今悔之。”

从墨色和内容看，两注显然又是间隔多日，先后书写，这反映了鲍廷博对《宝绘录》问题认识的认识过程和相对公允的见解。显然，《宝绘录》起初流传甚少，樊榭博览群书，有所发现，颇为其内容所吸引，但当时的判断力还不足以认识到此书的谬误。鲍廷博出于对樊榭先生的敬重和信任，在家塾刊刻此书，也是情理中事，但一段时间之后，他就明白“细读《宝绘录》所收俱是伪物”，非常后悔刻印此书。

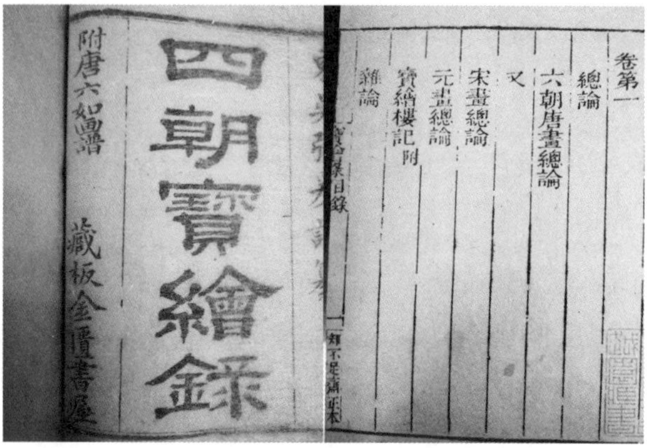

图 4　《宝绘录》之一　浙江图书馆藏

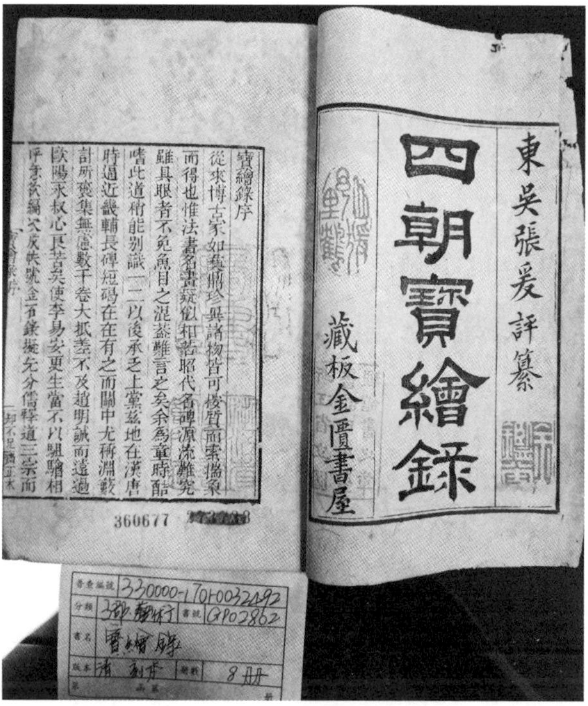

图 5　《宝绘录》之二　浙江图书馆藏

浙江图书馆孤山路古籍部现藏有知不足斋刻本《四朝宝绘录》两种（图4、图5）：一种16册，另一种8册。内容版式基本相同。16册本除明人张泰阶评纂《四朝宝绘录》二十卷，还附《袁中郎先生批评唐伯虎纪事》三卷。是书半页9行，每行20字，版心下方印有“知不足斋正本”，鲍廷博上面所说：“细读《宝绘录》所收俱是伪物，予曾刻于家塾，至今悔之。”当指此本。

浙图藏16册本每卷卷首基本都钤有“浙江图书馆藏”“越园”印，在第1册“宝绘录目录”下方则钤有一方“龙游余氏越园藏书”长方印，由此可知这套书是余绍宋先生旧藏，后捐赠给浙江省图书馆。翻阅全书，发现余先生批点非常少，这并不代表他没有意见，在《书画书录解题》中有其详阅自家藏书后的记述：“《宝绘录》，二十卷，金匮书屋刊本。明张泰阶撰。泰阶字爰平，上海人，万历己未进士。是编卷一为总论五篇，此为宝绘楼记，次为杂论。卷二至卷十八之半为卷册，以下为挂幅，所收止于元代。曰宝绘者，盖其家筑有斯楼以藏画，因以名书。然据序，则所录又不尽为其自藏，既未逐品记明，无由分别。大约自藏者居多，故入此类。至其内容，则《四库》所讥殊非苛论。前有自序。”[16]其后，余先生引用了《四库提要》和吴修《论画绝句注》中相关的评点内容：《四库》指出该书“……所列历代诸家跋语如出一手，亦复可疑也”，吴修则结合自己所见过的书中收录作品“……其诗跋乃一人所写，用松江粉黄笺居多”，由此完全同意《四库提要》的意见“疑其出于一手，未之信也”。余先生读书版本记录明晰，评论则言语客气，但用引述内容确定了《宝绘录》乃作伪之书，藏书中几乎不加批点，也就可以理解了。

《宝绘录》是伪书早有定论，张泰阶在中国书画鉴藏史上也因此而臭名昭著，使用《宝绘录》中的材料，当然会遭人质疑，比如厉鹗在《南宋院画录》著述中引用相关内容所遭到的批评。但在讥讽、贬斥与质疑之外，有艺术史学者也注意到了《宝绘录》所具有的独特价值，徐小虎指出："如果我们能以真正客观无私的学术态度来检验《宝绘录》，就可很快清楚看出它乃是反映17世纪收藏家理想的可靠文献，具有独特价值。就如'伟大的美国梦'反映20世纪中期的美国价值一样，《宝绘录》同样也反映17世纪中期社会某些人的收藏标准。"[17] 由此，"《宝绘录》真实记录17世纪早期的收藏理想，也反映当时的需求，其中的品味深受董其昌独尊南宗文人画主张所局限。严谨的中国艺术史学者不能忽略此书，或将其中任何优秀（熟练且高质量）的伪作弃如敝屣，大声斥责'这是伪作！'。相反，应该视此书为珍贵的时代见证，可以反映作者对古代大师画作的观点。"[18] 时代见证，确实是《宝绘录》的价值所在。

实际上，《南宋院画录》引用资料甚广，绝非《宝绘录》一种，李方红说："关于所引用的资料，厉鹗自序中所举有《梦粱录》《武林旧事》《图绘宝鉴》《画史会要》等书，加之'遍搜明贤吟咏、题跋，与夫收藏鉴赏语'，数量是十分可观的。黄宾虹所编"美术丛书"本附录有《南宋院画录》所引用书目，共计91种。今检索知不足斋抄本，《南宋院画录》所引用书目有214种。"[19] 因为引用《宝绘录》一书而全面否定厉鹗的艺术史著述，显然偏颇。《南宋院画录》当然有不少讹误，李方红总结至少有6种情况：著录原文有误；避讳现象；缺字状况；文字讹误；笔误现象；内容错误。但瑕不掩瑜，厉鹗毕竟做了一件填补空白的事情，"《南宋院画录》为我们了解南宋画院提供了基础性、系统性的数据，弥补了南宋画史重建中的史料空白。这亦是《南宋院画录》的艺术史价值。"[20]

现代中外艺术史学者试图重新建构南宋艺术史时，《南宋院画录》的重要性就凸显出来，例如海外学者在编制中国古代绘画工具书时，对厉鹗的《南宋院画录》就非常重视。1956年，瑞典学者喜龙仁主持编写的7卷本著作《中国绘画》[21] 出版，其引用的23种基本中国古籍和工具书中就有《南宋院画录》；1980年，高居翰主持编写的《中国古画索引》[22]一书出版，其引用的必备参考书《南宋院画录》亦在其中。

如果要说《南宋院画录》之所以有种种遗憾，笔者认为是成书过早，康熙六十年（1721），《南宋院画录》成书时厉鹗刚30岁，学养和艺术鉴赏功力仍然在积累之中，此前他能接触到的古代典籍和书画也仍然有限，尤其是“宋画”，寓目之作还不多。如前文所述，吴焯瓶花斋藏书和赵氏小山堂藏书应该是他此时能用到的最优质资源，但瓶花斋藏画并不突出，赵氏兄弟的书画收藏还在逐步完善中。樊榭自序中所说：“自愧家乏秘册，见闻狭陋，凡有阙略，幸好古君子之助我焉。”所述确为实情。若假以时日，待厉鹗畅游南北，尤其是客居扬州多年后，所见藏书和藏画更加丰富，此时全面修订《南宋院画录》后再版，该书的品质或许就大不相同了。

其实修订增补工作，厉鹗一直在做，并将材料附在了自己的存稿内，鲍廷博将这些工作体现在了知不足斋《南宋院画录》钞本中，以“马和之”条目为例，厉鹗在附记内就提到乾隆八年（1743）三月十四日，过周京斋，赏马和之小景事，其附记云：“乾隆八年三月十四日，过吾友周少穆欣托书斋，出观马和之小幅，上有杨妹子题即雨洗东坡一诗也，字画秀逸。款云：‘杨妹子。’下有双龙小圆印，‘和之’二小字在下方。即四景之一也。少穆云得于松江。厉鹗记。”[23]

鲍廷博还收入了乾隆十二年丁卯（1747）正月二十二日，厉鹗所作《马和之小景跋》，其文曰：

右马和之小景，上有杨妹子题“雨洗东坡月色新”绝句一首，盖苏文忠公作也。予友周君穆门得于云间，出以见示。用笔清逸，杨妹子小楷秀媚中饶劲致，其为真迹无疑。尝记沈润卿《吏隐录》载马和之小景四幅，杨妹子各题一绝句云：“人道中秋明月好，欲邀同赏意如何？华阳洞里秋坛上，今夜秋光此处多。”“石楠叶落小池清，独下平桥弄扇行。蔽日绿萌无觅处，‘不如归去’两三声。”“清献先生无一钱，故应琴鹤是家传。谁知默鼓无言曲，时向珠宫舞幻仙？”其四即此幅也。又张泰阶《宝绘录》载黄子久跋马和之画卷云：“陈维寅持《秋林曳杖》小幅来。”景色正与此同，是此幅曾为船场陈氏所藏，为吴中旧物，流传有自，尤可宝也。马为钱唐人，绍兴中登第，官工部侍郎。杨为宁宗杨后之妹，鉴古者所共知，不多缀云。乾隆丁卯正月二十二日，钱唐厉鹗跋。[24]

厉鹗和鲍廷博的这些努力，研究者不可不察。

（二）《玉台书史》

《玉台书史》是由厉鹗所著的一部女性书法家资料汇编，余绍宋《书画书录解题》介绍：“是书辑历代妇女之能书者为一编，各具一传，有画迹者附之并录及题跋，各注所处无一字无来历。内分宫闱、女仙、名媛、姬侍、名妓、灵异、杂录七门，宫闱得四十九人，女仙得七人，附尼一人，名媛得一百四人，姬侍得十二人，名妓得三十三人，灵异得二人，杂录三人。颇为赅备，惟前后无序跋，又未分卷，疑为未定之稿，或太鸿将有所撰著而此为其长编邪？”[25]《玉台书史》在樊榭生前虽未出版，但其编撰体现出了厉鹗对中国古代女性艺术家的重视，其体例更直接影响了后人汤漱玉编著女性画家专著《玉台画史》，其产生的背景和艺术史的意义可谓相当重要。

为什么是厉鹗？事实上，在厉鹗的诗词创作中女性题材是较为突出的，据方盛良统计，在樊榭词中涉笔女性的有二十来首，占词作总量百分之十左右，而这当中以画中女性为题材的就有 7 首，成为其题画词的重要方面。[26]由此可见，厉鹗编著女性艺术家专史，并不意外。2010 年，马雅贞在《从〈玉台书史〉到〈玉台画史〉：女性艺术家传记的独立成书与浙西的艺文传承》一文中充分肯定了厉鹗著述此书的价值："长期依附在僧道之后的女性艺术家传记，到了清中叶赫然在浙西开始独立编撰成史，包括首开其风的《玉台书史》，和百年后踵其步的《玉台画史》等。两书可以说是最早汇集历代善书画女性传记的专史，当代学者论及中国女性艺术史的研究莫不溯及此二书。"他进一步探询："是什么样的文化脉络使得这些女性艺术家史得以独立成书？为什么清代中期相距百年的浙西文士对女性书画家如此有兴趣？"由此他从"浙西独特的艺文传统，包括浙西的书史论述与地方书籍和艺术收藏，来厘清女性艺术史独立成书的缘由与意义。首先，晚明嘉兴女艺术家和收藏界对于女性书话的兴趣，奠立了日后女性艺术家传记得以在浙西独立成史的重要基础。第二，不论清前期杭州文士检录女书家资料，或是清后期浙西重新兴起将女书画家传记独立成书的风潮，其实都和地方认同不可分割。浙西独特的艺文传承与女性艺术史独立成书，共同交织成清代中叶别树一帜的文化现象，是关注女性艺术史与清代文化史不可忽视的课题。"[27]

2013 年，海峡两岸各有一篇硕士论文对《玉台书史》进行了专门研究：台南大学国文系黄千惠《玉台书史女书家研究》，吉林大学颜晓《〈玉台书史〉校补》。二位研究者对厉鹗的著述过程，出版情况和文本内容等做了较为全面的考证，双方的研究既有相似之处又各有侧重。

黄千惠以厉鹗《玉台书史》及其中的女书家为两大探究主轴，首先对《玉台书史》作综述，简介作者厉鹗，考察此书的编纂情形，了解其中女书家的内涵；其次介绍《玉台书史》中除"女仙"以外的女性书家文艺才华；其三，探究厉鹗于《玉台书史》中纳入"女仙类"的原因，阐述书中对女仙书家的记载。黄千惠之文，体例清晰，考据扎实，很好地利用了既有的研究成果，特别值得提出的是，作者既重视史料考据，亦强调对相关作品的研究和引用，在文中一共引用了 32 件公私收藏的书画作品，尤其是其中 7 件现存的《玉台书史》中记载的女书家传世作品，尤为珍贵。[28]

黄千惠研究的结论是：

一、《玉台书史》为第一本全书俱记载女书家的专史；其著述影响后世书画室编纂，如汤漱玉《玉台画史》、徐氏《续玉台书史》、郑逸梅《玉台书史补编》等等；《玉台书史》是未定稿，字数约 7000 字，内容九成为征引他书，优点是较客观，利于他人参阅，缺点是缺乏厉鹗本人见解。

二、《玉台书史》提升文化艺术水准，证明书法史非男性书家专美于前，惟女书家隐于各史籍记载中；针对女书家相关文献资料散落于史籍的特点，宜建立女性书家系统性的专书和针对性的研究。

颜晓研究的侧重点在于《玉台书史》的版本和文本考据。他首先肯定《玉台书史》的价值在于所收资料广博，不少此前不流于世的女书家得以荣登书坛，后人称其书名。古代女性善书之事记载较少，作品流传更是罕见，这种极其详备的资料收集，给后人研究古代女性善书之事提供了很好的史料借鉴。其次，梳理《玉台书史》现在所能见到的版本，有刘晚荣《藏修堂丛书》本、顾沅辑的《赐砚堂本》、杨复吉《昭代丛书》本，《续修四库全书》收录的就是《昭代丛书》本。由于《玉台书史》是清代人所著，上述三种丛书亦同一朝代人刊刻，体例上各版本几乎没有差异。其三，指出《玉台书史》的缺点主要表现在内容安排上汉魏六朝书家史料过于简洁，唐以后书家史料又相对繁琐，另外史料的征引上也存在不少问题，致使后来的引用以讹传讹，以至于今。

颜晓的论文分为上下两篇，上篇为厉鹗生平、著述，下篇为原文及其校补，包括对原文的断句，与原书一致分别对宫闱、女仙、名媛、姬侍、名妓、灵异、杂录七个部分进行校正。以《续修四库全书》本为底本，通过版本间的对比，参照历代典籍对女性书家的记载与评述，当代人对书家的考证，并结合现存书家作品及后世出土的碑刻拓片对所及书家逐一考证，意在对古代女性善书者有更深入的了解。

总之，《玉台书史》虽然有种种缺陷，但开女性艺术史写作风气之先，反映浙西学派之学术脉络，在艺术史学侧重性别研究的今天，其重要意义应当还会不断得到强调。

二、厉鹗笔记类著作中的艺术史料及影响，以《东城杂记》《辽史拾遗》《增修云林寺志》为例

（一）《东城杂记》

厉鹗出生并常年生活于杭州东城，《东城杂记》就是他三十多岁时写作的

两卷记述杭州东城各朝掌故及人文地理的笔记体著作，其序曰：

杭城东曰东园，地饶水竹蔬蓏，翛然清远，先君子因家焉。小子生于是，居已三十余年，凡五迁，未尝离斯地也。每欲考里中旧闻遗事，而志乘所述，寥寥无几。邻翁野叟，拙朴无可与语者。因从故籍参稽，每有所得，辄掌录之。又于交朋质问，复得一二，虽见闻陋隘，或遇嘉客见临，聊举为茗碗间谈资尔。或曰：古杭事綦繁，何不推广成书，而区区方隅为？笑应之曰：姑有待。

雍正六年春三月十有二日，樊榭山民厉鹗书于野人舟。

《东城杂记》书虽小而精当，问世后传抄于友朋之间，很受欢迎。王霖指出，厉鹗序虽落款于雍正六年（1728），但当时形成的应该只是初稿，生前应当不断有修改补缀之举，非常用心。嘉庆庚辰（1820），汪远孙从家藏的厉鹗手稿中检出此书，稍加厘定后，校勘付梓，从

此《东城杂记》告别了仅有几个不全钞本流传的时代，开始以一个更完整也更精当的刻本形式广为传播。[29]关于《东城杂记》的艺术史价值，王霖已有两文论述颇为深入，分别是《〈东城杂记〉中的美术史料》和《贯休〈十六罗汉图〉考——以杭州西湖圣因寺藏本为线索》。[30]

《〈东城杂记〉中的美术史料》一文，王霖先厘清了《东城杂记》创作和出版的情况，然后引用相关史料，从“长明寺”条出发讨论了李麟及“祖堂百像”问题，由“城曲茅堂”条出发讨论蓝瑛“城曲茅堂”和“自徐轩”画壁等问题。文尾特别指出：“《东城杂记》一书涉及画史的条目还有不少，如《宋画院》《痴绝生》《项子京〈芝旸图〉》《戴文进画迹》《叶居仲》《钟馗图》《芝兰室图》等，或摘引旧籍，或考证故实，作为美术史料，自不可废。而《富景园》《高云阁》《莫氏古泉记》和《恽寿平诗》诸条，则对重新考察清初画家恽南田的‘东园’别号及其在杭的交游情况很有帮助。《贯休十六罗汉始末》一条，更为西湖圣因寺藏本十六罗汉图的研究提供了关键的材料。”[31]

《贯休〈十六罗汉图〉考——以杭州西湖圣因寺藏本为线索》认为《东城杂记》所载“贯休十六罗汉始末”条，虽然简略，但却“提供了圣因寺本贯休《十六罗汉图》（图6）的另一种流传可能，从兹索隐，让我们仿佛窥见了这个传本如何由宫廷流入寺院，再由寺院流向民间，继之复由民间舍奉寺院并在寺院之间转移的曲折的递藏经历！而这一经历又和明末高僧真可有着难解难分的因缘！”[32]

以下本文将《东城杂记》中艺术史相关史料整理列举如下。

1. 旧址考证，《富景园》及《宋画院》条。

富景园，即南宋御园“东园”，樊榭旁征博引，叙述其来历甚为翔实：

图6　圣因寺石刻《贯休十六罗汉图》旧影
（Ernst Boerschmann 摄于 1906—1909 年间）[33]

武林城东曰东园者，宋御园也。至淮张氏展城后，迤东十里许，民居甚鲜，多为池塘畦棱，因槩以东园名。乡先辈或云宋东苑，似未得其详。按《宋史·孝宗纪》："乾道七年秋九月甲午，从太上皇帝、太上皇后幸东园。"《光宗纪》："绍熙五年夏四月，寿圣皇帝幸东园。"叶绍翁《四朝闻见录》："孝宗内禅光皇，实宪圣所命，孝宗遂得日奉长乐，极天下之养。北宫去东园最近，旬浃间即请宪圣临幸。属芙蓉临池秀发，遂白宪圣，请登龙舟，撤去阑幕，卧看尤佳。宪圣欣然从之。"潜说友《咸淳临安志》："富景园在新门之东，孝宗奉宪圣太后，尝请游幸。又重于数戒有司，故营是园以迩北宫，规置略仿湖山。"今亦湮废，悉隶慈元殿，岁收花果之入焉。吴自牧《梦粱录》："城东新门外东御园，即富景园。”四水潜夫《武林旧事》：“富景园，新门外，俗呼东花园。”灌圃耐得翁《都城纪胜》：“城东新开门外东御园，今名富景园。”王士点《禁篇》：“园有集芳、庆乐、聚景、玉津、玉壶、富景、翠芳。并在杭。”以上诸书，班班可考。所云“新门”，明代名“永昌”。本朝以其同闯贼伪年号，改曰“望江”，俗称“草桥门”。内地里人，尚呼园前街者是已。郎瑛《七修类稿》云：“东花园，宋之富景园也。内有百花池，今园前民家，尚存大池，相传旧矣。”《临安志》又云：“升仙桥，富景园前；南新草桥，富景园东。”今望江门内，护国禅院前有小桥，不通舟楫，俗呼为“登仙桥”，即“升仙桥”也。近山阴许右文尚质《寓杭杂咏》云：“富景园开曲巷东，风光直与玉津同。百花池上频移艇，闲杀江南垂钓翁。”述古可谓详核矣。又平湖沈遐庵修龄有《经富春园故址》调寄《摸鱼儿》词云：“过城东、版儿巷口，斜阳催送残景。空园乔木无情物，不带昭阳鸦影。还记省，奈回首、花天月地和烟瞑。鹃声啼尽。问浅碧荒池，淡黄疏柳，闲话不堪听。　铜驼里，谁惜枝枝红杏。升仙桥外留映。繁华已作浮云散，几度春风消领。阑曲凭。数检校、垂旒弹指三生顷。昆明劫冷。看汉苑萤飞，苏台鹿走，唤起梦鸥醒。”予亦有《过富景园故址》调寄《台城路》词云：“生年落拓东城下，溪云素，心都负。迹似潜夫，身如灌圃，只记南朝衰柳。墙根井口，抱一片晴沙，眼波微溜。纵不言愁，露桃愁到不言后。　探春那回行偏，冷饧犹未卖，人尚中酒。藏谜花楼，戏婴水馆，别有凭阑红袖。新烟信否。过几度酸风，翠梢眉斗。竚立谁知，瞑鸦飞去久。[34]

《宋画院》条，记《妮古录》中所述的“宋画院故址”：

陈仲醇继儒《妮古录》云：“武林地有号园前街者，宋画院故址也。”[35]

结合“富景园”条目中：“……‘新门’，明代名‘永昌’。本朝以其同闯贼伪年号，改曰‘望江’，俗称‘草桥门’。内地里人，尚呼园前街者是已。”陈继儒所认为的南宋画院位置，即东御园所在。这个说法为王伯敏所沿用，他认为：“画院设立于今杭州的望江门内。此地旧时称园前，南宋时为城东新门外的富景园。”[36]

但要注意的是，厉鹗在《富景园》条目中虽考证甚详，但引用记载中并无任何“画院”的蛛丝马迹，其《过富景园故址》调寄《台城路》词，发思古之情，也只是感慨御园的沧桑，并未表达对画院传统的缅怀。因此，厉鹗对陈继儒记录的态度究竟是否认可，颇耐人寻味。彭慧萍在对南宋画院院址的考证中，认为南宋史籍、地图中均无画院踪影，自万历，清代以迄晚近，画史著录衍生出了“中瓦子”“富景园”“万松岭”三处院址，但考证之下，均不可靠，基本否定了这一说法。[37]

2. 记画家事迹的条目，有《痴绝生》《戴文进画迹》《城曲茂堂》和《自馀轩》等，与恽寿平相关条目另列。

《痴绝生》，此条记元代人物画家王绎及其唯一存世作品，颇详实准确。

陶南村宗仪《辍耕录》：“王思善绎自号痴绝生，其先睦人，居杭之新门。笃志好学，雅有才思，至正乙酉间，檇李叶居仲，寓思善之东里教授，余从永嘉李五峰先生孝光访之。时思善在诸生中年方十二三，已能丹青，亦解写真，先生即俾作一圆光小像，面部仅大如钱，而宛然无毫发异。先生喜，作文以华之。尔后馀托交于其尊人日华晔，遂与思善为忘年交。思善继得吴中顾思道逵绪言开发，益造精微，故于小像特妙，非惟貌人之形，兼得人之神气云。”郁逢庆《续书画题跋记》有《杨

图7　（元）王绎、倪瓒　杨竹西小像（卷）　纸本水墨　北京故宫博物院藏

竹西高士谦小像》（图7），严陵王绎写，勾吴倪瓒作松石，遂昌郑元佑、抱遗叟杨维桢、西涧居士苏大年、扶风马琬、勾吴高淳、东海散民钱鼒、席帽山人王逢、虚白道人茅毅各为赞。思善之笔流传于世者，殊不多见也。[38]

《戴文进画迹》，此文内容基本上是画史中常见的戴进传奇，但“今东城华藏、潮鸣二寺挂轴尚有存者”以及“文进墓在西湖横春桥”，这些都是厉鹗亲自过眼或访问所得，是更加扎实可靠的材料。

明宣庙召戴文进入京，为画院谢廷循所忌，逃归杭隐于诸寺，为作佛教诸像。今东城华藏、潮鸣二寺挂轴尚有存者。杭人相传，文进初为银工，所造钗朵种种，花鸟人物精巧绝伦，思以是传于后，后见销银者，即已手制也。悔而学画，遂有名。女亦工画，文进墓在西湖横春桥。[39]

《城曲茅堂》，此条记蓝瑛生平，言简意赅，此处又见龚翔麟诗文。

蓝瑛，字田叔，杭人，善画山水，知名于时。家东城，自号东皋蝶叟，又号东郭老农。榜所居曰：城曲茅堂。子深，字谢青，为诸生，亦以画名。龚蘅圃翔麟《城曲茅堂感旧诗》云：“他年文酒地，腹痛此停轩。病叶黄堆径，寒流绿映门。斯人不可作，茅屋至今存。但有空梁燕，諵諵对客喧。”[40]

《自馀轩》条，引《自馀轩说略》记蓝瑛在素垣上“绘奇石数峰”事。

遂安毛鹤舫际可《自馀轩说略》云：“自馀轩者，予友钱君章玉，颜其室后之东偏，以为燕闲偃息之区者也。武林地当孔道，民居相属，鳞次栉比，虽达官右族，曾不得咫尺园林，可以游目而憩足。惟兹轩，僻居城之东隅，风土闲静。清池周四五里，襟带其侧，每烟月沦涟，渺焉无际，如寄迹镜湖震泽间，几忘此身之在城市。位置亭台一二，绝无排比雕饰，旷然如其胸次。旁列素垣，画史蓝田叔，绘奇石数峰，嵚崎历落。其下间植修篁，左右相为掩映。予短于目，望之以为真。几欲下拜，就视之，乃知其墨戏也。因借憩轩中，数月不能去。钱章玉名士璋，号赤霞山人。”[41]

3.《高云阁》《恽寿平诗》及《莫氏古泉记》。

《高云阁》条涉及两位人物的交游往事，杭州高云阁主人莫云卿和与之友善的恽寿平，这些记载对考察恽寿平在杭的行迹，帮助很大，《城东杂记》另有《恽寿平诗》一则。关于莫云卿，《东城杂记》中则还有《莫氏古泉记》一条。

《高云阁》条中所记厉鹗好友陈撰收藏的恽寿平手札两件，极为珍贵：

明云间莫云卿是龙，有闻于时；近吾杭莫云卿如鍄，亦以文雅好事，为名流所重。毛稚黄赠诗所谓“昔字云卿”者，君其伯仲间是也。家东园，有高云阁，疏泉列树，颇极清旷。毗陵恽寿平格，与之友善，游杭必寓阁上，多有题咏，句如“露蔓平窥石，烟蓠半浸池”“薜荔愁中鬼，桃花劫外身”“旧雨青毡在，新愁白发知”“无山多怨鹤，得树亦栖鸾”。一时园林高致，宾主交情，令人想见。余友陈玉几撰，藏寿平在杭日手札二，《与毛稚黄》云：“从东园缘柳塘行三四里，逢桥五六，过城北茅子鸿新居。时刍牧駈马驼，蹀躞奔驿，吹角之声相闻。暝矣，不取故道，从市中肩摩而趋，抵高云阁中，新月已挂高柳之半，露虫大作吟声。此时意君已就卧，或尚立檐下，哦秋风，得奇语，正思恽子来叫绝。然兴倦后，不能再穿深巷，呼君同上新桥看月也。”《与王丹麓》云：“五月廿三日，期又竞、稚黄、东琪、虎男次日访北墅王丹麓。会大风雨，诸子不果来，因思客岁丹麓从冰雪中访我东园，我辈今日盘桓，不及王郎远矣。口吟自嘲，并题扇寄北墅：密雨千门正未开，无人同破北山苔。云边怅望回舟客，曾比王郎踏雪来。”寿平又尝自号“东园客”。[42]

《恽寿平诗》，上条中记录了恽寿平的一些诗句，此条又补一首，厉鹗读之赞叹不已：

恽寿平寓杭日，有《在东园柬毛稚黄诗》云：“海棠茫茫春霰断，柳丝绿遍寒江岸。细网幽窗竹烟乱，山桃海棠落将半。鸟声过残雨，兰风细吹案。我思在空谷，我梦属云汉。珩璧只独照，锦衾空宵烂。飞花蒙蒙还坐叹，江郎操笔不在腕。石泉水芹泛溪馆，柳下无人待谁锻。”风致俊逸，可以夺昌谷、玉溪之席矣。[43]

《莫氏古泉记》，前述《高云阁》条中对主人莫云卿一提而过，这里就细细记其古泉收藏：

高云阁主人莫云卿，为人任侠好读书，多藏古器旧物。康熙辛亥暮春，张祖望纲孙过之，出观古钱百余，作《莫氏古泉记》。今撮其略于此曰：秦半两钱、大径寸三分，其文八分书曰“半两”。重十二铢，或八铢。制自秦始皇帝。汉厌胜钱、长五寸七分，阔一寸八。螭龙蟠折其上下，如圭。有六小孔，其体方两面隐起粟文，重三两半。制自汉武帝。新莽刀钱、有柄似刀，以黄金错，其文隶书曰“一刀”，直五千。制自新莽居摄。货布钱、长二寸五分，广一寸，首长八分有奇。上有孔，中有直文，其下枝足。文篆书曰“货布”。重二十五铢，制自新莽天凤。大黄布刀、长二寸三分，色赤。首有孔，下枝足。文篆书曰“大黄布刀”，制亦新室，莽尝自称黄虞之后。汉错刀、长柄似刀柄，有环如圈，刀文亦有圈。或云“汉错刀”。吴大泉五百钱、大径寸八分，文篆书曰“大泉五百”，重十二铢，制自孙吴。大泉当千钱、大径寸五分。文篆书曰“大泉当千”。重十二铢，制亦孙氏。宋鹅眼钱、形如鹅眼，文隶书曰“小泉直百”。制自宋废帝。大货六铢钱、大径寸，文篆书曰“大货六铢”六之一字，文如叉腰。其重十当五铢之一。制有周郭，或曰陈隋时行。北魏太和五铢钱、大径八分，文篆书曰“太和五铢”。永安五铢钱、大径八分，篆文曰“永安五铢”，制亦北魏。又有异文者，曰大布五百、背左右有七星剑文，上下龟蛇形。万国钱、面作水波纹，上一字类梵书，三字篆书。背文有星官、月兔、云鹤、龟形。明月钱、外无轮郭，篆书曰“明月”。藕心钱、形四方，长二寸。面阔三分，四棱如藕心，首形如秤锤，鼻有孔。飞马钱、背有一马。赵特骑勒、其背有人执枪骑马形。大泉五十、背有齐寿二字，上下有龟鹤形。左右俞仑、背有飞马形。上下绝影、背有立马形。阡万钱背无文。面无文者二。其一，左右瓶剑形，背有日月龟鹤形；其一，上下有七星龟蛇形。又有天下和平、世高通宝、天盛元宝、汉元通宝、光顺通宝、金世圆宝、洪德通宝、洪顺通宝、画隆元宝、延宁通宝、庆长通宝、宽永通宝、宋元通宝、皇宋通宝、大宋元宝、朝鲜通宝。右钱十六，皆楷书，未及考。又唐开元、至元、至正，凡四十有一钱。俱正品，不具录。外此永通泉宝、南唐李氏钱。大唐通宝、唐国通宝、南唐元宗钱。乾元重宝、南汉刘龚钱。光天元宝、前蜀王建钱。乾德元宝、前蜀王衍钱。大世通宝、隋贼刘迦论钱。天庆元宝、契丹主天祚钱。顺天元宝、唐贼史思明，销洛阳铜佛铸钱。龙凤通宝、元末小明王韩林儿钱。乾封元宝、唐高宗、五代湖南马殷同有此号。唐制小，马氏制大。今式小，唐钱也。大安元宝、晋惠帝、夏元昊子秉常、辽道宗查剌、金主允济，同有此号。大宝通宝、梁简文帝、南汉刘鋹、海外日本、同有此号。皇建元宝。北齐主高演，西夏主安全，同有此号。[44]

4. 记传世书画条目，《锺绍京书》《芝兰室图》《项子京芝旸图》《钟馗图》《叶居仲》《碧凤堂》。

《锺绍京书》，此件后有倪瓒跋尾。

锺绍京书《五帝六甲经》，后有倪云林跋尾，明时藏徐茂吴斋中。近阅沈景倩德符《野获编》云：“本高瑞南家物，后归徐司李，近闻为徽人厚募篡去。直是许高阳女卖嫁蛮酋，不止昭君和戎已也。”[45]

《芝兰室图》条，王蒙为净慈寺高僧古林昌公写《芝兰室图》并作记，俞和为之书，一时题咏者颇众，厉鹗此文将图后题咏详加记录。传世王蒙《芝兰室图》现存有三本，台北“故宫”本、巴黎本和保利本。俞和行书《芝兰室图记》有两本，旅博本和台北“故宫”本。[46] 厉鹗所记，对研究此画题记大有帮助。[47] 当然，樊榭是否亲自过眼此画，并无确证。

元时钱唐高僧古林昌公，幼祝发于宝石山，戒律精严，智慧明了，曾分净慈之半席。晚年筑室于城东偏，移植紫藟，列树兰荪，倚槛则清心濯目，凭轩则衣芳佩馨，于是王叔明蒙为《芝兰室图》并作记，俞和子中为之书，一时题咏者颇众。蒲庵来复云：“不著维摩狮子床，芝兰为友产清香。商巘采到连茎瑞，楚畹移来奕叶光。春雨苾蒭还并秀，晓风檐卜每同芳。也知臭味通元化，物我冥观与世忘。”临川危太朴素云：“筑室古城曲，树此兰与芝。异芳间奇石，宛有山林姿。芝兰日长茂，离披满前墀。绿叶泫朝露，五色含晴晖。道人方燕坐，境寂神不驰。色香了无取，眼鼻忽若遗。嗟予老京洛，无地结茅茨。浩歌望江水，白云有余思。”南屏山人释夷简云：“不以芝疗饥，岂用兰为佩。芝秀兰自馨，植此一室内。道人结习尽，与物了无碍。白昼敞禅扉，群峰远相对。”始丰徐大章一夔云：“草中惟有芝兰好，不数宜男指佞贤。近喜亦从萧寺种，谁云独许谢庭专。寻常道气留君子，窈窕风姿媚佛天。何用旃檀林下住，只将潇洒度年年。”白云峰释如兰云：“芝兰百本绕阶墀，晔晔琼英间玉蕤。楚畹风光摇绿叶，汉宫春雨长铜池。香飘衣袂堪纫佩，味入斋厨足疗饥。谢氏芳华归宝石，封胡羯末宛同时。”钱唐白以中范《杭州府志》：“白范字以中，号西塘钱塘人。”《御选明诗》《姓名爵里考》，朱彝尊《明诗综》俱云山阴人。云：“禅扃闭幽寂，石室生清芬。奇葩杂芳树，蔼然祇园春。如何寻丈间，迥与人寰分。声闻已知妄，色相元非真。愿以甘露枝，净洒浊世尘。馀芳倘可即，相从问正因。”京兆宇文子贞公谅云：“紫芝采为食，幽兰纫作佩。聊复助熏修，庶几堪傲世。一室静生香，诸尘自融会。蒲团禅燕馀，经卷了空外。嗒然吾我忘，谁云有三际。”金华宋仲珩璲云：“隐居结莲社，地僻无人声。瑶草穿阶绿，幽兰入梦清。吟诗怜楚泽，分坐忆南屏。色映千华偈，香同九畹英。何当风月下，相对说无生。”此图向曾录入汪玉水砢玉《珊瑚网》中。[48]

《项子京芝畅图》，厉鹗好友赵昱藏画，为清泰门沈氏故物。

余友赵谷林，家藏项子京《芝畅图》一轴。山作小斧劈皴，崖上古松数株，墨桃花一树；崖下芝一本，流水潺湲。一高士默坐相对。款云：

"《芝旸图》，山人项元汴为武林沈君写。"下有"墨林山人"印。左方跋云："汴与樟亭芝旸贤乔梓，道义相洽，意气同调，歷交世好。凡其遨游燕楚，经必过晤，把臂博古，逍遥世上。今此偕老，人各守处，仆自向罹家难，受制暴党，甚矣吾衰。世故灰灭，闭门待期，遐弃素交，曷胜兴慨。方在戊子秋，七月既望，儿曹赴省告校，重蒙尊君推恩，访惠兼致，不遗故情，复辱长公寄贻龙井小春茗。合想同臭，犬马垂尽之年，忽得宿好远将之美，铭佩殊深。不惮耄昏，拭眵勉力，走笔是楮。拟作三生，后对来因。拙技穷斯，幸先一晒。墨林子项元汴题。"下有"墨林""项元汴"二印。盖清泰门沈氏故物也。[49]

《钟馗图》，观文中所记，至少是元代的作品，"诗画奇绝"，不知出于哪位"旧人"之笔？

郑虚原家藏《钟馗图》，为旧人笔，至正甲辰春，以赠海虞曹立。立跋云："先君昔游钱塘，观此卷于郑虚原翁处，叹其瑰怪幽眇，曲尽鬼物之情状。郑君欲以相遗，先君亦不之请也。后先君殁六年，立至杭，谒郑君于栖遁之室。情意款洽。抚问存殁。不胜恻怆，因出此卷归之。且曰：'而翁之夙好也。'吁！郑君护持此卷于兵火艰棘之中，以先君有属爱之心，不以畀人而有所待，一旦识余为故人之子，卒能授之，其亦庶几延陵氏脱剑之意乎？卷中题者四人，冯海粟子振诗云：'老馗兀与二鬼肩，一鬼勃窣袋影悬。一鬼负剑帽带旃，一鬼顶颇双角骈。老馗之妇舆蹁跹，其荷舆者鬼婢虔。猫抱掌握鬼妾妍，提其奁具风袂玄。携枕而从服饰鲜，鼠蝎黏缀裤亦然。擎担最缓行李便，鬼之婴孺盛穿联。囊包橐裹琴能仙，瓠壶穹挂吁可怜。揭竿之魅愁攀缘，最后瓮鬼束缚椽。尸而行者犹能前，肌肉消尽骨骼缠。物怪种种来无边，神禹铸鼎今几年。罔两在此犹翩翩，吁嗟吁嗟问老天。'不惟诗画奇绝，而郑君之友道有足取焉。”[50]

《叶居仲》，此条中收元人叶广居题画诗3首：《题范宽烟岚秋晚图》《题崔君谊友竹轩图》《题宋徽宗墨竹》。另有书扇诗1首：《书李博士扇》。

元叶广居字居仲，至正乙酉间，尝居杭新门之东里教授，见《辍耕录》。及阅魏文靖公骥《自得斋集序》，知其先居杭而后迁嘉禾也。序云：“《自得斋诗文集》者，钱唐叶盛维新，集其祖元江浙儒学提举公之所著也。惟叶初为括苍之松阳人，以维新之十六世祖银青府君，居元佑党籍，持节涛江，遂为杭人，后迁嘉禾。其子孙青紫蝉联，儒术相业，在宋盛时，人罕与俪。公生于其族，实宋吏部尚书、赠开府仪同三司、南阳郡公、谥文康时之六世孙。夷考文康以积学从政，正色立朝，若居台阁，而击韩侂胄之奸，任侍从，而定建储之策。述《礼经会元》，以明周公建邦立极，敦礼崇乐之要。其文学政事，诚表表伟伟于当时者也。公承其家学，于书无所不读，其所长者《春秋》，与时之名士曲江惟善钱公、严陵道原鲁公暨廉夫杨公，皆以是经名重浙水东西。若公之诗文，尤舂容浩瀚，其理致体裁，究其所至，殆近古之作者。惜乎历年滋久，故散佚不传者多，今维新所集，盖不过千百而什一也。公名广居，字居仲，别号自得，故集以‘自得’名云。”今集已失传，仅辑其诗六首，以备东里文献云尔。《题范宽烟岚秋晚图》云：“范宽作画绝代无，岩壑交错青珊瑚。玉堂仙人妙题品，子昂。十载见题如见图。乱后图书尽狼籍，奇珍委地无人识。萧条锦褾世间稀，拂拭墨痕三叹息。”《题崔君谊友竹轩图》云：“孔方绝交亦已久，忘形三径相追攀。高轩时过翠羽盖，美人或赠青琅玕。清风慎截鸣凤管，沧海勿垂钓鳌竿。一朝群材尽登用，空山无人同岁寒。”《寄杨廉夫二首》云：“江树春如绮，湖山带暖烟。

兴来犹早起，愁绝不成眠。赊酒过三月，无家又一年。故园归去好，猿鸟亦欣然。”“闻道西湖载酒还，飞琼弱翠拥归鞍。可无私梦登金马，剩有新声到玉銮。异国顿消乡井念，小堂新作画图看。野人未纳彭宣履，独向清溪把钓竿。”《题西泠桥隐居》云：“瘿木裁冠鹤氅轻，十年尘土厌飘零。小山旧隐云封户，大药新成月满庭。丹井夜交龙虎气，碧霄春蹑凤凰翎。西风客舍炎歊净，拟读琴心内景经。”《西湖竹枝》云：“水长西湖一尺过，湖头狂客奈愁何。鲤鱼吹浪杨花落，听得橹声归思多。”

又

前录叶居仲诗，近借得明杭前辈、徐伯龄延之号箨冠者所著《蟫精隽》于四明范氏之天一阁中，载叶龙溪诗云：“龙溪叶广居，字居仲，号自得，宋文康公六世孙，雨窻居士伯逊志信之孙也。”尝《拟黄庭经赠医师方氏》云：“我有中庭元元根，总摄百气超乾坤，嘘吸日月通昆仑。万神寂寞绵绵存，中有一物光炖炖，化为真人朱冠襌。手执赤符如琼璊，是中实为玄牝门，三彭潜伏守其阍。峰名天柱五岳尊，千岩万壑手可扪，南离北坎无冲奔。黄媪为媒掌其婚，是中有语约不烦，子能守之可与论。慎勿适越北其辕，伏其庐内寻其源。方君之居近五云，幽阙夜间常氤氲，放之六合空无垠。下视浊世癃痼繁，以妄易妄何纷纭，针砭可磨艾可焚。熊经止与陀扁伦。阊阖朝启觐轩辕，戋戋玉帛临丘园。”《雨晴偶成》云：“白苎衣裳冰雪容，沈郎多病怯东风。阳城久拙徵科政，尹铎新成保障功。沧海楼船何渺渺，崆峒小麦自芃芃。腐儒自笑忧时切，屡过田翁问岁丰。”《题宋徽宗墨竹》云：“承平天子玉为颜，艮岳秋风竹泪斑。丹凤不归云万里，空留翠影落人间。”又《回文诗》云：“红烛泪消香篆小，扇罗如月晚庭空。风帘绣卷初醒酒，静院凉生水阁东。”《书李博士扇》云：“水晶宫里树毵毵，乱后情怀百不堪。

便面淡山宁得似，满汀烟雨梦江南。”[51]

《碧凤堂》，记明成化癸卯年（1483）五月廿五日，嘉禾姚公绶假榻于灵芝寺碧凤堂，为自己珍藏的钱选《山居图卷》题记。

灵芝寺旧有碧凤堂，成化癸卯，嘉禾姚公绶尝寓其中。公绶辞官最早，以山水翰墨为娱。尝得钱舜举《山居图卷》，后有张贞居雨、仇山村远、顾玉山阿瑛、郑明德元祐、楚石释梵琦诸名胜题跋，奇爱之，行笈必携以自随。题其后云："三日不展卷，何异隔三秋。今日一展之，顿然销百忧。片纸与只字，古人尚见收。矧兹美图史，契我山居幽。林鸟当我啼，石濑当我流。寄傲倚南窗，濯足弄扁舟。回视五陵内，轻肥乃浮沤。吾生宝此卷，俯仰尽优游。五月廿五日，因访韦庵廉使，假榻于杭灵芝寺之碧凤堂。对雨无聊，捉笔书此。云东逸史记。"前辈雅尚如此，风致犹可想也。[52]

5. 记杭城寺观内古迹或传世佛画，《慈云寺宋刻》《潮鸣寺》《剑石铭》《长明寺》《贯休十六罗汉始末》

《慈云寺宋刻》，记雍正八年庚戌（1730）二月，厉鹗在慈云寺阶下生台石柱和殿壁上发现与记录的宋代石刻文字，"城东宋刻，仅存此耳"。

雍正庚戌二月，余过慈云寺见阶下生台石柱上，有"宋元符二年，冯谨建普会塔一所"题记，殿壁又有"宋景定二年，城东慈云院，甲乙流传住持证据府帖碑"，乃是临安府给付住僧崇宁者，篆额细如丝发，上作云螭文甚古。城东宋刻，仅存此耳。[53]

《潮鸣寺》条，记南宋高宗御书苏诗，赐殿前统制刘汉臣，并有刻石立于寺中，明代又有改刻，到厉鹗所生活的时代，均已毁于火厄。

城东潮鸣寺，故为梁贞明中建，名归德院。后宋高宗曾驻跸，闻涛声，赐今名。高宗御书苏诗，赐殿前统制刘汉臣。《咸淳临安志》云“书古诗立石东庑者”是也。吴伯霖之鲸，以诗为高宗作，载之《武林梵刹志》，误矣。李君实《六研斋笔记》云：“武林潮鸣寺，有宋思陵赐统制刘汉臣诗：野寺参差落涨痕，疏林欹倒出霜根。扁舟一棹向何处，家在江南黄叶村。此苏子瞻诗也。第二字是水字，今改寺字，遂掩而有之。思陵博雅，断不如是。当由偶在寺中书之赐刘，寺僧欲假以为重，改字勒石，以侈荣观耳。”观此，则宋时原刻后明时又有改字之刻，今寺厄于火，并改字之刻亦亡矣。[54]

《剑石铭》，元代张伯雨作铭，惜作铭未久，剑石便失窃。

剑石元时在城东景隆观，句曲外史张伯雨为铭，并序云：“石在景隆观，长逾等，广不及尺，黝碧如铁，镡锷具焉。予作铭未几，夜半有力者负去。铭曰：錬质鸿蒙，挺锋巀嶭。正一之气，勿壅勿遏。星精内蕴，玉理旁达。莹谢鹈膏，书存红沫。倚天卓地，排气镇魃。兆兹神宫，善建不拔。”[55]

《长明寺》及《贯休十六罗汉始末》，这两条记杭城寺庙所藏传世佛画。《长明寺》条记长明寺所藏明万历年间四明李麟画“祖堂百像”。

清泰门内长明寺，宋开宝四年钱忠懿王建，名法灯，治平二年改今名。明万历间，西竺宗工建华严阁，庋八十一卷真经于上，请四明李次公麟画祖堂百像。行笔颤掣，衣纹如莼菜条，树石云泉，势极飞动。锡钵、瓶笠、经函、坐具之属，种种奇古，而唐梵相无一同者。寺僧至今护惜之，每上元前数日，陈设斋供，遊人登阁瞻礼者，踵相接焉。《梦粱录》云："仲春十五日花朝节，崇新门外长明寺建涅盘会，罗列幡幢香花，挂名贤书画，设珍异玩具，庄严道场，观者纷集，此亦南渡之遗风也。"[56]

《贯休十六罗汉始末》，记长明寺旧藏，后供养于圣因寺的十六罗汉像，此条王霖论说甚为翔实，不再赘述，仅录厉鹗文字。

城东长明寺，向藏有唐高僧贯休画罗汉十六帧，并出山大士像一帧。其罗汉题款云："信州怀玉山十六罗汉，广明初，于登高和安送十身，乾宁初冬孟廿二日，于江陵舟续前十本，相去已十六年。时景昭禅人自北来见请，当年将归怀玉，西岳僧贯休作。"字为小篆体，其画法之奇逸飞动，向读欧阳炯《长歌》，叹其妙绝，如"听经弟子拟闻声，瞌睡小童如有梦""绳床木屐两三片，线补衲衣千万行"，今始亲见之也。相传明神宗时，慈圣太后以赐紫栢大师，大师坐妖书事，于狱中示化，此画归法嗣某，流传至杭，藏一小庵。本朝严侍郎沆、卢职方之颐共捐千金购得，喜舍寺中有年矣。世宗宪皇帝初年，敕改西湖行殿为圣因寺，制府李敏达公卫请至圣因，永充供养。予按宋赵希鹄《洞天清录》云："信州怀玉山有画罗汉，郡中每迎请祈雨，常有一二身飞过寺中。"即此画也，其灵异有如此者。[57]

6.《织成十景图》，此条虽简略，但可知杭城丝织业之昌盛，丝画传统由来已久。

杭东城机杼之声，比户相闻。郎仁宝云：起于褚河南九世孙载，善织作绫锦，今褚家塘通圣土神是也。其中一区供尚衣之匠，花样有为西湖十景全图者。秀水朱稼翁稻孙《武林恭纪》诗云：“十样西湖景，曾看上画衣。新图行殿好，试织九张机。”[58]

（二）《辽史拾遗》

此书的编撰体现厉鹗一贯特色，抄撮群书，采撷资料甚广，查看“辽史拾遗抄撮群书目录”[59]，其中与艺术史相关者，不在少数。不谈史籍笔记中包含艺术史材料者，直接相关的书籍就有：

翟耆年《籀史》、桑世昌《兰亭考》、俞松《兰亭续考》、苏轼《东坡题跋》、郭若虚《图画见闻志》、《宣和画谱》、邓椿《画继》、汤垕《画鉴》、夏文彦《图绘宝鉴》、《图绘宝鉴补遗》、王星聚《绘事备要》、吕大临《考古图》、陈继儒《真珠船》、邓文宝《传国玺谱》、王士点《禁扁》、董逌《钱谱》、洪迈《泉志》、周密《云烟过眼录》、陶宗仪《书史会要》等。

樊榭使用的金石著作和材料则有：朱彝尊《吉金贞石志》、于奕正《天下金石志》《辽驻跸寺沙门奉航幢记》、郭造卿《碣石丛谈》《辽沙门志才涿鹿山云居寺续祕藏石经塔记》《沙门智光重修云居寺记》《王正燕山云居寺碑文》等。

如果我们以“图”“画”“丹青”“书”“印”“像”“塑”等为关键词搜索，《辽史拾遗》中与艺术史相关文本，不胜枚举。例如厉鹗巧妙地运用画名解读《辽史》中的一些特有名词。卷二十三，有“卓帐”条，为解其意，厉鹗节选《宣和画谱》中胡瓌相关绘画做解读：

《宣和画谱》曰：“胡瓌有《平远番部卓歇图》二，《毳幕卓歇图》一。”[60]

篇幅所限，本文不对《辽史拾遗》做全面梳理，仅举关于艺术家的记载几例。

1. 卷十九，列传第二“宗室”之“义宗倍”条目，厉鹗辑录了大量东丹王李赞华的材料：

《五代会要》曰：“长兴元年十一月，契丹东丹王突欲率蕃官四十余人马百匹，自登州泛海内附。明宗赐姓东丹、名慕华，授光禄大夫检校太保安东都护兼御史大夫上柱国渤海郡开国公，食邑一千五百户，充怀化军节度瑞、慎等州观察处置押番落等使。二年九月，复赐姓李，名赞华。”

《五代史》曰：“契丹好饮人血。突欲左右姬妾，多刺其臂吮之。其小过，辄挑目刲灼，不胜其毒。然性喜宾客，好饮酒，工画，颇知书，其自契丹归中国，载书数千卷。枢密使赵延寿每假其异书医经，皆中国所无者。”又曰：“唐庄宗遇弑后，后宫皆散走。朱守殷入宫，选得三十余人，虢国夫人夏氏，以尝幸于庄宗，守殷不敢留。明宗立，悉放庄宗时宫人还其家，独夏氏无所归，乃以河阳节度使夏鲁奇同姓也，因以归之，后嫁契丹李赞华。”

《册府元龟》曰：“阿保机长子东丹王突欲归国，明宗赐姓李、名赞华，出镇滑州。在镇多行不法，顷之入觐，乞留阙下，明宗许之。复遣就第问所欲，赞华附奏曰：‘臣愿为许州节度使。’明宗欲从之，枢密使范延光以为不可，乃止。明宗促令归滑，赞华谓使者曰：‘若须令赴旧地，当自裁尔。’使者以闻，明宗不悦，召而证之。赞华曰：‘臣不言自裁，曾言乞削发为僧。’使者引统军李从昶为证，赞华以手画空曰：‘使者之言，如水上画字，何可据耶？’明宗优容之。”

《清异录》曰：“契丹东丹王突欲买巧石数峰，目为空青府。”[61]

《尧山堂外纪》曰："东丹王有文才，博古今，其泛海奔唐，载书数千卷，习举子业。每通名刺云：'乡贡进士黄居难，字乐地。'以拟白居易字乐天也。"

张齐贤《洛阳缙绅旧闻记》曰："晋朝太子少师李公讲肃，受命护东丹王丧柩归北。遣回，赐名马百余匹，别赐駞马百余头，衣服器皿称是。"

《宣和画谱》曰："李赞华好画，多写贵人、酋长。至于袖弓挟弹，牵黄臂苍，服用皆缦胡之缨，鞍勒率皆瑰奇，不作中国衣冠，亦安于所习者也。然议者以为马尚丰肥，笔乏壮气，其确论欤？今御府所藏十有五：双骑图一，猎骑图一，雪骑图一，番骑图六，人骑图二，千角鹿图一，吉首并驱图一，射骑图一，女真猎骑图一。"

《皇朝类苑》曰："秘阁有东丹王《千角鹿图》。东丹王归中国，赐姓李、名赞华，亦能为五言诗，其子兀欲亦善丹青，千角鹿出虏中，所画诚妙笔也。"

周密《志雅堂杂钞》曰："王介石有东丹王赞华所画《番部行程图》。"

《辽东志》曰："显陵在医巫闾山，葬辽东丹人皇王突欲，世宗以人皇王爱医巫闾山水奇秀，因葬焉。山形掩抱六重，于中作影殿，制度宏丽。"[62]

这些记载中虽有荒诞不经处，但有效信息仍很丰富，《宣和画谱》所记已广为人知，较少被人提及的《辽东志》所记载的显陵信息非常准确，完全符合辽代营建皇家墓葬的规制，特别是"于中作影殿，制度宏丽"，说明墓葬中有精美的壁画，近现代的辽墓考古则充分证实了这一点，如辽庆东陵壁画。[63]

2. 卷二十一，列传第三十八"方技"，记载了刘銮、萧瀜、陈升、常思言、吴九州等艺匠。[64]

刘銮，以塑技精巧闻名，郝经《陵川文集》记他为塑四贤祠像之人，《析津日记》的作者则指出，京师塑像奇古者，曰刘銮塑，或许是混淆了辽代的刘銮和元代的刘元。

郝经《陵川文集·四贤祠碑略》曰："辛亥之秋，过督亢，至易水，投文酹酒吊太子丹。闻水汭有祠，国工刘銮所塑，技极精巧，不知为何神，遂往观之。四像皆南面列坐，一王者拱其侧，衣冠极古，殆皆周制。问诸守祠丈人，言祠故有榜曰'四贤'，不知为何代之贤。契丹时，有题曰'乐将军'者，亦不知孰为乐将军也。某乃大悟，其列坐曰：郭隗、乐毅、剧辛、邹衍，拱而侍其侧者燕昭王也。"《山西通志》曰："刘銮寺在大同府城外。銮、辽人，能塑诸佛像，因以名寺，乃其家佛堂也。"《析津日记》曰："京师像设之奇古者，曰刘銮塑。说者疑銮与元音相近而误，考郝伯常《陵川集》：'燕有四贤祠，其像塑自刘銮。'则銮别是一人，著名于正奉之先者也。《元史·方技传》：'刘元、字东元，蓟之宝坻人。'"

萧瀜，贵族画家，善丹青，命入宋使者购求名迹，临摹有法则，辽兴宗曾赐其李赞华的《千角鹿图》。

《绘事备考》曰："萧瀜、辽之贵族，官至南院枢密使。好读书，亲翰墨，尤善丹青。慕唐裴宽、边鸾之迹。凡奉使入宋者，必命购求，有名迹不惜重价，装潢既就，而后携归本国，临摹咸有法则。兴宗清宁中，以义宗《千角鹿图》赐焉。"

陈升，翰林待诏，奉诏作画。

《图绘宝鉴补遗》曰：“陈升、圣宗翰林待诏，尝奉诏写《南征得胜图》。”

常思言，北国的山水画家。北宋郭若虚从辽国使者邢希古口中听闻，燕京一位布衣画家，叫常思言，善画山水林木，其画难求。

《图画见闻志》曰：“余熙宁辛亥冬被命接劳北使为辅行，日与其副燕人马裎、邢希古结驷并驰。希古恭顺详敏，有儒者之风。从容语及图画，且云：‘燕京有一布衣，常其姓，思言其名，善画山水林木，求之者甚众。然必在渠乐与即为之，既不可以利诱，复不可以势动，此其所以难得也。’”

吴九州，这是一位善画鹿的画家，所画高度写实，“无不曲尽其似”。

邓椿《画继》曰：“吴九州、燕人，善画鹿，穷尽蕃鹿之态，牛鹿、马鹿养茸退角，老嫩之别，无不曲尽其似。”

在以上记载中，我们注意到了鹿在契丹人的生活中占有重要地位，在其绘画中不断出现的鹿主题，使其具有了礼仪功能。千角鹿，以及庆东陵壁画中的鹿的形象都呈现了契丹的明确的文化主张。[65] 如前所述，李赞华的名画《千角鹿图》，吴九州“善画鹿，穷尽蕃鹿之态”，都体现了辽人喜爱并擅长画鹿，并且高度写实的特点。辽庆东陵墓葬壁画四季山水场景（图 8）中生动的鹿，现藏台北“故宫博物院”的《丹枫呦鹿图》和《秋林群鹿图》中高度写实的鹿，都佐证了相关记载之确实。

图 8　（左）庆东陵墓葬壁画四季山水之“春”（局部）　（右）丹枫呦鹿图（轴）台北“故宫博物院”藏

（三）《增修云林寺志》（图 9）

灵隐寺旧有寺志，但已多年未续修，康熙南巡，驾幸寺中，御书“云林”二字为额，又添名刹风采。厉鹗与灵隐住持巨涛和尚友善，受邀增修寺志，至乾隆九年（1744）成，樊榭序曰：

灵隐为吾浙首刹，前此之有志也，始自昌黎白珩子佩氏，近则仁和孙治宇台氏、吴门徐增子能氏相继重修。圣祖仁皇帝省方南幸，驻跸山中，御书“云林”二字为额，则在徐氏癸卯辍简之后，天文焕烂，佛日重光，曷可无纪？前志虽三属草，脱漏尚多，曷可无述？兹幸巨涛和尚为主席，苦行宏愿，信于檀施，举七十余年之土湮木腐者，一旦聿新。

既落成，从事于志，请于予。予，郡人也，素耽林壑，留意西山之胜也久，何敢辞！又得同学张君曦亮为佽助，谨撰次前志所未备者，勒成八卷，门类则仍旧焉。书成，题曰《增修云林寺志》。其有缺略，以俟后之君子。

乾隆九年春二月既望，樊榭居士厉鹗书于云林之面壁轩。[66]

《钦定四库全书提要》之《增修云林寺志八卷浙江巡抚采进本》：

国朝厉鹗撰。鹗有《辽史拾遗》，已著录。是编成于乾隆甲子。以灵隐旧志脱漏尚多，且圣祖仁皇帝省方南幸，驻跸山中，赐名“云林寺”，不宜仍用旧名，故因前志而增辑之。首纪宸恩，次山水，次禅祖，次法语，次檀越、人物，次艺文、诗咏，而以遗事、杂记终焉。[67]

本书各卷都有艺文材料可索，相比较而言，卷五“艺文”、卷六“诗咏”和卷八“杂记”中，艺术史材料最为丰富。

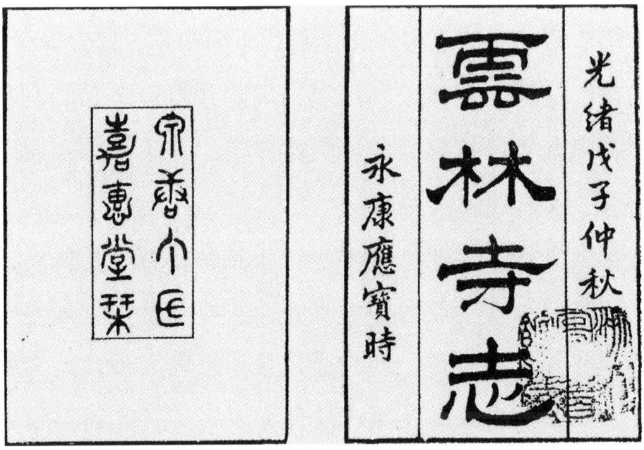

图9 增修云林寺志 光绪戊子嘉惠堂刊本

1. 卷五“艺文”，此卷中有大量名人所题写的像赞、题跋等文字。择取一二，略做说明。

宋代陆游作有像赞两首：[68]
《大慧禅师真赞》：

平生嫌遮老子，说法口巴巴地。若是灵利阿师，参取画底妙喜。

《佛照禅师真赞》：

名动三朝，话行四海。撒手归来，云山不改。人言大觉同龛，师云老僧掩彩。

由此可知南宋时僧人顶相与写真风行，题赞者除却僧人，也多有当朝名士。画像之外，其他题跋亦有文士书写，例如周必大《跋德光与梁世昌颂》：

大慧禅师住世时，杜撰长老，人人谓得其道。今四十年，电灭无余，惟佛照禅师真朴实头之的嗣，既寿且康，续佛慧命，微斯人吾谁与归？梁光远得此颂，藏之二十年，若识本来面目，是名参禅。不然，予复赘名故纸之后是结两重公案也。
嘉泰壬戌八月。[69]

当时文人与僧人交游之深入，可见一斑。
明人方孝孺则有《题赵孟頫书灵隐寺碑》一篇，记元代赵孟頫书碑，碑早不存，幸有此文。

天地间至坚固者，莫如金玉木石；脆薄者，莫如简笔缣纸。礲石攻木，范金植土以成室，其成也难，其传也宜其可久。操笔书纸，率然而成文，非假金石以刻之，宜其易毁灭也。然而世之为坚固之具者，常托其传于易毁之物，则岂其所托之人为足恃耶？钱塘佛寺，最钜丽者曰灵隐寺，当元皇庆壬子，改而新作之，距今洪武癸酉，仅越八十二春秋，求其一榱一瓦，皆已毁燎无遗，而金华石塘胡公，及吴兴赵文敏公所撰而书之文，述寺之创始，与其山水之胜，栋宇之丽，仅盈尺之纸耳，诵而观之，当时之事，犹俨乎如在，则夫天下之可恃以永久者，果安属哉？亦可慨，然而有感矣。石塘在元，位最不显而行最笃，文最奇。赵公名重宦高，每得其文，必欣然为之书，于是又可见，苟有足恃，固不以外物为重轻。而二公之过乎人，必有出乎文词翰墨之外，而世之尊二公者，方拘拘然求之于此，而不知求之于彼，不亦重可感夫！翰林修撰练君子宁，以此卷示予。子宁多学而甚文，必以予言为然。[70]

此文收于方孝孺《逊志斋集》，原题为《题灵隐寺碑后》，[71]方孝孺写作此文是在洪武二十六年癸酉（1393），赵孟頫书碑应是在元仁宗皇庆元年壬子（1312），仅仅82年，灵隐寺经元末战乱，由钱塘最钜丽者变成“毁燎无遗”，此碑或亦不存，方正学先生所见只是拓本。厉鹗将此文编入《增修云林寺志》，存兴废感慨之意，也是贴切之举。在此之前，《题赵孟頫书灵隐寺碑》已被收入《御定佩文斋书画谱》卷七十九“历代名人书跋”。

2. 卷六“诗咏”

此卷之中当然收有题画诗，例如元人傅若金所作《古杉行题陈兵曹所藏李遵道画灵隐道中二杉图》：

灵隐道中古杉树，上与云雾相胶葛。李侯一见为写真，霜雪萧萧起毫末。此杉苍茫几百年，鬼物扶持人所怜。贞心岂容蝼蚁蚀，老干或有蛟龙缠。山灵万里那得致，见者皆惊栋梁器。暗壁寻常度雨声，晴窗仿佛生秋气。吾闻大厦众力持，此杉谁能久弃之？君不见道边不材木，拥肿百围安所施？[72]

卷六中最重要的艺术史材料，实为明清两代文人接力完成的文化经典，即前文所记龚翔麟旧藏，赵昱新藏之沈周《冷泉亭图》相关题咏。《冷泉亭图题咏附录》包括了刘英题跋及诗作，沈周本人的和诗，史鉴、汝泰二人的诗作，还有龚翔麟的收藏题跋，次韵刘英及汝泰的诗作各一首。赵昱得画之后，过眼此画并次韵题诗的杭郡诗人甚多，除吴焯、沈嘉辙和厉鹗，还有施谦、赵昱、赵信、丁敬、陈章、姚立德、赵一清等人。以上，厉鹗均收录无遗。[73]

刘英题记："三月十八日，石田、西村二君招予游西山。予与汝其通先行，憩冷泉亭以俟。少焉二君至，予诗适成，诸君继作，石田仍写图，留为山中故事，俾予录于上，蒹葭倚玉，愧不称也。"

其诗云：

雨晴林壑净朝晖，一路看松入以微。芳草似曾留客卧，黄鹂浑欲近人飞。相逢岩叟收茶早，久别林僧会面稀。同在冷泉亭上坐，赋诗题画淡忘归。

沈周次韵：

入林兜子[74]送斜晖，酒面风清色渐微。白发再来浑觉老，青山久往不重飞。老僧古寺相逢熟，故国遗踪欲见稀。千个长松卧房近，吹灯还照鹤群归。

史铿同作：

久图山泽游，苦为风雨款。惊雷破重阴，及晨阳已显。逶迤入幽深，厉揭渡清浅。灵山传风来，合涧互回转。萝垂手可扪，松高盖惟偃。阳崖丹霞凝，阴洞苍雪满。秀色如可揽，绝巘竟谁栈？众窍因风号，群芳迟春衍。追念平生欢，历历犹在眼。幸逢新相知，已少旧游伴。老僧久见招，相携集闲馆。解衣任盘礴，览物适萧散。形忘虑则消，情至心莫展。寄言同盟人，对酒歌勿缓。

汝泰题诗：

肩舆侵晓别春城，路绕西湖宛转行，满眼青山曾识面，倚云高树不知名。同游喜有同乡客，胜日还寻旧日盟。忽听奔雷鸣涧底，问人才道是泉声。

龚翔麟题记：“沈征君《冷泉图》真迹，旧为灵隐僧房物，蓝秀才谢青购得之，为先大夫寿，在余家二十年矣。踯躅软红，言归未遂。对此恍置身故山林壑间，不觉神往。因和刘、汝二君诗，并记得图始末。龚翔麟。”

他又和诗两首，其一次刘英诗韵：

曾倚孤亭送落晖，云林风景记依微。泉声咽石奔难住，岚气侵衣湿不飞。岁月渐催尘迹老，乡山久别梦游稀。吟诗看画生惆怅，白发满头犹未归。

其二次汝泰诗韵：

扁舟自别锦军城，日日铜街信马行。画里青山逢旧识，眼前乌帽笑浮名。秋风纵爽莼鲈约，烟水终寻鸥鹭盟。记取归时携卷轴，先来亭上听泉声。

赵昱得画后，众友朋同次刘宾山先生韵，打头的是吴焯：

晨坐高斋竟落晖，祗因读画悟幽微。听来毕静水生响，看到出神峰欲飞。往事重题增感慨，旧游如梦记依稀。回思裙屐经行处，空恼耕烟阁笔归。龚田居先生曾属王石谷临摹。

又　沈嘉辙：

为看诗画揽清晖，遐想当年结思微．古木千章阴乍合，寒泉一道雪横飞。风流已往谁能续，墨渖犹香知者稀。曾忆晚来成醉后，一亭烟霭见僧归。

又　厉鹗：

石润林香下夕晖，风中似有磬声微。好山招隐贫难买，妙画通灵久亦飞。题字尚留前辈在，听泉今见解人稀。频年不踏松阴路，卧以游之恰忘归。图向为灵隐僧房物，后归龚田居侍御，今归赵君功千。上有吾杭刘邦彦、吴江汝其通并启南自题诗。[75]

又 施谦：

石翁乘兴写春晖，三百年来古意微。云气未随苍狗化，泉光犹作翠蛟飞。依然照眼林峦秀，凄绝联吟耆旧稀。笑指孤亭留戏语，投闲曾见几人归。追怀田居先生。

又 赵昱：

飘萧落墨染晴晖，幻出灵机思入微。流水纵横秋影澹，乱峰点刷白云飞。兴乘野趣僧过早，梦破花香客至稀。我独烟霞已成癖，团瓢结得便忘归。[76]

又 赵信：

琴书一榻挂清辉，坐展淋漓画入微。花逐泉声来崦外，寒侵木叶傍檐飞。相过笠屐三生旧，此景湖山半壁稀。触拨心情思往事，老僧曾约看云归。

又 丁敬：

清诗直比樹元晖，写入丹青更入微。林影尚如翳石瘦，泉光浑觉抱亭飞。山中故事看谁续，画里高流得见稀。片纸真堪敌琼玖，几经辽鹤忆人归。[77]

又　陈章：

明湖翠岫逗清晖，冷烛他乡梦境微。对雨会心泉不断，听风闭目叶都飞。家山无那悲常隔，残楮如斯见亦稀。尘士行縢能借我，客中展处当身归。

又　姚立德：

山僧有约占余晖，拈取松花一笑微。院静几时参佛去，泉喧终日碍云飞。小亭风景常如旧，此幨流传见亦稀。好与安心聊位置，笋鞋拾句但将归。

又　赵一清：

诗情真是谢元晖，画里探幽思入微。流水有时鸣汩汩，栖雅不定故飞飞。孤亭延赏襟怀得，古老行吟岁月稀。携向松间少投憩，未妨斜日听催归。

3. 卷八“杂纪”资料更为丰富扎实。《题名碑碣附》记录灵隐尤其是飞来峰丰富的题刻，《图画》则收文献所记五件名家灵隐绘画。

《题名碑碣附》，均记题名、位置、内容（或摘要说明）、书体和类别，清晰明了，今存者可资对比研究，不存者有记录可追怀。飞来峰相关内容，更是研究造像史的绝佳材料。[78] 当然，厉鹗对这些材料的处理，还是有可探讨的地方，以下举例说明。

李谷题名在飞来峰顶。

“治平甲辰五月七日，赵郡李谷容之游。从男侑奉命谨题。”正书，摩崖。

这条“游客题记”，在此卷中非常典型，体例清晰，言简意赅，没有大的问题。下面看看关于理公塔和理公岩的材料：

理公塔石刻开宝八年，募众重建释迦砖塔一座，在清遠桥灵山里。见旧志。

“天削芙蓉”四字。在理公岩，见旧志。

周伯琦《理公岩记》：在理公岩。

理公岩，昔高僧慧理师尝燕寂焉，在钱塘虎林山天竺招提之东，玲珑幽邃，竹树岑蔚。至正九年，上人慧苣居观堂，起废缉敝，爰开是岩，窈窕缭复，靠如堂皇，云涌雪积，发泄灵蕴。后七年，左丞绥宁杨公之弟、元帅伯颜，清暇游惕，快奇乐静，捐金庀工，载凿岩石，刻十佛及补陀大士像，金碧炳赫，怳跻西土，冀邀福惠，寿我重亲，利我军旅，冰释氛沴，永奠方岳。岩之异胜，诞增于昔，为虎林奇观。实苣公轨行精悫，有以致之，居畂号曰“菩萨”，盖非夸益。天竺和尚允若师。腊已八十。与苣同志。征文示久，乃篆诸石。浙省参知政事番阳周伯琦伯温记并书。篆书，摩崖。

厉鹗在这里全文收录了周伯琦《理公岩记》，但相对以下这条：

元国书在飞来峰。书分七层，后题：至元二十五年八月□日，建功德主石，僧录液沙里兼赞摩崖。[79]

樊榭仅录落款，未录正文。由此可以看出他对文人题识更加重视，对材料的处理，体现出比较主观的一面，使用者应当保持清醒。另外，厉鹗的记录还有不够全面和严谨的地方。

飞来峰龙泓洞资料中有这样两条：

“龙泓洞”三大字：在洞额。

“龙泓洞。金华王庭书。”正书，上三字，径八寸，今已划去，傍款存。

“龙泓洞”三字。在洞门。元江淮释教都总统所经历郭□书。见旧志。[80]

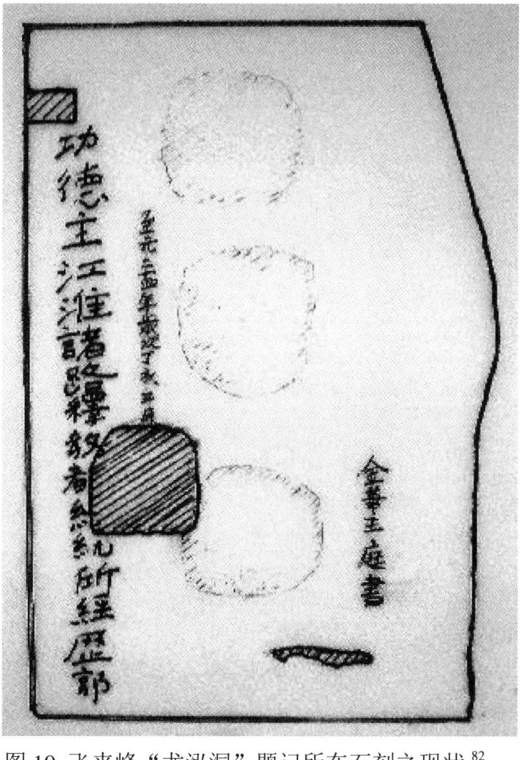

图 10. 飞来峰“龙泓洞”题记所在石刻之现状 [82]

结合题记现状(图10)来看,摩崖中间和右侧“正书,上三字,径八寸,今已划去,傍款存。”厉鹗所记非常准确。但“元江淮释教都总统所经历郭”条,厉鹗仅是照录旧志,未作考察。相比较而言,阮元后来的记录就要严谨准确得多,《两浙金石志》卷十四“元释教都总统题名”条录文:“功德主江淮诸路释教都总统所经历郭(正书下阙,字径一寸余),至元二十四年岁次丁亥三月(小楷书下阙在右)……”[81]与实际情况完全相符。

除了飞来峰题记,灵隐寺大门两侧的吴越经幢和寺内的经塔,厉鹗也做了记录:

吴越经幢:在寺门。大佛顶陀罗尼经。左幢。大随求即得,大自在陀罗尼咒经。右幢。经文俱不录。新建佛国宝幢愿文:“盖闻慧炬西然,法云东被,眷言兴建,实焕简编。我国家裂壤受封,带河砺岳,既勤王而继世,谅荷宠以乘时。言念真宗,聿怀多福,于是旁搜胜景,广辟宏规,筑湖畔之山冈,构城西之佛阁,莫不遐森杞梓,妙选楩楠,营窣汉之基垌,列倚天之像设。释迦化生,中尊而高俨睟容;慈氏弥陀,分坐而净标妙相。仍于宝地,对树法幢,雕琢琅玕,磨砻琬琰。勒随求之梵语,刊佛顶之祕文,直指丹霄,双分八面。伏愿兴隆霸祚,延远洪源,受灵贶于祖先,助福禧于悠久,军民辑睦,疆宇肃宁,宗族以之咸康,官寮以之共治。四十八愿,永符法处之良因;八十种好,更备昙摩之圆智。得大坚固,不可称量。凡在含生,同跻觉路。 天下大元帅吴越国王钱俶建。时大宋开宝二年己巳岁闰五月日。”二幢同,并正书。

经塔:在寺内殿墀下。大佛顶陀罗尼经。二塔经文同,并正书,无题款。[83]

卷七“图画”条非常简略，但亦可补画史之缺：

沈周《飞来峰图》，见《真迹日录》；
沈周《灵隐山画卷》，自题“仿大痴道人”。见《江村销夏录》；
程嘉燧《冷泉亭图》，见《名山胜概记》；
李流芳《西湖卧游画册》《冷泉红树图》，见《檀园集》。[84]

三、厉鹗诗文及书画题跋中的艺术史材料，以《樊榭山房集》为核心

厉鹗文集内外，与艺术相关的诗词文章，不胜枚举。《清代诗学名家书画评论汇编》一书将厉鹗相关文字分为：题画诗、论书诗、书画题跋及记序三类，共收161则。[85]夏飘飘则说：“厉鹗诗歌中有不少题咏之篇，按题咏对象来看，包括题画、题拓本、题碑文、题寺、题扇、题诗卷、题书册等几类，其中数量最多的当属题画诗，其次是题拓本诗。经统计，厉鹗的题画诗共114首……”[86]如果要算上近年新发现的厉鹗集外诗词文，以上统计当然不算完整，不过也大致反映出樊榭先生此类文字的丰富多彩。[87]

笔者将从下几个方面举例论述：

1. 题画论画（同时代画作此处不做论述）。

2. 观钟铭摩崖碑拓、论书、论诸本兰亭、论印。

3. 访金石古迹等。

4. 可移动佛教文物、古代钱币、铜灯、铜帐钩、酒器、工艺品等等。

（一）题画论画

厉鹗专门的论画诗文众多，前文已经多有论述。以下略谈樊榭先生

的一些独到之处。

按时代来说。论五代绘画，文集中有《董源龙宿郊民图跋》一篇，观画细致，记录准确，考证扎实，本书上一章节已有详解。论五代贯休罗汉像，则见《樊榭山房集》卷六《圣因寺观贯休画十六罗汉》。王霖认为《东城杂记》中《贯休十六罗汉始末》一条当是此时补写。[88] 诗文相和，是研究贯休绘画的绝佳材料。

对于"宋画"的认识，根据前文叙述，已知厉鹗一生过眼"宋画"良多，并且有专著《南宋院画录》传世，此书虽有瑕疵，但其价值独到，为后来者所承认。最可贵的是，和一般的认识相比，樊榭先生的看法更为持正，例如画家梁楷，长期不为中国画史所重，偏见甚多。而厉鹗对他的态度就很客观。《南宋院画录》卷五，搜寻梁楷资料极为丰富。[89] 其第一条资料即引《图绘宝鉴》曰："梁楷，东平相羲之后。善画人物山水，道释鬼神，师贾师古，描写飘逸，青过于蓝。嘉泰年画院待诏，赐金带，楷不受，挂于院内。嗜酒自乐，号曰梁风子。院人见其精妙之笔，无不敬伏，但传于世者皆草草，谓之减笔。"中间又引《剡源集》之戴表元《梁楷雪塞游骑图诗》：

耸胆攒蹄一驻鞍，毡衣韦帽白漫漫。祇应田舍骑牛者，无此风沙踏雪寒。[90]

收藏家二石老人程琦对此印象深刻，其为"宋佚名《雪塞游骑图》"（图 11）题跋时说："《梁风子雪塞游骑图》，人物、树石，苍劲飘逸，笔简神完。冒雪冲寒之态，曲尽其妙，非风子不能为也。初有戴表元题七言绝句，见《剡源集》。厉太鸿摭入《南宋院画录》，而《虚斋名画续录》订为夏禹玉，岂以梁不逮夏耶？"

在程琦之前，此画由庞元济所藏，在《虚斋名画续录》中庞将此画定为夏圭《关山雪骑》图。二石老人颇不认同，他更接受厉鹗在《南宋院画录》中的判断，认为是梁楷《雪塞游骑图》。程琦更质疑庞元济订此画为夏圭所作，是认为梁楷不如夏圭吗？

图 11　（宋）佚名　雪塞游骑图（传夏圭关山雪霁图）及程琦题跋　北京东方大观国际拍卖有限公司 2012 春季拍卖会

鉴赏印：

二石老人（朱）、季彤心赏（白）

签条：

夏圭关山雪霁图。钤印：虚斋审定名迹（朱）

跋文：

梁风子雪塞游骑图。人物树石苍劲、飘逸，笔简神完，冒雪冲寒之态，曲尽其妙，非风子不能为也。初有戴表元题七言绝句，见《剡源集》。厉太鸿摭入《南宋院画录》，而《虚斋名画续录》订为夏禹玉，岂以梁不逮夏耶？辛酉（1921 年）季秋，二石。

对梁楷的重视，樊榭好友金农亦同，他也曾手录《图绘宝鉴》中的梁楷条目，手迹存世（图 12），现藏中国国家博物馆。

金农所书释文：“梁楷，东平相羲之后。善（画）人物、山水。其作道释，师（贾）师古。嘉泰年画院待诏，（赐）金带，楷不受，挂于院内。（嗜）酒自乐，号曰梁风子。传世者谓之减笔。　丁巳六月楚州客舍作，钱塘金农。”

《图绘宝鉴》原文曰：“梁楷，东平相羲之后。善画人物山水，道释鬼神，师贾师古，描写飘逸，青过于蓝。嘉泰年画院待诏，赐金带，楷不受，挂于院内。嗜酒自乐，号曰梁风子。院人见其精妙之笔，无不敬伏，但传于世者皆草草，谓之减笔。”[92]

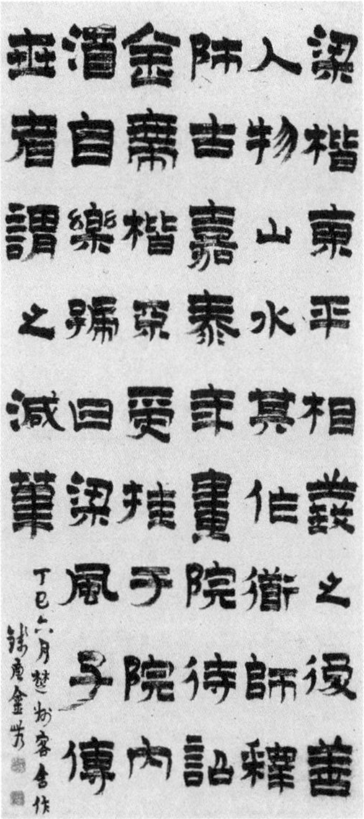

图 12　金农　隶书梁楷传（轴）
纸本　中国国家博物藏[91]

金农书写此幅，是在丁巳，即乾隆二年（1737），和原文相比漏书不少，还有误书之处，但总体上无碍大局。写梁楷，吸引冬心的恐怕是梁风子赐金带不受，嗜酒自乐的潇洒，这也是他的志趣和理想吧。

明代画家中，厉鹗对同里先贤戴进尤为关注，前述《东城杂记》有“戴文进画迹”条目，其中提道：“今东城华藏、潮鸣二寺挂轴尚有存者。”乾隆十四年（1749）十二月廿八日，厉鹗与丁敬游潮鸣寺，访大圜上人，得观戴进画功德诸像立轴残本，两人的记录弥足珍贵，樊榭诗云：

城东结游侣，残腊得清暇。忻兹后梁寺，复驻南宋驾。冰释鱼尾莘，林疏鸟鸣沙。菜甲畦棱斜，山影屋头亚。旁闯白竹扉，中启赤华舍。上人此安禅，苔榻句无价。“雨深苔到榻，粮欠鹤辞笼”。上人句也。语及戴画迹，尘网解包乍。迦文失庄严，天女尚娅姹。冠花凹凸裂，衣叶披翻罅。散脂药又徒，戈鋋俨欲下。又写尸陀林，枯骼瘦堪怕。圆劲意犹存，精彩炯相射。当时修门召，画院定雄霸。赠诗虽有杨士奇，被放无奈谢廷循。人往三百年，一艺妒堪咤。冥搜作佛事，旧观随元化。聊为柯古述，归剪寒灯夜。[93]

先贤戴进事迹和绘画对厉鹗影响深远，其另一首诗中出现的妙句“垂竿想像茜衣人，欲觅良工戴文进”[94]，便体现了这种影响。值得注意的是，樊榭的艺术修养深入骨髓，论画语句绝不限于题画诗文，他常常是兴之所至，便信手拈来，例如乾隆癸亥春，厉鹗作《诸公诗来兼咏山石予诗似有未尽再用前韵赋一首》：

画水最数孙知微，崩滩骇浪势欲飞。画石最数毕京兆，深坳浅凸瘦不肥。谁知石亦有水势，万松岭上见者稀。突如滮澌数间屋，险如盘涡掉蛟饥。轩然大波逼檐际，谛视始觉居岩扉。山中之人以为玩，饱此朝晖与夕霏。今辰分取更供客，青鞋同闯书城围。看花酌酒枕石卧，白云冉冉生我衣。山空昼寂众禽响，嘲客徒步无金鞿。金鞿不若徒步稳，醉踏花影攲斜归。[95]

此诗开篇便以孙知微和毕宏，引出画水和画石的经典，可见他对画史中经典人物和经典作品风格的熟悉，同时也可以窥见樊榭的审美趣味，“崩滩骇浪势欲飞”“深坳浅凸瘦不肥”，这其中的张力和格调，正是中国文人以诗画相互滋养的典型表现。

在厉鹗题画诗词中还有比较诙谐的作品，例如《醉太平·题村学堂图》，词云：

村夫子面孔，渴睡汉形容。周遭三五劣儿童。正抛书兴浓。探雏趁蝶受朋侪哄，参军苍鹘把先生弄，甘罗项橐笑古人聪。不乐如莱佣。[96]

见识广博的厉鹗还曾观西洋画并赋诗，在其存世手迹中有“为吴蔚洲作《观西洋画》两首”，诗云：

欧罗巴国沧溟外， 能写丹青到眼中。解识乾坤如许大， 男儿真是可怜虫！

拂林士女工歌舞，持较西洋定不如。红袖弹丝瀑泉侧，下方更有左行书。

此诗笺落款为：“奉谕苇村学长兄惠西洋画，用山谷谢郑闳惠高丽画扇韵二首并正，弟厉鹗拜学。此笺求和韵，并望转致。步江先生用韵同作，合刻一纸，亦佳话也。”[97]

“苇村学长兄”即厉鹗老友吴蔚洲，由此诗可见樊榭先生观画之广，也可知康雍乾年间不止宫中有西洋画师献技，民间亦有机会观西洋绘画，这一件作品应当是油画女性人物像，画面下方还有“左行书”题字。厉鹗同时代学人，少有谈及“欧罗巴国”及西洋丹青者，樊榭的眼光和心胸开阔，又是一证。

（二）观钟铭摩崖碑拓及论书、论诸本兰亭、论印

1. 观钟铭摩崖碑拓及论书

前文已述康熙五十三年甲午（1714），年初，厉鹗过访金农，观其所藏唐景龙观钟铭拓本，樊榭仅以诗记，并未展开讨论，同年，观汪青渠所藏嵩山诸碑版拓本，亦是赋诗六首。[98]

其一，《汉启母庙石阙铭》

开母化为石，其事本荒诞。何年六六峰，石阙字漫漶。

其二，《东魏嵩阳寺碑》

运归贺六浑，悲吟后汉书。可怜嵩阳寺，赑屃劫灰余。

其三，《秦王赐少林寺主教》

逆监德充符，一干思驱羊。当时歼除力，何以资空王？

其四，《天后夏日游石淙诗》

金轮昔垂衣，逭暑平乐涧。仙岩类削成，几人侍游宴？

其五，《唐裴漼少林寺碑》

传闻三花树，香雨遍诸天。何日持苕帚，心空初祖禅。

其六，《唐尉迟汾嵩山灵胜诗》

名岳镇中几，灵异纷不一。欲从刘根游，吾其采芝术。

上书诗文仅是对所赏拓本的一般性记录，而后来厉鹗与方君任论书及赏碑的一文一诗，就更好地展现了雍乾年间，文人们已有的书法观念，对书法问题的思考，对书法资源的求索、考辨和思考过程。

《樊榭山房文集》有《方君任隶八分辨序》：

新安方子君任作《隶八分辨》。或以为方子有志于古之道者也，曷不观马、郑、王、许诸儒之会通，发濂、洛、关、闽诸贤之壶奥，以勒成一书，而先从事于此？予曰：此即方子有志于古之道之一端也。道载于文，文散于事。古者，保氏之所教，学童之所习，莫不晰其形声，以通知天下之事。而昌黎亦云：为文必先识字。字莫古于古文、大篆，其详不可得闻矣，莫备于小篆、隶、八分，皆自秦时刱造，以迄于今。予尝谓始皇雄才大略，不独设郡县、筑长城为千古无穷之利，即其有功于文字，亦千古不易之轨则也。李斯作小篆，程邈作隶，王次仲作八分，三体本自判别。后世自欧阳永叔、洪景伯、吾子行诸公误以八分为隶，由不知隶即今之正书，而八分取义亦未之讲也。善乎蔡文姬之言曰："割程邈字八分取二分，割李篆字二分取八分，故谓之八分。"而隶与八分之辨，已如列眉矣。方子博极群籍，援引富而评駮精，留心游艺之学，何莫非形而上者之所寓欤？吾友金冬心处士最工八分，得汉人笔法，方子曾求其书《孝经》上石，以垂永久。用暴秦之遗文，刊素王之圣典。方子真知所从事，而卫道之心至深且切也夫！[99]

此序中提及“吾友金冬心处士最工八分，得汉人笔法，方子曾求其书《孝经》上石，以垂永久。”也是金农书法早就得到承认的重要证据。

乾隆十二年丁卯（1747），厉鹗又作《方君任见示后周西岳华山碑且索赋诗》。诗注：“天和二年，万纽于瑾撰文，赵文渊字德本奉敕书。”

方君好古人共知，探讨金石忘饥疲。炎晖堪畏早过我，手示宇文西岳碑。非狐非狢本篡窃，明月坠后魏祚移。天和之际主英毅，关中形胜邦家基。素祇首重豫州镇，严恭祀事无敢嬉。文先归美亦有体，谄晋公护殊可嗤。礼乐应自天子出，奈何冢宰侈其词！碑云：“大冢宰晋国公任属阿衡，亲惟旦奭，弼谐六乐，缉熙五礼。”使非含仁殿名平内难，神器不待杨氏窥。题云万纽于瑾撰，系出唐裔赐姓为。当年代族九十九，此其一耳居山陲。赵明诚《金石录·后周延寿公于实颂碑跋》云：“实，谨子也。谨，后魏于栗磾子洛拔之后，余家有洛拔子烈碑云：远祖在幽州，世有部落。阴山之北，有山号万纽于者，公之奕叶居其原址，遂以为姓。”典午推寅世递嬗，因生胙土纷难追。文渊隶书兼籀篆，奉敕称字固大痴。裹回更忆达奚武，请雨华岳刚同时。攀藤直上玉女顶，白衣见梦甘霖施。于今江介方苦旱，安得长吏虔如斯？为君赋此已夏杪，客窗怅望凉飔吹。[100]

2. 论兰亭

厉鹗论兰亭诗文有三篇，较早的有《神龙兰亭拓本跋》：

神龙兰亭墨迹，明时在檇李项子京天籁阁中，其子德宏摹诸石，本朝秀水朱竹垞检讨得之，曾为跋尾，称其较瘦本差肥，而抑扬得所，骨力相称，诚为唐人所摹。今年夏日，检讨曾孙绳武以拓本见贻，始获谛观。因忆袁伯长《清容居士集》有云：开皇兰亭真本入德寿御府，号神龙兰亭，纸前后有“神龙”半印，唐中宗印也。宋理宗下嫁周汉国公主于杨镇。故事，奠雁进奉礼物一百有二十奁，理宗从复古殿取神龙兰亭为第一奁以报。此本后有至元中金城郭祐之跋云：“获于杨左辖都尉家，传是尚方资送物。”与伯长所记符合。杨盖宋亡随两宫入燕，位左丞，此其故物也。生平每以不见定武刻本为憾，抚隋朝之响搨，展唐代之祕玩，追天水之雅尚，挹粉侯之清芬，可以释然矣。因书以贻好古者，为兰亭增一佳事云。[101]

乾隆五年庚申（1740）四月十九日，汪药山携示书画二种，绘画是“韩晋公五牛图”，书迹则是“贾秋壑玉枕兰亭”，樊榭诗云：

元相胡椒八百斛，贾相兰亭八百匣。权幸虽同嗜好殊，簿录当时有常法。褚书缩本三摩挲，名以玉枕珍无过。援兵不救吕文焕，武爵翻酬王用和。犹传石刻风流在，蟋蟀堂空长秋菜。眼见神龙第一匳，与此沧桑阅人代。宋理宗下嫁周汉国公主于杨镇，以神龙兰亭为第一奁。见袁桷《清容居士集》。[102]

后来收入的集外文字则有《定武兰亭跋》：

定武褉帖，相传是率更摹，宋有薛绍彭翻刻，已镵损数字，元时得即未易，松雪言之详矣。昔兰溪何运使有藏本，永乐时，特令镌于国学。余初见时，犹疑此是明刻，及谛睐久，始知为国学之祖本，其为定武无疑。[103]

3. 论印诗文

乾隆八年（1743）二月，厉鹗与丁敬唱和沈心的《论书绝句》十二首，留下一批重要的艺术史文献。每首诗几乎都有注，内容颇丰富。[104]

其一，记汉印：

白玉摩挲卫青篆，虞家题咏陆家收。姓名偶尔存天壤，骑从何知是列侯。陆友仁有方寸小玉印，文曰“卫青”。虞伯生诗云：将军骑从公主时。岂意刻玉为文章？

其二，记五代吴越国印：

葫芦宫井访斜曛，官印浓摹宣德军。阅过土花钱又赵，绝无屈曲少人闻。康熙壬寅，予同吴尺凫、赵功千、丁敬身凤凰山访古，过葫芦井畔老媪家，出观铜印一钮，纵广二寸许，小篆文曰“宣德军节度使之印”。云淘井时所得。欲买之，坚不肯，墨摹其迹以归。明年重过，老妪已亡，印不知流落何地矣。按：周显德六年，从吴越王俶之请，升湖州为宣德军，以王弟偡为节度使。吾子行云：凡摹印屈曲盘回，唐始如此。今观此印，殆不尽然也。

其三，论汉印：

兵象轻将汉印论，谁言好古是云门？行间别署军司马，狂草淋漓诧醉髡。云门张绅云：天下皆用汉印于名字之间，阴文属兵象。《大唐传载》云：永州龙兴寺乃吴军司马蒙之故宅，怀素尝浚井，得军师马印，每草书，用此为志。

其四，记姜夔和王诜的鉴藏印：

四屧争夸白石藏，纷纷钟鼎费评量。好奇更有王都尉，卍字回环吐佛光。姜尧章有“白石生”四屦印。王晋卿有小印文曰“晋卿珍玩”，于卍字中回环刻之。

其五，记录并讨论前代的内府鉴藏印：

珍秘永存虚语耳，明昌七印继宣和。世间名迹俱尘劫，不见袁荆簿录多。

此首诗厉鹗特作长注：“唐王涯有永存珍秘印。金章宗明昌七印：一曰内府葫芦印、二曰群玉珍秘、三曰明昌珍玩、四曰明昌御览、五曰御府宝绘、六曰明昌中秘、七曰明昌御府。严分宜书画被籍入内府，穆宗时出以充武官世禄，成国公朱希忠以善价得之，后以饷江陵，张败又遭籍没，掌库宦官盗出售之，其入严氏时有袁州司籍官半印，入张氏时有荆州司籍官半印”。

诗人巧妙地用前代鉴藏印，来说明传世书画的“尘劫”，但樊榭所记明昌七印并不准确，实际七印为：“明昌御览”“群玉中秘”“内殿珍玩”“御府宝绘”“明昌宝玩”“明昌”“秘府”。[105] 由此可知，到乾隆初年，因为信息不充分，大家对明昌七玺的实际情况仍在认识过程中。

其六，讨论印石：

一自山农铁画工，休和红沫寄方铜。从兹伐尽灯明石，仅了生涯百岁中。王元章始用花乳石刻私印，见镏绩《霏雪录》。处州灯明石可刻图书印，见郎瑛《七修类稿》。

其七，记录瓦头印：

故瓦苔皴出未央，曾传金粟道人章。时时韦带穿为佩，真乐无如吾竹房。顾阿瑛偶得未央宫故瓦头，朱伯盛为刻“金粟道人”印。吾子行有“竹素山房”“我最嬾”“怀真乐”“飞丹霄”数印，印鼻小韦带，尝在手弄之，欲和其四角，令有古意。

其八，记录女性书画及钤印：

闭关颂酒属蛾眉，匕首夫人擅巧思。不见雉皋双窈窕，书中有女画中诗。宋奉华刘妃有“闭关颂酒之裔”印，予尝见明妓徐惊鸿书扇印文曰“徐夫人”，皆以妇人用男子事，徐更巧合。又尝见冒辟疆姬人金玥、蔡含合笔画红梅玉茗，小印文曰：“书中有女，画中有诗。”

记录女性的书画及钤印，是厉鹗的独到之处，由此不难理解《玉台书史》何以产生。樊榭诗注中所提到的“冒辟疆姬人金玥、蔡含合笔画红梅玉茗”，并非他仅见的冒辟疆姬人书画。雍正十年壬子（1732），厉鹗还曾观赏过一套《冒辟疆姬人花卉册》，这套作品“纸本，今尺高不及八寸，濶一尺一寸，画十页，隔水纸上各有辟疆题跋，后跋二页……”此画册“第三页，石畔水墨蜀葵一枝，一花正开，一花将放，数蕋未舒，右‘玉山女子金玥’一印 。”[106] 厉鹗过眼后为此画写下一诗一跋。

樊榭诗《题冒辟疆姬人金圆玉水墨秋葵图》，其注曰：

辟疆自题云：“余不能饮，日看画此花，亦饮醇酒意也。”

其诗云：

金盏横敧醉不胜，墨痕秋晕一奁冰。西园老尽佳公子，看画花枝学信陵。[107]

其跋则云："巢民先生题此幅，自寓颇深，余衍其意为绝句，以殿诸前辈后，真续貂矣。樊榭山民厉鹗。"[108]

其九，讨论印文：

追仿虫鱼枉用猜，底须猎碣辨纤埃。秖宜规矩斯冰体，好为偏旁正误来。

其十，讨论印人风格：

何震密疏能结构，文彭精巧更纡馀。许初徐霖归文休李流芳风流在，善谑应推孙太初。太白山人孙太初印多自制，时有方唯一者，眇一目而善谑，孙为制一印，唯一每书辄用之。李献吉戏题其上曰："方唯一目，印制甚曲。信是盲人，罔觉其俗。"唯一知而亟毁之。印制乃朱文三字相连，而横界其中，寓"目"字也。见徐元懋《古今印史》。

其十一，记玉印：

贵主当年重品题，劫灰澒洞剩悬黎。顥臣死后良工歇，切玉何人更似泥？予友赵饮谷曾得明乐安长公主小玉印，篆刻极精，子为作歌。周栎园侍郎云："自江顥臣死，无复能刻玉者矣。"

其十二，赞美好友丁敬：

绝艺吾乡岂识真，布衣前数顾山臣。城南诗老推能事，肯刻龟螭与贵人。谓丁敬身。

厉鹗的论印文章有为程振华所作《汉印谱序》：

汉印之传于今者有二：曰官印，曰私印。官印昉于周之玺节，至汉，制乃大备，绶铸急凿，为用不同。今之印制，九叠其文，去汉绝远，惟私印记姓名，多仿汉法。夫班、范两史，荀、袁两纪之所载，其功德炳焕于简册者，讵因一印存毁为重轻？若奸谀之骨既朽，而名印犹存，宜唾弃毁灭之不恤，况琐琐猫狢噉尽，无可称述者乎？然且王厚之、姜夔、钱选、颜叔夏著之为谱，扬克一著之为格，吾邱衍著之为式，朱珪著之为集考，叶森著之为韵释。诸君子岂惟篆学之古拙足取哉？亦云善恶之名，笵金附之不朽，为吉为辱，劝戒是寓；其修名不立，徒托虫篆以自见者，又足惧也。夫是之取，其亦远于玩物丧志之诮已。甘泉程君振华多才艺，最精于鉴赏，尝藏弆汉官私印共八百余件，濡纸脱文，编排为谱，属予序其端。因为道汉印可取者如此。[109]

（三）访金石古迹及记录

前文记厉鹗交游的相关章节，我们已知樊榭与友朋酷爱访古，记录这些游历和考证的诗文比比皆是，例如《吴越武肃王登云台题字跋》《下天竺寺山天宝六载余杭郡太守张守信题名跋》《元西天元兴寺钟题名跋》诸篇，内容博洽，价值颇高，不再赘述。以下简介一则厉鹗对杭州本地出土金石文物的记录。

樊榭先生《秋林琴雅》中有《百字令 表忠观怀古》一首云：

云旗风马，见虬姿、髣髴英雄徒步。啼得罗平妖鸟尽，自向钱塘开府。玉册楼高，锦衣城壮，百万貔貅驻。江神心折，回涛先避强弩。　休说朱五经儿，东南霸气，三世偏能据。天遣山河都姓赵，拱手还归真主。麦饭空祠，柳圈寒食，缓缓歌游女。苏碑仍在，眼前龙凤飞舞。[110]

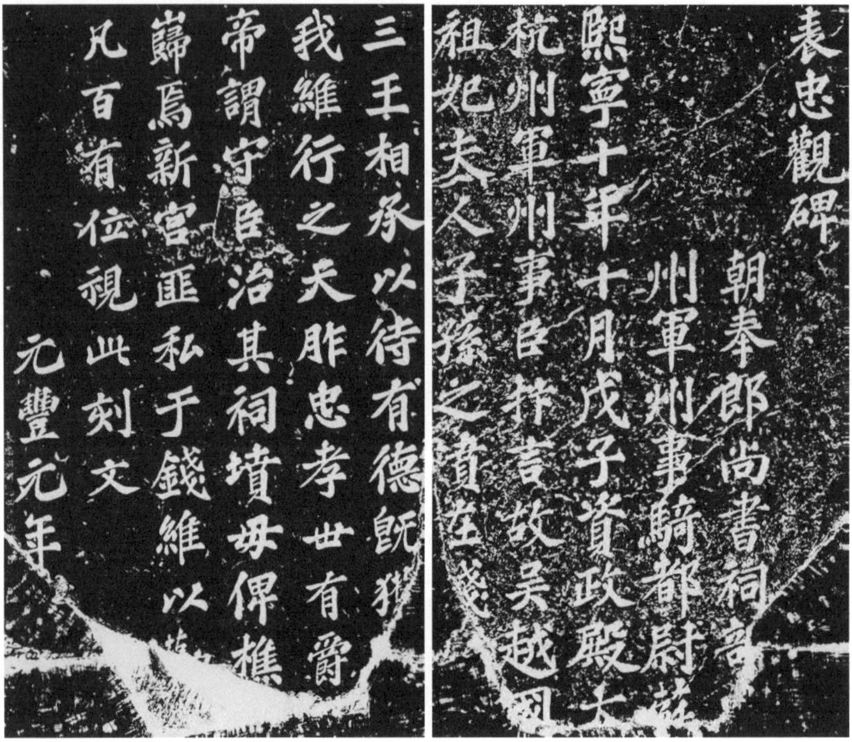

图 13　（宋）苏轼　《表忠观碑》拓本　楷书　每面纵 145cm　横 84.7cm
元丰元年（1078）　日本东洋文库藏[111]

表忠观乃北宋熙宁十年（1077），杭州知州赵抃为纪念吴越国钱王奏请修建。厉鹗词作于康熙末年，气势慷慨，其中特别提到“苏碑仍在，眼前龙凤飞舞。”所谓“苏碑”，即元丰元年（1078）苏东坡应请撰并书的《表忠观碑》（图 13），其文歌颂吴越钱王的历史功绩，书法俊逸潇洒，是东坡中年时期大字楷书碑版代表作之一，也成为杭州历史上重要的碑刻文物之一，为历代学人所景仰。但厉鹗此时所见苏碑，并非宋刻，而是明代重刻的（图 14）。因为苏碑刊石并立于表忠观之后，命运坎坷，由宋至明代，数次损毁，又重刻再立，碑石多次迁移，到明代，宋刻移动至杭州府学后，因避祸埋入地下，到清代湮没已久，令后人扼腕。[112]

直到乾隆己未（1739）秋，杭城文士余懋棅与博雅好古的同年好友赵石函“辄往荒榛宿莽中，扪萝剔藓不少休”，终于在地下找到了《表忠观碑》宋刻旧碑。据考证，出土的旧碑是第一、四石，下截已残缺。残石每面6行，每行存9字至12字。[113] 宋刻出土，轰动杭城士林，厉鹗当然也很关心，但并未急着发表意见。

作为诗人，厉鹗对东坡的作品及书法，当然极其喜爱，平日作诗，用东坡韵者，在《樊榭山房集》里比比皆是。追寻苏轼的文化遗迹，赏鉴其书法遗迹的相关内容有：

雍正三年乙巳（1725），有《人日同陈授衣丁敬身石贞石登吴山用石壁上东坡先生释迦院看牡丹韵》。

同年，还有《十月十八日同余葭白陈授衣闵廉风游禅智寺》，其诗中注：“寺有石刻吴道子志公像，东坡和苏伯固游蜀冈送李孝博使岭表诗。”

乾隆四年（1739）己未，有《东坡先生墨妙亭诗残刻十七字石斋黄公得之琢其背以受墨名曰断碑砚今归桐溪汪氏拓其文装于册来索诗》。

乾隆六年（1741）辛酉，有《题东坡先生雪浪石盆铭拓本即用雪浪石诗韵》。

更有意思的是，雍正十一年癸丑（1755年）五月既望，厉鹗还曾以行书抄写了苏轼诗12首，分别是《辛丑十一月十九日既与子由别于郑州西门之外马上赋诗一篇寄之》《游金山寺》《腊日游孤山访惠勤惠思二僧》《戏子由》《越州张中舍乐寿堂》《往富阳新城李节推先行三日留风水洞见待》《大风留金山两日》《听贤师琴》《韩幹马十五匹》《送孔郎中赴陕郊》《舟中夜起》《书丹元子所示李太白真》。此件手迹现藏于中国国家博物馆，详见后文第四章相关樊榭手迹的讨论。

在这种基础上，乾隆六年辛酉（1741），樊榭作《杭郡庠掘地得苏文忠公表忠观碑宋刻二片》，回忆并记述乾隆二年发掘事，赞叹这件珍贵故物的重光：

唐政不纲四海淆，朱三作贼过于巢。斗鸡牧马尽黄屋，群雄并起争咆哮。钱王两浙为保障，职贡世守橘柚包。百年运去识真主，自携图籍归汴郊。欧九思公幕下客，何事作史相讥嘲。窃观私志籔钱谤，酬以尺喙非呶呶。表忠赖有坡公笔，文如月表楚汉交。大书突兀扶屋极，余力入石蟠生蛟。谁知杨琏筑白塔，塔材蒐索填深坳。淮南张氏又拆毁，新

图 14　明代重刻《表忠观碑》实物[114]

城摩云防寇钞。是时四石仅存二，有人宝惜埋东胶。灵芝荒苑矗祠宇，伐山置栋豁且庨。墨本重摹失遒劲，匹如蹇足追蒲梢。今碑为明嘉靖中太守陈柯重刻。忽惊故物仍出土，园丁奔告鸦鬻抛。学官弟子共太息，苔痕横卧邻斋庖。千金已免柱下辱，野火幸无牧竖敲。报功复古有位责，移贮祠庑搴长筊。岂弟君子神所劳，春秋享祀和弦匏。[115]

“表忠赖有坡公笔，文如月表楚汉交。大书突兀扶屋极，余力入石蟠生蛟。”

寥寥几句，将东坡的文字之功，此块碑石的书法特色，交代清楚。

（四）可移动佛教文物、佛画、古代钱币、铜灯、铜帐钩、酒器等

1. 可移动佛教文物，樊榭作有《古铜佛降生像记》一篇，叙述佛像之形制翔实细致，讲述佛诞之历史引经据典，清晰明了：

古铜佛一桁，制如山而四方，广下狭上，高可六寸，迳各四寸，形模戌削。有六朝画手遗意，非唐后铸冶所能为。虚其臀，似有所置之者。上为悉达太子从母右胁下生举右手相，捧足者，七宝莲华也；吐水以浴者，难陀跋难陀龙王也；周匝围绕者，天龙八部也。下作太子游四门相，四面具雉堞楼橹者，迦毗罗城也；太子所乘马，健陟白驹也；一人背伛身瘠而扶杖，一人仆于地，净居天所化老病死相苦也。按：佛为西方圣人，其诞生瑞应及种种相好，自与凡异。所云“胸有卍字”，与吾夫子制作定世符何殊？而儒者顾疑之。志磐《佛祖统纪》载佛降生当周昭王二十四年甲寅岁四月八日，太史苏由早识祥光入太微之验；而王简栖《头陀寺碑》，以为周、鲁二庄时。《净名疏》云：“佛兴，星陨如雨。”附会《左传》，其不然矣。郦氏注《水经》引支僧《外国事》云：迦维

罗越国佛始生时，随地行七步，足迹文理见存；又二龙吐水，一冷一煖，遂成二池，今尚冷暖如故．此佛降生时地，见于载籍，历有可考者，故并及之．像侧有小铜碑，刻善人石玉、石青及助缘人高绍姓名。吾友程君振华见于广陵市上，欢喜赞叹，得未曾有，亟以金钱易归，供于寒木春华槛中。适腊八佛成道日，同人净馔礼足，因属鹗为记。合十命笔，且作偈曰：

我佛天人尊，降生天人喜。诸释五百子，皆同是日生。乃至厩象马，无有不生者。商人入大海，各各采宝还。愿诸见闻者，皆如佛生日。[116]

2. 佛教绘画，前述《东城杂记》中所记《长明寺》及《贯休十六罗汉始末》，两条记杭城寺庙所藏传世佛画。《长明寺》条记长明寺所藏明万历年间四明李麟画“祖堂百像”。《贯休十六罗汉始末》，记长明寺旧藏，后供养于圣因寺的十六罗汉像。乾隆十四年（1749）十二月廿八日，厉鹗与丁敬游潮鸣寺，访大圜上人，得观戴进画功德诸像立轴残本。并以诗纪事。[117] 除这些外，厉鹗词还记述过一幅藏于灵隐寺借秋阁的“明慈圣李太后赐画九莲观音像”。

康熙六十一年（1722）壬寅春，厉鹗作《西湖月》一首，词注：“明慈圣李太后赐画九莲观音像在灵隐寺借秋阁。”词云：

怱怱梦了华胥，早鹫岭窗前，贮将图画。翠璎长带，铢衣细叠，冷绡光砑。岩居瞻瑞相，展一幨松风尘外挂。任水际、苦入秋心，依旧九莲开也。　署年仿佛神宗，说侍养深宫，白头闲话。月轮圆里，山河小影，似惊飘瓦。兴亡多少事，便指与枯禅应泪洒。已零落、阿监当时，奉香黄帊。[118]

到乾隆七年壬戌（1742）夏，访灵隐，厉鹗又作《借秋阁》一首，诗注："阁中有贝叶经一函，明慈圣太后赐九莲观音像一轴。"可知，借秋阁中所藏是寺内极为珍重的佛宝。说回厉鹗《西湖月》词，除了描述这件由明代宫廷赏赐的佛画精美之外。"署年仿佛神宗"及"兴亡多少事"等句，引出的正是明代佛教史中颇有意思的一段故事。

王启元对此事的研究非常清晰，他指出："明神宗生母慈圣李太后佞佛，世所习知，其子朱翊钧即位后即大兴佛教寺院、礼遇高僧、自封宗教偶像'九莲菩萨'等作为，非独兴趣使然，兼有其政治意义。慈圣逝世后，神宗为之造伪经《佛说大慈至圣九莲菩萨化身度世尊经》《太上老君说自在天仙九莲至圣应化度世真经》，也成为其生前菩萨化生的凭证。"[119]

图15　明万历时期《莲池观音像》（左）　石刻莲池观音像（右）
美国大都会艺术博物馆藏[120]

慈圣李太后既然佞佛，当然会投入资源用于佛事，于是修寺、刻经、“绘造”图像，便大行其道。[121] 这其中就有很多“九莲菩萨图像”以绘画、石刻、拓本等形式传世（图 15）。灵隐寺所藏《九莲观音像》一轴早已不存，幸有厉鹗记录，参照存世图像，大致可想见当年借秋阁内藏画的风采。

3. 前述《东城杂记》之《莫氏古泉记》之外，樊榭还有一些与古代钱币研究有关的文章，如《续泉志序》《程振华藏先秦货布记》等。学人研究货布，考据史地，辨识古文，助益学问，绝非俗世单纯的鉴藏之举。

《续泉志序》，记好友胡道周之著作：

《续泉志》若干卷，吾友胡道周氏续宋鄱阳洪文安公遵之书而作也。钱法自周九府、汉三官而后，轻重大小，时异代殊。前文安而纂述者，若梁顾烜、唐封演、张台，宋陶岳、杜镐、董逌、金光袭、李孝美辈，文安皆摭摭而辩证之。又广采史、子诸家，而以家藏古泉百余品摹画为图，用力可谓勤已。惟昔宋室之南，军兴岁币，公私交困，缗钱不足用，始以益州交子之法，行于江淮行在。于是天圣闲所置务，其交引视钱为准者，即以交引代钱。天下大计，仰给于纸，谓之楮币。元费著作谱，载其图式界数甚详。钱法之变，于是而极。文安生其际，目击时艰，爰作《泉志》，论世者以为殆文安微意所寓云。道周嗜古之笃，不减文安，凡所胪陈，皆得于神林破冢谽摩蘚蚀之余，不独齐太公货、新莽泉模，为文安志所未备，即有宋一代诸年号泉之外，又得铜牌径二寸许，其文为“临安府行用，准三百文省。”予向读郎仁宝《七修类稿》，云是南渡国穷，补救变通之物，交会钱引之类。第不解所谓“省”者何。考洪文敏《容斋随笔》云：“太平兴国四年，因五季之制，诏民闲缗钱定以七十七为陌。自是以来，官民出纳，名曰‘省钱’。”然则铜牌者，殆亦支钱之券，当日钱无足陌，故著“省”字，非如楮币之祇以千百为率也。铜牌废而楮币行，此正可补《宋史·食货志》之缺，于以续文安作志之微意，相去五百年，有莫逆于心者焉。文安志分九品：曰正用品，曰伪品，曰不知年代品，曰天品，曰外国品，曰奇品，曰厌胜品。天与神邻于幻诞无稽，道周削之，限以七品，尤有特见，予故辋举大略而为之序。[122]

《程振华藏先秦货布记》，樊榭记扬州好友程振华在市中所购得古钱：

古货币自太公立九府圜法，始有泉名；而刀、布为泉别种，则高似孙《纬略》有商货庄布、商货四布，已在太公前。即齐亦有太公货刀及即墨齐公货刀，今世尚存。《周礼》亦有邦布之目。秦兼天下，钱用半两，汉钱用榆荚四铢，莽世始用布货十品，皆不著地名。广陵友人程君振华好鉴古物，能识古文奇字。一日过市，见有售古布者，首狭足歧，朱绿如绣，谛视皆古篆，诘曲不可卒辨，乃解囊贸之归。细释其文，得二十有七种，皆着地名。以《汉书·地理志》考之，则属京兆尹者一，曰郑；属河东郡者四，曰平阳、莽曰香平，曰北屈、莽曰朕北，曰屈邑、应劭所云南屈也，曰蒲子；属太原郡者三，曰兹氏、莽曰兹同，曰祁、莽曰元，曰上艾；属上党郡者三，曰长子邑，曰屯留，曰襄垣、莽曰上党亭；属河内郡者一，曰温；属河南郡者一，曰梁邑；属东郡者二，曰博平、莽曰如睦，曰阳平；属陈留郡者一，曰尉氏邑；属汝南郡者一，曰安阳、莽曰均夏，汉中郡亦有安阳，未知孰是；属南阳郡者一，曰鲁阳；属魏郡者一，曰武安、莽曰桓安；属常山郡者一，曰九门、莽曰久门；属涿郡者一，曰涿；属平原郡者二，曰高唐邑，曰羽、莽曰羽贞；属临淮郡者一，曰舆、莽曰美德；属北地郡者一，曰马领邑；属辽东郡者一，曰文邑、莽曰文亭；属楚国者一，曰梧；属泗水国者一，曰于邑。于时识者莫不以为此汉物也，程君以询予，予曰："此元吴郡陆友仁著《砚北杂志》所称为先秦货布者也。夫汉既用圜法矣，史不闻其行刀、布也。莽好更革，虽行刀、布，汉地名必不用。惟秦分天下为郡县，而又去太公行刀、布时不远，货布之作，殆是此时。后更而为钱，其郡有为汉设者，或邑名仍秦旧分属耳。若友仁所得曰屯留、曰安邑全货、曰平阳、曰高阳、曰安阳，其余文友仁亦不能尽识。今程君所得者，无安邑、高阳两种，而辨别其文如此之众，洵乎能识古文奇字，不减杨南仲、薛尚功一流人矣。[123]

此文，厉鹗有手迹传世，《爱日吟庐书画录》卷四记："《厉鹗自书先秦货布记册》纸本，高九寸二分，阔一尺一寸二分。"[124]书中所记这件厉鹗手书，文字内容与文集基本一致，但文末还有："程君属予次第其语，因书以为《先秦货布记》。乾隆癸亥孟冬小雪后二日，钱唐厉鹗撰。"印二。厉鹗。白文方印。太鸿。朱文方印。手书后附古钱拓本二十二种。[125]

由此可知，厉鹗此文书于乾隆八年癸亥（1743），程振华得之与古钱拓本合订一册，必然珍视，但世事无常，《厉鹗自书先秦货布记册》问世半个世纪后，便流转于世间，《爱日吟庐书画录》所记的册后众多题跋，说明了其命运。[126]

此册先归宋葆淳，后赠翁树培。嘉庆四年（1799）八月十二日，宋葆淳题识说明：

厉樊榭手书《先秦货布记》，余得自扬州，以贻宜泉太史。太史拓其文附于册后，览者得以有所考焉。嘉庆四年八月十二日，隰陬宋葆淳识。

宋葆淳题识于嘉庆四年（1799）八月十二日，但实际上早在乾隆甲寅（1794）七月，他已经将此册赠给了京中的翁树培，翁树培书于嘉庆十年（1805）九月十五日的题记曰：

乾隆甲寅七月，宋芝山入都，出樊榭墨迹见赠，培因检所收吉币拓本黏于后。今见程梦星《布泉歌》，其序有云："乾隆壬戌冬杪，山左掘土出布泉千余，检视得六十四种，购得之。"午桥，江都人，振华居扬州，壬戌、癸亥相去一年耳，恐即同时所出之物，而午桥所得，信之。嘉庆十年九月十五日翁树培记。

翁树培获此册，非常喜爱，常常示于同好，观者纷纷留下跋语，分别是：嘉庆元年（1796）七月，黄易题识。嘉庆七年（1802）壬戌正月廿五日，张廷济题识；二月初，陈鳣题跋。嘉庆十年（1805）乙丑九月，严可均观后题识。

翁树培过世后，嘉庆十七年壬申（1812）季秋，此册由孙均在北京购得。

国朝诸名流以著作传者，皆能原本经术，条贯六书，以及古今金石源流，灼然各有援据论说，以昭示后世，此则汉唐宋元以来名儒所不逮也。樊榭先生以博疋之才，偶纂钱币证孜一首，手自写录传世。始归芝山、宜泉二君，嘉庆壬申季秋，古云尊兄复于都门购得之。物聚所好，良非虚语，吾为此册庆所遭矣。铁珊方廷瑚并识。

在所有题跋中，黄易长跋最为详实，文繁不具引，但其追忆程振华、厉樊榭、黄道周、赵诚夫、丁敬身等诸先君子的金石雅好，显然受益匪浅。《厉鹗自书先秦货布记册》的产生和流转，正是乾嘉间金石学兴盛的一件佳证，厉鹗和其友朋的好奇心与博学，滋养后辈，功德无量。

4. 乾隆八年（1743），樊榭先后为两件汉代铜镫作赋题铭。

第一件是在扬州，韩江诗社雅集，主题为歌咏马半槎所藏汉铜雁足镫，樊榭作《汉铜雁足镫歌为半槎赋》，其注曰："盘下铭云：竟宁元年护为内者造铜雁足镫，重四斤十二两，护武啬夫霸掾广汉主石丞赏守令麋护工衣史不禁首山宫内者弟廿五受内者。"歌云：

蒲阪首山青逶迤，黄帝鼎成龙胡垂。战且学仙事绝奇，茂陵刘郎始祝厘。流传奕叶敦书诗，犹崇祀典敞云楣。妍蛾无姅夕侍祠，金釭如虹掺手携。望灵之来月出时，神光下属风披帷。翩然而逝不可期，劳心悄兮煎虮脂。阴精沙麓祚始衰，效祥安得斋房芝。后代蛤彩莹琼肌，不照绿绨方底儿。此镫行第人见之，细数瑶瑟弹冰丝。铭字俨如沙画锥，内者啬夫掾丞令。年是竟宁嗟已竟，制器尚象古示儆，随阳有序亦天性。铜花涵碧秋水净，雅胜羊头与凤柄。夜凉可亲宜放郑，千年瓠史寄闲评，君家自发短檠咏。[127]

第二件是厉鹗为丁敬作《汉铜龙虎鹿卢镫歌为敬身作铭四字曰"宜子孙吉"》：

今年曾咏雁足镫，新诗传唱满广陵。归来江上访高士，又见一镫奇可称。镫似舟形本无足，亦非锭中堪置烛。吕静《韵集》：无足曰镫，有足曰锭。徐铉云：锭中置烛谓之镫。偃则为盖仰为盂，盂乃有味中有轴。鹿卢一转一惆怅，心在两京千载上。焚兰照影复何人，可怜漆炬迎幽圹。盂底镂文出良手，青雕素威分左右。《后汉书张衡传》：左青雕以揵芝，右素威以司钲。注：青龙、白虎也。

铭衔三字宜子孙，子孙今日知谁某？庐江李氏昔得一，独少羲文片辞吉。江淹漫叹庶人镫，充庭艳帐何堪述。与君莫师无眼禅，顶礼白石莲花前。灯传无尽诗无尽，试与佳儿诵此篇。[128]

5. 魏景初铜帐钩

诗见《樊榭山房续集》卷七《魏景初帐构铜歌》，其注为：“状圆如筒，径一寸，长四寸许，中空而底方旁出歧枝，有孔。上有字云：景初元年五月十日中尚方造，长一丈，广六尺，泽漆平坐帐上广构，铜重二斤十两。凡三十二字，八分书。邗上方西畴所藏。”歌云：

霸城月照仙人泪，不逐魏宫翁仲二。铜驼久作劫灰飞，帐构犹存景初字。洛灵儿爱芳林好，夺得蛾眉供洒扫。琱㻂想像薄罗风，传与千年尚方造。流苏翠羽光零乱，土上出金妖谶换。见王子年《拾遗记》。文成石马大讨曹，水吐玉蜍才效汉。碧筒平坐朱竿密，八分应认仲将笔。魏明帝宫馆宝器，皆韦仲将书，见《太平广记》。摩挲仿佛陵云台，小缩波痕劲无匹。更闻昭烈能自贬，御用都归销鎔焰。《南史·雀祖思传》：“刘备取帐构铜铸钱，以充国用。”帐构铜之名，仅见于此。一枚古色出重缄，留向人间鉴奢俭。[129]

此诗有樊榭手书一件，现藏日本澄怀堂美术馆。

6. 银酒器与瓷酒器

前文论述过乾隆十三年（1748）秋，厉鹗结束天津之行，归返扬州，在老友吴蔚洲秋琴馆做客，应主人之请，为其家传十三件明代银凿落作歌，于是有了《吴氏家藏十三银凿落歌为蔚洲作》。早在雍正十年（1732），厉鹗就为马曰璐所藏一件元代巧工朱碧山所造银槎赋歌，即《朱碧山银槎歌为秋玉赋》：

诗人往者聚长安，好事曾闻孙退谷。银槎酌客客作歌，想像无由能寓目。朱华玉名碧山字，至正年居魏塘里。一生良冶此仅传，流落江南非偶尔。虚心断节桑落贮，分得秋河好风露。开襟有客踞上头，或云凿空博望侯。手持支机石一片，张侯张侯吾所羡。即时酒与身后名，何如黄姑渚畔长游衍？槎腹鋟诗句潇洒，问津可惜无知者。摹形已夺晋丹青，操觚堪补元风雅。主人索我重作歌，爱之过于金叵罗。前宵偷儿胠其箧，免随羽化神撝诃。翠壶插菊展重阳，半杯竟欲追渴羌。醉倒空斋月为枕，梦向天孙乞馀锦。[130]

马氏兄弟非常看重这件银槎，马曰璐有诗云：“酒器有银槎，户小识饮量。”注云：“予家有朱碧山所制银槎，予仅能尽槎之半，用以为号。”由此可知“马半槎”之号正是来自这件元代银槎。在围绕二马活动的诗人群落中，因为马氏好客，朱碧山银槎颇为人所知，大家多有和诗。[131] 厉鹗的诗简洁明了，对此件酒器的历史渊源交代非常清晰。

厉鹗老友吴焯去世较早，樊榭怀人至深，乾隆十二年（1747）丁卯，吴焯之子吴城请他为瓶花斋所藏 108 件瓷酒器作歌，《樊榭山房续集》卷六有《瓶花斋百八瓷酒器歌》，诗注：“吴君尺凫故物，令嗣敦复乞诗。”诗云：

君不见郑泉酒人称大户，化身愿作陶家土。绣谷先生归道山，酒器骈罗一一精魄聚。何年筮坎六四爻，有酒用缶不用匏。弁星值斗斟且酌，镂金刻木徒相嘲。绿瓷赋邹阳，风气自此开。孝威㼽，叔夜杯，与夫柴家雨过天青好颜色。俱随劫火去不回，瓶花斋中霜叶乱，觞客香醪互持玩。建瓯高捧兔毫圆，定盌低倾红玉半。中受五斗瓶制同，小则二升之瓻四升觛。其数一百八件有如念珠曹，麴部风流旧公案。前明供饮瓷最多，永厚宣薄群摩挲。串金番莲发五彩，莲房桃实交双柯。醮坛茶盏肃皇造，今日坐上驱使卷白波。只无穆庙窑，僻画于焉托。仿佛广川屋壁东昏阁，酒德未终色荒作。追思雅意滛哇削，法士毋讥腐肠药。长公继美清且贤，醉乡之后人争传。要客更唱飞朋笺，卫公故物胡能然？就中我爱小觥船，不辭亦复堪流涎。鬓丝禅榻非当年，故人久作骑鲸仙。[132]

此诗中，“柴家雨过天青好颜色”“前明供饮瓷最多，永厚宣薄群摩挲。串金番莲发五彩，莲房桃实交双柯”等句，可以看出樊榭对前代珍贵瓷器过手过眼甚多，品鉴能力不凡。

小　结

樊榭的艺术史写作，方向独到，思路清晰，体例完备，采撷资料广泛。

较早出版的《南宋院画录》，确实有处理材料粗疏，不够严谨之处，但考虑到其成书早，作者的资料和识见尚需积累，后期也做了必要的修订补充，因此总体上是瑕不掩瑜。更加重要的是，樊榭史观公允，少偏见，采撷资料广博，体例上则多开创之举，令人赞赏。《玉台书史》是中国独立的女性艺术史开山之作，其背后反映出浙西学派开放的学风，厉鹗敏锐的见识和行动力则促成了这一佳事，对于后人尤其是汤漱玉编写《玉台画史》有着直接的示范作用。

厉鹗其他著作中的艺术史材料，有着百科全书式的广泛和丰富，这结合了他个人生活经历和学术兴趣，对艺术家和艺术作品的记录，对金石文物等的考察，既有对前人认识的引用，更有其优良学养所支撑的考证和辨明，查漏补缺，资料弥足珍贵。批评者常以为厉鹗用典繁多，易造成阅读障碍，所以缺乏“流丽之美”。笔者的看法是，厉鹗诗文创作时的阅读对象，和他的学识及趣味相近，基本不会有理解与传播的困难，只是年代久远，传统文化教育和传承中断，造成了后人的认识困难，这不是古人之过，今人应努力研究，解开疑难。

总之，厉鹗的艺术史专著及与艺术史相关的诗词文章，确实是中国艺术史研究不可忽视的重要材料。本文尚未论及的樊榭其他著作，如《宋诗纪事》等，未来值得进一步研究和考辨。

注释

1. 对厉鹗艺术史成就做总体研究的有李梦珠：《论厉鹗的艺术史学成就》，河南大学硕士学位论文，2018年。李梦珠论说厉鹗的艺术史写作亦大致分为此三种类型。本书附录二“厉鹗艺术史相关诗词文一览表”，统计了目前所见的相关材料。
2. 南宋画院问题目前学界仍有争论，也有学者认为是“后世想象”，参见（美）彭慧萍：《虚拟的殿堂——南宋画院之省舍职制与后世想象》，北京大学出版社，2018年。
3. 《樊榭山房文集》卷四之《南宋院画录序》，《樊榭山房集》，上海古籍出版社，2012年，第758—759页。
4. 李方红：《〈南宋院画录〉内容与版本考述》，载《美术研究》2017年第3期，第50—52页。
5. 同上。
6. 上文，第51页
7. （清）厉鹗撰：《知不足斋抄校本南宋院画录（外一种）》，中华书局，2016年，第15页。此书所收的“外一种”，乃是周亮工的《读画录》。
8. 上书，第1—2页。
9. 上书，第366页。
10. 墨批、朱批信息及释文均引自《南宋院画录校释图笺》，浙江人民美术出版社，2015年，第269页。此段跋语《北京图书馆古籍善本书目》释读为：“樊榭先生抄撮古书，往往以意删削。如此书中所引《六研斋笔记》《宝绘录》之类是已。重抄清本，必须觅宋元书对过，不可草草。”（转引自《鲍廷博题跋集》，浙江古籍出版社2012年，第134页。）此释读，“是已”的断句较生硬，不符合语意，“宋”字更是无中生有。
11. 郭建平两文：《论明清时期画学著书风气——以知不足斋本〈南宋院画录卷〉

鲍廷博题跋为线索》，载《首都师范大学学报（社会科学版）》2011 年第 5 期；《从画学著录手跋看清代江南文人的互动圈层——以〈一角编〉等手跋为线索》，载《厦门大学学报（哲学社会科学版）》2015 年第 4 期。

12. 《论明清时期画学著书风气——以知不足斋本〈南宋院画录卷〉鲍廷博题跋为线索》，载《首都师范大学学报（社会科学版）》2011 年第 5 期，第 150 页。
13. 《樊榭山房文集》之《南宋院画录序》，《樊榭山房集》，上海古籍出版社，2012 年，第 758—759 页。
14. 《从画学著录手跋看清代江南文人的互动圈层——以〈一角编〉等手跋为线索》，载《厦门大学学报（哲学社会科学版）》，2015 年第 4 期，第 154 页。
15. 《知不足斋抄校本南宋院画录（外一种）》，中华书局，2016 年，第 19 页。
16. 余绍宋著，江兴祐点校：《书画书录解题》，西泠印社出版社，2012 年，第 210 页。
17. 徐小虎：《被遗忘的真迹——吴镇书画重鉴》，广西师范大学出版社，2012 年，第 18 页。
18. 同上，第 16 页。
19. 李方红：《〈南宋院画录〉内容与版本考述》，载《美术研究》2017 年第 3 期，第 50 页。
20. 上文，第 52 页。
21. Osvald Sirén, *Chinese Painting: Leading Masters and Principles,* Lund Humphries The Ronald Press Company, New York, 1956.
22. James Cahill, *An Index of Early Chinese Painters and Paintings: T'ang, Sung, and Yuan,* University Of California Press, 1980.
23. 《知不足斋钞校本南宋院画录（外一种）》，中华书局，2016 年，第 106—107 页。
24. 上书，第 111—112 页。此文收入《樊榭山房续集集外文》，参见《樊榭山房集》，上海古籍出版社，2012 年，第 1717—1718 页。
25. 余绍宋：《书画书录解题》，西泠印社出版社，2012 年，第 32 页。
26. 方盛良：《清代扬州徽商与东南地区文学艺术研究》，人民文学出版社，2008

年，第 97—99 页。

27. 此为马雅贞文章的摘要，全文参见马雅贞：《从〈玉台书史〉到〈玉台画史〉：女性艺术家传记的独立成书与浙西的艺文传承》，载《清华学报》40 卷 3 期，2010 年 9 月，第 411—451 页。

28. 黄千惠：《玉台书史女书家研究》，“国立台南大学”国文系硕士论文，2013 年，“引用书目”之“六、书画作品出处一览表”，第 187—190 页。

29. 王霖：《〈东城杂记〉中的美术史料》，载《新美术》2012 年第 12 期，第 51—53 页。

30. 王霖：《〈东城杂记〉中的美术史料》，载《新美术》2012 年第 12 期；王霖《贯休〈十六罗汉图〉考——以杭州西湖圣因寺藏本为线索》，载《新美术》2013 年第 5 期。

31. 王霖《〈东城杂记〉中的美术史料》，《新美术》2012 年第 12 期，第 58 页，本文对原文标点略有改动。

32. 王霖：《贯休〈十六罗汉图〉考——以杭州西湖圣因寺藏本为线索》，载《新美术》2013 年第 5 期，第 34 页。

33. Ernst Boerschmann，*Baukunst und Landschaft in China.* VERLAG VON ERNST WASMUTH A.G.，BERLIN，1926.

34. 《东城杂记》卷上之《富景园》，《厉鹗集》，浙江古籍出版社，2016 年，第 779—780 页。

35. 《东城杂记》卷上之《宋画院》，《厉鹗集》，浙江古籍出版社，2016 年，第 781 页。

36. 王伯敏：《中国绘画通史》，上册，三联书店，2000 年，第 373 页。

37. （美）彭慧萍：《虚拟的殿堂—南宋画院之省舍职制与后世想象》，北京大学出版社，2018 年，第 6—12 页。

38. 《东城杂记》卷上之《痴绝生》，《厉鹗集》，浙江古籍出版社，2016 年，第 785 页。

39. 《东城杂记》卷上之《剑石铭》，《厉鹗集》，浙江古籍出版社，2016年，第800页。
40. 《东城杂记》卷下之《城曲茅堂》，《厉鹗集》，浙江古籍出版社，2016年，第814页。
41. 《东城杂记》卷下之《自馀轩》，《厉鹗集》，浙江古籍出版社，2016年，第843页。
42. 《东城杂记》卷上之《高云阁》，《厉鹗集》，浙江古籍出版社，2016年，第791页。
43. 《东城杂记》卷上之《恽寿平诗》，《厉鹗集》，浙江古籍出版社，2016年，第811页。
44. 《东城杂记》卷下《莫氏古泉记》，《厉鹗集》，浙江古籍出版社，2016年，第844—845页。
45. 《东城杂记》卷下《锺绍京书》，《厉鹗集》，浙江古籍出版社，2016年，第816—817页。
46. 闫建科：《王蒙〈芝兰室图〉和俞和行书〈芝兰室图记〉》，载《荣宝斋》2014年第1期，第106—125页。
47. 杨可涵：《香远益清——王蒙〈芝兰室图〉新考》，《中国美术》2019年第5期，第152—158页。
48. 《东城杂记》卷上之《芝兰室图》，《厉鹗集》，浙江古籍出版社，2016年，第809—810页。
49. 《东城杂记》卷上之《项子京芝旸图》，《厉鹗集》，浙江古籍出版社，2016年，第797页。
50. 《东城杂记》卷下之《钟馗图》，《厉鹗集》，浙江古籍出版社，2016年，第817—818页。
51. 《东城杂记》卷上之《叶居仲》，《厉鹗集》，浙江古籍出版社，2016年，第801—803页。

52. 《东城杂记》卷下之《碧凤堂》，《厉鹗集》，浙江古籍出版社，2016 年，第 833—834 页。
53. 《东城杂记》卷上之《慈云寺宋刻》，《厉鹗集》，浙江古籍出版社，2016 年，第 796 页。
54. 《东城杂记》卷下之《潮鸣寺》，《厉鹗集》，浙江古籍出版社，2016 年，第 819—820 页。
55. 《东城杂记》卷上之《剑石铭》，《厉鹗集》，浙江古籍出版社，2016 年，第 799 页。
56. 《东城杂记》卷上之《长明寺》，《厉鹗集》，浙江古籍出版社，2016 年，第 805—806 页。
57. 《东城杂记》卷上之《贯休十六罗汉始末》,《厉鹗集》, 浙江古籍出版社 2016 年，第 806 页。
58. 《东城杂记》卷上之《长明寺》，《厉鹗集》，浙江古籍出版社，2016 年，第 820—821 页。
59. 厉鹗：《辽史拾遗》（王云五主编“丛书集成初编”之“辽志及其他一种”），商务印书馆，1936 年，“辽史拾遗抄撮群书目录”，第 1—13 页。
60. 同上，第 429 页。
61. 厉鹗尝引此典故，论丁敬之“抱云峰”，见前文第一章所述与丁敬交游事。
62. 厉鹗：《辽史拾遗》，商务印书馆，1936 年，第 382—383 页。
63. 庆陵研究的基础材料参见：田村実造·小林行雄，『慶陵 東モンゴリアにおける遼代帝王陵とその壁画に関する考古学的調査報告　上·下』（全 2 册），京都大学文学部，1952—1953；田村実造『慶陵の壁画』，同朋舎，1977。国内近年的相关研究参见：张鹏：《辽墓壁画研究—以庆东陵、库伦辽墓和宣化辽墓为中心》，中央美术学院博士论文，2004 年；张帆：《试谈辽庆东陵墓葬建筑和壁画的特点》，载《文物建筑》，2007 年第 1 辑。
64. 厉鹗：《辽史拾遗》，商务印书馆，1936 年，第 407—408 页。

65. 关于这一问题，张鹏有充分的论述，参见张鹏：《辽墓壁画研究——以庆东陵、库伦辽墓和宣化辽墓为中心》，中央美术学院博士论文，2004年，第38—40页。

66. 厉鹗：《增修云林寺志》，杭州出版社，2006年，第1页。

67. 上书，第2页。

68. 上书，第54页。

69. 上书，第55页。

70. 上书，第56—57页。

71. （明）方孝孺：《逊志斋集》卷十八《题灵隐寺碑后》，四库全书本。

72. 厉鹗：《增修云林寺志》，杭州出版社，2006年，第104页。

73. 厉鹗：《增修云林寺志》卷六之《＜冷泉亭图＞题咏附录》，光绪戊子刊本。标点参考《增修云林寺志》，杭州出版社，2006年，第165—170页。

74. 《增修云林寺志》，杭州出版社，2006年，误作“儿子”。

75. 此小注，《增修云林寺志》中无，《樊榭山房集》中有。

76. 赵昱此诗亦收入《爱日堂吟稿》卷二。

77. 丁敬此诗亦收入其《砚林诗集》，见卷一《题沈石田冷泉亭图次石田自题韵》。

78. 厉鹗：《增修云林寺志》，杭州出版社，2006年，第178—182页。

79. 上书，2006年，第178页。

80. 上书，第179页。

81. 赖天兵：《飞来峰郭经历造像题记及相关的元代释教都总统所》，载《文物世界》2008年第一期，第30页。

82. 同上，图四。

83. 厉鹗：《增修云林寺志》，杭州出版社，2006年，第181页。

84. 上书，第183—184页。

85. 张毅、李开林编著：《清代诗学名家书画评论汇编》，南开大学出版社，2016年，第454—490页。

86. 夏飘飘：《厉鹗与康乾诗坛》，社科文献出版社，2020年，第76页。

87. 参见本书附录二：厉鹗艺术史相关诗词文一览（以《樊榭山房集》为核心）。
88. 王霖：《贯休〈十六罗汉图〉考——以杭州西湖圣因寺藏本为线索》，载《新美术》2013 年第 5 期。
89. 《知不足斋钞校本南宋院画录(外一种)》，中华书局，2016 年，第 222—234 页；《南宋院画录校释图笺》，浙江人民美术出版社，2015 年，第 169—181 页。
90. 《南宋院画录校释图笺》，浙江人民美术出版社，2015 年，第 171 页。
91. 《中国国家博物馆馆藏文物研究丛书•书法卷（清代）》，上海古籍出版社，2018 年，第 136—137 页。
92. （日）近藤秀实、何庆先：《图绘宝鉴校勘与研究》，江苏古籍出版社，1997 年，第 51 页。
93. 《樊榭山房续集》卷七《同丁龙泓过潮鸣寺访大圜上人观戴进画功德诸像立轴残本》，《樊榭山房集》，上海古籍出版社，2012 年，第 1579 页。
94. 《樊榭山房集》卷四《十二月六日大雪初霁同耕民著屐登吴山归检乡先辈凌柘轩集有同瞿存斋吴山对雪诗因次其韵》，《樊榭山房集》，上海古籍出版社，2012 年，第 332 页。
95. 《樊榭山房续集》卷三《诸公诗来兼咏山石予诗似有未尽再用前韵赋一首》，《樊榭山房集》，上海古籍出版社，2012 年，第 1140 页。
96. 《樊榭山房续集》卷十《醉太平•题村学堂图》，《樊榭山房集》，上海古籍出版社，2012 年，第 1659 页。
97. 涂宗涛：《介绍厉鹗的两首佚诗》，载《杭州师范学院学报》1989 年第 5 期，第 95—97 页。此诗笺来历作者在文中交代甚详。
98. 《樊榭山房集》卷一《观汪青渠所藏嵩山诸碑版拓本六首》，《樊榭山房集》，上海古籍出版社，2012 年，第 8—13 页。
99. 《樊榭山房文集》卷二，《樊榭山房集》，上海古籍出版社，2012 年，第 714—715 页。
100. 《樊榭山房续集》卷六《方君任见示后周西岳华山碑且索赋诗》，《樊榭山房集》，上海古籍出版社，2012 年，第 1436—1437 页。

101.《樊榭山房文集》卷八《神龙兰亭拓本跋》，《樊榭山房集》，上海古籍出版社，2012 年，第 819 页。

102.《樊榭山房续集》卷一《贾秋壑玉枕兰亭》，《樊榭山房集》，上海古籍出版社，2012 年，第 983 页。

103.《樊榭山房全集》集外文，《樊榭山房集》，上海古籍出版社，2012 年，第 1717 页。

104.《樊榭山房续集》卷三《和沈房仲论印十二首》，《樊榭山房集》，上海古籍出版社，2012 年，第 1114—1130 页

105. 王耀庭：《明昌七玺及其周边》，载《故宫学术季刊》，2017 年，第 34 卷 3 期，第 1—44 页。

106.（清）方浚颐：《梦园书画录》，清光绪三年（1877）定远方氏成都刻本、卷十六。

107.《樊榭山房集》卷七《题冒辟疆姬人金圆玉水墨秋葵图》，《樊榭山房集》，上海古籍出版社，2012 年，第 515 页。

108.（清）方浚颐：《梦园书画录》、清光绪三年（1877）定远方氏成都刻本、卷十六。《樊榭山房集》未收此跋。句读参考《厉鹗年谱长编》，浙江工商大学出版社，2016 年，第 258 页。

109.《樊榭山房文集》卷二《汉印谱序》，《樊榭山房集》，上海古籍出版社，2012 年，第 718 页。

110.《樊榭山房集外词 秋林琴雅》卷三，《樊榭山房集》，上海古籍出版社，2012 年，第 905 页。

111. 图引自《苏东坡〈表忠观碑〉刻石考》，载《中国书法》2020 年第 1 期，第 73 页。

112. 表忠观碑问题研究参见：金平：《苏轼〈表忠观碑〉历史沿革考述》，《东方博物》2007 年第 1 期，第 26—31 页；（日）田上惠一 文，段毅琳、堀川英嗣译：《苏东坡〈表忠观碑〉刻石考》，载《中国书法》2020 年第 1 期，第 72—81 页。

113. 金平：《苏轼〈表忠观碑〉历史沿革考述》，《东方博物》2007 年第 1 期，第 31 页。

114. 上文，第 29 页。

115.《樊榭山房续集》卷一《杭郡庠掘地得苏文忠公表忠观碑宋刻二片》，《樊榭山房集》，上海古籍出版社，2012 年，第 1021 页。

116.《樊榭山房全集》集外文，《樊榭山房集》，上海古籍出版社，2012 年，第 1711—1712 页。

117.《樊榭山房续集》卷七《同丁龙泓过潮鸣寺访大圜上人观戴进画功德诸像立轴残本》，《樊榭山房集》，上海古籍出版社，2012 年，第 1579 页。

118.《樊榭山房全集》卷九《西湖月 明慈圣李太后赐画九莲观音像在灵隐寺借秋阁》，《樊榭山房集》，上海古籍出版社，2012 年，第 674 页。

119. 王启元：《慈圣皇太后、〈九莲经〉与万历佛教》，载《佛学研究》2014 年总第 23 期，第 64—81 页。

120. 吴美凤：《明代宫廷绘画史外一章——从慈圣皇太后的“绘造”谈起》，载《故宫学刊》2013 年第 2 期，第 285 页，图 17、18。

121. 吴美凤：《明代宫廷绘画史外一章——从慈圣皇太后的“绘造”谈起》，载《故宫学刊》2013 年第 2 期，第 266—310 页。

122.《樊榭山房文集》卷二，《樊榭山房集》，上海古籍出版社，2012 年，第 719—720 页。

123.《樊榭山房文集》卷五，《樊榭山房集》，上海古籍出版社，2012 年，第 765—766 页。

124.（清）葛金烺、葛嗣彤撰，慈波点校：《爱日吟庐书画丛录》（全三册），浙江人民美术出版社，2013 年，第 188 页。

125. 上书，第 190 页。

126.（清）葛金烺、葛嗣彤撰，慈波点校：《爱日吟庐书画丛录》（全三册），浙江人民美术出版社，2013 年，第 190—195 页。

127.《樊榭山房续集》卷三《汉铜雁足镫歌为半槎赋》，《樊榭山房集》，上海古籍出版社，2012 年，第 1149 页。

128.《樊榭山房续集》卷三《汉铜龙虎鹿卢镫歌为敬身作铭四字曰“宜子孙吉”》，《樊榭山房集》，上海古籍出版社，2012年，第1155—1156页。

129.《樊榭山房续集》卷七《魏景初帐构铜歌》，《樊榭山房集》，上海古籍出版社，2012年，第1579页。

130.《樊榭山房集》卷七《朱碧山银槎歌为秋玉赋》，《樊榭山房集》上海古籍出版社，2012年，第507页。

131. 王小恒：《论浙派扬州诗人群落的“同题集咏”唱和活动——以“扬州二马”为中心》，载《内蒙古社会科学（汉文版）》2019年第5期，第154页。

132.《樊榭山房续集》卷六《瓶花斋百八瓷酒器歌》，《樊榭山房集》，上海古籍出版社，2012年，第1451—1452页。

第四章　厉鹗的手迹和图像

一、厉鹗手迹遗存及考辨

厉鹗一生勤于著述，书写是这位读书人学术与日常生活最重要的组成部分，樊榭先生逢新正或元日试笔，作诗习字，颇有仪式感。

乾隆八年癸亥（1743）新正试笔，赋诗二首：

春来光景尽依然，少壮心情可似前？渐茁霜髭明镜里，自回青眼野鸥边。弦歌漫欲营三径，书卷犹应悔十年。留得梅花冰雪后，南邻北里任熏天。

结习分明著意删，置身逋客定僧间。无方医俗诚堪恨，遇事称佳亦强颜。郁垒我才劳纸墨，醉乡君且小尘寰。闲中检校关心处，除却哦诗不复关。[1]

乾隆十四年己巳（1749）元日，作试笔诗一首：

手搔短鬓感流年，起向东方未白前。后饮酒巡烦杜举，少成文字笑唐捐。寿亲无量须依佛，老母今年八十。贫我何私莫问天。跬步出门春浩荡，好诗都在柳梅边。[2]

虽然自谦“郁垒我才劳纸墨”或“少成文字笑唐捐”，厉鹗过世后，仍然遗留了大量的书稿、诗词文稿、抄录书籍、信札、书籍跋语、书画金石古泉古物题记、楹联等等。虽历尽沧桑，仍有劫余之作存世。以下，本文对著录或现存的一些厉鹗手迹展开讨论。

要说明的是，后文所列是现在可以查阅到的部分厉鹗书迹遗存，近年来公私收藏陆续有其手书出现，在各地图书馆所藏的古籍中，也不断发现其亲书跋语、批注等，值得关注和考辨。以下笔者对相关作品做分类和解读。

厉鹗部分手迹著录及存世情况

类别及名称	形式、规格及书写内容	展览、相关著录及论文	收藏地或拍卖情况	书写时间及考辨
厉鹗行书七言楹帖	纸本，高四尺七寸，阔六寸八分 “穿花蛱蝶深深见，点水蜻蜓欵欵飞。”	《爱日吟庐书画别录》卷四，《爱日吟庐书画从录》（全三册），浙江人民美术出版社，2012年，第894—895页。	不明	雍正二年甲辰（1724）六月八日。从题识看，是拼凑樊榭不同时期的词序而成，甚至有晚至雍正十年的作品。[3] 赝品。
厉鹗行书七言楹帖:	纸本，行书七言对联，立轴 “声华馥似当风桂，气味清如浥露兰。”		中贸圣佳国际拍卖有限公司2004秋季艺术品拍卖会，中国古代书画专场LOT 0577	雍正五年丁未（1727）五月二十五日 待考。

厉鹗楷书“《西湖清趣图》题记”	纸本， 画卷后题记。		美国弗里尔美术馆藏	雍正五年丁未（1727）九月六日 落款：“岁在丁未秋九月六日” 真迹。
厉鹗行书七言对联	行书对联 立轴 水墨纸本 “壁琴风过闻天籁。香椀灰深枭篆烟。”		中国香港苏富比拍卖有限公司2004年春季艺术品拍卖会中国书画专场 LOT 0695	雍正十年（1732）冬至后三日 “壬子冬至后三日” 赝品
厉鹗行书苏轼诗卷	纸本，诗卷 纵15.4厘米 横219厘米	《中国国家博物馆馆藏文物研究丛书·书法卷（清代）》，上海古籍出版社，2018年。	现藏中国国家博物馆	此卷书于癸丑，即雍正十一年（1733）， 真迹。
厉鹗行书手稿《新安吴东岩孙妇朱孺人殉节诗》	诗稿，书于花笺一页，厉鹗《樊榭山房集》卷七录此诗，文字与此稿略有不同。	1. 许宏泉《近三百年学人翰墨（清中卷1）》，中华书局，2013。 2. 《翰墨留香：浙江三百年学人书法》，浙江人民美术出版社，2017年。	私人收藏	雍正十二年甲寅（1734） 真迹
厉鹗楷书《厉樊榭手写白石道人歌曲》	白石道人歌曲抄本一册，六卷，别集一卷，共四十九页，半页九行，行二十一字，书口下方刊“小玲珑山馆”五字，首页有“小玲珑山馆”朱文方印，“马佩兮家珍藏”朱文印等。	夏承焘： 《〈厉樊榭手写白石道人歌曲〉考辨》，载《人文杂志》，1958年2月号。	浙江师范学院图书馆1957年前后自上海购入，现藏浙江大学西溪校区图书馆古籍部	厉鹗跋曰，此书抄于乾隆二年（1737）四月立夏日。 夏承焘先生判定此书为清初抄本，但并非厉鹗原抄，因为“当时厉主马家，马氏嘱人过录厉抄，遂并录其跋语。”[4] 笔者经与厉鹗可靠手迹再对比，肯定此书为他人过录。

厉鹗行书《厉鹗致江皋书》	信札，书于印花笺一页，纵21厘米，横30厘米	1．《小莽苍苍斋藏清代学者书法选集》，文物出版社，1995年，图191，释文在第358页。 2．《小莽苍苍斋藏清代学者书法选集（修订版）》，人民文学出版社，2014年，第43页。 3．田晓春《凭仗君扶大雅轮——从樊榭集外书札一通之考证论厉鹗在雍乾诗坛的地位》，载《西北师大学报（社会科学版）》，2004年3月，第41卷第2期，第15—19页。	田家英旧藏 现藏中国国家博物馆	乾隆四年（1739）十一月十日 真迹
厉鹗楷书《九日行庵文宴图记》	画卷后题记 另见《樊榭山房文集》	何慧鉴、李雪曼等编著《八代遗珍——堪萨斯纳尔逊—阿特金斯美术馆和克利夫兰艺术博物馆藏中国绘画》，克里夫兰艺术博物馆，1980年，第372—376页。[5]	美国克利夫兰艺术博物馆藏 馆藏号：1979.72	乾隆八年（1743） 真迹
《厉鹗自书先秦货布记册》	纸本，高九寸二分，阔一尺一寸二分。	（清）葛金烺《爱日吟庐书画录》卷四，《爱日吟庐书画从录》（全三册），浙江人民美术出版社，2012年，第188—195页。	现藏处不明	乾隆八年癸亥（1743） 落款："乾隆癸亥孟冬小雪后二日钱唐厉鹗撰。" 应为真迹。

厉鹗楷书《复园红板桥图题咏册》之樊榭诗一开《复园池上红板桥新成同人分得文韵》	册页题诗之一开，诗文收录于《樊榭山房集》之“续集集外诗”，上海古籍，2012年，第1697页。	1. 2019年11月8日—2020年1月31日，浙江省博物馆“幽居与雅集——明清山水人物画里的文士生活展”。 2. 浙江省博物馆编《幽居与雅集——明清山水人物画里的文士生活》，浙江人民美术出版社，2019年。	浙江省博物馆	乾隆九年甲子（1744）七月十二日。 真迹。
厉鹗行书《厉鹗与汪沆书》	信札，书于印花笺一页，无尺寸。	于中航：《记厉鹗、周京与汪沆书》载《文物》2013年第4期。	济南市博物馆	于中航认为此信乃乾隆十一年（1746）秋书写，是厉鹗致汪沆的回信。真迹。
《为华嵒书西溪纪游诗》	扇页	1. 《中国古代书画图目11》，文物出版社，1994年，第226页。 2. 《西溪画寻》，西泠印社出版社，2010年，第20—21页。	杭州文物考古所原藏 现藏杭州博物馆	真迹
曾鲸天启壬戌（二年，1622）绘《张卿子画像》厉鹗题赞	立轴绘画，裱边题跋。	1958年2月8日西湖博物馆古画展览会展出，夏承焘前往参观但误记画名为“柳卿子像一帧”。	浙江省博物馆	乾隆十一年丙寅（1746） 落款：“乾隆丙寅夏五十一日，同里后学厉鹗顿首拜赞。” 真迹
《厉鹗古诗小帧》	纸本，高七寸一分，阔六寸七分。诗见《樊榭山房续集》卷七《魏景初帐构铜歌》	山本悌二郎纂，『澄怀堂书画目录』卷八，东京，文求堂，1932，第10—11页。	日本澄怀堂美术馆藏，但目前不能肯定是否仍在馆内。	乾隆十四年己巳（1749） 落款：“己巳长夏为西畴先生学长作并正、弟厉鹗拜手。” 题识无误，笔迹待考

杭世骏《西溪卧梅图》厉鹗题赞	立轴绘画题跋 绘画尺寸： 纵 :82.2 厘米， 横 :28.1 厘米 。	参见日本京都国立博物馆藏品数据库	日本京都国立博物馆藏 馆藏号： A 甲 564	欠缺详细材料，待考。
隶书五言联	隶书对联 “相见亦无事，不来忽忆君。”	天津博物馆 编《鹾之韵——长芦盐业与天津城市文化》，天津人民美术出版社，2016 年，第 72 页。	天津博物馆	落款：“辛卯仲春”此年款有疑问，但也可能是厉鹗有意为之。 有待更多材料，进行深入考辨。
隶书五言联	隶书对联 “相见亦无事，不来忽忆君。”	1. 高野侯等著《楹联墨迹大观》（第一册），上海中华书局，1928 年。中国书店，1984 年影印出版；[6] 2. 汪文娟编《历代名人楹联墨迹》，上海人民美术出版社，2001 年，第 170 页； 3. 上海博物馆编《上海博物馆典藏丛刊·上海博物馆藏楹联（全二册）》，上海书画出版社，2020 年 4 月，第 138—139 页。	上海博物馆	题记与天津博物馆版基本一致，钤印小有区别，但落款中多“于湖上西溪之梅影盦”九字。 有待更多材料进一步考证。
隶书五言联	隶书对联 “相见亦无事，不来忽忆君。”	1. 刘再苏编《名人楹联真迹大全》，世界书局，1925 年。[7] 2. 王宝洺主编：《楹联书法》，北京燕山出版社，2010 年，第 359 页。	不明	上联右侧题：“钱唐厉樊榭鹗乾隆丙辰荐试鸿博有樊榭山房集”。及“嶰谷词兄”。 后人摹写变造。
厉鹗行书《满江红词》立轴	纸本，行书，诗词立轴。 徐釚《满江红·题柳村渔乐图》，厉鹗漏抄一段	2013 年 7 月浙江省博物馆“儒者之风——浙江省博物馆藏历代浙籍学者书法展”。	浙江省博物馆	落款“樊榭山民”。无年款。 细节待考。
厉鹗行书诗两首	纸本，诗笺	涂宗涛：《介绍厉鹗的两首佚诗》，载《杭州师范学院学报》1989 年第 5 期，第 95—97 页。	钱萃恒旧藏	年代待考。 涂宗涛研究认为是真迹，观字迹判断可信。

（一）信札

已知可靠的厉鹗信札有两通：1. 国家博物馆藏厉鹗致江皋书；2. 济南博物馆藏厉鹗致汪沆书。两通信札均为行书，书于花笺之上。

1. 国家博物馆藏厉鹗致江皋书（图 1）

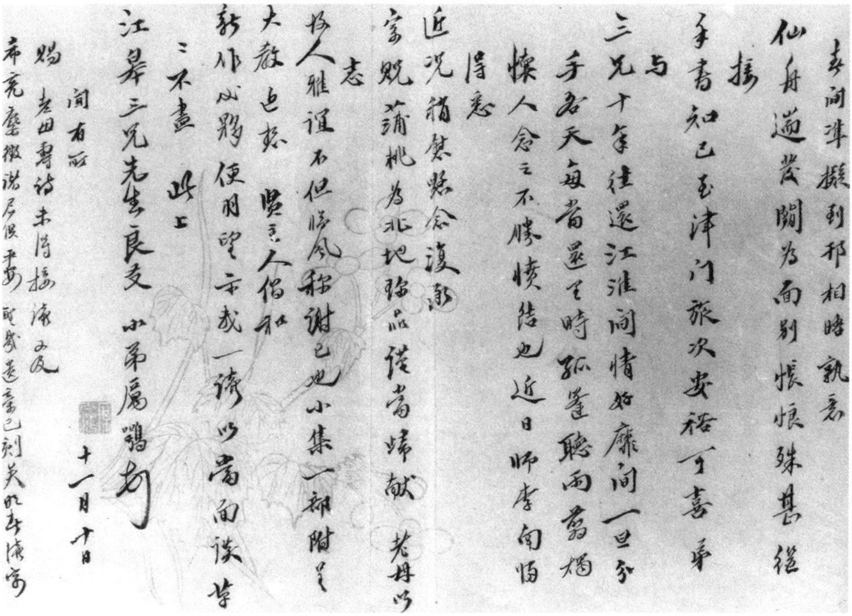

图 1　厉鹗　致江皋书　纵 22 厘米　横 30 厘米[8]　中国国家博物馆藏

释文：

春间准拟到邗相晤，孰意仙舟遄发，阙为面别，怅恨殊甚。继接手书，知已至津门，旅次安裕可喜。弟与三兄十年往还江淮间，情好靡间，一旦分手各天，每当还里时，孤篷听雨，剪烛怀人，念之不胜愤结也。近日师李南归，得悉近况，稍慰悬念。复承寄贶蒲桃，为北地珍品，谨当归献老母，以志故人雅谊，不但临风称谢已也。小集一部，附呈大教。近想贤主人唱和新作必夥，便羽望示我一读，以当面谈。草草不尽。此上江皋三兄先生良友。小弟厉鹗顿首。十一月十日。

闻有所赐老母寿诗，未得接读。又及。

希亮、麟征诸君俱平安，《圣几遗稿》已刻发，明春续寄。

田晓春有《凭仗君扶大雅轮——从樊榭集外书札一通之考证论厉鹗在雍乾诗坛的地位》一文，对此件信札做了翔实的考证，确定此信写于乾隆四年（1739）十一月十日无疑。[9] 厉鹗信中所说的“江皋三兄”，即陈皋（1706—1774），字江皋，号对鸥、对沤，浙江钱塘人，樊榭好友；“师李”即汪沆，樊榭学生；“贤主人”即天津水西庄查氏兄弟。陈皋和汪沆馆于水西庄数年，沟通南北诗坛，出力甚大。田晓春认为此信内容：“为标校整理之厉鹗《樊榭山房集》所未载， 然此手札却是一则鲜活的文献材料，可借以考察雍正、乾隆之际诗坛南北态势之生成及背景， 并透过对浙江野逸诗人群体江湖踪迹的把握， 凸显厉鹗于‘盛世’在野文坛的领袖地位。”[10]

2. 济南博物馆藏厉鹗致汪沆书（图 2）

释文：

初秋令弟至舍，获接芳函。审旅候安吉，且载笔戎，巡历海疆，足以开拓心胸，增长闻见，宜近诗之伉壮，足为闽中生色也。不佞今年以开雕《宋诗纪事》，在家校雠。四月中仅与堇浦、敦复、竹田近游清溪，一至临平。而止得小诗数篇， 无可观。写去三五首，聊以代面谈耳。承惠罗布，绝佳。无以为答， 定做缎袜一双， 物微， 聊以将意，幸存之。

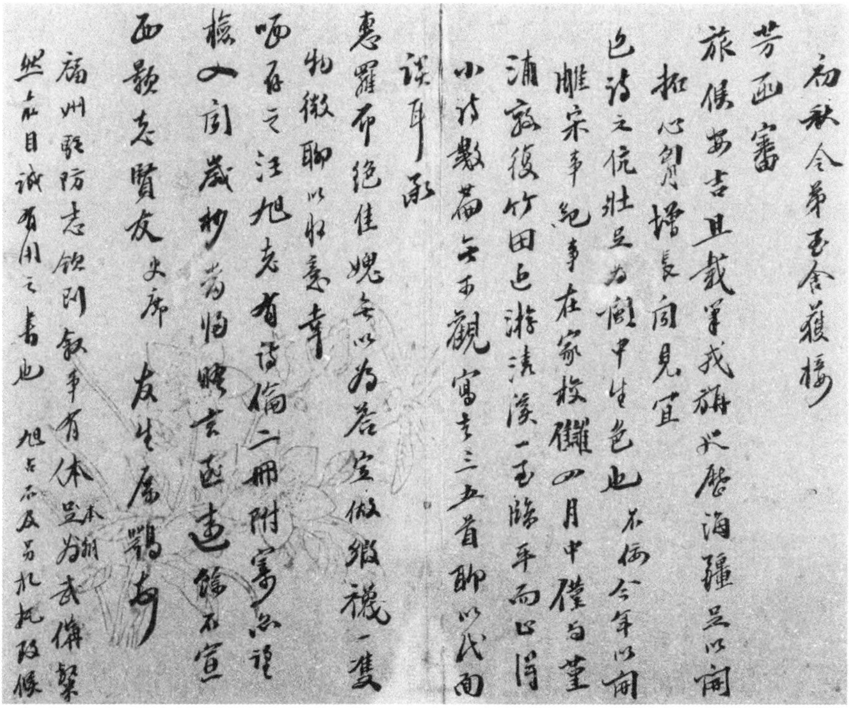

图 2　厉鹗　致汪沆书[11]　济南博物馆藏

汪旭老有《诗伦》二册，附寄，亦望检入。闻岁当归，晤言非远，余不宣。

西颢老贤友史席 友生厉鹗顿首

《福州驻防志》领到，叙事有体，本朝武备粲然在目，诚有用之书也。旭占不及另札，托致候。[12]

汪沆是厉鹗学生和终生好友，先是与陈皋等同馆于天津水西庄，后又南下福建为幕客，樊榭此书是对汪沆闽中来信的回复。其时，汪沆正在福州将军幕中。信中说“不佞今年以开雕《宋诗纪事》，在家校雠。”据厉氏是书自序，此书于乾隆十一年（1746）开雕，可知此信时间当在是年秋间。[13]

中国国家博物馆与济南市博物馆所藏两札，可以肯定均为厉鹗手迹无疑。其书写的具体内容符合史实，情感真挚。书写用笺相似，笔迹一致，樊榭的书写自然流畅，书体秀雅，布局合宜，阅之令人赏心悦目，称得上是厉鹗行书的标准件。可以想见当年，这些野逸诗人因生计奔走天涯，以这些郑重的信札，彼此沟通信息和情感，后人读之亦心生赞叹和喜爱之情。文人翰墨的价值，正在于此。

（二）抄录书籍：《厉樊榭手书白石道人歌曲》（图 3）

1957 年，浙江师范学院图书馆自上海购得《厉樊榭手书白石道人歌曲》一册，[14] 夏承焘先生翻阅此书后，疑问甚多，除了指出文本内容中的误字和句读错误，为考辨该书是否确为厉鹗手书，他还于 1957 年 2 月 8 日携书对比了浙江省博物馆所藏曾鲸绘《张卿子像》上樊榭手书题赞，他说：“予得见此本时，杭州方开古画展览会，柳卿子画像一帧，

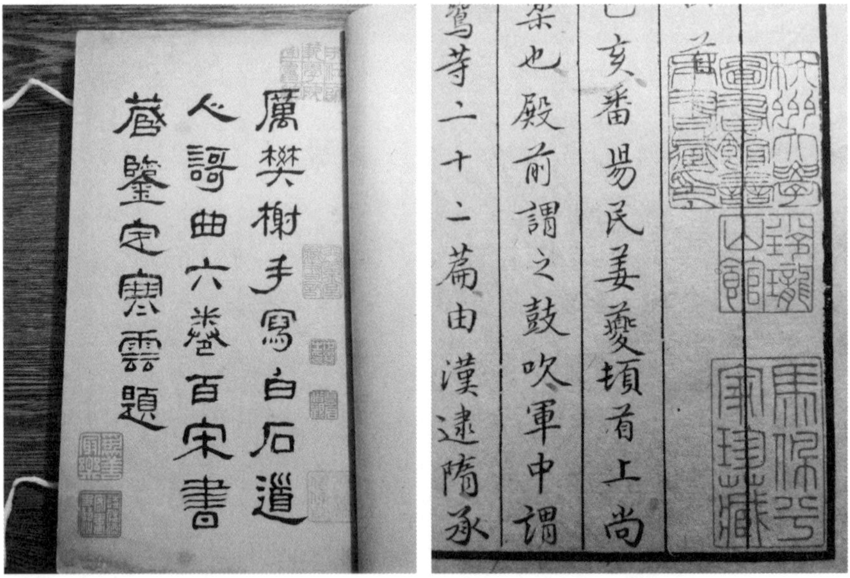

图 3　（左）寒云手题书名　（右）：内页文字与收藏印：“小玲珑山馆”，“马佩兮家珍藏”。

《厉樊榭手写白石道人歌曲》署名	《新安吴东岩孙妇朱儒人殉节诗稿》署名	国家博物馆藏《厉鹗致江皋书》签名	济南博物馆藏《厉鹗致汪沆书》签名

图 4—1 “厉鹗”部分手迹签名对照（一）

雍正五年 《西湖清趣图》题跋 署名	雍正十三年 《新安吴东岩孙妇朱儒人殉节诗稿》署名	乾隆八年 《九日行庵文宴图记》 署名	乾隆十六年 天津隶书楹联署名

图 4—2 “厉鹗”部分手迹签名对照（二）

有清初诸老题字，太鸿亦手写一赞，予携此书往校，则字迹健弱悬殊。知寒云所云，殆近漫语。但予亦信其书确是清初抄本，并在白石词版本中自有其真价，不致因非厉抄而减值。”[15] 此书虽为他人过录，文本内容仍有高度价值，同时也是考察小玲珑山馆过录书籍的珍贵材料。

关于前人判断错误的原因，夏承焘先生认为：“当时厉主马家，马氏属人过录厉抄，遂并录其跋语。袁罗二氏乃因此遂托为厉氏手抄。依予上文所举讹谬各事以观，谓其是厉氏手笔，宁非厚诬厉氏！其实此本真价，不因其非厉抄而有所损，过情是誉，反成诬祇。”[16] 范景中梳理此书价值更为明晰：“楼（敬思）藏陶（南村）抄约分传五支，其一由符药林传抄于江都钜商陆钟辉，陆氏增省卷第，裒采诗文，刊于乾隆八年癸亥；其二由周耕馀传抄于华亭张奕枢，张氏仿宋刻于乾隆十四年己巳；其三由符药林传抄于仁和江炳炎，迨至民国二年，朱彊村付诸剞人；其四由符药林传抄于钱唐厉樊榭，唯厉氏但赏其清妙秀远之词而尽削旁谱，实一缺憾，此本或已不传，幸有马氏小玲珑山馆过录本藏于杭州大学图书馆，余曾亲见之。”[17]

对比樊榭其他可靠手迹签名（图 4—1、图 4—2），确实如夏承焘先生所言，《厉樊榭手写白石道人歌曲》所书与他本“字迹健弱悬殊”，非樊榭亲书，应是他人过录无疑。

（三）诗词手稿、手书苏轼诗卷、古诗小帧

1. 雍正十二年甲寅（1734）厉鹗为新安吴氏作殉节诗，有手稿一件书于花笺之上（图 5），留存至今。

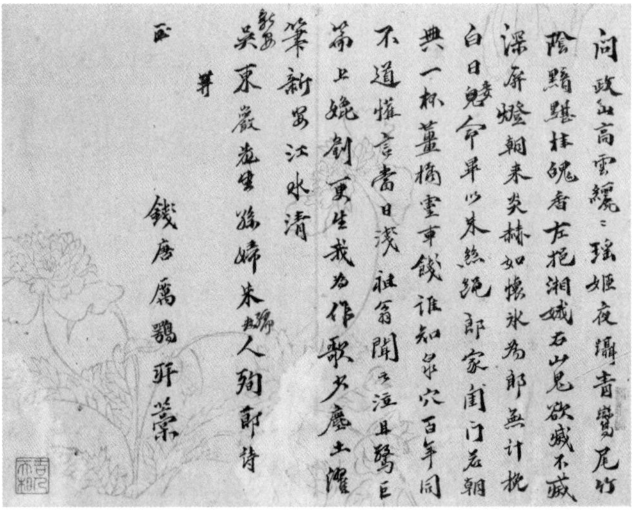

图 5　厉鹗手书《朱孺人殉节七言诗页》[18]

释文：

问政山高云纚纚，瑶姬夜蹑青鸾尾。竹阴黯澹桂魄香，左挹湘娥右山鬼。欲灭不灭深屏灯，朝来炎赫如怀冰。为郎无计挽白日，妾命毕以朱丝绳。郎家闺门若朝典，一杯姜橘灵车饯。谁知泉穴百年同，不道欢言当日浅。祖翁闻之泣且惊，钜篇上媲刘更生。我为作歌少尘土，涤笔新安江水清。

新安吴东岩（圈去“先生”二字）孙妇朱孺（圈改“夫”字）人殉节诗（圈删去“并”“正”二字）。

钱塘厉鹗拜稿。[19]

樊榭山房集中文字为：

问政山高云纚纚，瑶姬夜蹑青鸾尾。竹阴黯澹桂魄香，左挹湘娥右山鬼。欲灭不灭深屏灯，朝来炎赫如怀冰。为郎无计挽白日，妾命毕以朱丝绳。郎家闺门若朝典，一杯姜橘灵车饯。谁知泉穴百年同，不道欢言当日浅。祖翁闻之泣且惊，钜篇上媲刘更生。东岩为作传。我为作歌少尘土，涤笔新安江水清。[20]

对比可见，手稿与书中所录略有不同，文中书写自然流畅，圈改之处，合情合理，因此是真迹无疑。

2. 为吴蔚洲作《观西洋画》两首（图 6），诗云：

欧罗巴国沧溟外， 能写丹青到眼中。解识乾坤如许大， 男儿真是可怜虫！

拂林士女工歌舞，持较西洋定不如。红袖弹丝瀑泉侧，下方更有左行书。

落款为：

奉谕苇村学长兄惠西洋画，用山谷谢郑闳惠高丽画扇韵二首并正，弟厉鹗拜学。

此笺求和韵，并望转致。步江先生用韵同作，合刻一纸，亦佳话也。[21]

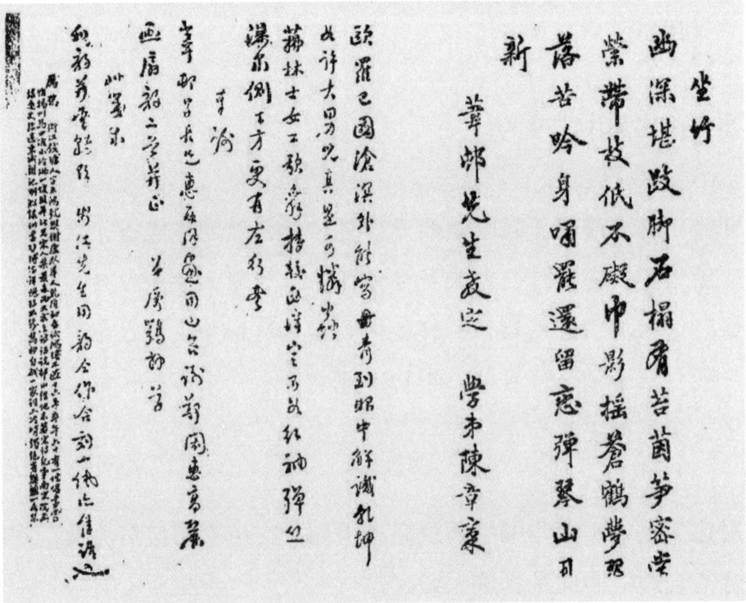

图6　厉鹗《观西洋画》诗二首（左）　陈章《坐竹》诗一首（右）[22]

此诗笺为天津收藏家钱萃恒先生旧藏，纸本，诗不见于《樊榭山房集》，涂宗涛研究后的结论是：“这两首佚诗不论从字迹、纸张、墨色和诗的内容，　还是从有关文献来加以综合考察，确是厉鹗的手迹。复查收录较全的光绪十年（1884）重刻《全集》，未收这两首诗，故断为厉氏佚诗。按《全集·樊榭山房集外诗一卷》，共收诗五十四首，其中三十七首录自‘杭郡诗辑’，四首‘见丁竹舟申所藏诗笺’，一首‘见魏性之本存所藏诗笺’，十二首录自‘裨勺’，可见汪曾唯等当时还没有见到吴苇村遗留下来的诗笺，故失收。”[23]

3. 中国国家博物馆藏《厉鹗行书苏轼诗卷》，纸本，纵 15.4 厘米、横 219 厘米。（图 7、图 8、图 9）

中国国家博物馆评介这件作品：本幅字形微欹，含蓄秀雅，布局茂密，墨色浓淡相间，书苏轼七言古体诗 12 首。题为《辛丑十一月十九日既与子由别于郑州西门之外马上赋诗一篇寄之》《游金山寺》《腊日

蘇詩
辛丑十一月十九日既與子由別於鄭州西門之外馬上賦詩一篇寄之
不飲胡為醉兀兀此心已逐歸鞍發歸人猶自念庭闈今我何以慰寂寞登高迴首坡隴隔惟見烏帽出復沒苦寒念爾衣裘薄獨騎瘦馬踏殘月路人行歌居人樂僮僕怪我苦悽惻亦知人生要有別但恐歲月去飄忽寒燈相對記疇昔夜雨何時聽蕭瑟君知此意不可忘慎勿苦愛高官職嘗有夜雨對床之言故云爾
遊金山寺

图 7　《厉鹗行书苏轼诗卷》（局部）卷首

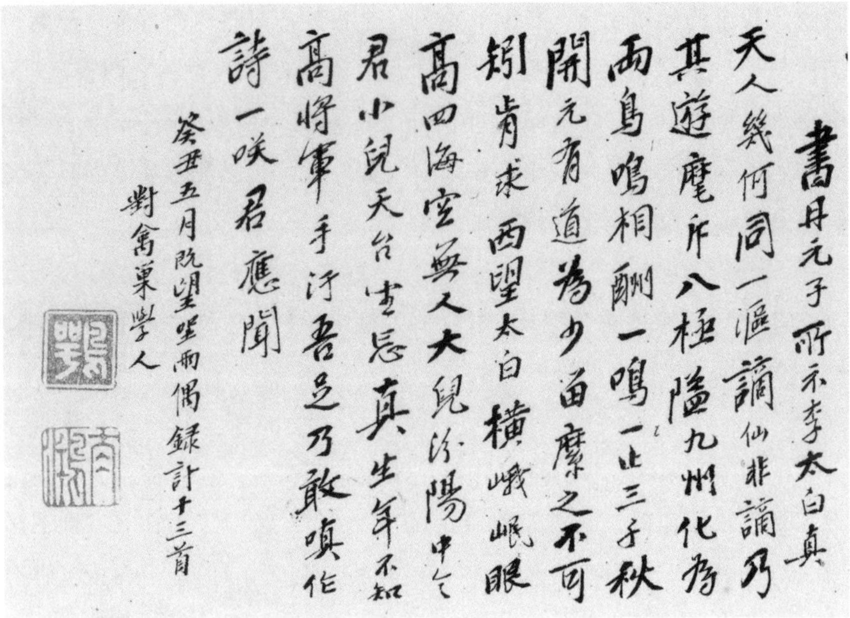

图 8　《厉鹗行书苏轼诗卷》（局部）卷尾

游孤山访惠勤惠思二僧》《戏子由》《越州张中舍乐寿堂》《往富阳新城李节推先行三日留风水洞见待》《大风留金山两日》《听贤师琴》《韩幹马十五匹》《送孔郎中赴陕郊》《舟中夜起》《书丹元子所示李太白真》共 12 首，本卷误题 13 首。最后一首见《苏东坡全集·后集》卷三，其余分别见该书前集卷一、三、四、六、八、九、十。“癸丑”即雍正十一年（1755），时厉鹗 41 岁。[24]

值得注意的是厉鹗所抄的《韩幹马十五匹》（图 9）：

二马并驱攒八蹄，二马宛颈鬃尾齐。一马任前双举后，一马却避长鸣嘶。老髯奚官骑且顾，前（身）作马通马语。后有八匹饮且行，微流赴吻若有声。前者既济出林鹤，后者欲涉鹤俛啄。最后一匹马中龙，不嘶不动尾摇风。韩生画马真是马，苏子作诗如见画。世无伯乐亦无韩，此诗此画谁当看。

这是苏轼一首著名的题画诗，诗名一般作《韩幹十四马》或《韩幹马十四匹》，诗题为 14，细数诗中所涉及的马实为 16 匹，令人费解。楼钥《攻媿集》有《题赵尊道渥洼图》解释此事，其序及诗云：

赵尊道制干以《龙眠渥洼图》示余，余曰：误矣，本韩幹马，东坡曾为赋诗者，此龙眠所临，而以后为前，俾易之为书坡诗于后，而次其韵。马实十六，坡集诗云十四匹，岂误耶？

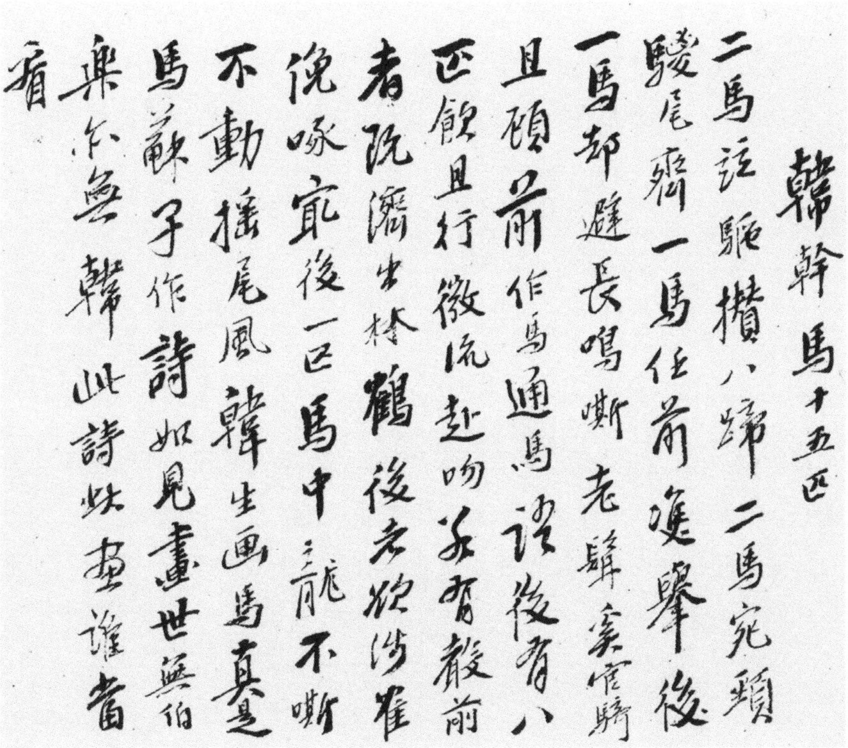

图 9　《厉鹗行书苏轼诗卷》（局部）《韩幹马十五匹》

良马六十有四蹄，腾骧进止纷不齐。权奇倜傥多不羁，亦有顾影成骄嘶。或行或涉更相顾，交颈相靡若相语。画出老杜沙苑行，将军弟子早有声。中间名种鸡群鹤，无复瘦疮乌暮啄。当时玉花可媒龙，后日去尽乌呼风。开元四十万匹马，俯仰兴亡空见画。龙眠妙手欲希韩，莫遣铁面关西看。[25]

由此可知，楼钥或见过韩幹原作，知道李龙眠临本所据为何。对于画中马16匹而坡诗题为14，认为是苏轼之误。

樊榭先生不太可能见到韩幹原画，只能根据东坡诗句数马，他或许是没注意到“老髯奚官骑且顾”，牧马的老髯奚官身下也骑着1匹，因此题为“十五匹”。当然这不影响他从苏轼的题画诗中汲取营养。

这件《厉鹗行书苏轼诗卷》，有漏抄文字，有计数错误，所谓“大羹必有澹味，至宝必有瑕秽。” 这些自然而然产生的瑕疵，反倒证明了作品的真实性。

4. 浙江省博物馆藏厉鹗行书《满江红词》立轴（图10）

释文：

烟柳濛濛，斜抱着、清溪一曲。向此处、编篱晒网，牵船结屋。莺暖鮰鱼堆似土，水深莼菜寒于玉。枕晴川、泼眼入窗来，山光绿。

雨初霁，分陶菊。炊渐冷，燃湘竹。恶姑叫雨春田足。更月明、小艇剪汀莎，渔蛮熟。

樊榭山民。

此首“满江红”并非厉鹗原作，是樊榭先生抄录清代词人徐釚《菊

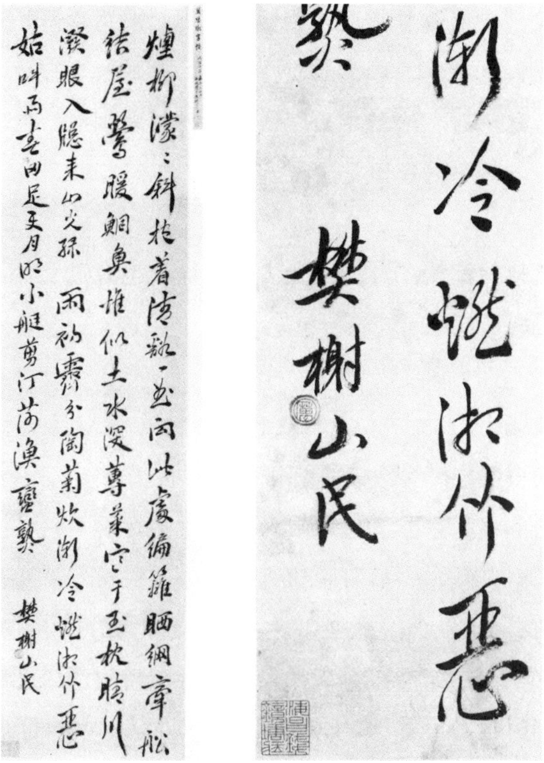

图 10　厉鹗　满江红　行书　立轴　浙江省博物馆藏

庄词》中的一首题画词。“徐釚（1635—1709），字电发，号拙存，一号菊庄，又号虹亭，晚号枫江渔父，江南吴江人。年十三赋诗有惊人句，长益工山水诗、古文词，入慎交社，声誉日起。康熙己未以布衣举博学鸿词，授检讨，纂修明史。后以忤权贵拂衣归，归里后，键户读书，著述不辍，性亦好远游，东入浙闽，历江右，三至两粤，一至中州，篇章益富。其诗旧有《昌亭草》《皖江草》《齐鲁游草》《西陵草》等，晚年归田后辑成《南州草堂集》三十卷。此外还有《词苑丛谈》《本事诗》《续本事诗》《菊庄词》《青门集》等作品存于世。”[26]

《菊庄词》中《满江红·题梁冶湄柳村渔乐图》原词如下：

烟柳濛濛，斜抱着、清溪一曲。向此处、编篱晒网，牵船结屋。莺暖鲴鱼堆似土，水深莼菜寒于玉。枕晴川、泼眼入窗来，山光绿。

雨初霁，分陶菊。炊渐冷，燃湘竹。听拍歌铜斗，何愁荣辱。鸦舅笼烟昏树绕，恶姑叫雨春田足。更月明、小艇剪汀莎，渔蛮熟。[27]

梁冶湄《柳村渔乐图》的来龙去脉，徐釚也有过交代，在其《跋柳村词》中云：

柳村在镇州，恒山之南，大司农公词所称："深柳孤村杜若洲"是已。冶湄先生尝读书其中，属金陵樊圻画《柳村渔乐图》，一时顾庵、绎堂、蛟门诸公题咏都遍，余亦有绝句云："鸦啼屋角柳藏烟，一带人家住水边。最爱春晴三月暮，夕阳斜系钓鱼船。"其风景宛然江南也……[28]

由此可知，康熙年间，樊圻为梁冶湄画《柳村渔乐图》，众文士纷纷题咏，是当时的一段佳话。厉鹗抄写前辈词人佳作，也是情理之中的雅事。只是对比原词，厉鹗所录漏写了下阕中"听拍歌铜斗，何愁荣辱。鸦舅笼烟昏树绕，"不知是何缘故。也许是樊榭起笔时考虑不周，字写得过大，等写完上阕，惊觉纸上所剩空白不足，被迫少书一段。斯人早逝，后生只能猜想存疑。

5. 日本澄怀堂藏厉鹗手书"古诗小帧"一件（图 11）。

这首诗即《樊榭山房续集》卷七《魏景初帐构铜歌》，其注为："状圆如筒，径一寸，长四寸许，中空而底方旁出歧枝，有孔。上有字云：景初元年五月十日中尚方造，长一丈，广六尺，泽漆平坐帐上广构，铜重二斤十两。凡三十二字，八分书。邗上方西畴所藏。"歌云：

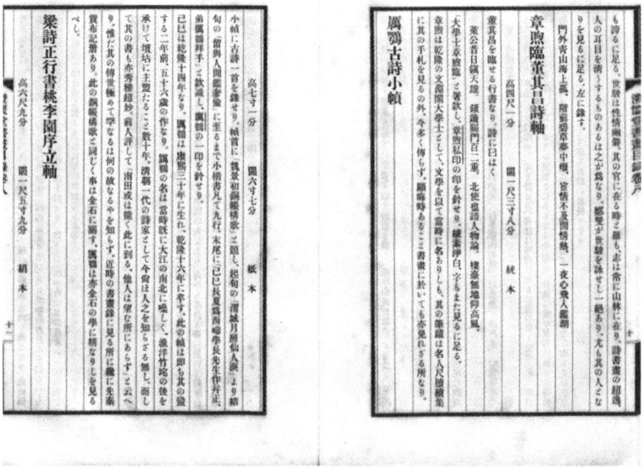

も詩るに足る。世駿は性情幽僻、其の官に在る時と雖も、志は常に山林に在り。詩書畫の超逸人の耳目を满うするものあるは之が爲なり。燃雙が世駿を詠せし一絶あり、尤も其の人となりを見るに足る。左に錄す。

門外青山海上孤、隋宮碧草夢中蕪、宦情不及閒情熱、一夜心飛入鑑湖

章煦臨董其昌詩軸

高四尺一分　闊一尺三寸八分　紙本

董其昌を臨せる行書なり。詩に曰はく

萊公書日鎮天雄、鎮鑰驅門百二重、北使也諳人物論、樓臺無地仰高風。

「大學士章煦臨」と署款し、章煦私印の印を鈐せり。穠秀淨白、字もまた見るに足る。

章煦は乾隆の文淵閣大學士として、文學を以て當時に名ありしも、其の筆蹟は名人尺牘續集に其の手札を見るの外、今多く傳らず。願臨時あることは書畫に於いても亦免れざる所なり。

厲鶚古詩小幀

高七寸一分　闊六寸七分　紙本

小幀に古詩一首を錄せり。幀首に「魏景初銅帳構歌」と題し、起句の「霸城月照仙人淚」より結句の「留與人間鑑奢儉」に至るまで小楷書凡て九行。末尾に「己巳長夏爲西疇學長先生作并正、弟厲鶚拜手」と款識し、厲鶚の一印を鈐せり。

己巳は乾隆十四年なり。厲鶚は康熙三十年に生れ、乾隆十六年に卒す。此の幀は即ち其の歿する二年前、五十六歳の作なり。厲鶚の名は當時既に大江の南北に喧しく、漁洋竹垞の後を承けて壇坫に主盟たることこと數十年。清朝一代の詩家として今尙は人之を知らざる無し。而して其の書も亦秀雅超妙、前人評して「南田或は能く此に到る。他人は望む所にあらず」と云へり。惟だ其の傳世極めて罕なるは何の故なるやを知らず。近時の書畫錄に見る所に纔に先秦貨布記册あり。此の銅帳構歌と同じく事は金石に關す。厲鶚は亦金石の學に精なりしを見るべし。

梁詩正行書桃李園序立軸

高六尺九分　闊一尺五寸九分　絹本

图 11　《澄怀堂书画目录》所记录之厉鹗“古诗小帧”[29]

霸城月照仙人泪，不逐魏宫翁仲二。铜驼久作劫灰飞，帐构犹存景初字。洛灵儿爱芳林好，夺得蛾眉供洒扫。翢𦅾想像薄罗风，传与千年尚方造。流苏翠羽光零乱，土上出金妖谶换。见王子年《拾遗记》。文成石马大讨曹，水吐玉蜍才效汉。碧筒平坐朱竿密，八分应认仲将笔。魏明帝宫馆宝器，皆韦仲将书，见《太平广记》。摩挲仿佛陵云台，小缩波痕劲无匹。更闻昭烈能自贬，御用都归销鎔焰。《南史·雀祖思传》：“刘备取帐构铜铸钱，以充国用。”帐构铜之名，仅见于此。一枚古色出重缄，留向人间鉴奢俭。[30]

澄怀堂所藏的这件厉鹗手书诗，其落款为：“己巳长夏为西畴先生学长作并正，弟厉鹗拜手。” 己巳即乾隆十四年（1749），与诗集中编年的时间基本一致。

山本悌二郎在说明文字中给樊榭很高的评价：文坛地位，和王士祯（渔洋）、朱彝尊（竹垞）相提并论；书法秀雅超妙，唯南田可比；金石学造诣精深。此皆是沿用《爱日吟庐书画别录》的说法。此件目前收

藏情况究竟如何，暂时不明。

6.《复园红板桥图题咏册》之樊榭诗一开（图 12）。

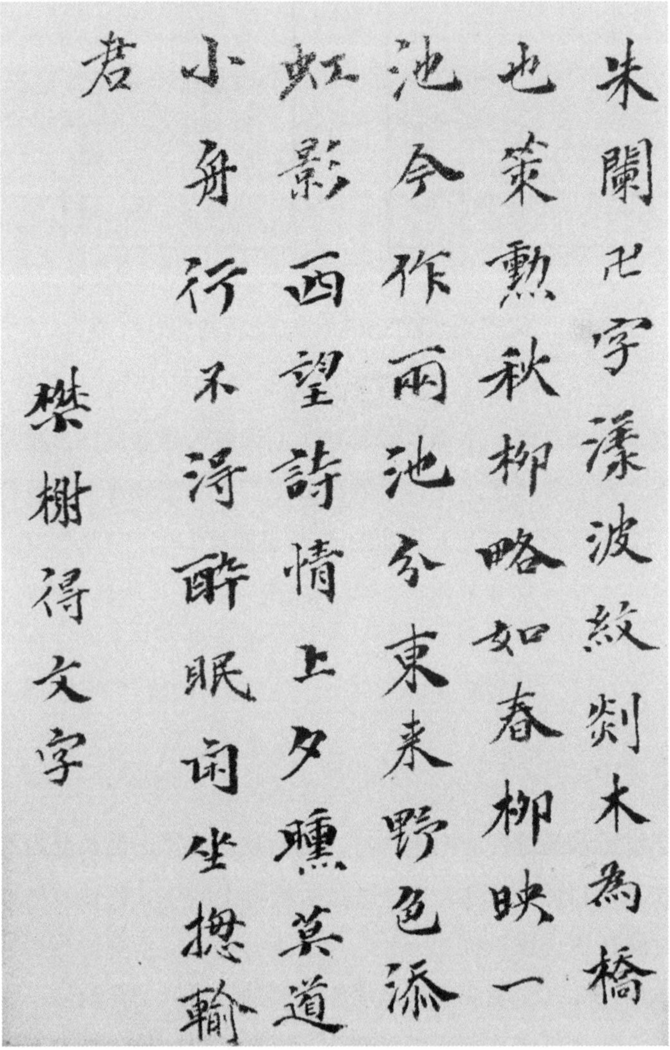

图 12　《复园红板桥图题咏册》题诗之“樊榭得文字”　浙江省博物馆藏[31]

释文：

朱栏卍字漾波纹，刻木为桥也策勋。秋柳略如春柳映，一池今作两池分。东来野色添虹影，西望诗情上夕曛。莫道小舟行不得，醉眠闲坐总输君。

樊榭得文字。[32]

此诗书于乾隆九年甲子（1744）七月十二日，前文论复园红板桥诗会，已有说明。厉鹗书写，文字隽秀，布局清雅。此件应为真迹无疑。

（四）画跋、题赞、图记（前述《九日行庵文宴图记》）

1.《西湖清趣图》题跋（图 13）。

其文曰：

右《西湖图》一卷，广陵王君（＊绳）承武所藏也。观其千楼万阁，界画向背不爽分别，如喻浩《木经》折算法。固已奇绝，而山水、花柳、舟舆、人物种种工致。此南宋画院名手金御作，惜不书名，上有岳坟，当是孝宗以后人，疑李嵩也。丙午秋八月，予与程君松门、顾君嵎东访王君借观。王君以余杭人，宜知南宋事，问曰："图中衣冠而游行者，必有一人持伞随其后，何也？"余偶记叶绍翁《四朝闻见录》云：太学诸生，向用青盖，台臣郑昭先奏禁勿用，诸生皆以"皂绢为短檐伞，如都下买冰担上所用"，此故事也。图中有插伞于小架上者，即买冰担之类。王君喜其确据，因请于予曰："画，信乎南宋矣。园亭寺观，求一一标举其名，使观者有所考，则更善也。"予诺之，以遄归未果。今年秋，

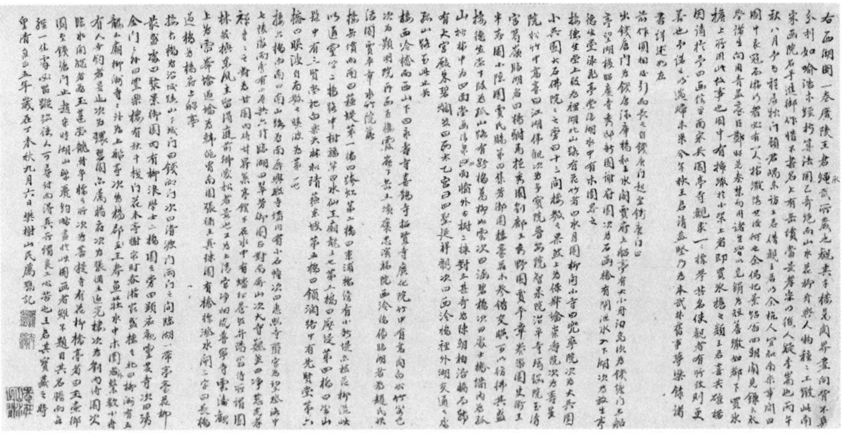

图13 厉鹗撰并书《西湖清趣图》题跋 此画现藏美国弗里尔美术馆

王君请益坚，乃为本《武林旧事》《梦粱录》诸书详述如左。

前作圆相，后引而长之，自钱塘门起，至钱塘门止。

出钱塘门为钱塘酒库、杨和王水阁、贾府上船亭，有大小舟泊焉。次为钱塘门上船亭、望湖楼、昭庆寺、秀邸新园、谢府园。次为石函桥，有闸泄水入下湖。次为放生亭、德生堂、泳飞亭。堂临湖，水中有木围界之。

接德生堂上段为里湖北山路。有花竹者曰水月园。柳间小寺曰兜率院。次为大吴园、小吴园、大石佛院。院之旁曰十三间楼，数之果然。上为保俶塔、崇寿院。次为寿星院。松竹中高台曰江湖伟观。次为多宝院、普安院、智果院、治平寺、玛瑙院、玉清宫。葛岭临湖者曰杨驸马挹秀园、刘鄜王秀野园、贾平章养乐园、史卫王半春园、小隐园。贾氏赐第曰集芳御园。楼台花木参错参交暎，可以仿佛其盛。

接德生堂下段为孤山路，有断桥，万柳如云。次曰涵碧桥。次曰处士桥。墙内为孤山，松林中为四面堂，画法果（*曰）四面。墙外古树二株对立甚奇，为陈朝柏。沿墙而转有大宫殿，朱碧烂然，曰西太乙宫，曰四圣延祥观。次曰西泠桥，里外湖交通之处。孤山路至此止矣。

接西泠桥而西，山下曰永寿寺、喜鹊寺、招贤寺、广化院。竹中有高阁，白公竹阁也。次为显明院，再西为栖霞岭下岳王坟、褒忠演福院。西泠桥傍临湖者为赵氏快活园、贾平章水竹院落。接岳坟而南曰苏堤。第一桥曰跨虹。第二桥曰东浦桥。傍有小新堤，亦植花柳，从此以通灵、竺二桥，路中树旛竿曰水仙王庙，龙王也。第三桥曰压堤。第四桥曰望山，路中有三贤堂，记白乐天、林和靖、苏东坡。第五桥曰锁澜，路中有先贤堂。第六桥曰暎波，自南数之，暎波为第一也。

接六桥而南曰南山路，为南屏兴教寺，墙内有小石幢。次曰惠照寺，斋宫为望祭，路中七陵处，两旁有小屋，共六行。临湖曰翠芳御园，正对南屏山。次大寺巍然曰净慈光孝禅寺。寺之对为甘园，内侍甘昪筑亭馆，半在水中。有蟠松苍然，弁阳翁诗所谓“园林几换东风主，留得庭前御爱松”者，是也。又为上清宫、净相院、普宁寺、云涛观。上为雷峰塔。过塔为韩侂胄南园、张循王真珠园。有桥标“澄水闸”三字曰长桥。过桥为杨府上船亭。

接长桥为沿城路。山下城门曰钱湖门。次曰清波门。两门之间，临湖一带亭台花柳最盛处曰聚景御园，内有柳浪、学士二桥。园之旁曰显应观、灵芝寺。次曰涌金门。门外曰丰乐楼，有秋千、梭门，花木、亭榭，宋时春游最盛。楼之北曰柳洲，有五龙王庙、柳洲寺。寺外为上船亭。次为杨郡（*五）王养鱼庄，水中木围（*者）外，系数小舟，有人垂钓者，是也。次为环碧园，亦属杨府。次为张循王迎光楼。次为刘内侍园。次临水开窗者为玉莲堂，龙舟争摽之所。次为菩提寺，有花柳桥亭者曰玉壶御园。至钱塘门止。赵宋时湖山繁丽，约略尽于此图。画者虽不题目其名胜，而每经一佳处，必留踪迹，使人可寻讨而得，真所谓良工心苦也。王君其宝藏之。

时皇清雍正五年岁在丁未秋九月六日，樊榭山民厉鹗记。

此文是厉鹗应此画的收藏者王承武之请，所作的考证和说明文字，翔实而清晰。他以画中所表现的绘画水准和风格，判断是南宋院画名手作品，因为图中绘有岳坟，所以估算作画时间是宋孝宗之后，作者或是李嵩。他还以叶绍翁《四朝闻见录》中有关“买冰担”的记载和画面中的相关信息对应，作为此画为南宋时期作品的确切证据。

《西湖清趣图跋》不见于《樊榭山房文集》，但文章严谨明晰，书写清雅。此件手书应为真迹。

2.《张卿子先生画像赞》

张隐君遂辰，字卿子，一字相期，号西农。张卿子为明代杭州名医、诗人，前代乡贤，一直为厉鹗和文友们所敬重。浙江省博物馆藏《张卿子画像》（图 14）由曾鲸于天启二年壬戌（1622）所绘。乾隆十一年丙寅（1746）夏，杭城文士们观赏此画，在裱边上纷纷留下题记，题赞者有厉鹗、杭世骏、周京、丁敬等人，《樊榭山房文集》卷七《张卿子先生画像赞》云：

猗嗟先生，渊机研理。早游上庠，文辞清绮。顾厨名逃，桑海时徙。含华隐曜，期山期水。晚托于术，探丸起死。真、冷犹存，彭、殇一视。我读遗诗，松风入齿。百世之下，孰传高士？[33]

画上樊榭题赞释文与《樊榭山房集》中所载略有不同：

猗嗟先生，渊机研理。早游上庠，文辞清绮。厨顾名逃，桑海时徙。含萼隐曜，期山期水。晚托于术，探丸起死。真、冷犹存，彭、殇一视。我读遗诗，松风入齿。百世之下，孰传高士？

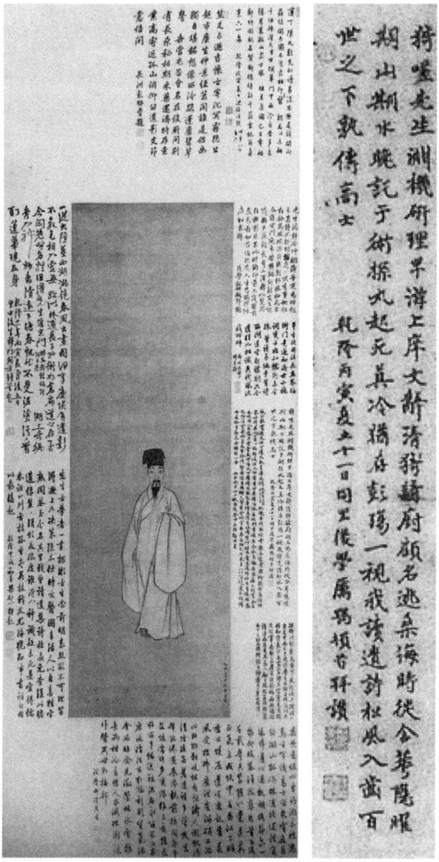

图14　曾鲸　张卿子像　天启二年壬戌（1622）　浙江省博物馆藏

乾隆丙寅夏五十一日，同里后学厉鹗顿首拜赞。[34]

厉鹗《东城杂记》卷十中还有“张隐君卿子”条目，详述先生事迹：

张隐君遂辰，字卿子，一字相期，号西农。少颖异，于书无不窥，工为诗，以国子生游金陵，见赏于董尚书其昌、陈征君继儒。明末潜名里巷，为医自给，能探丸起人死，人争迎致之。卜筑东城，诗格益澄澹孤峭，多自得之语，在西泠流派外，可自名家。隐君每于岁阑，定勉诫子息云：“家足过年之用，座无寒士之求，不惟有愧本心，抑且无别庸俗。”又尝述其祖龙墩公，贫止一布袍，除日逢急者，即解赠之。清门世德，可以激薄停浇矣。著有《白下》《湖上》《蓬宅》《衰晚》四编，蓬宅者，录其东城所作也。《忍公无勅招入六逸社简谢》云：“东城有老生，三五接茅屋。声名虽翳如，志色不降辱，乞食拙叩门，爵年少赐粟。二严天放翁，举逸嗣其六。高会相招邀，宁耻敝冠服。寄情在琴歌，养老事觞肉。讵惜恕疏狂，礼容亦简足。持论昧苟同，古风良可掬。白首永晏言，娱怀还厚俗。”《冬晓寻东邻诸子》云：“东城爱清晓，日出在寒林。残叶响冰面，微霜留屋阴。事皆缘老谢，迹剩有孤寻。忽漫闻村犬，悠然门巷深。”《隐几》云：“一区城曲地还余，隐几萧萧落木初。赌墅围棋无子弟，故家遗俗有琴书。天遥欲纵高飞鹄，池白长留禁射鱼。尚惜兴疏交渐绝，朝来斗酒为谁储。”孙宇台治《题张卿子隐居》云：“东城何逶迤，树木纷扶疏。中有贤人室，绿水绕前除。门外多车辙，室中唯图书。草木皆秀色，僮仆鲜嗟吁。客至感心醉，朋来结相于。借问主人谁，其人乃为儒。伏郍无恒轨，严郑有先驱。愿得聆謦欬，执手日踌躇。”曹盖之臣《舌华录》云：“武林张卿子有《野花》诗十首，佳极，盛传一时，人目之曰：‘张野花’。卿子善病，常数年不出户，面孔黄瘦，人有见之，曰：‘是野花张也。’”惜十诗集中不载，想少作尔。[35]

如前文所述，1957年2月8日，夏承焘考证《厉樊榭手书白石道人歌曲》时，特地携书来对比此画手迹。其1957年日记中载：“［二月八日］夕雪。晨写词风格论。午后往西湖博物馆看古画展览会，文管会新以八千余元从吴湖帆购得黄子久富春山居图及王蒙山水一幅，为此会最精彩陈列品。予携樊榭写白石歌曲，对樊榭题柳卿子画像赞，知歌曲决非真迹，当是时人过录本。”[36]之后在考证文章中，夏承焘又写道：“予得见此本时，杭州方开古画展览会，柳卿子画像一帧，有清初诸老题字，太鸿亦手写一赞，予携此书往校，则字迹健弱悬殊。知寒云所云，殆近漫语。”[37]

夏先生日记还提供了当年文管会从吴湖帆处购得黄公望《剩山图》及王蒙山水的信息。只是日记和考证文字均将“张卿子”误书作“柳卿子”，特此说明。

（五）楹联

1. 行书七言楹贴：“穿花蛱蝶深深见，点水蜻蜓欵欵飞。”

1913 年，平湖葛嗣浵撰写的《爱日吟庐书画别录》付梓，其卷四收有厉鹗行书七言楹贴一件，在介绍作品材质、尺幅、内容之外，又简介厉鹗生平。其文如下：

厉鹗行书七言 纸本，高四尺七寸，阔六寸八分。

穿花蛱蝶深深见，点水蜻蜓欵欵飞。甲辰六月八日，予将北游，幼鲁、尺凫诸君饯予湖上，泊舟柳影荷香中，山水浮动，凉气沁人肌骨。缘孤山，掠苏堤，入西泠桥，以泊于里湖。时意林鼓琴，敬身作小篆楹联，栾城觞碧筒劝客。予与尺凫各书数联分赠诸君，又各赋探春词。极暮乃罢去，既归南斋，尺凫以炙甜香供客，风味幽寂，前明宣宗时禁中制也。属予记之。樊榭厉鹗太鸿。

印二。太鸿。白文长方印。厉鹗诗词。白文。上联右压角印一。瘦吟阁。朱文方印。

按鹗字太鸿，钱塘人。康熙五十九年庚子举人，乾隆丙辰荐试鸿博，以违式罢归。学问淹洽，而性极孤峭，义不苟合，故所如辄左。诗于渔洋、竹垞外独辟一径，书亦秀雅绝伦。此联栩栩欲仙，超乎笔墨之外，尤觉神妙。南田或能到此，他人非所望也。著有《辽史拾遗》二十四卷、补五卷、《宋诗纪事》一百卷、《南宋画院录》八卷、《东城杂记》二卷、《樊榭山房诗集》十六卷、词四卷、文八卷、集外诗词七卷、《湖船录》《绝妙好词笺》各若干卷。[38]

从题识看，此联文字是拼凑樊榭不同时期的词序而成，有甲辰六月八日的《念奴娇》词序、丁未五月二十五日《水龙吟》词序，甚至有晚至雍正十年壬子的《国香慢》词序，肯定是作伪者所造的赝品。[39] 葛嗣浵未能辨伪，或是不熟悉樊榭先生文字之故。

和这件有问题的楹联相比，前文所述葛嗣浵父亲葛金烺所收的另一件厉鹗手书，就要可靠的多。《爱日吟庐书画录》卷四记："《厉鹗自书先秦货布记册》纸本，高九寸二分，阔一尺一寸二分。"[40] 文末还有："程君属予次第其语，因书以为《先秦货布记》。乾隆癸亥孟冬小雪后二曰，钱唐厉鹗撰。"印二。厉鹗。白文方印。太鸿。朱文方印。手书后附古钱拓本二十二种。[41] 这件厉鹗手书，文字内容与文集基本一致，落款语气、时间均符合史实，钤印也比较合理，是真迹的可能性很高。《厉鹗自书先秦货布记册》今天下落不明，但《爱日吟庐书画录》所记的册中内容和册后众多题跋，非常好地说明了其价值。

"穿花蛱蝶深深见，点水蜻蜓欸欸飞。"虽然不真，但葛嗣浵对厉鹗的评价"诗于渔洋、竹垞外独辟一径，书亦秀雅绝伦。此联栩栩欲仙，超乎笔墨之外，尤觉神妙。南田或能到此，他人非所望也"。独树一帜，颇能成一家之言，因此其说影响广远，日本澄怀堂山本悌二郎便全盘接受。

1925 年，刘再苏编《名人楹联真迹大全》，收有一件"厉鹗行书七言联"，其联句正是"穿花蛱蝶深深见，点水蜻蜓欸欸飞"。（图

15）[42] 不过，著录中的这件楹联图片与《爱日吟庐书画别录》卷四文字对比，还是有所不同，从图上看，没有长篇题记，仅下联有名款“樊榭厉鹗”。爱日吟庐版落款则是“樊榭厉鹗太鸿”。如无意外，这两件楹联是造假者成批制造的产品。

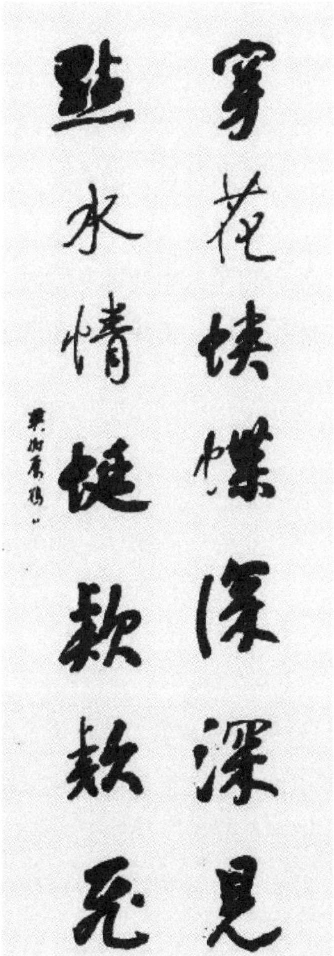

图 15　《名人楹联真迹大全》之厉鹗行书七言联
“穿花蛱蝶深深见，点水蜻蜓欸欸飞”

2. 行书七言联："声华馥似当风桂，气味清如浥露兰。"（图 16）

款识："梅雨初霁，湖上山水浮动，凉气沁人肌骨。尺凫买舟约予辈数人，缘孤山，掠苏堤，入西林桥，以泊于里湖。时意林鼓琴，敬身作小篆数幅，子威写西湖雅集图，尺凫蒙书是联。醉眼模糊，未免雷行布鼓也。予与尺凫各赋水龙吟一阕。极暮乃罢去。时丁未五月二十五日也。钱塘太鸿厉鹗并记。"

查《樊榭山房集》卷十词乙有《水龙吟》记此事："梅雨初霁，湖上山水浮动，凉气沁人肌骨。尺凫买舟约予辈数人，缘孤山，掠苏堤，入西林桥，以泊于里湖。时意林鼓琴，敬身作小篆数幅，栾城觞碧筒劝客，予与尺凫各赋此曲。极暮乃罢去。丁未五月二十五日也。"[43]

此楹联款识与《樊榭山房集》中内容基本吻合，多"子威写西湖雅集图，尺凫蒙书是联。醉眼模糊，未免雷行布鼓也"。或许收入文集时删去此段？

此联真伪仍待进一步考辨。

3. 行书七言联："壁琴风过闻天籁，香椀灰深臬篆烟。"（图 17）

此联款识：

壬子冬至后三日，过马半槎南斋，炙甜香以供客，风味幽寂，前明宣宗禁中制也。坐上索予谱《国香慢》一阕成，半槎谓予云："昔熊讷斋请詹天游赋《软香·庆清朝慢》：'愿扫陈言。'君于此题当与天游竟爽矣！"酒正半酣，出素纸索书是联，醉眼朦胧，不足为大雅所赏。钱塘太鸿厉鹗并志。

"壁琴风过闻天籁，香椀灰深臬篆烟。"不见于樊榭文集，查袁枚

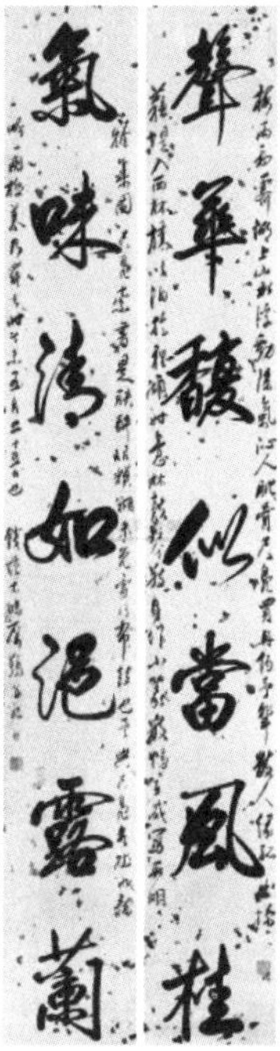

录文：
声华馥似当风桂，气味清如浥露兰。

款识：
梅雨初霁，湖上山水浮动，凉气沁人肌骨。尺凫买舟约予辈数人，缘孤山，掠苏堤，入西林桥，以泊于里湖。时意林鼓琴，敬身作小篆数幅，子威写西湖雅集图，尺凫蒙书是联。醉眼模糊，未免雷行布鼓也。予与尺凫各赋水龙吟一阕。极暮乃罢去。时丁未五月二十五日也。钱塘太鸿厉鹗并记。

钤印：
瘦吟阁（朱文）、厉鹗诗词（白文）、太鸿（朱文）

图 16　厉鹗行书七言联、释文、钤印
中贸圣佳国际拍卖有限公司 2004 秋季艺术品拍卖会，LOT 号：0577

录文：
壁琴风过闻天籁，香椀灰深袅篆烟

款识：
壬子冬至后三日，过马半槎南斋，炙甜香以供客，风味幽寂，前明宣宗禁中制也。坐上索予谱《国香慢》一阕成，半槎谓予云："昔熊讷斋请詹天游赋《软香·庆清朝慢》：'愿扫陈言。'君于此题当与天游竟爽矣！"酒正半酣，出素纸索书是联，醉眼朦胧，不足为大雅所赏。钱塘太鸿厉鹗并志。

钤印：
太鸿，厉鹗诗词。

藏印：
瘦吟阁。

图 17　厉鹗行书七言联释文、款识及钤印
香港苏富比拍卖有限公司 2004 年春季艺术品拍卖会中国书画专场（LOT 0695）

《随园诗话》卷一，记有此诗句：

隐仙庵道士周明先善琴，能诗，离随园甚近，年未五十亡。余录其佳句云："神仙乐事君知否？只比人间多笑声。""竹间楼小窗三面，山里人稀树四邻。""壁琴风过闻天籁，香椀灰深枭篆烟。""雨中破壁蜗留篆，醉后余腥蚁起兵。"又"新笋成时白昼长"七字亦妙。[44]

可见这是袁枚采自隐仙庵道士周明先的诗句，目前没有信息表明周明先与厉鹗有过往，因此对联语句是否为樊榭所书，大有疑问。

前文谈到厉鹗与高翔交游时说过，雍正十年壬子（1732）冬至后三日，厉鹗过马半槎南斋，马曰璐烧炙明宣宗禁中所制"甜香"供客，厉鹗赋《国香慢》词一阕，赞美其"风味幽绝"。第二天马曰璐请樊榭以绿笺书写此词，装池成小轴，并由高翔以篆书题首，曰"甜香新唱"。樊榭词序及词云：

壬子冬至后三日，过马半槎南斋，炙甜香以供客，风味幽绝，前明宣宗时禁中制也。坐上索予谱斯阕成。半槎谓予云："昔熊讷斋请詹天游赋《软香·庆清朝慢》，云：'愿扫陈言。'君于此题当与天游竞爽矣。"明日以绿笺请予书之，装成小轴，高西唐篆其首曰："甜香新唱。"

雨浥芳尘。爱花瓷宝屑，百种芬氲。谁将蜜脾滋味，散作浓春？颤袅微烟犹未，写兰韵、如幻如真。轻翻小银叶，舌本先参，鼻观徐闻。汉宫遗事远，叹寻方难和，按谱偷分。茗瓯初啜，依约搀了余熏。缥缈华胥一枕，蝶飞来、犹恋梨云。回思嬭人处，寄与当时，浣罢罗巾。[45]

所以，笔者判断此联和《爱日吟庐书画别录》卷四所收的“穿花蛱蝶深深见，点水蜻蜓欵欵飞”一样，或为后人制造的赝品。

4. 隶书联：“相见亦无事，不来忽忆君”。真迹？鸳鸯对？

目前至少发现三组，分别为：天博版、上博版和著录版（图18）。三件隶书联的联句文字与书体均相同，但题识有区别，天博版和上博版比较接近。以下，笔者对三组作品展开探究。

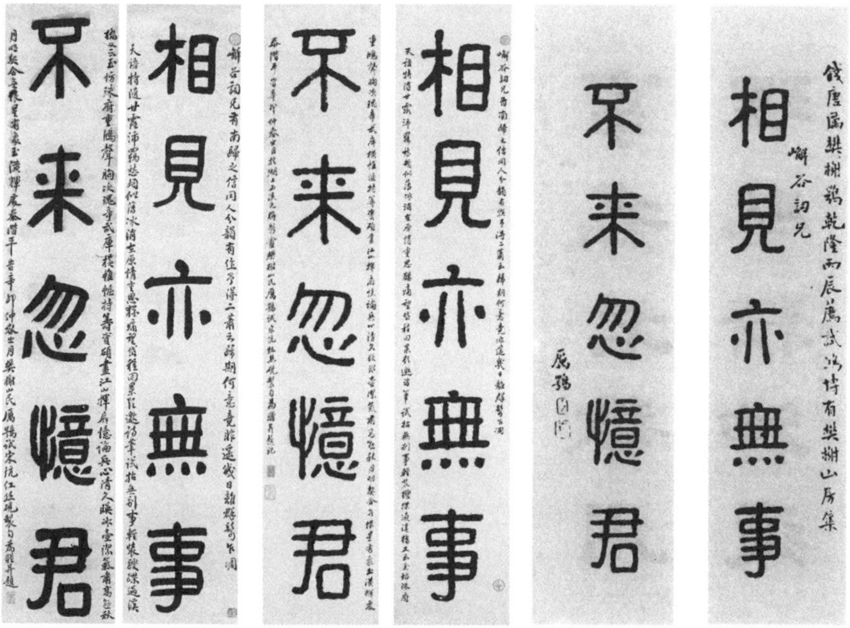

天博版　上博版　著录版

图 18　厉鹗隶书五言联三组对照

（1）天津博物馆版（图19）

题记释文：

嶰谷词兄有南归之信，同人分韵有作，予得二萧云：归期何意竟非遥，几日离群鬓乍凋。天语特随甘露沛，羁愁顿似薄冰消。在原情重思犹痛，望岱程回景欲邀。诗笔试拈无别事，轻装蹬蹀过溪桥。又云：玉坊珠府重鸿声，胸次瑰奇武库横。帷幄持筹资硕画，江山挥扇忆论兵。心清久暎冰壶洁，气肃高悬秋月明。契合无垠星有象，玉潢辉处泰阶平。

时辛卯仲春之月樊榭山民厉鹗试宋坑红丝砚制句为赠并题记。

题记中有些地方让人费解，在已有的记载中，从未见厉鹗称呼马曰琯为“嶰谷词兄”，诗句也不见于现存的《樊榭山房集》内外文字，最令人迷惑的地方则是年款问题，即“辛卯仲春之月”。厉鹗一生所经历的“辛卯年”仅有康熙五十年辛卯（1711），是年20岁，在杭州从杭机游，与杭世骏订交，与扬州二马没有任何交集。下一个“辛卯”，是乾隆三十六年辛卯（1771），厉鹗和二马均已辞世。因此，这个年款大有问题。

厉鹗究竟是误书年款，还是另有原因？我们注意到题记开头“嶰谷词兄有南归之信”一句，说明此时马曰琯正在扬州以北的地方。厉鹗与扬州二马的交往始于雍正初年（1723），到樊榭过世的乾隆十七年壬申（1752），这期间马曰琯最重要的北行记录是时间上非常接近的两次：

首先是在乾隆十四年己巳（1749），马氏兄弟因事牵连，共同北上。严迪昌对此事的考证非常清楚，他先引马曰璐《南斋集》卷四《送家兄嶰谷入都》中有小注：“谓乙巳年为事牵连北行。”此句中“乙巳”为“己巳”之误。何事牵连，已不可考，但情况显然非常凶险。他又引姚世钰《孱守斋遗稿》卷二《秋玉以无妄牵率北去，令弟佩兮趣装待行，阙为面别怅然赋寄》诗云：“昨日邀花伴，高馆吟将离。（顷昆季招集小玲珑山馆赋芍药诗。）心声岂魄兆，苍黄走京师”；“虽占无妄爻，还叹急难诗。双双归飞燕，先秋以为期”。“苍黄”“急难”，知此牵连事一时甚危，后虽平安回归，但可知此辈实也并非真做的羲皇上人。[46]

这次脱险回扬州仅过两年，乾隆十六年辛未（1751），马曰琯又依例为皇太后贺寿北上进京，盐商作为北京皇室的私房钱袋子，所谓贺寿，当然是进京孝敬，接受循例所敲的竹杠。是年冬，马曰琯北上，岁末方自北归来。上次的苍黄北行，对马氏兄弟伤害甚深，马曰璐等人依依送别，不胜凄惶。仲冬时节，马曰璐与厉鹗、全祖望集于小玲珑山馆，并怀马曰琯。《南斋集》卷四《辛未仲冬樊榭自钱湖射山自甬上雨中召集山馆有怀家兄暨于湘北上》云：“何事翻教成怅望，从来会合甘离颜。”[47]

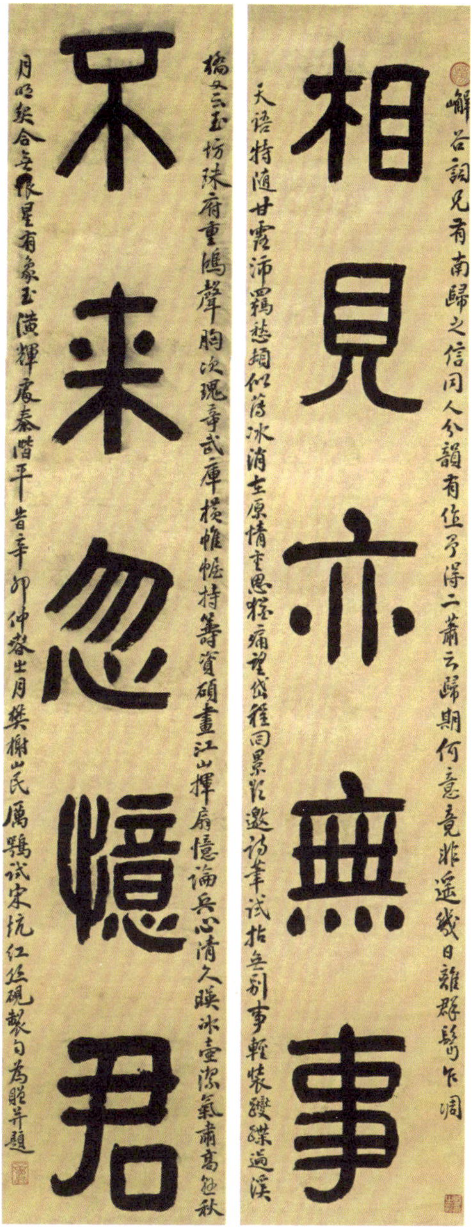

图 19　厉鹗隶书五言联　天津博物馆藏[48]

由此可知，厉鹗题记中“辛卯仲春之月”，实际上是“辛未仲冬之月”，在文网渐密，笔祸不断的大环境下，扬州诗人们貌似轻松的雅集，其实都战战兢兢。为避险，樊榭先生书联之后，有意乱题年款，实在也是逃避文字狱的无奈之举。小心翼翼中“归期何意竟非遥”句，还是反映出诗友们由衷的思念和欣慰之情。

综合来看，本联的题记符合史实，年款错乱可能是误书，更可能是有意为之。印鉴（图20）也没什么大问题，署名与其他手迹有些许差异（图21），但风格仍然相近。考虑到书写时间相隔，媒材变化，个人的状态等等，字迹小有不同，或在情理之中。

当然这件作品本身的书法品质有一定的争议，值得进一步探讨。

上联右上　“厉”字朱文圆印

上联右下　“张之洞印”白文方印

下联左下　“凤”字朱文方印

图20　钤印三处[49]

雍正五年 《西湖清趣图》题跋署名	雍正十三年 《新安吴东岩孙妇朱儒人殉节诗稿》署名	乾隆八年 《九日行庵文宴图记》署名	乾隆十六年 天津隶书五言联署名

雍正五年 《西湖清趣图》署名	乾隆九年 《复园红板桥诗》署名	乾隆十六年 天津隶书联署名

图 21　厉鹗署名对照

（2）上海博物馆版（图 24）

上海博物馆（简称“上博”）现藏厉鹗隶书五言联“相见亦无事，不来忽忆君”，很早便见于著录，主要是以下两本：

1928 年，收入高野侯等编著的《楹联墨迹大观》（第一册）；（图 22）[50]

图 22　高野侯等著《楹联墨迹大观》（第一册）之厉鹗五言联

1991 年，又收入汪文娟编《历代名人楹联墨迹》。（图 23）[51]

图 23　汪文娟编《历代名人楹联墨迹》之厉鹗五言联 [52]

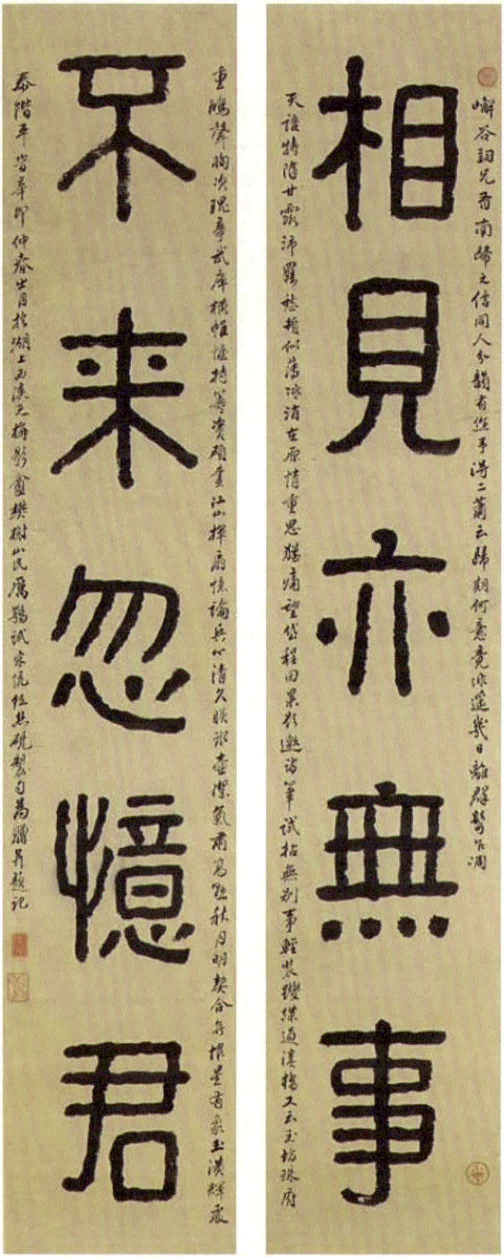

图 24 上海博物馆藏樊榭隶书五言联[53]

图 24 题跋释文：

嶰谷词兄有南归之信，同人分韵有作，予得二萧，云：归期何意竟非遥，几日离群鬓乍凋。天语特随甘露沛，羁愁顿似薄冰消。在原情重思犹痛，望岱程回景欲邀。诗笔试拈无别事，轻装蹬蹀过溪桥。又云：玉坊珠府重鸿声，胸次瑰奇武库横。帷幄持筹资硕画，江山挥扇忆论兵。心清久暎冰壶洁，气肃高悬秋月明。契合无垠星有象，玉潢辉处泰阶平。

时辛卯仲春之月，于湖上西溪之梅影盦，樊榭山民厉鹗试宋坑红丝砚制句为赠并题记。

图 25　上海博物馆藏樊榭隶书五言联四处钤印[54]

钤印四处：（图 25）

上联题记顶头为“厉”字朱文圆印，与天博版同。右下为一鸟形朱文圆印。

下联左下有两处：上一方为“太鸿”白文方印，下一方为“凤”字朱文方印，与天博版同。

此联书法品质颇高，仔细对比之下可以发现，题记诗文基本和天津博物馆（简称“天博”）版一致，钤印小有区别，最大不同在落款，上博版多了“于湖上西溪之梅影盦”9 个字。

天博版：“时辛卯仲春之月樊榭山民厉鹗试宋坑红丝砚制句为赠并题记。”

上博版："时辛卯仲春之月于湖上西溪之梅影盦，樊榭山民厉鹗试宋坑红丝砚制句为赠并题记。"

樊榭先生酷爱西溪，一生诗文论及西溪甚多，但从未提及"湖上西溪之梅影盦"。其友朋似乎也没有以"梅影盦"为号或室名的。更重要的是，厉鹗此联肯定是书赠马曰琯，虽然此时还只有"南归之信"，但多半是马曰璐在扬州组织的某次雅集上，众人分韵作诗为贺，顺手试马家所藏珍稀文房，写下此联最为方便合理。有什么理由还要回到杭州书写呢？这恐怕是上博版最大的疑问所在。

在新的信息出现之前，笔者判断此联有两种可能：

1. 确为真迹，厉鹗在扬州书写一件直接赠予马氏兄弟，回杭州后又书一件自存或赠同好；

2. 或是近代上海的某古董制造者在某件真迹的基础上，摹写中略做调整再"上市"，在流通中，此件被视为真迹，高野侯将其收入了《楹联墨迹大观》（第一册）。

真伪鉴定是一件复杂的事情，涉及对作者手迹标准件、生平史实全面而准确的把握，笔者对天津博物馆和上海博物馆两件藏品的探讨，是想起到抛砖引玉的作用。期待未来可以发现更多可靠的厉鹗手迹及钤印，这对判断上述天博和上博作品会有更大助益。

（3）著录版：

1. 1925 年，刘再苏所编《名人楹联真迹大全》收厉鹗隶书五言联一件（图 26）。

2. 2010 年出版的王宝洺主编《楹联书法》一书中，亦收有厉鹗隶书联一件。（图 27）

仔细对比两书图片（图 28），很有可能是同一件作品，只是《名人楹联真迹大全》或许漏印了上联右侧的题记"钱塘厉樊榭鹗乾隆丙辰

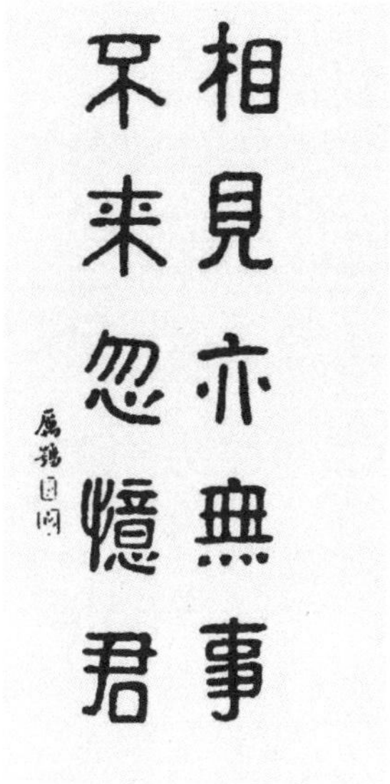

图 26　《名人楹联真迹大全》厉鹗隶书五言联 [55]

图 27 《楹联书法》厉鹗隶书联 [56]

图 28　名人楹联真迹大全（左）　楹联书法（右）

荐试鸿博有樊榭山房集”及“嶰谷词兄”。下联左侧落款“厉鹗”和两方钤印则基本一致。

说回此题记，不伦不类，更像后人对厉鹗的评介，樊榭先生自己断不会如此书写。因此本联肯定是后人对厉鹗对联的临摹加变造之作，也就是所谓的鸳鸯对。[57] 从钤印看，其模仿对象很可能是上博所藏的隶书五言联。

小结

从本章列举的樊榭先生所遗书迹来看，其书体涵盖隶、行、楷几种，行书和楷书的书写布局均较为茂密，字体含蓄收敛，但整体观感自然大方。其隶书对联则大气稳重，令人赏心悦目。厉鹗文辞优美，书法符合文人审美，因此会得到“秀雅绝伦”的赞誉。当然，我们不能也不必用这些作品来定义厉鹗为一个“杰出的清代书法家”，但樊榭先生的书写结合其优美的诗文，可称典型的“文人翰墨”，确实在士林间产生了持续影响，尤其为后辈学人所珍爱，乃至产生了临摹甚至伪造之作。中国书法史研究值得将这些作品纳入视野。

厉鹗和其友朋书迹展现的是清代士大夫普遍的文化修养和趣味，尤其是其中不断浓厚的金石趣味，他的好朋友金农，以其独树一帜的标志化书体，更推动了这一潮流。在樊榭和朋友们纷纷谢世之后，乾嘉年间的金石学更为兴盛，金石味成为中国书法的主流。从 17 世纪开始的中国书法“转向”，就在一代代书写者的努力下，达到了一个新的阶段。

二、厉鹗画像考：存世的几种肖像和以樊榭故事为主题的绘画

（一）《九日行庵文宴图》中的厉鹗形象

前文已述叶芳林所作《九日行庵文宴图》中有可靠的厉鹗形像。樊榭在《九日行庵文宴图记》中解说：“树下二人，离立把菊者钱唐厉樊榭鹗，袖手者钱唐陈竹町章也。”（图 29）

此画创作于乾隆八年癸亥（1743），厉鹗时年 52 岁，画面中樊榭先生面容清癯，正符合“瘦厉”的形象，其持菊而立，意态闲适，眼望身边的好友陈章，两人均有喜悦之色，可见此次雅会令人心神舒畅。画家叶芳林用菊花强调了“重九之会”的秋日特色，对人物关系和心态的把握也非常准确，可见其为完成此画，所作功课应当不少。而方士庶所补之景，用园中赏石、植物等丰富画面，突出了行庵幽雅的环境特色。这幅画在两位画家的精心安排下，最终达到一种雅致愉悦的理想效果。

图 29　九日行庵文宴图（局部）　左袖手而立者陈章　右把菊者厉鹗

就目前所存的图像资料来看，这幅画中的厉鹗形象是唯一其在世时所留下的肖像。并成为后世摹写樊榭先生形象的重要祖本。

（二）文献记载及现存的费丹旭所绘厉鹗肖像。

杭州的诗社或诗人群，自晚明以来先后有登楼社、西湖八社、西泠十子、孤山五老会、北门四子、鹫山盟十六子、南屏吟社、湖南诗社、潜园吟社等，至道光年间，以振绮堂汪氏为核心的东轩吟社延续了这一风气。杭州振绮堂汪氏家族，以收藏和刊刻图书，享誉江南。汪氏前后几代人均偏爱于樊榭先生，在厉鹗下世之后，以振绮堂为中心的诗人用制谱、刻书、步韵、设祀、绘像等多样的形式来缅怀厉鹗。[58] 本文要梳理的就是道光年间，振绮堂主人汪远孙及其组织的东轩吟社诗人群，悬像祭祀樊榭先生之事，而这些画像的绘制者，正是画家费丹旭。众所周知，费晓楼在杭活动期间，与汪远孙交好，参与其诗社活动，并应请多次作画。这些画作除了描绘诗社同人的《东轩吟社画像》，还有不少是绘前代先贤，厉鹗及其友朋画像是其中最为突出的。

徐雁平认为："在这二十年间，费丹旭在众文士中另一有影响的作品当推厉鹗画像。据费丹旭诗集，他先后作厉鹗像二帧，其一见诗题《为奚子复疑摹厉徵君集中溪楼作韵》，其二为《五月二日同人悬樊榭徵君像于水北楼设祀用集中生日有感诗韵纪事分题于帧付交芦庵永为瓣香之奉》，其中有句云：'杯传蒲酒又今日，图展冰绡已隔年。（余摹徵君像有二，一以赠子复，此第二帧也。）'于水北楼设祀纪念厉鹗不是一件随兴偶发之事，而可视为厉鹗成为典范人物的重要事件。"[59]

徐雁平所说大致没有问题，但费丹旭摹厉鹗像的前因后果，还是有很多细节不曾说明，我们想知道，晓楼所摹厉鹗像仅此两幅吗？这些作品是"摹"，其祖本为何？画作今日是否存世？

东轩吟社众人倡和作品大多辑入《清尊集》（图 30），查其中涉及厉鹗纪念活动的记录，主要有：

（1）道光八年戊子（1828），卷五《厉樊榭徵君栗主移奉交芦庵记》《正月二十一日同人移奉厉樊榭徵君及姬人月上木主于交芦庵纪事》。

（2）道光十二年壬辰（1832），卷十二《上巳后一日同人泛舟西溪酌酒厉樊榭先生墓并饮交芦庵舫斋》。

（3）道光十二年壬辰（1832），卷十三《费君晓楼摹厉徵君遗像以赠奚君子复盖子复所居榆荫楼即昔年鲍氏溪楼也胜地因缘余风未沫亦翰墨中一段佳话晓楼属以诗同用徵君溪楼作元韵》。

（4）道光十三年癸巳（1833），卷十五《五月二日同人悬樊榭徵

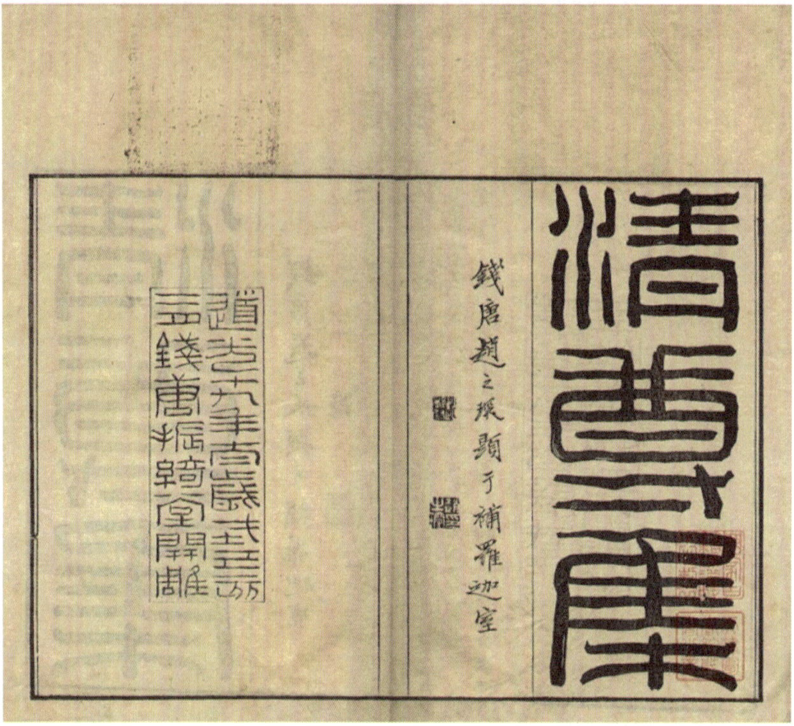

图 30　清尊集　道光十九年（1839）钱塘振绮堂刻本　天津图书馆藏本

君像于水北楼设祀即用集中生日有感诗韵纪事分题于帧付交芦庵永为瓣香之奉》。

厉鹗生前，酷爱杭州西溪，与友朋经常流连于西溪山水之间，前文所述华嵒为其写《西溪卜居图》，便是一例。樊榭去世后，葬于西溪王家坞，可谓魂归西溪，但其木主却附祀于城北武林门外黄文节公祠，与墓相隔甚远。《清尊集》卷五《厉樊榭徵君栗主移奉交芦庵记》《正月二十一日同人移奉厉樊榭徵君及姬人月上木主于交芦庵纪事》，均作于道光八年戊子（1828），是年初，陈钺、蔡焜、李堂等人移先生及姬人月上木主于西溪交芦庵，如此先生墓与祭祀场所临近，便于人们就近设祀。《清尊集》卷十二《上巳后一日同人泛舟西溪酹酒厉樊榭先生墓并饮交芦庵舫斋》就记录了道光十二年壬辰（1832），东轩吟社同人的一次纪念活动，三月初四，众人首先在厉鹗墓地酌酒，然后赴交芦庵，会饮于其舫斋，此次雅集还可以让人想见当年西溪的水乡风情。

《清尊集》卷十三《费君晓楼摹厉徵君遗像以赠奚君子复盖子复所居榆荫

楼即昔年鲍氏溪楼也胜地因缘余风未沫亦翰墨中一段佳话晓楼属以诗同用徵君溪楼作元韵》，亦作于道光十二年壬辰（1832），从诗题可知，这是费丹旭摹厉鹗遗像，以赠奚疑。奚疑（1771—1854），字子复，一字虚白，又字乐夫，号方屏山樵，别号榆楼，晚号酒奚，归安（今浙江湖州）人。他的居处所在正是厉鹗与月上当年结缘的鲍氏溪楼。在崇拜厉鹗的后辈文人眼中，这是一处胜地，奚疑因缘际会，居于此处，可称继承前辈余风，为一段翰墨佳话。

费丹旭摹画即成，请大家作诗纪事。于是便有胡敬、黄士珣、钱师曾、戴铭金、吴振棫、汪鉽、汪远孙、汪适孙、汪迈孙、费丹旭、奚疑诸人依韵为诗，最有价值的材料来自戴铭金、汪鉽、费丹旭和奚疑。

戴铭金诗注："徵君五月二日生朝，子复于庚寅年起，招同人集于榆荫楼置酒为寿。"这表明，奚疑从道光十年庚寅（1830）五月初二开始，召集诗社同人在榆荫楼饮酒纪念樊榭先生，这种活动中当然需要悬像设祀，没有厉鹗遗像的时候，大家拜祭的是哪件作品呢？

汪鉽诗注云："晓楼曾绘《溪楼延月图》，每岁五月二日徵君生辰，集同人祀之。"按此说可知，费丹旭所绘《溪楼延月图》就是此前每年五月二日活动中，大家祭祀的对象，而此次，费丹旭摹厉鹗遗像，可以说是第二次为奚疑提供与厉鹗相关的绘画。

再来看看费丹旭《为奚子复摹厉徵君象并题》所说：

吾乡有奚康，谈诗喜甚口。危楼傍溪曲，清荫足榆柳。几榻绝尘氛，图书供左右。肎让古人先，不落今人后。殜簾书不卷，飞翠穿户牖。曾倚窄袖人，屈指百年久。欢情证月明，定醉团栾酒。为写溪楼图，不敌将军手。汤雨生都督曾为榆楼作《溪楼延月图》并题以词。翻喜珠玉篇，量之欲盈斗。水云信有缘，重识西湖叟。

费丹旭说明，他确实应同乡奚疑之请，画过一幅《溪楼延月图》，但小注的信息也很重要："汤雨生都督曾为榆楼作《溪楼延月图》并题以词。"原来更早的时候，汤贻汾已经画过《溪楼延月图》，并题以词。如此，费丹旭是在既有的画题"溪楼延月"基础上创作，他自谦本人之作"不敌将军手"，对汤贻汾表示了敬重之意。《溪楼延月图》的问题，后文还有讨论，此处按下不表。

回到费氏摹厉鹗像，奚疑《晓楼摹樊榭徵君像于榆荫楼即用徵君原韵》云：

城南古驿西，有楼翼溪口。市远地自偏，浓荫杂榆柳。碧湖环于前，云峰峙其右。繄余童稚时，购自参军后。为置读书床，重启看山牖。徵君昔游苕，于此登临久。假期当中秋，延月酌尊酒。双桨渡江归，蓬窗携素手。艳情传西泠，词华高北斗。今喜获遗像，珍同剑南叟。时笠泽王砚农搨赠陆放翁小像，同弆楼中。

榆荫楼主人奚疑所说："今喜获遗像，珍同剑南叟。"并注："时笠泽王砚农搨赠陆放翁小像，同弆楼中。"结合诗题和这几句，可知奚子复对费晓楼所摹的厉鹗遗像极为珍视，与之前所得陆游小像拓本，共同藏于榆荫楼中。

许亹生对此事也有记录："奚虚白疑，居湖州城南，旧为鲍氏溪楼，即樊榭征君纳姬人月上处也。虚白摹遗像属题，次图中诗韵：'百年数文献，君名留人口。彼姝适所遭，幸于如是柳。乐府赛旗亭，孰分袒左右。俊游艳称前，佳话永垂后。溪楼亦灵光，终古辟户牖。天公选替人，图画要诸久。近钓渔隐渔，亲酹酒奚酒。奚家酿酒，称‘酒奚’。青山红袖闲，重置斲轮手。光芒交映辉，何处蔽沫斗。许我补题诗，漫郎成瞽叟。’”[60]　许蘅生所次的“图中诗韵”，就是费丹旭次韵樊榭溪楼诗所作的《为奚子复摹厉徵君象并题》。

《清尊集》卷十五《五月二日同人悬樊榭徵君像于水北楼设祀即用集中生日有感诗韵纪事分题于帧付交芦庵永为瓣香之奉》，所记的是道光十三年癸巳（1833）五月初二，汪远孙和东轩吟社同人集水北楼，悬厉鹗画像祭祀，并用樊榭于雍正二年（1724）所作《五月二日生日有感》诗[61]，依韵纪事，并分题于画像旁。此帧画像最后托付给交芦庵，“永为瓣香之奉”。

这些诗句中最重要的当然是画家费丹旭所写：

苕水湖云各一天，登楼曾记瓣香然。吾乡奚子复曾属余写《溪楼延月图》，每于五月二日同人展祀之，盖楼即鲍氏溪楼迎月上处。杯传蒲酒又今日，图展冰绡已隔年。余于去年摹徵君像有二，一以赠子复，此其第二帧也。双桨艳情留短什，一溪秋雪冷空椽。吟魂知有朝云伴，不羡逋翁抱鹤眠。

费晓楼的两处诗注说明：

（1)以前自己曾应奚疑之请作过一幅《溪楼延月图》，每年五月初二，在榆荫楼由同人展祀之；

（2）去年，即道光十二年壬辰（1832），又摹写厉鹗遗像两帧，一帧赠与奚子复，另一帧即是今日祭祀并题诗所用者，也就是这帧画像由交芦庵保存，“永为瓣香之奉”。但很可惜的是，咸同间太平天国战乱，庵毁图亡。

交芦庵所藏费丹旭摹厉鹗像灭失，奚疑所藏厉鹗像，亦下落不明。如果按徐雁平所说，费氏仅作厉鹗像两帧，那么世上便不再有费丹旭所作厉鹗像。幸运的是，目前还有一件费氏摹绘厉鹗像存世，并且也是作于道光十二年壬辰（1832）。

金冬心先生像

厉樊榭先生像

丁砚林先生像

杭堇浦先生像

图 31　费丹旭　杭郡四先生像　浙江省博物馆藏

道光十二年壬辰（1832）冬十月，费丹旭绘制了一套《杭世骏等四先生像》，此套画作存世，现藏浙江省博物馆。（图 31）[62]《四先生画像》图册，纸本白描，共四开，每开纵 22.8 厘米，横 30.1 厘米，水墨人物，绘厉樊榭、金冬心、杭堇浦、丁研林先生像。在丁砚林先生像落款：“壬辰冬十月西吴费丹旭摹”。此为费丹旭 32 岁时的作品，曾经王芗泉收藏，现藏浙江省博物馆。[63] 杨仁恺先生认为这是费丹旭初到杭州时所绘的作品。[64]

查永玲指出，这四位杭郡才子，“都是费丹旭尊重的前辈，早于他一百多年，不存在对面写照的可能，只能是抚其遗像”。[65] 因此，费丹旭所绘诸先生像，皆应有祖本，例如丁敬像，抱膝而坐的砚林先生，让人有似曾相见之感。黄涌泉的意见，此画就是以罗聘所绘《敬身先生倚杖坐石图》[66] 为祖本，他说：“《倚杖坐石图》恐怕是丁敬生前唯一的画像了。清朝道光年间费丹旭所绘《杭郡四先生像》册中的丁敬像，西泠印社仰贤亭中的丁敬石刻线画像，三老石室前的石刻雕像以及《辞海》（1979 年版）丁敬传插图像等，都是以罗聘的画像作为祖本的。”（图 32）[67]

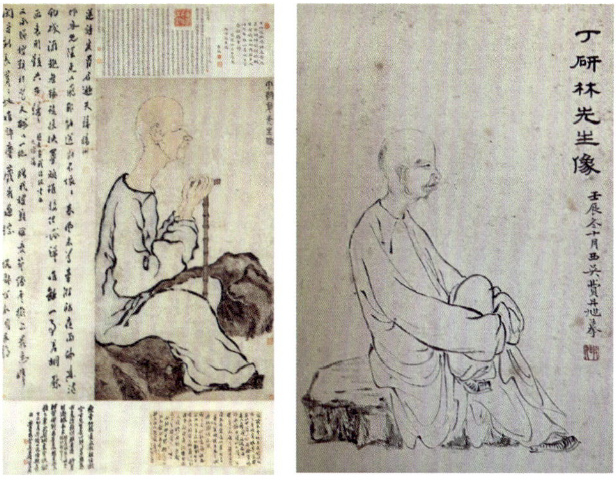

图 32　罗聘　敬身先生倚杖坐石图（左）　费丹旭　丁砚林先生像（右）

图33 费丹旭 厉樊榭先生像（左） 九日行庵文宴图（局部）（右）

当然，费丹旭在基本重视摹绘罗聘画作中丁敬面貌的同时，对身体动作还是有所变动，改倚杖为抱膝，这一点，在处理厉鹗像时，也是一样。

可以清楚地发现，费丹旭所本之樊榭先生样貌，应当就是《九日行庵文宴图》中的厉鹗形象，画中人物面貌，衣领形式几乎一模一样。费丹旭是直接摹自《九日行庵文宴图》原作，还是该画的摹本，目前不得而知，但对厉鹗面貌的描绘是忠实于叶芳林原画的。当然费晓楼仍然做了再创作，他巧妙地改变了樊榭的体态，从原画的持花而立，变为缓步前行。（图33）

要指出的是，费丹旭其实还可以有一种处理方式，就是让樊榭先生采取坐姿，就像《金冬心先生像》，金农表情轻松地坐在石上，正面朝向观者，这也是费丹旭常用的一种人物画图式。海宁市博物馆现藏的两件作品《徐廉墅独坐图小像》册和《春帆先生遗像》轴，其主人公均是采用正面的坐姿。（图34）[68]

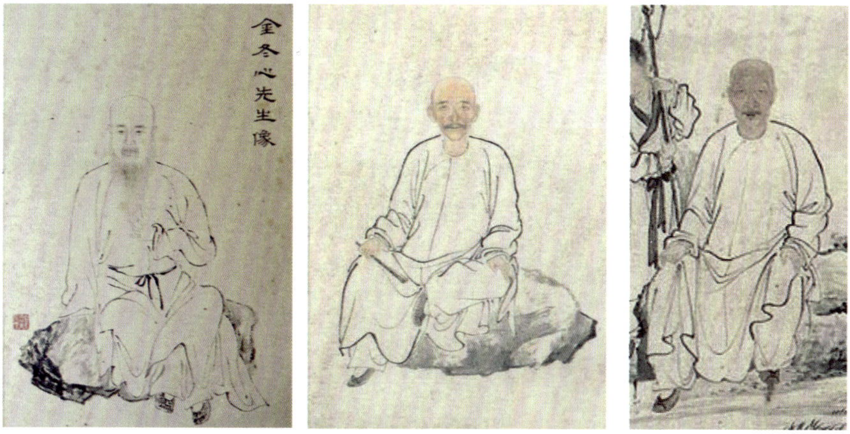

图 34　金冬心先生像　徐廉墅独坐图小像　春帆先生遗像（局部）

费丹旭没有让樊榭先生坐下，当然和他对《四先生像》的整体设计有关，四位人物两坐两立，不至于千篇一律，四先生不论何种体态，均神态自若，潇洒儒雅。我们还可以注意到费丹旭所绘其他人物画的场景设置，其主人公身处环境通常较为具体，或为屋舍，或为山林。而这套画像的背景极为干净，均为留白处理。对此，查永玲的分析比较全面：“费丹旭采取了中国传统绘画中不设背景，全部留空白的人物表现方法，四先生像，每人一页，白描，纯用线条勾写，没作背景设置。金农正面而坐，光头长须，布衣蒲鞋，神态安详，表情憨厚；厉鹗取其动态，右脚向前迈步，脸颊消瘦，精神矍铄，也著布衣蒲鞋；丁敬左侧坐在石头上，圆头大耳，身着布衣长衫，脚穿蒲鞋，双手抱右膝，神态自若；杭世骏是站立着，手持长杖，圆脸，布衣蒲鞋，稳重而儒雅；从四人的衣着、神情，展现了他们风流倜傥、潇洒儒雅的风度和怀才不露、不囿束缚的精神世界。四位先辈的才华和为人，是后人心目中的楷模，是能使人仰望的，费丹旭在创作他们的肖像时，是怀着崇敬的心情，如果把他们放在一般的山水之中，也就将他们放在一个特定的环境之中，反而削弱了对人物更广阔、更深度的表现，精神的弘扬和气度的表现，无需具体地演绎他们生活的某个细节，文化的内涵和醇厚并不是具体的场景能显示出来的，任何背景的设置都无法衬托出人物内在的精神世界。费丹旭在这里采取空白背景，实际上也就是设置了一个无限广阔的空间立体背景，就如徐悲鸿的奔马一样，没有背景，却营造出天马行空的效果，虽然是白描人物、空白背景，看似简单，却给观赏者创造了更为广阔、深远的思想余地，不设背景而胜似背景。《四先生画像》留给观赏者的是平和、宁静、儒雅，充满书卷气息。费丹旭成功地运用了中国画留白的方法，将四位才识优秀的前辈展示给后人，这也就是我们所说的可以无限伸展的情境空间，是隐含的情境、想象的情境在此的作用。”[69]

（三）光绪振绮堂本《樊榭山房集》之樊榭先生小像及题赞

图 35　冬心先生集（雍正间扬州刻本）　高翔写《冬心先生四十七岁小像》[70]

道光年间流传的樊榭先生形象，我们已经知晓，那么再晚一些时间的光绪年间呢？振绮堂刻本《樊榭山房集》提供了最佳材料。

在个人作品集前加上作者肖像，由来已久，厉鹗好友金农在出版《冬心先生集》时就在书中刊印了自己的“四十七岁小像”，写像者是大家共同的好友高翔。（图 35）

不过金冬心的行动并没有影响到厉鹗，《樊榭山房集》以及《樊榭山房续集》的乾隆间刊本，均无樊榭先生画象。[71] 直到光绪振绮堂本的出现。

光绪间所刻振绮堂本《樊榭山房集》，黑口，线装十册。卷前有总目、“四库全书提要”、“国史文苑传”、木刻吴忠本题“樊榭先生小像”、写刻光绪十九年癸巳（1893）高学治撰像赞（图 36）、乾隆四年厉鹗自序。正文包含：《樊榭山房集》十卷、《樊榭山房续集》十卷、《樊榭山房文集》八卷、《游仙百咏》三卷、《秋林琴雅》四卷、《集外曲・迎銮新曲》二套、集外诗、集外词、集外文等。

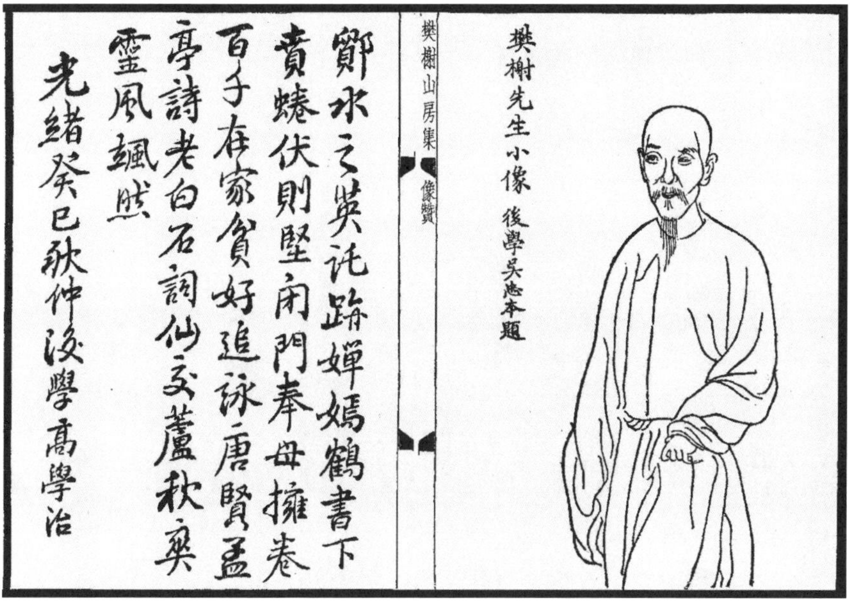

图 36　《樊榭山房集》光绪振绮堂本 樊榭先生小像及像赞

像赞释文：

鄭水之英。托迹婵嫣。鹤书下贲。蜷伏则坚。闭门奉母。拥卷百子。在家贫好。追咏唐贤。孟亭诗老。白石词仙。交芦秋爽。灵风飒然。

光绪癸巳秋仲后学高学治

高学治（1814—1894），字宰平，浙江仁和人，以校雠、训诂与劳权、戴望相友善，深居治三礼及四家诗，旁罗金石，亦好宋明儒书。早年与章炳麟之父章濬共事于诂经精舍，治经本古文学派，与章炳麟师生情谊甚厚，去世后章炳麟为之作《高先生传》。[72]

回来说吴忠本所题之“樊榭先生小像”，一般人因此误认为此像即为吴忠本所写，细观此像令人眼熟，其实就是摹自道光十二年壬辰（1832）费丹旭的《四先生像》中之《樊榭先生像》，人物样貌，体态、衣纹均一致，只是将全身像改作半身而已，应当是书籍设计者的取舍。从表现效果看，费丹旭所绘樊榭仍是中年文士样貌，而振绮堂本因为摹绘再刻印的关系，使厉鹗的面貌更像一位老者。（图 37）

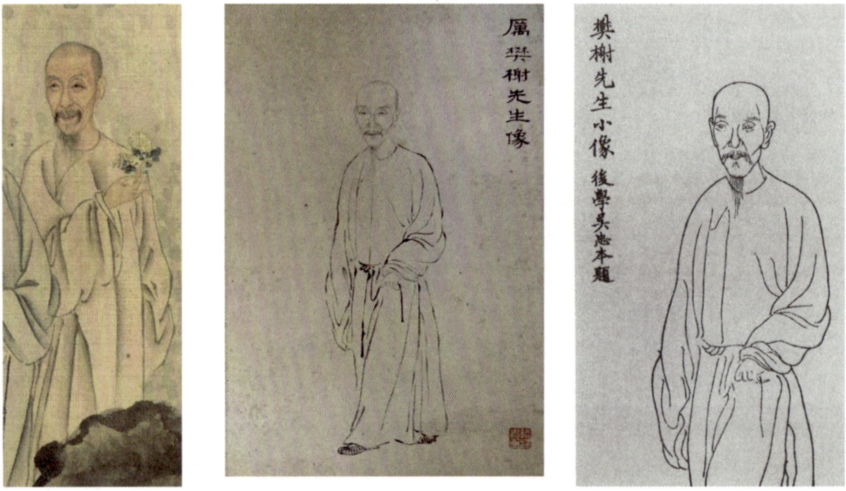

图37 《九日行庵文宴图》（局部）之厉鹗像（左） 费丹旭 厉樊榭先生像（中） 振绮堂本《樊榭先生小像》（右）

由叶芳林如实描绘的樊榭先生形象，到费丹旭既忠实又大胆的改造，再到振绮堂的刊刻，厉鹗的样貌被代代记录并传承，同时又发生着微妙的变化，逐步“失真”。但是，这一系列肖像始终保持着“瘦厉”的精神气质，符合人们对樊榭文化人格的定义。

（四）《清代学者象传》中的厉鹗肖像及其影响

清末民国以来，直到今天，流行的厉鹗形象发生了很大的变化，上海古籍出版社在其 1992 年出版，2012 年再版的陈九思标校本《樊榭山房集》前，印有一幅厉鹗小像。2016 年，浙江古籍出版社所出版的《樊榭集》之前，同样使用了此幅画像，这副图像的来源正是《清代学者象传》。（图 38）

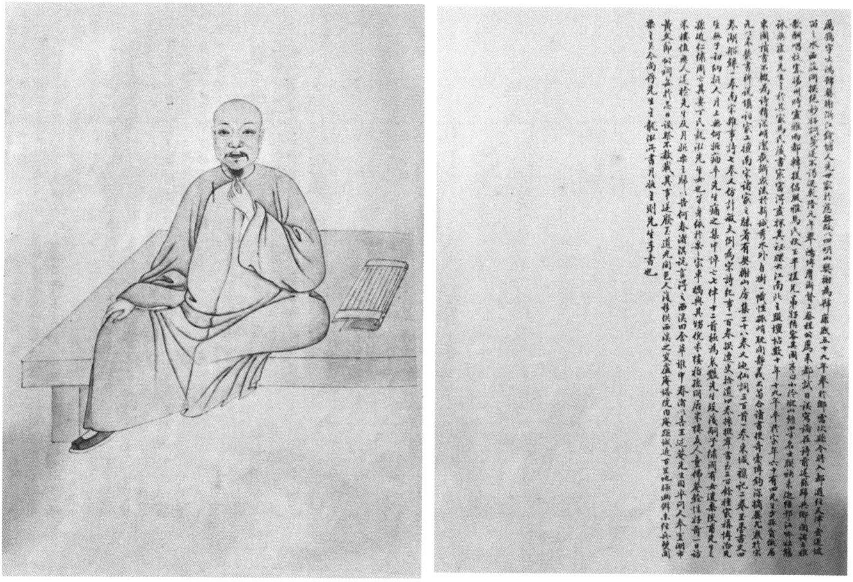

图 38　厉鹗像及小传（《清代学者象传》第一集第二册）[73]

《清代学者象传》由番禺叶衍兰、叶恭绰祖孙共同编写而成。厉鹗所在的第一集共收 169 人（171 幅），是叶衍兰积三十年之力搜集而成，全用写真手法摹绘而成，并撰有小传，又以小楷书写。[74] 这些画像中有一部分为大兴黄小泉摹绘，“交并已各象中，有为大兴黄小泉氏所绘者。小泉泛先大父游，凡廿年，工人物、花卉，歿于光绪中”。[75]

观《象传》中的樊榭先生，其左手捻须，右手搭在右膝，左腿横坐于榻上，身边左侧有摊开的典籍，意态闲适，体貌壮实，和《九日行庵文宴图》中的厉鹗形象对比，这幅画中的樊榭先生面容要更丰腴一些，应当是呈现他壮年的样貌。

叶衍兰所编绘《清代学者象传册》第一集虽然早已完成，但迟至1928年方由叶恭绰付梓，风行一时，对后人影响颇大。由于《九日行庵文宴图》中的厉鹗像和费丹旭摹绘厉鹗像相对少为人知，振绮堂本《樊榭山房集》前的厉鹗小像又是简略的半身像，略显粗疏。两相对照，《清代学者象传》第一集印刷精美，其中的厉鹗肖像，形象丰满，气度闲雅，更为观者所接受。如前所述，《象传》中的厉鹗像在当代颇受出版社欢迎，上海古籍出版社和浙江古籍出版社在出版樊榭文集时，先后使用了此幅画像。

按叶恭绰《象传序》所言，叶衍兰同光间宦游北京，立志于《象传》的编绘，“回广，汇一代学者之象，手自钩摹”，[76]可见厉鹗像应当有所参照，但其底本为何，目前仍是无解。前述乾隆间叶芳林写真之《九日行庵文宴图》，道光间费丹旭摹绘《厉樊榭先生像》以及光绪间振绮堂本《樊榭山房集》前刻绘的《樊榭先生小像》，显然都不是其参考对象。何奕恺认为叶衍兰有可能看过《九日行庵文宴图》，[77]笔者的观点是，叶衍兰或许未有机会过眼此画，否则他尽可摹绘此图中生动而又准确的人物形象，具体而言，不仅《象传》中的厉鹗肖像与《文宴图》无关，《象传》中厉鹗好友马曰琯像也是摹绘自《林泉高逸》（图39），而非《文宴图》。同理，道光间费丹旭摹绘之诸本《厉樊榭先生像》，叶衍兰应当也未能得见。振绮堂本《樊榭山房集》他或许有，但那幅画中厉鹗仅有大半身，也不符合他摹绘全身像的要求。因此，叶衍兰的参考对象为何，未来还需进一步探究。

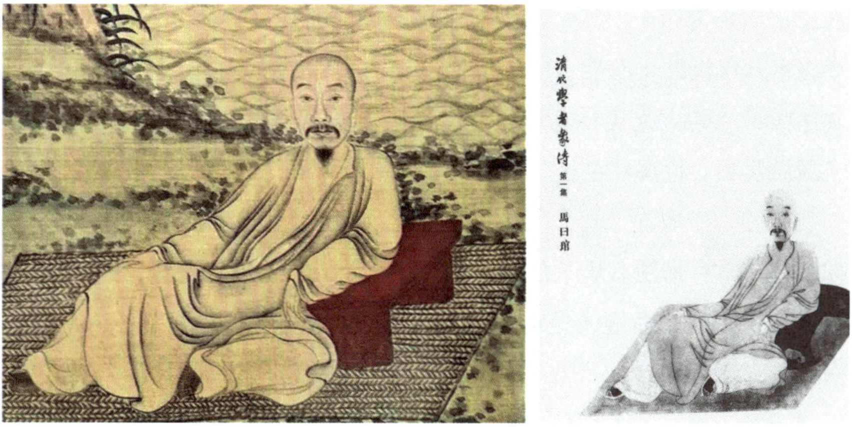

图 39.　《林泉高逸》（局部）之马曰琯像（左）　北京故宫博物馆院藏[78]
《清代学者象传》之马曰琯像（右）[79]

（五）以厉樊榭和朱月上爱情故事为题材的绘画《碧湖双桨图》和《溪楼延月图》。

前文论厉鹗画像时谈到《溪楼延月图》，这里将相关问题一并论述。

雍正乙卯（1735）中秋，44 岁的厉鹗在碧湖迎娶 17 岁的朱满娘，以诗记曰：

银云洗鸥波，月出玉湖口。照此楼下溪，交影卧槐柳。圆辉动上下，素气浮左右。坐遲月入楼，寂寂人定后。裵回委枕簟，窈窕穿户牖。言念婵媛子，牵萝凝竚久。纳用沈郎钱，笑沽乌氏酒。白苹张佳期，彤管劳掺手。乘月下汀洲，遥山半衔斗。明当渡江时，复别溪中叜。[80]

文人纳姬，在厉鹗生活的年代是常态，其友朋纳姬并视为风流韵事，大肆张扬的，屡见不鲜，这种封建社会的弊端，当然不为现代社会所认可。但是，厉鹗和朱氏的情感确实是真挚深厚的，婚后樊榭为之取字“月上”，双方琴瑟和谐，共同生活了 7 年。乾隆辛酉（1741）初秋，月上忽患重病，为庸医所误，沈绵半载，至乾隆壬戌（1742）正月三日，不幸去世，年仅二十有四。樊榭沉痛不已，随后作《悼亡姬十二首并序》，其序曰：“姬人朱氏，乌程人。姿性明秀，生十有七年矣。雍正乙卯，予薄游吴兴，竹溪沈征士幼牧为予作缘，以中秋之夕，舟迎于碧浪湖口，同载而归。予取净名居士女字之曰月上。姬人针管之外，喜近笔砚，影搨书格，略有楷法。从予授唐人绝句二百余首，背诵皆上口，颇识其意。每当幽忧无俚，命姬人缓声循讽，未尝不如吹竹弹丝之悦耳也。余素善病，姬人事予甚谨。辛酉初秋，忽婴危疾，为庸医所误，沈绵半载，至壬戌正月三日，泊然而化，年仅二十有四，竟无子。悲逝者之不作，伤老境之无悰，爰写长谣，以摅幽恨。”[81]

樊榭悼亡诗的情深意切为时人和后辈所称扬，除了诗文，亦有图画纪录厉鹗和月上的爱情故事，目前所知至少有《碧湖双桨图》和《溪楼延月图》两种。

厉樊榭和朱月上结缘之时，就有白岳山人作《碧浪双桨图》，朱文藻所编《厉樊榭先生年谱》记：“中秋夕，迎姬人朱氏于碧浪湖，白岳山人程士械为作《碧湖双桨图》。”[82] 好友杭世骏、闵华等人有题画诗相赠。

杭世骏《碧湖双桨图为厉征君鹗赋》诗云：

苇路迢迢浪影微，澹云流映碧因依。双栖翡翠生来惯，才到湖边作对飞。

薛家镜子照梳鬟，黛椀何曾尽日闲。夫壻爱夸新样好，画眉只学小敷山。

青芦结响正西风，一舸浮来是闹红。手把凤箫罗袖薄，藖花吹动月明中。[83]

闵华《题樊榭碧湖双桨图》诗曰：

玉湖双桨送人归，浮动山光碧四围。一霎水窗闻絮语，夜凉莲子落红衣。

霅浊苕清曲曲通，人家竹树隐琭珑。此闲旧有双荷叶，笑指溪边水阁中。

秋色平分一鉴开，明珠生蚌已含胎。恰以八月十五日纳丽。今宵容与烟波里。也筭浮家泛宅来。

小隐南湖学灌畦，莺春雁夜有新题。他年游屐名山去，合把清娱到处携。[84]

此后魏玉璜《柳洲遗稿》之《碧湖双桨图》中又记：

厉樊榭征君姬人朱满娘，以中秋夜同泛碧浪湖而归，因绘是图，时贤相与为诗。卒后，余始获见之，用题其后："梦觉扬州已十年，却从苕水载婵娟。菰城若比松陵路，又觉吹箫白石仙。星汉横斜水拍天，碧湖凉露卸红莲。中秋月色无穷好，却为伊人分外圆。翠袖熏炉伴咏诗，春风小阁画蛾眉。谁令误窃姮娥药，不见宜男结子时。一段春愁化彩虹，乍来还去恨匆匆。桃花满地胭脂湿，不待东风嫁小红。"[85]

魏玉璜是西泠五布衣之一，比樊榭年轻，但基本上还是同代人，他见此图时朱月上已经亡故，因此诗文作于乾隆七年壬戌（1742）之后。《碧湖双桨图》如今下落不明，或已佚失。

"溪楼延月故事"的绘画，前述有汤贻汾先作的《溪楼延月图》，随后则有道光十年庚寅（1830）五月初二，费丹旭后作《溪楼延月图》。

查汤贻汾《琴隐园诗集》卷十七《之江集》，此卷作于道光戊子（1828），汤贻汾年五十一，自湖州还衢州至常山至，其中有一则正是记录为奚疑写《溪楼图》之事："虚白家榆荫楼，旧属鲍氏。雍正间，厉樊榭茗上纳姬朱月上，其集中有《中秋月夜吴兴城南鲍氏溪楼作》一诗，即其处也。虚白考得之，有诗索和，因写《溪楼延月图》俾藏楼中以为斯楼故事云。"[86] 随后有诗两首，当是题画诗：

天香易散彩云收，尚有诗人爱此楼。桃叶伤心迎不得，碧溪无恙自东流。青山依旧似修眉，无复重来杜牧之。歌断柳丝人不见，月明谁唱鲍家诗。去燕空寻玳瑁梁，画阑犹剩绮罗香。年年寒食西溪路，只有桃花似旧妆。樊榭葬西溪。

千古高楼冷暮云，秋风何处满孃月上字坟，玉湖杯水无人荐，枫落牙湾自夕曛。乾隆间杭人于西溪榛莽间得樊榭与月上栗主。因祀武林门外牙湾黄山谷祠别室。月君应事月前身，唐徐寅妻字月君。留得清光照白苹。几许登楼好才子，不知苏小是乡亲。榆钱喜买芒萝春，如画湖山愿结邻。妬尔销魂诗句好，前身岂是擘柑人。樊榭为月上擘柑，见悼亡诗自注。

奚疑藏汤贻汾之画，当然会示于同好，并请题识，这其中就有汪远孙的题词，查汪远孙《借闲生词》中有《浣溪沙》（图 40），其注为："题奚虚白疑《溪楼延月图》，次卷中周稺圭韵，楼为樊榭先生纳月上姬人处。"词云：

天女维摩事偶然，蓝田种玉暖生烟，鲍家楼子碧湖前。　风定疏帘香篆细。月明小阁笛声圆，一场绮梦逝如川。

可是珊珊佩响迟，伤心十二首新诗，书堂行迹黯相思。　岸柳有情怜瘦影。溪花无意斗芳姿，伊曾亲见定情时。

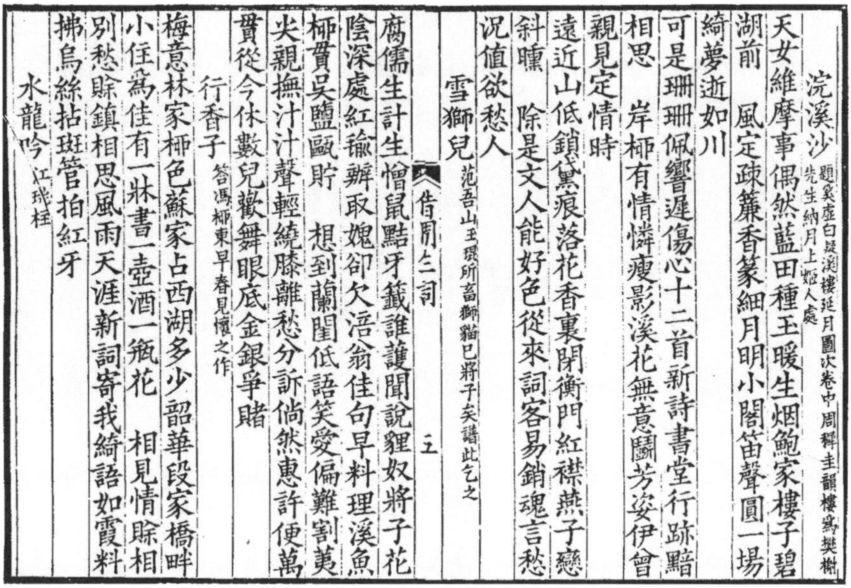
浣溪沙 題奚虛白疑溪樓延月圖次卷中周穉圭韻樓爲樊榭先生納月上姬人處
天女維摩事偶然藍田種玉暖生烟鮑家樓子碧
湖前 風定疎簾香篆細月明小閣笛聲圓一場
綺夢逝如川
可是珊珊佩響遲傷心十二首新詩書堂行跡黯
相思 岸柳有情憐瘦影溪花無意鬬芳姿伊曾
親見定情時
遠近山低鎖黛痕落花香裏閉衡門紅襟燕子戀
斜曛 除是文人能好色從來詞客易銷魂言愁
況值欲愁人
雪獅兒 范吾山王瑕所畜獅貓已將子矣譜此乞之
借閒生詞 三
腐儒生計生憎鼠黠牙籤誰護聞說貍奴將子花
陰深處紅毹擗取媿卻欠涪翁佳句早料理溪魚
柳貫吴鹽甌貯 想到蘭閨低語笑愛偏難割美
尖親撫汁汁聲輕繞膝離愁分訴倘然惠許便萬
貫從今休數兒歡舞眼底金銀爭賭
行香子 答馮柳東早春見懷之作
梅意林家柳色蘇家占西湖多少韶華段家橋畔
小住爲佳有一牀書一壺酒一瓶花 相見情睽相
別愁睽鎮相思風雨天涯新詞寄我綺語如霞料
拂烏絲拈斑管拍紅牙
水龍吟 江珧柱

图 40　汪远孙《借闲生词》之“浣溪沙”

远近山低锁黛痕，落花香里闭衡门，红襟燕子恋斜曛。　除是文人能好色。从来词客易销魂，言愁况值欲愁人　。[87]

虽然汪远孙并未明确说此件《溪楼延月图》为何人所绘，但可以推测，他和汤贻汾、费丹旭均熟悉，如果已有两件作品，必然会说明何人所作，不可能只字不提。既然未说，则此时仅有汤作，因此不必特别说明。

黄本骥《三长物斋诗略》卷五，有一首《溪楼延月为奚虚白作》，诗注：“楼为厉太鸿假寓纳姬之所。”诗云：

假馆人归百二秋，主人犹似旧风流。当头一片团圞月，曾照红妆倚翠楼。[88]

这或许也是为汤画所作的一首题画诗。

到光绪年间，奚疑所藏的两件《溪楼延月图》均下落不明，前人的记述还给后人造成了一个很大的误会。光绪十一年乙酉（1885）小暑日，诸可宝作《溪楼延月补图题记》，其文曰：

圣湖之阴，西豁之奥，胜地幽刹，曰交芦庵。庵有《溪楼延月图》，写厉征君纳姬事。雍正乙卯，樊榭重客苕溪，鲍氏溪楼，实为寓屋。满孃月上纳于中秋，碧浪同舟，瑶情玉色，未传图咏，久颇阒焉．逮嘉、道间，涑园太守访楸墓于前，小米年丈护栗主于后，移祀庵院，永伴瓣香。会费山人丹旭安砚东轩，曾写两图，一畀庵僧縢藏勿替，其副赠奚处士疑。溪楼后主，相证墨缘；当代名流，偕题雅制，今具《清尊集》中。庚、辛之难，庵毁于贼，此图亦亡。迩者，旧宇新庀，岁已十六年，丈从子子用刺史弃官将归，属补绘事，更乞偶同年重书题制，合装册子，仍付庵僧保守什袭。斯盖远绵佳话，近继先志，举一而善备矣。子用复裒刻征君全集，虽其唾余，都经手辑，读书读画，焕然粲然。吾知海客金饼，增价于乐天；山门玉带，比珍于佛印。又不第萧寺之清供，抑亦艺苑之韵谈欤！故乐为补图，且拈黄钟商《琵琶仙慢》一阕，用白石道人《吴兴纪游》词韵记之，时光绪十有一年乙酉小暑日也。

词曰：倒影楼台，有人是、打桨来时桃叶。小名惟认团栾，黄昏最幽绝。消受到吹箫石帚，但春去、怕闻鶗鴂。画里烟波，定中香火，情事谁说？谩分付禅窟枯僧，已风景都非那时节。添了百年佳话，尽飞花飞荚凭点缀。词僊眉史，补溪山、绢素如雪。正好居士清凉，倦游言别。[89]

诸可宝和朋友们显然搞错了，前文已经说明，道光十二年壬辰（1832），费丹旭所摹绘，题有东轩吟社诗人作品，并交予西溪交芦庵“永为瓣香之奉”的是厉鹗遗像，并非《溪楼延月图》。太平天国战乱时，庵毁图亡的正是厉鹗遗像。到光绪十一年（1885），交芦庵已得复建，要恢复祭祀所用绘画，诸可宝等人误读前人记载，重绘《溪楼延月图》，藏于庵中保守为祭祀之用。虽是误会，但后辈学人继承前人风雅之心可贵，诚如诸可宝所说："斯盖远绵佳话，近继先志，举一而善备矣。"

以上种种，说明奚疑所藏的《溪楼延月图》共有两本，分别是汤贻汾道光戊子本，费丹旭道光庚辰本。光绪乙酉（1885），诸可宝又补作《溪楼延月图》，付重建的交芦庵保存。今日诸本：汤贻汾本，费丹旭本、光绪间诸可宝补绘本，均风流云散，不知所终，空留后人想象。

（六）因寻访祭祀厉鹗而作的西溪山水画卷

在上述直接的厉鹗画像之外，还有一幅山水画，虽无樊榭先生面貌身影，却因寻访祭祀厉鹗而作，深得樊榭诗意。后人评价："樊榭诗所谓'一曲溪流一曲烟'者，尽此尺幅中矣。"[90]这就是戴熙创作于道光十年庚寅（1830）的《交芦庵图卷》（图41）。是年，戴熙与友人徐楙、汪驺卿一同前往西溪交芦庵祭祀厉鹗。自西溪归来后，戴熙画了一幅长卷，题识曰："道光庚寅十月，陪徐丈问渠、汪兄驺卿，祀厉徵君栗主于西溪之交芦庵，归写是图。醇士戴熙题记。"

作为杭城晚辈文人，戴熙深受厉鹗等前贤影响，极为熟悉并推崇樊榭先生创作的诗词文章及其笺注的《绝妙好词》，与友朋赴西溪祭祀先生并写山水卷纪游，以丹青笔墨表达厉鹗的诗词意境，理顺成章。[91]

戴熙此作随后传承有绪，俞樾《春在堂随笔》卷五记此画渊源甚详："厉樊榭征君墓在西溪法华山之王家坞，因即奉栗主于西溪交芦庵，事详吴谷人祭酒《樊榭征君墓田碑记》。道光庚寅，戴文节偕徐、汪两君至庵祀征君，归而写为长卷，山水萦纡，萝茑幽蔚，樊榭诗所谓'一曲溪流一曲烟'者，尽此尺幅中矣。旧藏章次白广文梅竹山房，乱后失去，丁君松生又购得之，因付交芦庵僧收藏，以存名迹。时交芦庵亦因乱后倾圮，如冠九观察出资修葺，并属何子贞先生书征君及月上姬人栗主，仍奉庵中。今又得文节此卷，名流韵事，后先辉映，足为西溪生色矣。松生以示余，故纪其略焉。”[92]

图 41（清）戴熙　交芦庵图卷　（局部）[93]

值得注意的是，俞樾所记仅称此画为“长卷”，并未命名，《交芦庵图卷》的命名与这幅画后来的收藏者庞虚斋，有莫大的关系。查《虚斋名画录》卷六，我们可以看到如下记载：

《戴文节交芦庵图卷》

纸本，对接，淡设色山水。高八寸三分，长六尺五寸七分。

道光庚寅十月，陪徐文问渠、汪兄骆卿，祀厉徵君栗主于西溪之交芦庵，归写是图。醇士戴熙题记。

“醇士”朱文“戴熙”白文“东熙室”朱文[94]

1919年，高野侯鉴定庞虚斋此件藏画并由中华书局影印出版，画名则定为《戴文节茭芦庵图卷》。这里的“茭”字显然是受到当年董其昌为交芦庵题额时，误书“交芦”为“茭芦”的影响。今人论及戴熙此卷，或曰“交芦”，或书“茭芦”，与中华书局此册大有关系。

小结

雍正十三年乙卯（1735），白岳山人程士械作《碧湖双桨图》，记厉鹗与朱月上婚事。

乾隆八年癸亥（1743），叶芳林写真，方士庶补景，合作《九日行庵文宴图》，此画传世至今，现藏美国克里夫兰艺术博物馆，留存厉鹗生前肖像及其亲书题记。

道光八年戊子（1828）年初，汤贻汾为奚疑作《溪楼延月图》一幅。

道光十年庚寅（1830）五月初二，费丹旭为奚疑写《溪楼延月图》一幅。

同年十月，戴熙陪同友人徐楙、汪驺卿前往西溪交芦庵祭祀厉鹗，归写山水长卷一幅。此画后属庞虚斋收藏，1919年，以《戴文节茭芦庵图卷》之名，由中华书局影印出版。

道光十二年壬辰（1832），费丹旭摹写厉鹗遗像两帧，一帧赠予奚子复，另一帧给东轩吟社诗人祭祀先生用。

道光十二年壬辰（1832）冬十月，费丹旭又作《杭世骏等四先生像》一册，纸本白描，共四开，水墨人物，绘厉樊榭、金冬心、杭堇浦、丁研林先生像。现藏浙江省博物馆。

道光十三年癸巳（1833），东轩吟社集会用费丹旭摹樊榭像祭祀，题咏后书于帧上由交芦庵保存。此画毁于太平天国之乱。

光绪十一年乙酉（1885）小暑日，诸可宝补作《溪楼延月图》并题记。

光绪间，振绮堂刊刻《樊榭山房集》，卷首所用樊榭先生小像即摹自费丹旭之《四先生像》中的《厉樊榭先生像》，由吴忠本题像名，高学治光绪十九年癸葵巳（1893）秋仲作像赞。

还在光绪间，番禺叶衍兰编《清代学者象传》，其中摹绘厉鹗画像一帧，并楷书小传，1928年，叶恭绰将叶洐兰所编之《象传》第一集影印出版，风行一时。《清代学者象传册》设色原稿，由叶恭绰家族捐赠，现藏中国国家博物馆。

为文人高士写像，传统悠久，文人形像的流传，也是文脉的传承。樊榭和友朋的高名，为后人所景仰，其形象或绘或摹，代代流传，乃至以其故事为主题再创作，或因寻访先贤而作画纪游，均体现了晚辈学人寄托思念之意。厘清其源流，则对我们理解中国画之人物肖像及山水纪游之传统，均有很大助益。

总之，樊榭先生身后，其形象行迹，诗词文章，为后世文人所仰慕追忆，不论是其画像，还是戴熙笔下的西溪山水，都传续着浙西深沉悠长的文脉。而传世画作的坎坷命运，更令今人感慨前人创作存世的不易。

注释

1. 《樊榭山房续集》卷三《新正试笔次许初观韵二首》，《樊榭山房集》，上海古籍出版社，2012 年，第 1104—1105 页。
2. 《樊榭山房续集》卷七《元日试笔（以下己巳）》，《樊榭山房集》，上海古籍出版社，2012 年，第 1551 页。
3. 申屠青松对此考辨颇为清楚，参见《厉鹗年谱长编》，浙江工商大学出版社，2016 年，第 50 页。
4. 夏承焘：《〈厉樊榭手写白石道人歌曲〉考辨》，载《人文杂志》1958 年 2 月号，第 75 页。
5. Wai—kam Ho，Sherman E. Lee，Laurence Sickman，Marc F. Wilson，*Eight Dynasties of Chinese Painting: The Collections of the Nelson Gallery—Atkins Museum，Kansas City，and Cleveland Museum of Art.* The Cleveland Museum of Art，1980.pp.372—376.
6. 再版：高野侯等：《楹联墨迹大观》，中国书店，1984 年 1 月第一版，2001 年 1 月第 7 次印刷。
7. 刘再苏编辑：《名人楹联墨迹大观 明•清•民初二百余名家墨宝集萃》，湖北美术出版社，1998 年，第 216 页。
8. 小莽苍苍斋、中国历史博物馆编：《小莽苍苍斋藏清代学者法书选集》，文物出版社，1995 年版，图版在第 191 页，释文在第 358 页；陈烈主编：《小莽苍苍斋藏清代学者书法选集（修订版）》，人民文学出版社，2014 年，第 43 页。
9. 田晓春：《凭仗君扶大雅轮——从樊榭集外书札一通之考证论厉鹗在雍乾诗坛的地位》，载《西北师大学报（社会科学版）》第 41 卷第 2 期（2004 年 3 月），第 16 页。
10. 上文，第 15 页。
11. 于中航：《记厉鹗、周京与汪沆书》，《文物》2013 年第 4 期，第 71 页，图一。

12. 于中航：《记厉鹗、周京与汪沆书》，《文物》2013 年第 4 期，第 70 页。

13. 上文，第 70 页。

14. 此浙江师范学院即后来的杭州大学，今天的浙江大学西溪校区，《厉樊榭手书白石道人歌曲》现藏浙江大学西溪校区图书馆古籍部，馆藏号：普 10333。

15. 夏承焘:《"厉樊榭手写白石道人歌曲"考辨》，载《人文杂志》，1958 年第 2 期，第 74—75 页。夏先生误记《张卿子像》为《柳卿子像》。

16. 上文，第 76 页。

17. 范景中：《纸尾草》，载《藏书家合订本（11—16 辑）》，齐鲁书社 2014 年，第 8 页。

18. 许宏泉：《近三百年学人翰墨（清中卷①）》，中华书局，2013 年，第 9 页。另见凌中翔主编:《瀚墨留香：浙江三百年学人书法集》，浙江人民美术出版社，2017 年，第 40—41 页。

19. 许宏泉：《近三百年学人翰墨（清中卷①）》，中华书局，2013 年，第 7 页。

20. 《樊榭山房集》卷七《新安吴东岩孙妇朱儒人殉节诗》，《樊榭山房集》，上海古籍出版社，2012 年，第 544—545 页。

21. 涂宗涛：《介绍厉鹗的两首佚诗》，载《杭州师范学院学报》1989 年第 5 期，第 95 页。

22. 上文，第 96 页。

23. 上文，第 97 页。

24. 中国国家博物馆说明文字，郭秀兰撰，中国国家博物馆编：《中国国家博物馆馆藏文物研究丛书：书法卷（清代）》，上海古籍出版社，2018 年，第 144—149 页。

25. （宋）楼钥：《攻媿集》卷三《题赵尊道渥洼图》，清武英殿聚珍版丛书本。后人多有以此条考证东坡《韩幹马》诗者，例如（清）王文谣辑注之《苏文忠公诗编注集成》卷十五《韩幹马十四匹》。

26. 陈慧丽：《清初诗人徐釚研究》，苏州大学硕士论文，2012 年，第 1 页。

27. （清）聶先、王曾孙编：《百名家词钞》，清康熙绿荫堂刻本。

28. （清）徐釚《南州草堂集》卷二十八《跋柳村词》，清康熙三十四年（1695）刻本。

29. 山本悌二郎纂：『澄懐堂書画目録』卷八，东京，文求堂，1932年，第10—11页。

30. 《樊榭山房续集》卷七《魏景初帐构铜歌》，《樊榭山房集》，上海古籍出版社，2012年，第1579页。

31. 浙江省博物馆编：《幽居与雅集：明清山水人物画中的文士生活》，浙江人民美术出版社，2019年，第79页。此《复园红板桥图题咏册》于2019年11月8日—2020年1月31日，在浙江省博物馆“幽居与雅集——明清山水人物画里的文士生活展”上展出。

32. 《樊榭山房集》集外诗《复园池上红板桥新成同人分得文韵》，《樊榭山房集》，上海古籍出版社，2012年，第1697页。集中“虹”字作“红”，未收“樊榭得文字”一句。

33. 《樊榭山房文集》卷七《张卿子先生画像赞》，《樊榭山房集》，上海古籍出版社，2012年，第804—805页。

34. 文末落款“乾隆丙寅夏五十一日，同里后学厉鹗顿首拜赞。”文集中未收。

35. 《东城杂记》卷上《张隐君卿子》，《樊榭集（全三册）》，浙江古籍出版社，2016年，第794—795页。

36. 《夏承焘集（第七册）天风阁学词日记（三）》，浙江古籍出版社、浙江教育出版社，1997年，第589页。

37. 夏承焘：《“厉樊榭手写白石道人歌曲”考辨》，载《人文杂志》1958年第2期，第75页。

38. 葛嗣浵撰：《爱日吟庐书画别录》，（清）葛金烺、葛嗣浵撰，慈波点校《爱日吟庐书画丛录》，浙江人民美术出版社，2013年，第894—895页。

39. 申屠青松对此考辨颇为清楚，参见《厉鹗年谱长编》，浙江工商大学出版社，2016年，第50页。

40. （清）葛金烺撰：《爱日吟庐书画录》，《爱日吟庐书画丛录》（全三册），浙江人民美术出版社，2013 年，第 188 页。

41. 上书，第 190 页。

42. 刘再苏编：《名人楹联真迹大全》，世界书局，1925 年；再版：刘再苏编辑：《名人楹联墨迹大观 明•清•民初二百余名家墨宝集萃》，湖北美术出版社，1998 年，第 98 页。

43. 《樊榭山房集》卷十《水龙吟》，《樊榭山房集》，上海古籍出版社，2012 年，第 690 页。

44. 袁枚：《随园诗话》卷一，浙江古籍出版社，2016 年，第 168 页。

45. 《樊榭山房集》卷十《国香慢》，《樊榭山房集》，上海古籍出版社，2012 年，第 693 页。

46. 严迪昌：《往事惊心叫断鸿——扬州马氏小玲珑山馆与雍、乾之际广陵文学集群》，载《文学遗产》2002 年第 4 期，第 109 页。

47. （清）马曰璐撰：《南斋集》卷四《辛未仲冬樊榭自钱湖射山自甬上雨中召集山馆有怀家兄暨于湘北上》，《扬州文库·第五辑·诗文集类》第 89 册，广陵书社，2015 年，第 297—298 页。

48. 天津博物馆编：《鹾之韵——长芦盐业与天津城市文化》，天津人民美术出版社，2016 年，第 72 页。

49. 印文释读感谢李良师兄赐教。

50. 高野侯等编著：《楹联墨迹大观》（第一册），上海中华书局，1928 年。

51. 汪文娟编：《历代名人楹联墨迹》，上海人民美术出版社，2001 年。

52. 汪文娟编：《历代名人楹联墨迹》，上海人民美术出版社，2001 年，第 170 页

53. 感谢上海博物馆曹蓉提供资料，相关材料参见上海博物馆编：《上海博物馆典藏丛刊•上海博物馆藏楹联》（全二册），上海书画出版社，2020 年，第 138—139 页。

54. 上海博物馆编：《上海博物馆典藏丛刊•上海博物馆藏楹联》（全二册），上海书画出版社，2020 年，第 138 页。

55. 刘再苏选编：《名人楹联真迹大全》，上海，世界书局，1925年；再版：刘再苏编辑：《名人楹联墨迹大观 明•清•民初二百余名家墨宝集萃》，湖北美术出版社，1998年，第216页。

56. 王宝洺主编：《楹联书法》，北京燕山出版社，2010年，第359页。

57. 王乃栋编著：《历代楹联书法真伪图鉴》，岭南美术出版社，2002年，绪言。

58. 徐雁平：《花萼与芸香——钱塘汪氏振绮堂诗人群》，《汉学研究》第27卷第4期（2009年12月），第261—293页。此文收入徐雁平：《清代世家与文学传承》，三联书店，2012年，第185—225页；夏飘飘在徐雁平的基础上又有所补充，参见夏飘飘：《厉鹗与康乾诗坛》，社科文献出版社20220年，第245—254页。

59. 徐雁平：《花萼与芸香——钱塘汪氏振绮堂诗人群》，载《汉学研究》第27卷第4期（2009年12月），第285页。

60. 朱文藻撰、缪荃孙重订：《厉樊榭先生年谱》，见《樊榭山房集》，上海古籍出版社，2012年，第1771—1772页；《樊榭集》，浙江古籍出版社，2016年，第930—931页。

61. 《樊榭山房集》卷四《五月二日生日有感》："又是江南梅雨天，此生逾壮思悠然。矜张久厌宣明面，草泽谁知正礼年。情类疲牛踏陈迹，身如社燕寄修椽。两年薄游扬州。佳时毕竟推吾土，树外云峰对榻眠。"

62. 参见《中国古代书画图目——浙博》："浙1—701 清 费丹旭 杭世骏等四先生像册 纸 墨 壬辰（道光十二年，1832）22.8×30.05。"这套作品未被收入郑威所编的《费丹旭年谱》，参见郑威：《费丹旭年谱》，载《上海博物馆集刊》，1996年，第217—232页。

63. 查永玲：《试析费丹旭人物画的背景设置》，载澳门艺术博物馆编《像应神全——明清人物肖像画学术研讨会论文集》，澳门艺术博物馆，2008年，第283页。

64. 杨仁恺：《中国古代书画鉴定笔记（伍）》，辽宁人民出版社，2015年，第2061页。杨仁恺先生1987年3月13日在浙博观此画，其笔记为："费丹旭《杭世骏等四先生像》，纸 册 墨 浙 1—701 金农、丁敬、厉鹗、杭世骏四人像，壬辰（道光十二年，1832，32 岁）冬十月。为初到杭时所作。”

65. 查永玲：《试析费丹旭人物画的背景设置》，载澳门艺术博物馆编《像应神全——明清人物肖像画学术研讨会论文集》，澳门艺术博物馆，2008 年，第 283—284 页。

66. 此画亦藏浙江省博物馆。

67. 黄涌泉：《试论罗聘〈敬身先生倚杖坐石图〉》，载西泠印社编《印学论丛西泠印社八十周年论文集》，西泠印社出版社，1987 年 7 月第一版，第 401—402 页。

68. 金雪：《海宁馆藏费丹旭作品四种小考》，载《东方博物》第四十七辑，2013 年第 2 期，第 22—27 页。

69. 查永玲：《试析费丹旭人物画的背景设置》，载澳门艺术博物馆编《像应神全——明清人物肖像画学术研讨会论文集》，澳门艺术博物馆，2008 年，第 284 页。

70. 此图引自雅昌艺术网。

71. 笔者所过眼版本为浙江图书馆古籍部所藏之四库进呈本。

72. 《高先生传》章太炎作于 1908 年，参见上海人民出版社编；徐复点校：《太炎文录初编》，上海人民出版社，2014 年，第 215—216 页。

73. 《清代学者象传》第一集第二册，珂罗版，1928 年出版。另参见叶衍兰、叶恭绰 编《清代学者象传合集》，上海古籍出版社，1989 年，第 177-178 页。

74. 《清代学者象传》册，纸本，设色，纵 30.2 厘米，横 17.4 厘米，叶恭绰家族捐赠，现藏中国国家博物馆。参见中国国家博物馆编《中国国家博物馆馆藏文物研究丛书：绘画卷（历史画）》，上海古籍出版社，2006 年。此套册页中部分作品，在 2020 年 7 月 15 日开展的《妙合神形：中国国家博物馆藏明清肖像画展》中展出。

75. 叶衍兰、叶恭绰 编《清代学者象传合集》，上海古籍出版社，1989 年，第 18 页，叶恭绰所作《象传序》。

76. 叶衍兰、叶恭绰 编《清代学者象传合集》，上海古籍出版社，1989 年，第 15

页，叶恭绰所作《象传序》。对于《清代学者象传》图像来源的研究，尤其是叶衍兰所能参考的资料来源，参见何奕恺著《清代学者象传研究》，上海古籍出版社，2010 年，第 71-74 页。

77. 何奕恺著《清代学者象传研究》，上海古籍出版社，2010 年，第 73 页。

78. 此图引自王耀庭《清方士庶〈仿董源夏山烟霭图〉的画缘与人缘》，载《云林宗脉——新安画派学术研讨会》，澳门艺术博物馆，2012 年，图 10。这件作品，在《中国古代书画图目》中登记为："京 1-5584 清方士庶補林泉高逸圖軸 絹設色 雍正甲寅（十二年，1734）73.4×50.3 △。"图版见《中国古代书画图目》第 23 册，第 160 页。

79. 叶衍兰、叶恭绰 编《清代学者象传合集》，上海古籍出版社，1989 年，第 179 页。

80. 《樊榭山房集》卷七《中秋月夜吴兴城南鲍氏溪楼作》，《樊榭山房集》上海古籍出版社，2012 年，第 573 页。

81. 《樊榭山房续集》卷二《悼亡姬十二首并序》，《樊榭山房集》上海古籍出版社，2012 年，第 1041 页。

82. 朱文藻撰，缪荃孙重订：《厉樊榭先生年谱》，见《樊榭山房集》上海古籍出版社 2012 版，第 1077 页；《樊榭集》，浙江古籍出版社，2016 年，第 930 页。

83. 杭世骏：《道古堂诗集》卷六《赴召集》，参见《杭世骏集》，浙江古籍出版社，2015 年，第 804 页。

84. （清）闵华：《澄秋阁集》之《题樊榭碧湖双桨图》，清乾隆十七年（1752）刻本。

85. （清）魏之琇：《柳洲遗稿》卷下《碧湖双桨图》，见《西泠五布衣遗著》，浙江古籍出版社，2015 年，第 753 页；朱文藻撰，缪荃孙重订：《厉樊榭先生年谱》收有此条，见《樊榭山房集》上海古籍出版社 2012 版，第 1078 页；《樊榭集》，浙江古籍出版社，2016 年，第 930 页。

86. （清）汤贻汾：《琴隐园诗集》卷十七，清同治十三年（1874）曹士虎刻本。

87. （清）汪远孙：《借闲生诗词》，清道光二十年（1840）钱塘汪氏振绮堂刻本。

88. （清）黄本骥：《三长物斋诗略》，清道光刻三長物斋丛书本。

89. 见《樊榭山房集》之“轶事”，《樊榭山房集》，上海古籍出版社，2012年，第1756—1757页。

90. （清）俞樾：《春在堂随笔》，光绪刻春在堂全书本，参见《樊榭山房集》，上海古籍出版社，2012年，第1756、787页。

91. 关于此画的创作背景，厉鹗对戴熙的具体影响，梅雨恬有专文论述甚详，参见梅雨恬：《戴熙绘画风格研究》，中国美术学院博士论文，2016年，第34—39页。

92. （清）俞樾：《春在堂随笔》，光绪刻春在堂全书本，参见《樊榭山房集》，上海古籍出版社，2012年，第1756、1787页。

93. 《戴文节葵芦庵图卷》，中华书局1919年发行，此后多次再版，1926年第三版，1929年第四版，1936年第五版。

94. （民国）庞元济撰，李保民校点：《虚斋名画录·虚斋名画续录》，上海古籍出版社，2016年，第360页。

结 论

行文至此，我们已知厉鹗生活的年代，他和朋友们在紧张严酷的政治环境下，努力创造了一个相对自由的文化环境，以一种平等的态度，展开学术和文艺活动，取得了丰硕的成果。他们所累积的学术和艺文材料，是18世纪上半叶中国最为活泼的知识财富。但是到18世纪下半叶至19世纪初，杭州、扬州、天津等文化中心逐步从繁盛转向平淡、凋零甚至荒芜。大量精英文人、顶级艺文材料和相应的品鉴活动进一步集中于京师宫廷之中。厉鹗和朋友们纷纷辞世后，民间的藏书、书画、文物不断被征集入京。例如“玲珑山馆后丛书前后二楼，藏书百橱。乾隆三十八年奉旨采访遗书，经盐政李质颖谕借。其时主政已故，子振伯恭进藏书，可备采择者七百七十六种”。[1]扬州二马藏书的精华，由此均北上。随后江、浙两省藏书家，大多主动被动地参与了此类进献藏书的活动。

书画的收藏和鉴赏中心，同样也从南方转移到了北方。[2]在乾隆内府，书画鉴藏活动常常与公务穿插在一起，高宗皇帝与词臣间的鉴赏、整理、编写、著录等活动，调整着君主与官僚、士人的关系，推动着“文治”的发展。就在厉鹗去世的乾隆十七年（1752）秋天，两江总督尹继善将他收藏的唐代韩滉《五牛图》进献给乾隆帝，这件流传于民间多年，有厉鹗、金农、姚世钰、明中们过眼、讨论、赋诗和题跋的作品，从此只能由皇帝和内臣们玩赏品评。

阮元在《西清笔记》序中，有一段回忆非常生动："……时奉敕编纂《石渠宝笈》，校勘石经，兼在懋勤殿侍值。每当风日清和，早朝人散，开窗散帙，卷轴数千，堆满几榻，唐宋名迹，目不给赏，无论元明。内珰叉画，伸纸以待。相与啜茗，尝赐食，评真赝，考跋尾。其绢纸黯黮，印记不可辨者，诸前辈必就元指问，以元年幼目力足，且识古篆文也。编考既毕，至未时，闻乾清宫大钟鸣一二声，乃散直，出东华门。"[3] 阮元所记述的情景发生在乾隆五十六年（1791），当他和同事们们享受这种文化盛宴的同时，意味着民间曾盛行的此种雅会，只能慢慢转向甚至消散了。

帝国的文化精英大量进入体制，参与编修四库全书、《石渠宝笈》等国家文化工程。一进一出之间，民间的文化活动呈现出低落之态。到嘉庆二十年（1816），《石渠宝笈》三编成书，宫廷书画收藏成果丰硕。这意味着之前大量流转于世间的传世书画精品，将长期沉睡于内府之中，或者只是在极小的京城皇室贵胄和大臣圈子间交流，直待下一次大变局的到来。当然，此消彼长的是，清代文人尤其是在野文人，将更大的精力投入了金石学，学术转向也带来新的繁荣，乾嘉考据的兴盛，为学术创造了另一种可能。但是，中国文化的总体气象在乾隆统治中晚期走向沉滞，也是事实。

本文的讨论，暂时告一段落，明清两代所产生的知识材料，汗牛充栋，笔者所撷取的仅是厉鹗和友朋们遗存中的片段，学养所限，浮光掠影或片面误读，在所难免。但选择这一题目的初衷，收集和阅读材料过程中的体会，写作中的主要感受，始终没有变化。人类的文化创造活动，并无单一模式，民间的活力，朝堂的气度，只要方式得宜，成果均很丰硕。最理想的状态，当然是在保持学者和艺术家的独立的前提下，朝野一起为之提供足够的生活与学术工作条件，学术与艺文的成果则自由流通。18 世纪上半叶的清代社会，曾经多少接近于这一状况。遗憾的是，乾隆帝在创建自己文化大业的同时，打破了这种平衡，一枝独大的结果，是万木的凋零。

感谢厉鹗和他的朋友们，因为他们的“诗具史笔”，让今天的艺术史研究者能够占有更为丰富多彩的知识和艺文材料，中国艺术史的研究因此而“史蕴诗心”，呈现出一种温暖和深沉的意蕴。

注释

1. （清）李斗：《扬州画舫录》，中华书局，1960 年 4 月第一版，2016 年 3 月北京第 6 次印刷，第 88 页。
2. 刘金库：《南画北渡——清代书画鉴藏中心研究》，台北石头出版社，2007 年。
3. （清）沈初：《西清笔记》之阮序，王云五主编“丛书集成初编”据功顺堂丛书本排印，商务印书馆，1936 年。

附录一：厉鹗艺术活动年谱

说明：

樊榭先生年谱已出多种，本谱参考既有，增补所缺，起讫时间为1692年至1990年。

凡例：

1. 时间信息：历史纪年、公元纪年、作者年龄；

2. 活动信息：公私旅行、交游雅集、美术史相关著述、书画金石碑拓古物等品评题跋；

3. 当年政经时事：施政、狱讼、年景；

4. 当年艺文时事：艺术家生卒、主要作品创作等。

康熙三十一年壬申（1692）一岁

五月初二日辰时，厉鹗于杭州东园降生。

是年，徐逢吉37岁，沈德潜20岁，吴焯17岁，周京16岁，陈撰、程梦星14岁，华喦11岁，张庚8岁，汪士慎7岁，金农6岁，马曰琯、符曾、高翔5岁，赵昱4岁，方士庶1岁。

康熙三十二年癸酉（1693）二岁

郑燮生。

康熙三十三年甲戌（1694）三岁

十一月初七，查为仁生。

康熙三十四年乙亥（1695）四岁

丁敬生，马曰璐生。

马曰璐生卒年未见载籍，因此其生年说法不一。华嵒《离垢集》卷三有《马半查五十初度拟其逸致优容写之扇头并制诗为祝》，诗作于乾隆九年甲子（1744）。杭世骏《道古堂集》卷二十三有《桃杯歌为马曰璐方士庹作》云："……韩江耆硕方与马，七十齐年当孟夏。庚甲无差月日同，两家羊酒充门厦……明年我亦老而传，愿耸吟肩随两叟……"由此可知，马曰璐较杭世骏年长一岁。综合推知，马曰璐应生于康熙乙亥（1695）。

康熙三十五年丙子（1696）五岁

杭世骏、陈章生。

是年，《康熙南巡图卷》完成。耗时六年，王翚在北京主持绘制的《康熙南巡图卷》工程终告完成，经历三次进京，王翚在政治和艺术上的声誉达到顶峰。《康熙南巡图》共12卷，均为绢本工笔重设色画，画风精细华丽，描述康熙皇帝己巳年（1689）第二次南巡之实况，绘康熙帝从离开京师到沿途所经过的山川城池、名胜古迹等，每卷均有康熙出现。除绢本设色正本外，《康熙南巡图》尚有纸本图稿。从图稿看，还不止一种。图卷绘制的目的，是确立清政府在政治和文化上的正统地位，拉拢南方知识精英，分化瓦解遗民群体。

康熙三十六年丁丑（1697）六岁

梁诗正生。

康熙三十七年戊寅（1698）七岁

姚世钰生。樊榭于是年学诗

康熙三十八年己卯（1699）八岁

正月二十一日，康熙决定第三次南巡。

二月初三日，康熙第三次南巡启行，三月二十二日，至杭州府，二十九日离杭，五月十七日返京。

康熙三十九年庚辰（1700）九岁

七月初二，查为义生。

康熙四十年辛巳（1701）十岁

吴城、赵信生。

康熙四十一年壬午（1702）十一岁

吴颖芳生。

康熙四十二年癸未（1703）十二岁

是年正月十六日，康熙开始第四次南巡，二月十五日至杭州，十八日离杭北返，三月十四日抵京，驻南苑，次日回宫。

金农初学诗，与亦谙上人结交。

华嵒迁杭州，以画技猎食。

康熙四十三年甲申（1704）十三岁

金农学诗有成。

汪沆生，后成为樊榭学生和挚友。

是年，康熙近臣高士奇（1645—1704）病故，次年三月二十八日，破格予已故礼部侍郎高士奇谥“文恪”。

康熙四十四年乙酉（1705）十四岁

二月初九日，康熙第五次南巡，四月初三，抵杭，初十日离杭北返，二十八日抵京。

是年，释篆玉、全祖望生。

康熙四十五年丙戌（1706）十五岁

八月十五日，王鸿绪在家藏董源《龙宿郊民》图上题跋：“董文敏《画禅（室）笔记》载：北苑《龙宿郊民图》《蜀江图》《潇湘图》，皆在吾家，笔法如出二手。又所藏北苑画数帧，无复同者，可称画中龙。夫书法以右军（ 王羲之）为龙，而画推北苑为龙，其称许者至矣。此画入本朝，归前辈庄澹庵宫庶（冏生），后归余座主昆山大司寇徐公（乾学）。今为余有，子孙其世宝之。康熙丙戌八月望日王鸿绪识。”

厉鹗后来得观此画，并有《董源龙宿郊民图跋》考辨文字传世。王鸿绪死后，此画入清宫，今藏台北“故宫博物院”，流传有序。

符之恒、余元甲生。

康熙四十六年丁亥（1707）十六岁

正月二十二日，康熙第六次南巡，四月初二日，至杭，十二日，北返，五月二十二日，返回京城畅春园。康熙在杭期间，吴焯有献书之举。吴焯及其子吴城是杭州瓶花斋主人，藏书众多，与樊榭交好。

是年，御定《历代题画诗类》120 卷等编成。

鲍鈖授长兴令。江南大旱。

画家石涛卒于扬州，其书画小玲珑山馆有藏。

康熙四十七年戊子（1708）十七岁

是年，钦定《佩文斋书画谱》100 卷，《广群芳谱》100 卷成。

钱载生。

康熙四十八年己丑（1709）十八岁

四月，戴名世第进士。

十月十三日庚戌，朱彝尊（1629—1709）逝世，年 81 岁。

赵昱之子赵一清生。

康熙四十九年庚寅（1710）十九岁

《游仙百咏》付梓。丁父忧。

康熙五十年辛卯（1711）二十岁

厉鹗从杭机游，与杭世骏交。

是年十月十二日丁卯，戴名世《南山集》案发，方苞等因作序受干连。

康熙帝御定《全金诗》74 卷，《避暑山庄图咏》2 卷编成。

释明中、张四科生。

康熙五十一年壬辰（1712）二十一岁

正月二十二日，刑部开始察审戴名世《南山集》案。

程梦星第进士。

康熙五十二年癸巳（1713）二十二岁

二月，《南山集》狱决，在康熙干预下，戴名世斩立决，其余诸人从宽，免死者数百人，方苞等免罪。

二月廿五日，查日乾、查为仁父子乡试科场弊案判决，判查日乾斩监候，查为仁绞监候。

厉鹗作《再续游仙百咏》，至此《游仙百咏》300首完成。

是年往来太湖之滨，贩卖烟叶，抑郁愤懑，山水稍可涤尘。

毛奇龄（1623—1713）逝世，年91岁。

康熙五十三年甲午（1714）二十三岁

《樊榭山房集》编诗由是年始。

是年，与金农交往，终生为友。后人有“髯金瘦厉”之称。

年初，访金农，观其所藏唐景龙观钟铭拓本。（《樊榭山房集》卷一《金寿门见示所藏唐景龙观钟铭拓本》）

观汪青渠所藏嵩山诸碑版拓本，赋诗六首。（《樊榭山房集》卷一《观汪青渠所藏嵩山诸碑版拓本六首》）

读《水经注》，有诗寄金农。（《樊榭山房集》卷一《读水经注寄金寿门》）

康熙五十四年乙未（1715）二十四岁

过丁茜园斋观陈洪绶《合乐图》。（《樊榭山房集》卷一《过丁茜园斋观陈洪绶合乐图》）

题《画松鼠》。

《樊榭山房集》卷一《题画松鼠》：“闲挈五粒戏，睒目烟霄外。不须叹仓中，久已误上蔡。”

汪青渠送研光笺。

《樊榭山房集》卷一《汪青渠送砑光笺》："萧然注毗昙，长物亦何有。夜吟蹋壁卧，朝吟但袖手。故人造云蓝，辄遣五十枚。莹然女儿肤，心目为之开。一笑磨乌丸，欲试复惆怅。剡藤遭夭阏，此语定非妄。既无连緜书，亦无播揞词。时展白萍文，报君长相思。"

江上访金农，观颜真卿《麻姑山仙坛记》及米芾《颜鲁公祠堂碑》拓本。（《樊榭山房集》卷一《江上访金寿门出观颜鲁公麻姑山仙坛记米海岳颜鲁公祠堂碑拓本》）

是年，龚翔麟携沈周《冷泉亭图》赴虞山，过访王翚，吴焯同行。龚属王翚临摹此画，不果。

意大利传教士、画师郎世宁（1688—1765）抵京。

王原祁（1642—1715）去世。

查礼生。

康熙五十五年丙申（1716）二十五岁

题沈其章《秋林积雨图》。（《樊榭山房集》卷一《题沈其章秋林积雨图》）

观吴奂所藏唐泰山摩崖碑拓本，诗中谈及捶拓的艰辛不易。

《樊榭山房集》卷一《观吴耕民所藏唐泰山摩崖碑拓本同绘卣作》："羡君少年癖好古，曾临日观登天门。穹崖彩翠忽明灭，鸡号下见扶桑暾。开元天子勒铭在，苔滑不惮两手扪。为寻墨本完好寡，过客求索民胥冤。梯空缘壑历至险，实惜钜费哀惊魂。野火烧裂风雨碎，连纸珍似收玙璠。兼金购此得旧拓，坐客竦视息众喧。八分飞动六百字，鸾飘凤泊神明存。当年东封有本末，燕公为相开其原。谁与异议独乾曜，庙堂那念供顿烦？惟侈海宇已殷富，思以大典夸黎元。金泥石礴事非古，万乘帐殿劳云屯。天章震耀复严谧，御墨挥洒如飞鶱。未闻虞舜昔封禅，大书深刻留岩根。况兼本命礼西岳，金天位号何雄尊。述圣颂得吕补阙，丰碑离立蛟龙蹲。岱宗事盛过太华，遗制远与乾封论。须臾时世易天宝，两京澒洞风尘昏。青骡蜀道播迁日，百神不效前驱奔。乃知用事睹符瑞，史公载笔皆微言。北里之禾鄗上黍，秦汉故辙徒纷繁。即如此碑亦炯鉴，延秋门外哀王孙。濡纸脱文一感槩，排翮思作摩霄鹍。”

秋日，樊榭同王菊存、汪青渠、杨开绪渡湖至壑菴，由幽居洞上看司马光《家人卦》摩崖，登慧日精舍访亦谙上人，际晚下山，寻明昌化伯墓不得，泛舟而还。厉鹗得诗四首。

岁晏，与金农、周京、王雪子出游，由九里松至西山道中作诗。

《樊榭山房集》卷一《九里松至西山道中同金寿门周少穆王雪子作》：“不负幽寻出郭门，木绵裘暖趁朝暾。山遮坏塔可十里，树袅孤烟自一村。高冢多风松落子，空田无雪稻生孙。须知岁晏人游少，正要诸公细讨论。”

金农病店江上，厉鹗前往过问。（《樊榭山房文集》卷三《景申集序》。）

是年，程梦星告归扬州筑篠园，后来成为扬州雅集中心之一。

袁枚生。

康熙五十六年丁酉（1717）二十六岁

年初雪中泛舟西溪。（《樊榭山房集》卷一《西溪泛舟遇雪》。）

题陈子健所藏宋人画《太真按舞图》。

《樊榭山房集》卷一《题陈子健所藏宋人画太真按舞图》：“柳芽将吐菜甲新，西堂小雨愁青春。有来此画传院体，调铅写黛知何人。三郎深宫常晏起，独爱霓裳谱风水。太真能舞作舞诗，罗裦动香香不已。念奴按拍寂不喧，罢敕杂乐呼梨园。至今看画尚有恨，韈尘未歇烟尘昏。良工好手诚难遇，周昉张萱具生趣。劝君装潢藏弆牢，佗时好待添丁付。”

三月十三日游法华山。（《樊榭山房集》卷一《三月十三日游法华山》。）

题《水居逭暑图》。（《樊榭山房集》卷一《题水居逭暑图》。）

是年，画家王翚（1632—1717）逝世。之前他进京以布衣供奉内廷，受命作《南巡图》《万寿盛典图》等，康熙帝称善。

康熙五十七年戊戌（1718）二十七岁

五月，与金农出游，访长兴令鲍鈖，三人互有唱和，此次行程及交游之樊榭诗作均收于《樊榭山房集》卷一，计有：《月夜舟出北关同寿门作》《菱湖》《碧浪湖》《同寿门访长兴鲍西冈明府留宿县斋即事》《督牛犁我田欧阳圭斋句也寿门为图因题其后》《同寿门游若溪广惠寺是陈武帝故宅寺中有井相传帝初生时取水以浴忽涌起数尺明归熙甫作令时刻铭其上》《苹洲曲十首和鲍明府》《吴兴归舟作》。

《督牛犁我田欧阳圭斋句也寿门为图因题其后》，是目前所知较早的对金农作画的记录。

鲍鈖赞赏金农诗作，后出《景申集》，樊榭为之作序。（见《樊榭山房文集》卷三《景申集序》。）《景申集》印行时间尚不清楚，但不晚于康熙六十年（1721）。

是年，樊榭有题画词一首，《菩萨蛮 题呵手梅妆图》。

画家吴历逝世，年87岁。

康熙五十八年己亥（1719）二十八岁

春，厉鹗卧病旬日，期间吴耕民寄新诗及丸药。病愈后，三月中有扬州之行。《樊榭山房集》卷二“诗乙”有《三月十五日晚泊东新关》《虎阜即事》《同清渠抱朴游惠山》《题对山开卷楼壁》《游蕃釐观》《同程友声红桥夜泛》《登平山堂》诸诗为记。

题陈楞山《秋林读书图》。（《樊榭山房集》卷一《题陈楞山秋林

读书图》）

同年，金农亦居扬州。

华嵒居杭州，樊榭作《高阳台　题华秋岳横琴小像》一首，可知二人的交游。

是年，厉鹗还作《卖花声　徐翩翩书扇自称金陵荡子妇》一首。

康熙五十九年庚子（1720）二十九岁

三月，查为仁蒙恩获释出狱。初夏，在天津城内筑澹宜书屋。

九月五日厉鹗游南山石屋、水乐二洞及理安寺，辨识石屋洞题名。（《樊榭山房集》卷二《九月五日南山纪游三首》）

此次南山之游，或与金农等诸友同行，金农雍正三年（1725）以诗记“昔年”与厉鹗、金志章、王熙、周京、汪潭、汪台诸友同游水乐洞，二十年后又作隶书小诗横批一件记此事。金农手迹现藏中国国家博物馆，国博解“昔年”为雍正二年（1724），或误。

秋，以《诗经》中式九十一名。颇为振奋。中式后有慈溪祭祖之行，经萧山、绍兴至慈溪。

鲍鉁询《城东杂录》一事。

十一月末，北上京师应试。

是年，金农为所藏成窑九十九子瓷合索赋，樊榭作《高阳台　成窑九十九子瓷合金寿门索赋云是宫中妆具也》。

康熙六十年辛丑（1721）三十岁

会试下第，三月自北归来。途中在东阿邂逅亦谙上人，一同南归。

四月，卢见曾、钱陈群等登进士。

五月，为李森《劫钵图》题赋。诗注中有：“是日闻台湾有寇警”句。（《樊榭山房集》卷二《李森劫钵图吴耕民索赋》。）

题文五峰《兰亭图》。

题符幼鲁《风雪归舟图》。（《樊榭山房集》卷九《声声慢 题符幼鲁风雪归舟图》。）

七月，有婺州之行。

九月十六日，泛舟西溪。

是年十月初四日，小雪，《南宋院画录》八卷撰成，自序之。此书以后又有附记和补充，但厉鹗生前未曾再版修订版本。

十二月，徐逢吉在华嵒处读樊榭《高阳台》词，颇为激赏。

腊月二十四探梅孤山题壁。

是年，金农寓扬州。

康熙六十一年壬寅（1722）三十一岁

正月，与徐逢吉订交。

题亦谙山人《黄山图》。

立春与春分之间，作《西湖月 明慈圣李太后赐画九莲观音像在灵隐寺借秋阁》。

四月，题金绘卣《江声草堂图》（《樊榭山房集》卷二《题金绘卣江声草堂图时将入都》）。此图为华嵒作品，厉鹗诗中有“华君秋岳墨戏今倪瓒”句。

吴焯为厉鹗词集《秋林琴雅》题辞。

九月，题华嵒所作《吴丈志上小像》。

秋，《秋林琴雅》付梓，收樊榭词四卷，其中有不少美术史材料：《满江红 郑义门自号五岳游人索予题其纪游画册》《摸鱼子 宛陵梅文常为予写西溪卜居图因题其上兼怀尊人耦长先生》《清平乐 陈楞山松泉试茗图》《惜红衣 赋团扇上蒲草美人》《翻香令 题赵意田倚楼图》《燕山亭 唐开成陀罗尼石幢在龙兴寺幢为处士胡季良书埋地中久下有舍利五十四粒崇祯丙子忽放光掘得之都穆赵崡诸人所未见者也同徐丈紫山赋此解俟好古者采焉》《百字令 表忠观怀古》《霜天晓角 华秋岳松月图》《南楼令 醉仙图》《买陂塘 题洞庭龙女图櫽括湘夫人辞》《水龙吟 题董羽出水戏珠龙图上有御前之印并宣和御押》。

与吴焯、赵昱、丁敬载凤凰山访古。

乾隆八年（1743）二月，厉鹗有诗回忆此事，诗注：“康熙壬寅，予同吴尺凫、赵功千、丁敬身凤凰山访古，过葫芦井畔老媪家，出观铜印一钮，纵广二寸许，小篆文曰‘宣德军节度使之印’。云淘井时所得。欲买之，坚不肯，墨摹其迹以归。明年重过，老妪已亡，印不知流落何地矣。按：周显德六年，从吴越王俶之请，升湖州为宣德军，以王弟偡为节度使。吾子行云：凡摹印屈曲盘回，唐始如此。今观此印，殆不尽然也。”

本年十一月十三日戊刻，康熙帝逝世，年 69 岁。

十一月二十二日辛丑，胤禛登基，是为雍正帝。以次年为雍正元年。

雍正元年癸卯（1723）三十二岁

访亦谙上人。

《樊榭山房集》卷三《相国寺访亦谙上人》：“吾师诸行苦，白足辞南屏。洗盏入城市，破寺风泠泠。昏旦尘一聚，不见芙蓉青。闭戸即邱壑，自性非殊形。许由未闻道，弃瓢徒内荧。耳非驻声器，无耳宁无听。晚树下落日，龛灯冷于萤。孤情出秀句，勿事重翻经。”

七月，观北宋苏汉臣《扫象图》。

《樊榭山房集》卷三《金以宁斋中观苏汉臣扫象图》：“西域乘象利战攻，南越贡象趋华风。赵家山河已幅裂，欲图王会谁能同。当年明禋教车象，象院驱来列成两。吴自牧《梦粱录》：“明禋年教习车象，车后大象二头，观者如堵。”开封苏郎设色殊，写出突过阎令上。贝多树底风泠泠，蛮奴驭象惟使令。黏香似是孔雀帚，泻水但用频伽瓶。高僧侍者状奇诡，作礼蕃王喻微旨。蹴踏能将大力驯，扫除不使纤尘累。西域之象南越无，六牙四足莲花敷。画院良工具深意，调服强敌如斯夫。君家此图传自昔，仍在钱唐睹奇迹。裁诗复共小低头，香断空斋山月白。”

八月十五日，王鸿绪卒于京师。其部分收藏书画辗转流入宫中，例如董源《龙宿郊民图》。

秋夜听潮赋诗寄吴焯。

冬日与东扶游凤凰山访古。

《樊榭山房集》卷三《冬日同东扶游凤凰山》：“故宫何足问，佛宇亦摧残。本以尘缘幻，来将道眼看。江山迎小雪，竹树逼清寒。双雀寻苔啄，飞飞下井阑。”

作《严朗屋写小像为杜子春事索题》四首。

作《闲居和丁敬身》：“径有青芜石有衣，不嫌萧瑟与心违。邻灯明处先穿树，山雨来时自打扉。营室差能学刘峻，养疴多为拟王微。灾年杞菊收犹薄，且辨蒲苋切晨兴小忍饥。”

金农过访，以诗卷索序，二人茶话良久，殊慰寒寂。作《金寿门过访以诗卷索拙序茶话良久殊慰寒寂》。青木正儿误认为此序是为《景申集》所作，误。此时《景申集》早已雕版印行。

作《瓶菊和丁敬身》：“翦供寒花霜露馀，琴床笔格暎森疎。径松荒后为瓶隐，山杞持归伴水居。影画铭心灯耿耿，梦香养鼻蝶蘧蘧。幽人服食宜清苦，留得风标一起予。”

题沈嘉辙《歌诗图》，《题沈栾城歌诗图》：“戍削春衫瘦更妍，故持乐句近君前。玉溪比日风情减，难拟清歌沈下贤。”

同沈嘉辙、吴耕民游艮山访古。作《同栾城耕民游艮山山在城东北高可二丈许盖土阜也旁列古松三四晚风肃然残雪在地卧残碑已中断读之不甚了了乃元艮山土神庙碑大德己亥绍兴路儒学录古杭沈德章记并书庙不知毁于何时作诗纪之》。

是年春二月，方士庶作《山水册》凡二十四开，绘扬州名胜。

是年前后，天津查日乾、查为仁父子持续修建天津城西门外三里水西庄。据汪沆《津门杂事诗》记载：“慕园老人（查日乾）构园城西，号水西庄，中有揽翠轩、枕溪廊、数帆台、候月舫、绣野簃、碧海浮螺亭、花影庵、课晴问雨诸胜。” 以后历年扩建，不断扩大规模。弘历在乾隆十三年（1748）、三十六年（1771）、三十八年（1773）、四十一年（1776），四次驻跸水西庄。水西庄早已不存，今天津博物馆藏朱岷乾隆二年（1737）绘《秋庄夜雨读书图》和田雪峰道光二十七年（1847）绘《水西庄修禊图》等，可了解水西庄当年风貌。

雍正二年甲辰（1724）三十三岁

题盛啸厓樵秋图

《樊榭山房集》卷三《题盛啸厓樵秋图》：“秋碧有声，霜红有色。山寒不欺，径仄不惑。一耒而耕，一船而渔。行吟负薪，孰云非夫？如囷之石，亦介其守。予肩则赪，予颜则否。篱延于菊，门隐于莎。曷归乎来，劳者遂歌。”

在赵昱处观刘松年《溪山楼阁图》。（《樊榭山房集》卷三《功千见示刘松年溪山楼阁图用坡公集中韵》。）

众友同观赵昱新收沈周《冷泉亭图》，次韵前人诗句。由龚翔麟题跋可知此画源流，由吴焯诗注可知龚翔麟曾携画赴虞山访问王翚，属其临摹，被耕烟老人婉拒。

与沈嘉辙、吴焯、赵昱登六和塔。（《樊榭山房集》卷三《同沈栾城吴尺凫赵功千登六和塔》。）

六月八日，将要北行，与友朋饯于湖上。

《爱日吟庐书画别录》卷四记有“厉鹗行书七言”楹联，是后人伪托的赝作。

是年六月中旬，启程入京，一路在无锡、扬州游历及雅会。

在惠山听松菴观王孟端《竹炉诗画卷》。

《樊榭山房集》卷三《惠山听松菴观王孟端竹炉诗画卷次吴文定公韵》：“舍人雅尚寄名泉，为爱山僧手自煎。瓶响风中无雨外，水评陆后更张前。空寮只许茶人住，一榻翻同竹祖眠。三百年来留宝墨，箫材无恙是天全。”

在扬州，题余元甲《青灯雪屋图》。（《樊榭山房集》卷三《题余葭白青灯雪屋图》）

宿邹县，谒孟子庙毕看峄山夜月。

《樊榭山房集》卷三《宿邹县谒孟子庙毕看峄山夜月》：“庙貌抠衣拜，机丝俨若新。月来邾子国，人宿孟家邻。翠峄森侵汉，残碑远失秦。松风吹夜气，壁立四无尘。庙有断机堂。”

在京，与金绘卣、符幼鲁游访古迹。

见《樊榭山房集》卷三《都下寓舍偶作》及《风氏园古松相传金源时物近为人所伐幼鲁有诗惜之邀余同作》。

九月十六日，会试不第，返杭，心情黯然。

《樊榭山房集》卷三《寄内》：“炎风记上郭门船，回首高城更黯然。徐淑初还因善病，鹿公欲隐坐无田。梦回竹月摊书地，人道风潮损稼天。行卷赁居成左计，心关桂玉路三千。”

十二月，为赵昱购藏明俞存熙《仙山楼阁图》赋诗，参见《爱日堂吟稿》卷一《仙山楼阁图用东坡烟江叠嶂图韵》序。

同年，诸友朋共赋《南宋杂事诗》成，沈嘉辙、吴焯、符曾、陈芝光、赵昱、赵信、厉鹗七人，各赋诗百首，符曾多作一首，共701首诗咏南宋历史，补《西湖游览志》及《志余》所未备，引证书籍近千种，瓶花斋和小山堂二处的庋藏便是雄厚的靠山。在这些引用书籍中书画金石著作相当广泛。《南宋杂事诗》资料来源及写作地点主要由赵昱提供。赵昱《春草园小记——二林吟屋》有记："即南楼也，亦曰画选楼，予与意林读书处，昔沈栾城、符药林、袁南垞尝假馆焉。雍正癸卯、甲辰间，共赋《南宋杂事诗》，觞咏流连，盍簪于此"。

是年，厉鹗有题画词两首：《点绛唇 题授衣读书稻田隅图》《菩萨蛮 马佩兮梅花卷子寓骑省之戚徵予赋此》。

同年，与全祖望书信往来。

亦谙上人因病示寂。

雍正三年乙巳（1725）三十四岁

人日同陈授衣、丁敬身、石贞石登吴山，用石壁上东坡先生释迦院看牡丹韵赋诗。

《樊榭山房集》卷四《人日同陈授衣丁敬身石贞石登吴山用石壁上东坡先生释迦院看牡丹韵》："红妆小队行春时，江山著色供吾诗。坡公健句入苔石，花残石泐公应知。登高今日情难已，不约还成七人矣。嬉游大好同队鱼，何必飞腾千万里？"

石文（1696—1728），字行之，号贞石，上虞（今属浙江绍兴）人，钱塘诸生。他殁于雍正六年戊申（1728），时年仅32岁。

在扬州观《唐寅临韩熙载夜宴图》（此画现藏重庆中国三峡博物馆），并和余元甲诗。（《樊榭山房集》卷四《和余葭白题唐子畏画韩熙载夜宴图》。）

是年在杭州扬州之间多次往返，第一次是初春游广陵，仲夏返杭，心情黯然。

《樊榭山房集》卷四《夏五闲居八首》之一："始春游广陵，仲夏返敝庐。出如谋食鸟，归似止泝鱼。江湖已相忘，三叹无定居。开窗延众绿，检我床头书。"

《樊榭山房集》卷十词乙《扫花游 乙巳三月二十三日客扬州空斋积雨孤愁特甚问人始知是春尽日也黯然于怀赋寄尺凫》："折花泛舸，又夜浅灯孤，绿阴如许。旧游闲阻。听檐声压酒，醉醒无据。落魄多愁，尚记罗裙雁柱。向南浦。讶杨柳今朝，腰瘦慵舞。　行遍深院宇，已负了春来，忍教春去。笑人易误。似山中枕石，顿忘时序。小榼樱桃，更忆西园胜聚。寄情处，画当年、满湖烟雨。"

题马曰璐所藏马麟《摹黄筌春波濲鹭图》。

《樊榭山房集》卷四《题马佩兮所藏马麟摹黄筌春波濲鹭图》："江南别岸风兰密，宛颈文禽水中出。回眸不异锦城春，内家最赏臣麟笔。沈浮一对常相见，汉宫应有颛房燕。可怜未得辟寒金，夜夜羇雌怨秋扇。"

樊榭好收藏古钱币，得友赠古钱拓本数种，《樊榭山房集》卷四有两诗记此事：《吴中有书贾来广陵出古钱三百馀见示刀布正伪诸品皆备汪君祓江拓其文凡四以遗予一曰千秋万岁面有龙凤形一曰长生保命面有北斗及男女对立状一曰斩妖伏邪面有立神一蹲虎一符篆一一曰龟鹤齐寿面无文盖古厌胜钱也暇日装潢成册为诗题后并邀祓江同作》《汪为山亦赠予厌胜钱拓本文曰金玉满堂篆书面有双龙绕之上有柄作片云形大径二寸续装于册更为赋诗》。

是年和余元甲甚为交好，除之前一起观画，另有三诗为证。

九月初九，集余元甲斋，见《樊榭山房集》卷四《九日雨中集葭白斋》。

十月十八日，同余元甲、陈章、闵华同游禅智寺。见《樊榭山房集》卷四《十月十八日同余葭白陈授衣闵廉风游禅智寺》。

冬天移居余元甲家中，作《冬日移寓葭白斋中二首》。

与沈樗崖交往。见《画松歌送沈丈樗崖归宣城》

年末，自扬返杭。见《归来》诗。

金农当年以诗记"昔年"与厉鹗、金士章、王熙、周京诸友同游水乐洞，二十年后又作隶书小诗横批一件，现藏中国国家博物馆。国博解“昔年”为雍正二年，应误。

当年九月，汪景祺《读书堂笔记》案，年羹尧案均有结果。

雍正四年丙午（1726）三十五岁

正月，将扬州所得古钱拓本出示丁敬、金志章、杭世骏诸友，并索诗。

丁敬诗见《砚林诗集卷一》之《丙午正月樊榭自扬州回携示汪祓江拓赠厌胜钱文并同人诸作因成七古一章》。

正月初八，游城南梵天寺、崇圣院，访古并纪前人壁间石刻诗句。

《樊榭山房集》卷四《正月八日城南纪游二首》：

《梵天寺》：“废寺不鸣磬，林乌散夕阳。山曾识坡老，塔尚记钱王。初地藤缠瓦，三门竹补墙。人间重陈迹，留坐看江光。”

《崇圣院》：“春早禅扉静，长廊得恣行。小诗同胜事，前辈复高情。松密窗窗碧，泉多步步清。吾师谢无逸，扫地过平生。壁间石刻米仲诏、闻子将、姚有仆、李长蘅、严无敕诸公诗，‘胜事如要言，烦多损精微’无敕句也。”

丁敬亦有一诗《小雪初晴樊榭见访同游梵天讲寺》。

早春又赴扬州。

五月二日，樊榭生日，作诗有感，其中“情类疲牛踏陈迹，身如社燕寄修椽。两年薄游扬州。”可见当时心境。（《樊榭山房集》卷四《五月二日生日有感》）

与赵信同观陈惟允《采菱图》。（《樊榭山房集》卷四《题陈惟允采菱图》）

五月十八日，家中遭盗，家具顿空。

《樊榭山房集》卷四《五月十八夜偷儿涉水入室家具顿空戏成集杜》

“喧卑方避俗，有迹负前贤。幸喜囊中净，翻令室倒悬。莫须惊白鹭，遥忆旧青毡。反朴时难遇，何如稳昼眠？”

秋八月，与程松门、顾嵎东访广陵王承武，借观其所藏“李嵩《西湖清趣图》”，此画现藏美国弗利尔美术馆。

十二月六日，有诗句记戴进事迹。

《樊榭山房集》卷四《十二月六日大雪初霁同耕民著屐登吴山归检乡先辈凌柘轩集有同瞿存斋吴山对雪诗因次其韵》，其中有“垂竿想像茜衣人，欲觅良工戴文进”句。

樊榭对同里先贤戴进颇有关注，观其遗作并记录。见后乾隆十四年（1739）十二月廿八日，与丁敬游潮鸣寺，访大圜上人，得观戴进画。

是年，查嗣庭“江西试案”发，雍正以浙人查嗣庭、汪景棋“诗文悖逆，风气恶薄”，意欲“观风整俗”，十一月廿七日，更诏停浙江士子乡试，以为惩罚。

雍正五年丁未（1727）三十六岁

三月，马曰璐过杭州，与樊榭同游西湖。

四月，厉鹗与马曰璐等同游吴门。

五月初四，夏至，得金农书。（《夏至日雨中得金寿门泽州书》。）

五月二十五日，厉鹗、吴焯、丁敬等买舟游湖，其间“意林鼓琴，敬身作小篆数幅，栾城觞碧筒劝客，予与尺凫各赋此曲，”风雅至极。厉鹗或许还为此书写对联：“声华馥似当风桂，气味清如浥露兰。”

六月初十，与丁敬、石文（贞石）游龙兴寺，观唐开成二年陀罗尼石经。（《六月十日同丁敬身石贞石游龙兴寺观唐开成二年陀罗尼石幢为处士胡季良书》。）

夏，作《寄题姚世钰莲花庄图》。

秋九月六日，应广陵王承武的要求，为其所藏“李嵩《西湖清趣图》”撰并书长篇题跋。

十二月，离扬返杭。

同月，游吴山，作咏古诗二首，有序有诗。其中麻曷葛剌一篇，既确且详，成为珍贵的杭州所存元代藏传佛教造像历史纪录。

是年，作有题古印词一首，题画词五首：《赵饮谷买得乐安长公主小玉印出以相示予定其为明光宗女熹宗时所称皇八妹者因赋长歌》《题周兼南唐小周后写真四首》《清平乐 题饮谷说剑图》。

雍正六年戊申（1728）三十七岁

年初，同敬身东扶过云居寺伤贞石下世。

二月十六日，吴尺凫招同袁舒雯、沈栾城、符幼鲁、赵谷林、意林、杭大宗、丁敬身包家山看桃花。

三月十二日，《东城杂记》撰成，见樊榭自序。但此书应当还是初稿，此后仍不断修改，并有多个传钞本流传于世，精当的刻本尚待后世。此书中美术史料甚多。

春，杭世骏作《松吹书堂图》，厉鹗、丁敬等为之题诗。

四月十五日，同施自昜、吴尺凫游西山入龙泓洞。

雨中集符之恒秋声馆，观“唐于府君墓志铭砖”。

五月，冒雨移居，仍在东城。

六月初一，梦及程鸣，醒来见壁上所悬程所赠画，作诗一首，由此可以想象樊榭新居屋内陈设。

八月十八日，同丁敬游龙华寺，寻石壁上宋人题名。登慈云岭，观永寿院宋仁宗佛牙赞，吴越摩崖篆字。

九月一日，同丁敬身、张希亮、金以宁、符圣几游天龙寺，石壁上有太平兴国六年心经，门外八卦田即宋郊坛故迹。次登天真寺，灵化洞侧刻字云：“梁龙德元年岁次辛巳十一月壬午朔一日，天下都元帅吴越国王鏐镠，建置钱王拜郊台也”。此寺登眺，最为江山胜处。

九月二十八日，曾静案起。

十月初九日，曾静案发展为吕留良文字狱案。

冬，与吴焯、丁敬登慈云岭访古。（《樊榭山房集》卷五《同尺凫敬身过湖登慈云岭观废石龙净胜院崖上北宋僧冲羽书唐右补阙梁肃心印铭下方家峪寻刘娘子寺已废惟凤凰泉犹存饭于观音洞僧舍而归得诗三首》）

是年，有题《松风流水图》。

鲍廷博生。

雍正七年己酉（1729）三十八岁

三月初三，众人汇聚余元甲斋，金农自泽州返扬，亦在会中。

春，在扬州送金农再赴山西。（《樊榭山房集》卷六《广陵送寿门游河东》）

五月，与扬州马氏兄弟观顾定之《墨竹图》，上有张伯雨、郑元佑、朱泽民题句。

二马街南书屋成，众人倡和《题街南书屋十二首》。

五月，观元张羽撰、宋克书《七姬权厝志拓本》。

与丁敬同观“明郑贵妃书泥金普门品经”，作诗四首。此经卷首题云：“大明万历甲辰年十二月吉日，皇贵妃郑谨发诚心，沐手亲书《观世音菩萨普门品经》一卷，恭祝今上圣主祈愿万万寿，洪福永享康泰安裕吉祥。”

八月，陈撰写梅花芭蕉小幅赠樊榭。

九月，丁敬赠张遂辰《白下编》一册于厉鹗。

是年九月十二日，雍正命刊刻《大义觉迷录》，颁行全国。

雍正八年庚戌（1730）三十九岁

二月十日，与丁敬等人登宝石山天然图画阁。丁敬亦有诗，见《砚林诗集卷一》。

四月十八日送全祖望进京。

五月十三日，与丁敬、金农同游智果寺。丁敬、金农亦有诗。

赵功千得高丽墨两枚分赠厉鹗和吴焯，丁敬求之不果，得流求扇。

圣因寺观贯休画十六罗汉。此为夙愿得偿，之前画藏长明寺不得见。参见《樊榭山房集》卷六《圣因寺观贯休画十六罗汉》。《东城杂记》中《贯休十六罗汉始末》一条当是此时补写。

吴颖芳亦有观此画之诗，见《临江乡人诗》卷四《圣因寺观贯休罗汉画轴》。

是年，文字狱不断，十月初四，翰林院庶吉士徐骏因诗文“悖逆狂妄”被杀，文稿尽行烧毁。

雍正九年辛亥（1731）四十岁

华嵒出《离垢集》，徐逢吉九月九日作序，厉鹗书跋尾，诗见《樊榭山房集》卷六《题华秋岳诗卷》。

现有台湾藏《离垢集》手稿本，无锡博物院藏《离垢集》墨迹本，两书均有厉鹗跋尾，并落款自称“同学弟厉鹗”。中国台湾本字迹统一，或为华嵒过录厉鹗文字，无锡本可能是厉鹗亲书跋尾。

浙江图书馆古籍部藏华嵒手书“新罗山人诗册”，无徐逢吉序和厉鹗跋尾。

二月，李卫开《浙江通志》局，厉鹗入局任分修之职，志局设总裁3人，分修28人，志局同时修《西湖志》，厉鹗亦为分修。修志期间，群贤毕至，多有雅集。

五月，为赵信所藏宋徽宗《鸜鹆图》作诗。

雍正十年壬子（1732） 四十一岁

正月初七日，观李迪竹雀图于小山堂。此事补记入《南宋院画录》卷二“李迪”条目。

在马佩兮南斋观“倪元镇赠郏伯盛静寄轩诗真迹”，次韵三首。

观沈石田《合子会词》真迹，次韵一首。

为二马所藏元代银酒器赋诗，作《朱碧山银槎歌为秋玉赋》。

题陈授衣《闭门觅句图》。

观《冒辟疆姬人花卉册》，题姬人金圆玉《水墨秋葵图》，作一诗一跋。

秋，又至扬州，寓居二马小玲珑山馆。

十月，金农《冬心先生集》成，自序之。

十一月初八，过马曰璐南斋，半槎炙甜香以供客，风味幽绝，此为明宣宗禁中所制香，厉鹗应请赋词《国香慢》一阕成，第二天马曰璐又请厉鹗书于绿笺，装成小轴，由高翔篆首，曰“甜香新唱”。

十二月，吕留良案决，牵连甚广。

雍正十一年癸丑（1733） 四十二岁

早春登孤山四照亭

四月廿一日，阅明人《泉石清谭》，有跋，此书钞本及跋现存哈佛燕京图书馆。

是年，行书苏轼诗卷，题为“十三首”，实为十二首，手迹现藏中国国家博物馆。

九月二十五日，吴焯卒。厉鹗《樊榭山房集》卷七诗庚有《哭吴尺凫并序》。

题姚玉裁《夜雨图》，此图是姚为悼令弟炳衡所作，樊榭在诗中感触“予弟子山殁亦二年。”

沈嘉辙去世，厉鹗《樊榭山房集》卷七诗庚有《哭沈栾城》。

十月，金农《冬心先生集》广陵刻本问世，颇为精美。

《冬心先生集》清雍正十一年广陵般若庵刻本，线装， 纸本。是书用纸洁白，雕印精致，书首收“冬心先生四十七岁小像”，为广陵高翔绘。书尾刊有“雍正癸丑十月开雕于广陵般若庵”牌记及“吴郡邓弘文仿宋本字画录写”12字。存世极为稀少，甚为珍贵。黄裳先生称之为：清刻中俊物也。雕椠精绝，罕遇难求。

除夕，为为周二学（晚菘居士）《一角编》作序。

是年，翁方纲、罗聘出生。

雍正十二年甲寅（1734）四十三岁

十二月廿一日，为周二学《赏延素心录》题辞。[1]

两年内连作二文，周二学所藏，樊榭应有机会过眼。

是年与金农过从较密。为寿门之犬小鹊赋长歌。

是年为新安吴氏作殉节诗，[2] 手迹留存至今。[3]

送沈丈楮崖游汉阳。

是年冬，方士庶为马曰琯画像补图题名《林泉高逸》，现藏北京故宫博物院。

雍正十三年乙卯（1735）四十四岁

七月，为杭堇浦作《石经考异序》。

中秋夕，迎姬人朱氏于碧浪湖，白岳山人作《碧浪双桨图》。此事后成文坛佳话，不断为人传诵图咏。

题丁敬所藏“宋石刻刘商《观奕图》拓本”，并次沈启南韵作诗。

有题画词：一首见樊榭山启集》卷十之《《南乡子 题挥扇士女图》。

乾隆元年丙辰（1736）四十五岁

作《赵忠毅公铁如意歌》，此物上有银镂铭云："其钩无鑯，廉而不刿，以歌以舞，以弗若是，折唯君子之器也。赵南星。"凡小篆26字。

应博学鸿词征。金农等人同年亦入京。

六月与赵昱结伴进京，沿途唱和。

全祖望时在京抄录永乐大典，樊榭兴趣浓厚，但因考试落第，急速离京。

在京其间，亦有观画之举，丙辰秋日，在徐亮直处观郭熙《寒风密雪图》，此画后归马曰琯所藏，十一年后樊榭再观并赋诗，马曰琯称此画为"好友礼物"。

樊榭诗《题沈石田蹇驴觅雪图》中有："寒风密雪郭熙画，张之秋暑销爞爞。丙辰秋日，在长安观郭熙《寒风密雪图》于徐亮直太史席上。"《题嶰谷所藏郭河寒风密雪图》则云："宋已无李成，寒林尺幅徒强名。今尚有郭熙，官画风雪重见之。主人云此来京师，珍重出自我友贻。"

金农同年，亦在京城与徐亮直交游，金农《梅花册》（故宫博物院藏）第十二开自题："乾隆元年应举至都门，与徐亮直翰林过张司寇宅，司寇出观赵王孙墨梅小立轴，冷香清艳，展视撩人，大似予缁尘染素衣也。今二老仙去，予亦衰颓，追写寒葩，不觉黯然自失，恨不得令二老见我横枝满幅，作简斋诗句一题其上也。七十二翁杭郡金农记。"钤印"金农"。这首诗和题记被抄录在罗聘行书《金农题画诗册》"冬心先生画梅题记"内。

全祖望时在京抄录永乐大典，二马对全祖望的信息大感兴趣，有跟进之举。

是年，乾隆为显示宽政，称不以文字罪人。宽宥多宗前朝旧案。

本年五月初三日丙申，郎世宁乘乾隆帝来如意馆观赏其作画之机，跪帝前哀求和缓教禁。[4]

是年，卢见曾与二马交好。

乾隆二年丁巳（1737）四十六岁

题禹尚基画《白桃花》。

四月立夏日，抄录《白石道人歌曲》一册，并有题跋。今浙江大学图书馆西溪校区藏有小玲珑山馆钞本一册。厉鹗跋曰，抄于乾隆二年（1737）四月立夏日。夏承焘先生判定此书为清初抄本，但并非厉鹗原抄，因为“当时厉主马家， 马氏嘱人过录历抄，遂并录其跋语。”[5]夏承焘日记对此书来历及相关研究所记翔实。夏先生误记曾鲸所绘《张卿子像》为《柳卿子像》。

对比樊榭多件楷书手迹签名，（《九日行庵文宴图记》《西湖清趣图跋》等），此书确实不是樊榭亲笔，应为马氏抄录之本。

是年六月，金农有隶书梁楷传一轴，现藏中国国家博物馆。原文见于夏文彦《图绘宝鉴》卷四，与原刻本比较，金农所书有缺行及缺字。樊榭对梁楷无成见，《南宋院画录》中有梁楷相关条目，为后人程琦所赞赏，其为宋佚名《雪塞游骑图》题跋：“《梁风子雪塞游骑图》，人物、树石，苍劲飘逸，笔简神完。冒雪冲寒之态，曲尽其妙，非风子不能为也。初有戴表元题七言绝句，见《剡源集》。厉太鸿摭入《南宋院画录》，而《虚斋名画续录》订为夏禹玉，岂以梁不逮夏耶？”

八月二十五日病起，应吴城之邀，与宣城沈丈檊崖、符幼鲁、施竹田、王麐徵、赵诚夫等人泛湖。

题贞松《慈竹图》，此图为归安陈节母作，厉鹗题诗凡五章。

题丁敬所藏崔子忠《伏生授经图》。

是年秋，马曰琯游洞庭并归，以诗卷橘茶出示众友，厉鹗有诗记之。

九月，在扬州，与高翔同游铁佛寺。

闰九月初九，与金农、陈章等同集吴氏城东水槛。

是年重阳之后，朱岷在水西庄揽翠轩为查礼作《秋庄夜雨读书图卷》，保存了水西庄乾隆初年的样貌。此画现藏天津博物馆。

《秋庄夜雨读书图卷》题跋：

引首：秋庄夜雨读书图　丁巳九秋朱岷题于水西庄之揽翠轩

画心：丁巳秋，茶坨居士读书于水西庄，时丛荷初散，晚菊竞舒。零雨连宵靡间旬日，深得园中幽旷之致，爰嘱余作图记之。余因按其亭轩之高亚，浦溆之萦洄，并写莽仓萧瑟夜雨意。积日经营撰成此幅，昔人观辋川图不必身诣其地，而神游于南垞北垞之侧，览斯图者亦当作如是观。品七十二泉主人岷。

是年，全祖望辞官，十月出都南返。

冬，为丁敬造龙尾石松皮砚铭。见《樊榭山房续集集外文》之《龙尾石松皮砚铭》。

长至日有雪，与丁敬同游梵天讲寺，丁敬得五字古体一首，厉鹗次韵作《小雪初晴访敬身于城南同游梵天讲寺延揽江山之胜裴徊久之敬身得五字古体一章予次其韵愧不称也》。

当年，华嵒为厉鹗写《西溪卜居图》，樊榭有题画词《落梅风　双调　华秋岳为予写西溪卜居图因题其上》。

是年冬，方士庶作《仿董源夏山烟霭图》轴，有长跋，该画现藏台北“故宫博物院”（馆藏号：故—画—000779—00000）。

是年，卢见曾在任上获罪，留住扬州直至乾隆五年（1740），其间不断参与扬州文会。

乾隆三年戊午（1738）四十七岁

春，客扬州。

全祖望为二马作《丛书楼记》。

花朝，马曰璐为所藏唐画《醉番图》作以小记，参见《穰梨馆过眼录》卷一。可见马氏藏画珍品一斑。

乾隆四年己未（1739）四十八岁

三月，编定《樊榭山房集》十卷（诗八卷，词二卷），序而刊之。

先作《题汪近人移居图》，不久又作《题汪近人煎茶图》，可见二人相交相知。

观东坡书迹，作《东坡先生墨妙亭诗残刻十七字石斋黄公得之琢其背以受墨名曰断碑砚今归桐溪汪氏拓其文装于册来索诗》。

是年中秋，金农在汪氏（桐乡汪药山）求是斋中与姚世钰同观韩滉《五牛图》，姚世钰题记："乾隆己未中秋，钱塘金农、归安姚世钰观于桐乡汪氏求是斋。世钰记。"此后到乾隆十一年（1746）金农与西湖僧明中再观并题跋。

秋晓过敬身幽居。

是年秋，余懋棅与博雅好古的同年好友赵石函"辄往荒榛宿莽中，扪萝剔藓不少休"，终于在地下找到了《表忠观碑》宋刻旧碑。据考证，出土的旧碑是第一、四石，下截已残缺。残石每面6 行，每行存9至12字。[6] 此事轰动杭城士林，两年后，樊榭有诗记此事（《杭郡庠掘地得苏文忠公表忠观碑宋刻二片》）。

十一月初十日，先生有与陈皋书，手迹存续至今，现藏中国国家博物馆。

乾隆五年庚申（1740）四十九岁

题张情田《种瓜图》。

四月十九日，汪药山招厉鹗、丁敬、吴颖芳泛舟西湖，赏其所携书画二种，并作诗三首纪事，见《樊榭山房续集》卷一《四月十九日药山招同敬身西林集湖舫分得人字》《韩晋公五牛图药山携示书画二种》《贾秋壑玉枕兰亭》。《五牛图》现藏北京故宫博物院，有丙寅年金农跋，无樊榭诗。

烂溪舟中为吴南磵题《赏雨茅屋图》。

查礼辑《沽上题襟集》八卷，并请厉鹗作序。厉鹗序写于乾隆五年十一月长至日，附于卷首。

冬，集赵昱小山堂，食熊掌。

是年，卢见曾遣戍边塞外，扬州名士与画家在扬州为其送行，多有赠画题诗之举。

乾隆六年辛酉（1741）五十岁

题芮衣亭观察《望云图》。

作《杭郡庠掘地得苏文忠公表忠观碑宋刻二片》。

观苏轼《雪浪石盆铭》拓本，作《题东坡先生雪浪石盆铭拓本即用雪浪石诗韵》。

是年岁暮，姬人朱氏病危，被迫典衣觅药，但同时仍从小山堂借书，笔耕不辍，《辽史拾遗》注成，书中艺术史料不少。

乾隆七年壬戌（1742）五十一岁

正月初三，朱月上病故，樊榭作悼亡姬诗十二首，极为沉痛。此后哀思不尽。见《樊榭山房续集》卷二《小园杏花一株去年颇盛今春月上亡后叶发而绝无一花因用旧韵志感》《清明日过朱姬湖上权厝》《初秋有感》《重过南湖有感》等诗。

樊榭先生与朱月上的感情，后人引为佳话。

为二位去世好友汪清渠和余葭白作哀诗。

五月初五，午节贫甚，桑调元冒雨以白银十两相借，赋诗奉谢。

题姜学在画松为鲍西冈运判作。

题《西冈小蒇园图》十二首，此画在长兴县署。

夏，游灵隐，作《灵隐寺访巨涛禅师次沈文樗崖韵二首》。

又作《借秋阁》，诗注："阁中有贝叶经一函，明慈圣太后赐九莲观音像一轴。"

作《松霭山房》，诗注："'松霭'二字扁，朱竹垞太史八分书。"

秋日，为姚敬直《西塞山居图》题诗。

为丁敬所得灵璧石作《抱云峰并序》，大赞丁敬"好事而具鉴识，往时里中前辈人，无如敬身者"。

题王麐徵《义桥村斋图》四首。

与查为仁和移居诗，见《樊榭山房续集》卷二《津门查莲坡和予移居诗四首远寄次韵奉酬》。

冬十二月十五日雪中，同丁敬集赵昱南华堂，观"蜀广政石经残本"和"宋廖莹中世彩堂刻韩集"。

奉题《桑孝子文侯先生抱铛图》，见《樊榭山房续集》卷二《奉题旌门桑孝子文侯先生抱铛图先生名天显》。

乾隆八年癸亥（1743）五十二岁

正月初五日，为查为仁《蔗糖未定稿》作序。

正月廿七日，作《辽史拾遗序》。

二月初九，杭世骏在京因上《时务策》，批评朝廷内满外汉，抑制江南士子的政策，因言获罪，遭革职。

二月，与丁敬等唱和《论印绝句》十二首，内容丰富。见《樊榭山房续集》卷三《和沈房仲论印十二首》。

题沈周《蹇驴觅雪图》，（《樊榭山房续集》卷三《题沈石田蹇驴觅雪图》），诗中提到"丙辰秋日在长安观郭熙《寒风密雪图》于徐亮直太史席上。"

寒食节，厉鹗与周京、许初观城南看花，因为友朋或生死两隔，或因言获罪，颇有感触。《樊榭山房续集》卷三《寒食同少穆初观城南看花用东坡上已日携酒出游韵》，有“一十六年追昔游，存殁关心首为俯。吴尺凫袁舒雯沈栾城子已泉下，泉下伤春寂无语。杭子大宗上书方待罪，丁敬身赵功千意林栖迟掩衡宇。”句。

作《诸公诗来兼咏山石予诗似有未尽再用前韵赋一首》，其中有“画水最数孙知微，崩滩骇浪势欲飞。画石最数毕京兆，深坳浅凸瘦不肥。”句。

三月十四日，过周京斋，赏马和之小景，题诗两首。此后又在《南宋院画录》“马和之”条目中有附记，乾隆十二年丁卯（1747）正月二十二日，又作《马和之小景跋》一篇。

谷雨前一日，同顾之珽、周京、金农、丁敬、施安、吴城、张熷游湖，作诗二首。见《樊榭山房续集》卷三《谷雨前一日同顾丈月田周少穆金寿门丁敬身施竹田吴敦复张南漪泛湖二首》。

同金农、丁敬登宝石山天然图画阁，作《同寿门敬身登宝石山天然图画阁予不游此已十四年矣用前韵题壁》。

四月，赴扬州。

春日，邗上马氏昆季文宴小玲珑山馆。金农为之诗，其序云：“乾隆癸亥暮春之初，马氏昆季宴友于小玲珑山馆。秋宇（即秋玉，马曰琯字）主人出前朝马四娘画眉螺黛、太子坊纸、宋元古砚，将意友人。余得秋宇案头巨砚，质虽稍粗，然临池用之，大可快意。老年获此，又得一良友矣。”诗云：“修禊玲珑馆七人，主人昆季宴嘉宾。豪吟堇浦须捻手，觅句句山笔点唇。樊榭抚琴神入定，板桥画竹目生瞋。他年此会仍如许，快杀稽留一老民。”

是年花朝节前后，樊榭与马曰璐以画易书，用马远《溪山清夏图》卷换宋版文选，马曰璐在卷尾题识。

闰四月，马曰璐得汉铜雁足镫，集同人赋诗，樊榭作《汉铜雁足镫歌为半槎赋》。

五月二日集小玲珑山馆观李遵道《古木幽篁图》，厉鹗录其款云：“至治癸亥十一月廿有五日，蓟邱李士行遵道制。”

六月回杭州。

为丁敬藏汉铜龙虎鹿卢镫作歌，见《樊榭山房续集》卷三《汉铜龙虎鹿卢镫歌为敬身作铭四字曰“宜子孙吉”》。

观唐北岳庙李克用题名碑拓本，见《樊榭山房续集》卷三《曲阳孙晴崖明府寄唐北岳庙李克用题名碑拓本》。

作《题友人读书图》：“人言明山宾，读书何堪官。君胡读不辍，岂乐在考槃。不见当路子，百年但笑端。臧谷等亡羊，我自惜跳丸。仲任苦阅市，令狐常借看。况此签帙富，津逮知非难。是身椰子大，万卷何处安。憎人异郗公，中有渤澥宽。”

七月，杭世骏自京归杭，有朋相聚，作《堇浦归里同诸君过报国禅院池上分得时字》：“故人罢官归，水月同襟期。秋声了不闻，如僧退院时。坐石鸟下树，叩槛鱼出池。夕阳没荒城，归去无人知。”

九月，厉鹗再赴扬州。

九月初九日，马氏兄弟招集韩江诗社14人在行庵聚会，共祀陶公，赏仇英画渊明像并赋诗。见《樊榭山房续集》卷三《九日半槎招集行庵以仇英画渊明像为供分得归字》。

九月中旬，有摄山和金陵之游，途中所游古迹，见《摄山杂咏十二首》中《明徵君碑唐高宗御撰相王府侍书高正臣奉敕书》《舍利塔》《千佛岭》《白鹿泉》四首，另见《自栖霞至金陵道中有梁始兴王憺安成王秀吴平忠侯景墓石麒麟墓碑犹存蒋王庙在钟山之麓太平门外城下即后湖也得四绝句》。

九月十九日，全祖望至扬州，马氏兄弟再招诗社同人聚会，并绘图为记，叶芳林画人物，方士庶补景，画名为《九日行庵文宴图》，图中樊榭持花而立，这可能是现存最早的先生形象。厉鹗撰并书《九日行庵文宴图记》，存留手迹于图后。此卷现藏美国克里夫兰艺术博物馆，馆藏号：1979.72。

是年，扬州文会频繁，为一时盛况。

《辽史拾遗》付梓，引证资料丰富，画史画论类不少。书中画家资料颇有可用，例如卷十九列传第二宗室之“东丹王”条目。

癸亥孟冬小雪后二日，为程振华自书《先秦货布记》册。此册流传后世，题跋众多。《爱日吟庐书画录》卷四记录此册甚详。

作《洪熙古刺水歌同全谢山作铜罐上刻云洪熙元年熬造古刺水一罐净重八两罐重三筋》。

韩江雅集众人集方士庶斋，观其所藏明宁献王画并赋诗，厉鹗作《集方环山斋题明宁献王画》。

仲冬，与同人游浮山，在禹庙观山海经塑像，与会者皆有诗。厉鹗作《浮山禹庙观山海经塑像三十韵》。

是年冬天， 在马氏小玲珑山馆的聚会中，高翔与汪士慎合作绘制了著名的《梅花纸帐》，两人均擅长画梅，均有清瘦简约的傲骨之风，汪士慎着古干之色，高翔为其花枝点墨花瓣，交相呼应。马曰琯、厉鹗、全祖望、陈章、方士庶、闵华等同人均为之赋《梅花纸帐歌》，成为一段佳话。马曰琯所作《梅花纸帐歌》曰：“巢林古干淡着色，高子补足花缤纷。”

岁暮，叶震初将返，自作渔隐小照，向众人索题，厉鹗有诗。

乾隆九年甲子（1744）五十三岁

题汪旭瞻《芦溪书隐图》。

正月试灯前一日，与同人集赵昱小山堂，观流求国官工松元泰新刻

《墨谱》，作《试灯前一日同人集赵谷林小山堂观流求国官工松元泰新刻墨谱用山谷松扇韵》

二月十五，与吴城等人游湖，作《晓行苏堤作二首》，其二云：“破晓招寻不待呼，山烟水雾敛还无。楼头柳眼如窥宋，堤上花枝总姓苏。价重十千春易买，才高八斗景难摹。惠崇小有丹青手，肯为佳游写作图。圣因寺大恒长老为作《春湖月泛图》。”

三月初三，明中绘《春湖夜泛图》成，周京作诗题后。

作《陈居中蛮王入贡图》。

观苏轼“雪浪石盆铭拓本”，作《苏文忠公雪浪石盆铭拓本向见于马君嶰谷斋中曾和公雪浪石诗韵今年春曲阳孙明府以一通远寄复用前韵赋一篇》。

夏四月，方士庶作《行庵大树图》轴，纸本，设色。纵 132.8 厘米，横 64.7 厘米。现藏北京故宫博物院。本幅右上自识“乾隆九年岁在甲子夏四月，宿雨初晴，窗阴绿满，惺夫吴丈属画时景，为画行庵大树图以应之。行庵，吾友马氏嶰谷、半查兄弟读书所也。询远”。

为丁敬藏《觉范画梅》作诗，见《觉范画梅为敬身作》。

作《过张聚五斋观王叔明为陶九成作南村图次卷中全思诚韵》。

作《倪穟畴给谏庚申夏日在京师曾作城东访友图并系以二绝句寄金江声副使于上谷盖追写丙申春同访余不值事也江声亦题二绝句装潢成册穟畴癸亥奉使江南殁于太和今春江声归里始得见之感叹不足如数题后》。

华嵒为马曰璐五十初度画肖像并写诗祝贺。见《离垢集》卷三《马半查五十初度拟其逸致优容写之扇头并制诗为祝》。

五月二日，樊榭生日，马氏兄弟招同人集小玲珑山馆，厉鹗作《五月二日嶰谷半槎招同人集小玲珑山馆题五毒图》。

七月十二日，复园主人汪台筑红板桥成，召厉鹗、丁敬、杭世骏、金农、释明中等同人会于复园，与会者共 20 人，分韵各赋七律诗一首，并手书后装订成册，是年冬明中又补画一幅于首页，册前则有丁敬篆书题名。此《复原红板桥图题咏册》现藏于浙江省博物馆。

中秋日陆芸轩招同人游南屏观米南宫摩崖，樊榭作《中秋日陆芸轩招同人游南屏观米南宫摩崖琴台字分韵》。

秋八月二十四日，杭城众人在瓶花斋赏元人陈基《夏山雨过图》，金农在裱边题跋："乾隆甲子秋八月二十有四日，周京、顾之珽、许大纶、郑江、金志章、厉鹗、汪台、戴廷熺、梁启心、金农、丁敬、杨知、杭世骏、陈兆崙、施安集瓶花斋同观。农书。"

是年在杭，厉鹗、丁敬、金农、杭世骏等人结社聚会甚多。

乾隆十年乙丑（1745）五十四岁

正月初四雪霁，游天竺归，访灵隐寺巨公，观宋天圣四年免赐田税牒。（《樊榭山房续集》卷五《正月四日雪霁游天竺寺归访巨公于灵隐寺出观宋天圣四年免赐田税牒至晡并湖而还得诗三首》。）

为钱选摹周昉《内人双陆图》作诗。见《钱舜举摹周昉内人双陆图为梁葮林作》。

作《宣德窑青花脂粉箱歌次毛西河太史韵为汪伯子作》。

三月六日，顾丈月田招看花于凤凰山，觞咏乌龙古庙中。庙有元西天元兴寺钟一口，上有江浙行省平章达识帖睦尔题字并蒙古字经。参见《樊榭山房续集》卷七《堇浦招同诸公凤凰山看桃花作》。

六月，与诸同人为汪钦俞作《碧山草堂椽笔歌》。

作《题朱丈鹿田苏门灌畦图》。

七月，金农有隶书水乐洞小诗横披一件，现藏中国国家博物馆。此诗见《冬心先生集》卷一。诗作于雍正三年，诗寄昔年与厉鹗等诸友同游水乐洞之事。参照《樊榭山房集》，"昔年"或非雍正二年，而是康熙五十九年庚子（1720）众人同游南山事。

秋八月，与丁敬等作越中之游，作《题北岭将军庙二首》《游兰亭》等访古诗。

是年，《石渠宝笈》初编成书。

乾隆十一年丙寅（1746）五十五岁

闰三月三日，杭州知府鄂敏修禊事于西湖。与会者61人，厉鹗与会，作《闰三月三日同人集湖上续修禊效兰亭诗体二首》。事后鄂敏汇刊众人诗作为《西湖修禊诗》，明中为之图，周京作序。

夏五月十一日，同人观明曾鲸天启二年壬戌绘张遂辰画像，厉鹗作《张卿子先生画像赞》并亲书于裱边，落款“乾隆丙寅夏五十一日，同里后学厉鹗顿首拜赞。”题赞文字收入《樊榭山房文集》卷七，曰《张卿子先生画像赞》，字词与画上所题略有不同，未收落款。《东城杂记》亦有张卿子条目。此画上文士题赞甚多，今藏浙江省博物馆。

七月，厉鹗与汪沆书，手迹现存济南博物馆。

为王旭瞻所藏《李迪秋原放牧图》作诗，见《樊榭山房续集》卷六《李迪秋原放牧图为旭瞻作》。

八月十八，与丁敬观钱塘潮。

秋，作《题吴志行从军图》。

是年十二月（丙寅嘉平之月）金农在汪氏求是斋与西湖僧明中再观五牛图并题跋：“丙寅嘉平之月，与西湖僧明中再观于求是斋，愈观愈妙，真神物也。稽留山民金农又记。”前述庚申四月十九日，樊榭亦观过此画，并写《韩晋公五牛图》一诗，但未书于此画拖尾。

是年，厉鹗辑《宋诗纪事》一百卷成并自序之，二马参与此事，出力甚大。

是年，乾隆收藏、鉴赏、题跋极为活跃，仅题画诗一年就有76首，被傅申称为“乾隆在书画鉴藏史上的丰收年”。[7]

乾隆十二年丁卯（1747） 五十六岁

赵昱卒，年59岁。作《哭赵谷林四绝句》。

正月二十二日，作《马和之小景跋》，见《樊榭山房续集集外文》之《马和之小景跋》。其中有引张泰阶《宝绘录》相关文字。

题《当湖冯孝子锜扶榇归里图》。

三月初三日，同人为顾之珽扫墓并修禊于湖上。

同日，金农编定《冬心先生续集》，自序之。

五月初五，二马集会赏明嘉靖雕漆盘并联句。

五月十五日，二马在小玲珑山馆集众人为“重五之会”。

厉鹗撰文记载道：“岁丁卯五月十五日，马君半槎招同人展重五之会于小玲珑山馆。维时梅候未除，绿阴满庭，遍悬旧人钟馗画于壁……遂人占一画，各就画中物色，赋七言古诗一篇。”这次集会共展出了13幅钟馗画，分别是《听琴图》《嫁妹图》《踏雪图》《策蹇图》《出猎图》《观傀儡图》《元夕出游图》《戏婴图》《秤鬼图》《夜游图》《执笏图》《品茶图》和《缘竿图》。马曰琯、马曰璐、厉鹗等13人分别作了《展重五集小玲珑山馆分赋钟馗画》13首。

六月，作《方君任见示后周西岳华山碑且索赋诗》。

为马嶰谷所藏郭熙《寒风密雪图》题诗，得知此画时京城好友赠物，或来自徐亮直处。

应吴城之请，作《瓶花斋百八瓷酒器歌吴君尺凫故物令嗣敦复乞诗》。

乾隆十三年戊辰（1748） 五十七岁

正月廿二日，梁启心招众人往西溪探梅，厉鹗作诗数首，《西溪山庄晓起看梅》中有“逃禅工画本，千树见应稀”句。

二月，乾隆东巡齐鲁，经过天津，驻跸水西庄。

是年三月厉鹗以孝廉铨选县令进京，全祖望极力阻止，未果。樊榭北上旅途中，特意取道南运河，准备与查为仁谋面。

六月六日，因水少阻滞济北，作《六月六日舟中寄查莲坡》投寄查为仁。

作《题查七伦镊白图》。

六月，厉鹗到达天津，馆于城内查氏古春小茨。樊榭留津将近两月，在这期间，他积极参与各类文事活动，使得水西庄的文化活动达到了高峰。其中重要活动之一便是鉴赏书画。

在天津的诗作有：《七夕查莲坡招同英司马梦堂吴东壁陈对沤集南碕草堂以荷净纳凉时分韵得荷字》《题莲坡澹宜书屋种竹图二首》《莲坡以佛手柑见饷赋谢》《酬英梦堂晚过寓斋元韵》《题方正学先生双松图为莲坡作》《闰七夕汪西颢自京来津门莲坡招集水琴山画堂分赋》《题莲坡双凤图莲坡于丙寅春梦双凤飞集屋楞各衔金篆字一曰贞一曰福后纳二小姬名适与之同因作此图》《东堂观剧四首次西颢韵》《莲坡饯予竹门楼张灯看月得三绝句》《归舟行卫河西颢先发一日中涂相遇知有武昌之行赋此送之》等。

闰七月初四日，厉鹗于古春小茨为《绝妙好词笺》作序。

厉鹗此次在水西庄盘桓数月，与查为仁密切交流，观画作诗，携手笺注《绝妙好词》，随后南归，传为佳话。

八月初，归返扬州，与马氏兄弟相见。

为吴氏家藏十三银凿落作歌，见《樊榭山房续集》卷七《吴氏家藏十三银凿落歌为蔚洲作》。扬州博物馆藏有汪士慎行书《十三银凿落七古歌卷》，写于乾隆十五年秋九月。

厉汪二人亦颇为相知，见《樊榭山房集》之《汪巢林八分书歌》等和《巢林集》。

返杭州。题汪复园《亭角寻诗图》三首。

十一月左右，又赴扬州。

十一月十五日，与二马、方士庶、闵华、陈章等人同游焦山。

为马曰琯所藏赵子固《墨兰》题诗，马氏兄弟及同人均有诗，见《韩江雅集》卷十二《题赵子固画兰》。

另参见：《樊榭山房续集》卷七《题赵子固墨兰嶰谷所藏》。

作《题女士画扇三首渔川所藏》：

“名同班氏最清华，知道停云是外家。点染春心冰雪里，只消叶底两三花。赵昭双钩水仙。”

“从来名士悦风流，小笔萧疏在扇头。一笠空亭行迹少，石城烟树冶城秋。朱玉耶疏树山亭。”

“寥落江山发兴新，疏松列翠指通津。闺中也自伤秋旅，写出双帆不见人。黄媛介江中秋帆。”

乾隆十四年己巳（1749）五十八岁

春，杭世骏招同人凤凰山看桃花，厉鹗作《堇浦招同诸公凤凰山看桃花作》，诗末“来访西天寺里钟，碧藓蚀残蒙古字”下有诗注：“乙丑三月六日，顾丈月田招看花于此，觞咏乌龙古庙中，今下世已五年，为之泫然。庙有元西天元兴寺钟一口，上有江浙行省平章达识帖睦尔题字并蒙古字经。”

为周京藏华嵒画《虎邱中秋夜泛诗画卷》作诗三首，见《樊榭山房续集》卷七《题穆门虎邱中秋夜泛诗画卷三首画为华秋岳笔》。

为张四科藏“周昉《宫姬调琴图》”作《题张渔川所藏周昉宫姬调琴图》。

观萧照《中兴瑞应图》并作《萧照中兴瑞应图曹勋赞并书。明吾杭陈瓠庵故物，今在广陵吴氏》。

六月，为方西畴书《魏景初帐构铜歌》。

《樊榭山房续集》卷七《魏景初帐构铜歌状圆如筒径一寸长四寸许中空而底方旁出歧枝有孔上有字云景初元年五月十日中尚方造长一丈广六尺泽漆平坐帐上广构铜重二斤

十两凡三十二字八分书邦上方西畴所藏》。

厉鹗手书此诗一帧，落款："己巳长夏为西畴先生学长作并正，弟厉鹗拜手。"

此件后藏日本澄怀堂。

六月十七日，周京卒，樊榭作《哭周穆门》。

六月，查为仁（1695—1749）去世，去世前不久查仍有手书寄厉鹗，秋樊榭获知凶讯时，即作诗《哭查莲坡》。查为仁去世后，查礼亦因公务离开水西庄，虽然此后乾隆多次驻跸，查为义不断经营，但水西文事风流渐淡。

八月，过德清，访徐以泰，应请作《大理石屏歌徐陶尊索赋石屏二：一为"山高月小"，一为"水落石出"，盖天成景也》及《题陶尊绿杉野屋图》。

十二月廿八日，与丁敬游潮鸣寺，访大圜上人，得观戴进画。

《樊榭山房续集》卷七《同丁龙泓过潮鸣寺访大圜上人观戴进画功德诸像立轴残本》。丁敬亦有诗记此事，见《砚林诗集》卷二《己巳腊月二十八日同樊榭过潮鸣寺访大圜上人请观戴进所画功德残本一十三轴》。

是年，吴敬梓《儒林外史》问世，其中对盐商颇多讥嘲，视为"盐呆子"。

是年，姚世钰卒，二马为之料理后事。

同年，马曰琯和马曰璐"为事牵连北行"。马曰璐《南斋集》卷四《送家兄嶰谷入都》中有小注："谓乙巳年为事牵连北行"。此句中"乙巳"为"己巳"之误。

乾隆十五年庚午（1750）五十九岁

春，厉鹗和查为仁合笺的《绝妙好词笺》梓行。

乾隆十三年（1748）厉鹗南返后，查为仁对《绝妙好词笺》不断进行修订，直至次年夏始定稿，但旋因“颇瘁心力”，遽尔病故。其子善长、善和，于乾隆十五年（1750）春以查氏澹宜书屋之名，将查、厉合笺的这部词选刻印行世。

二月，友人王曾祥移家北墅，樊榭有词题于其《北郭移居图》，词为《满庭芳 中吕宫 题王茨檐北郭移居图二曲》。

三月十五日，华喦为王钧画《浴鹅图》和《北墅移居图》，众友为之题诗，厉鹗作《题华秋岳浴鹅图》和《题友人北墅耕读图》。

与二马同赏文徵明《石湖诗画卷》，作诗两首。

乾隆准备次年春南巡。

立夏前二日，乾隆在董邦达所绘《西湖十景图卷》上题跋云：“此图岂独五合妙，绝妙真教拔萃矣。明年春月驻翠华，亲印证之究所以。”[8]可见其对江南信息的搜集和了解，有赖于内廷词臣的绘画。

秋九月，汪士慎为吴蔚洲作并书《十三银凿落歌》。

腊月十一日，同人集杭世骏桂堂，为明中40岁生日贺寿，当日，明中为杭世骏作山水小幅。见《樊榭山房续集》卷八《腊月十一日同人集堇浦桂堂为恒公四十寿时恒公住持上天竺寺是日为堇浦作山水小幅》。

是年，华喦居杭州，与金农、许滨时相过从。参见金农《冬心先生画竹题记》。

乾隆十六年辛未（1751）六十岁

作《同吴可堂河渚探梅》，有“繁花乱插天作纸，疎影横眠池是谱。纵饶画手有汤杨，那比春工多活趣。”句。

是年春，乾隆首次南巡。三月，弘历驻跸西湖。

在杭期间，乾隆有意忽略全祖望、杭世骏等人。

厉鹗和吴城合制《迎銮新曲》。

是年樊榭先生寿六十，吴凤华有诗贺寿，厉鹗答谢，《樊榭山房续集》卷八《六十生日答吴苇村见贻之作》云："我生少孤露，力学恨不早。孱躯复多病，肤理久枯槁。干进嬾无术，退耕苦难饱。怅下第温岐，归敝庐孟浩。风尘耻作吏，山水事幽讨。结托贤友生，耽吟忘潦倒。流光去若驰，年境已至老。《礼》：'六十曰耆。'贺玚云：'至也，言至老境也。'赠言感君意，璜琮藉文缫。生辰与我同，壮盛君自好。君如初阳升，积渐满晴昊。我如炳烛微，余光近衰草。荣名无足凭，里曲岂堪宝。三复诵君诗，惭汗满怀抱。"

四月初六，方士庶（1692—1751）卒，厉鹗有诗悼念。见《樊榭山房续集》卷八《挽方环山》。

秋，作《汪巢林八分书歌》，此为《樊榭山房续集》中所收的最后一首诗。

是年编定乾隆四年（1739）至今之作为《樊榭山房续集》，凡诗八卷，词一卷，北乐府小令一卷，自序而刊之。

是年冬，马曰琯又曾北上，岁末回归。仲冬，马曰璐与厉鹗、全祖望集于小玲珑山馆，并怀马曰琯。参见《南斋集》卷四《辛未仲冬樊榭自钱湖射山自甬上雨中召集山馆有怀家兄暨于湘北上》。

乾隆十七年壬申（1752）六十一岁

秋八月既望，自扬州返杭，与丁敬讨论金农诗集，云："兄见金二十六自序其续集之文乎？大怪绝，语语皆述陈人之言，类点鬼簿，然自佳，不拾人牙后一字，不涉操觚家蹊径，见髯老倔强处。闻渠腊尾返家，江行必质之子矣。"对金农自序文颇为欣赏，期待年底相会讨论。

九月十一日辰时，先生去世。众友闻知凶讯，在各地纷纷悼念，二马在行庵集众人设位哭之。

清廷参照康熙年间旧例制舆图记上年乾隆南巡之事，作《乾隆十六年乾隆南巡各地详图》，现藏中国国家博物馆。

乾隆十八年癸酉（1753）

丁敬为金农《冬心先生续集》书序，撰文怀念樊榭。

八月，陈章、马曰琯、马曰璐作《五君咏》，缅怀故友厉鹗、方士庶、姚世钰、胡期恒、唐建中。参见《孟晋斋诗集》卷十六，《沙河逸老小稿》卷五，《南斋集》卷五等。

乾隆十九年甲戌（1754）

金农作《论画杂诗册》赠予马曰琯，此册现藏纽约大都会艺术博物馆（馆藏号：1989.363.196）。

初冬，陈章于行庵重观《九日行庵文宴图》并怀故友。[9]

乾隆二十年乙亥（1755）

是年，二马等在高镔《龙溪黄山谷祠堂图册》后题跋。[10]

程梦星卒。

六月，马曰琯离世。

同月，全祖望卒，生前将所抄文集50卷，移交马氏藏书楼。马曰璐等人为其料理后事。

乾隆二十一年丙子（1756）

华喦去世，年75岁。《离垢集》5卷藏于家，族孙时中于道光乙酉刊行。

乾隆二十二年丁丑（1757）

仲春，乾隆帝二次南巡，在杭州期间驻跸于西湖行宫，鉴赏供养圣因寺中的贯休《十六罗汉图》，表达意见，并命丁观鹏用宣纸设色，敬摹一本。带回宫中收藏。

此次南巡结束后，董邦达受命绘制了一套《西湖十景》立轴，圆形上诗塘录乾隆所题西湖十景的诗句，方形下诗塘则录有蒋溥、观保、于敏中、金德瑛、裘日修、王际华、汪由敦、钱汝诚八位词臣自书和诗。[11]以君主为中心，众臣簇拥迎合，是宫廷文化活动的典型形式，也是乾隆一朝树立文化权威的常态。

乾隆二十三年戊寅（1758）

三月，丁敬为厉志黼作“樊榭后人”一印，其跋语云：“余婿厉绣周，课文之余，时攻有韵之言。每以所作就正老夫，其致思周笔，骎骎日有家法。深喜吾友樊榭先生之有后，而吟事继起之有人矣。”

是年，吟社中人陆锺辉北上赴京，众人在小玲珑山馆相送饯别。参加者为张世进、方士庶、马曰璐、闵华、张四科、陈章、陈皋兄弟、符曾、陆锺辉 9 人，现场赋诗留念，由娄东派画家周笠绘成《小玲珑山馆饯别图》。

乾隆二十六年辛巳（1761）

马曰璐或于本年去世。

扬州二马均辞世，小玲珑山馆雅集渐成绝响。南北民间诗坛雅集盛况不再。

乾隆二十八年癸未（1763）

秋，《南宋院画录》鲍钞本问世。

清人厉鹗所撰《南宋院画录》诸版本中最为重要的中国国家图书馆藏乾隆二十八年（1763）鲍廷博知不足斋抄本。按出版说明：“今所见最早版本为鲍廷博知不足斋抄本……是本系乾隆二十八年（1763）鲍氏由厉鹗手稿抄出，厉鹗引有不确者，鲍氏更广觅原书校过，以致批校满卷。今厉鹗原稿已不可见，此本价同稿本，且鲍氏批语对厉鹗原书补正良多，洵为是书第一善本。”[12]

是年，金农卒于扬州佛舍。

乾隆二十九年甲申（1764）

圣因寺住持明水禅师募资将十六罗汉图摹刻勒石，石刻本得以广泛传播。

乾隆三十年乙酉（1765）

郑燮卒。丁敬卒。

乾隆三十四年己丑（1769）

新正，乾隆御题董源《龙宿郊民》图。其内容与樊榭相关题跋高度相似。后世对此事关注者不多，仅见王耀庭文章。此跋之来历，多半与南书房词臣相关。

是年，沈德潜卒，年97岁。身后被乾隆追加罪罚。

乾隆三十八年癸亥（1773）

是年四库馆征书，此时二马均已辞世，其后马裕拿出小玲珑山馆藏书776种进呈朝廷。为民间献书最多。袁枚《扬州游马氏玲珑山馆感吊秋玉主人》的诗句说马氏兄弟：“横陈图史常千架，供养文人过一生。”

杭城瓶花斋吴氏献书305种，于浙省诸多私家藏书中，仅次于范氏天一阁、鲍氏知不足斋与汪氏开万楼，因获赐内府初印之《佩文韵府》一部，以示嘉勉。

藏书出，书楼衰。

乾隆四十三年戊戌（1778）

七月，先生嗣子厉志黼刻《樊榭山房文集》成，汪沆为之序。

《樊榭山房文集》中与艺术史相关篇章众多，例如卷八《董源龙宿郊民图跋》一篇，见识卓越，但不见于原画诗塘，恐为乾隆帝及其词臣消化吸收之用。

乾隆五十年乙巳（1785）

小玲珑山馆易主。道光间，又归黄氏盐商所有。

乾隆五十一年丙午（1786）

杨复吉辑《玉台书史》入“昭代丛书”。而现存的《玉台书史》诸版本，皆为19世纪时刊刻。[13]

乾隆五十六年辛亥（1791）

阮元28岁，朝廷大考翰詹，高宗亲擢阮元为一等第一名，奉特旨入南书房行走，有幸饱览内廷收藏。阮元后来记录此事：“……时奉敕编纂《石渠宝笈》，校勘石经，兼在懋勤殿侍值。每当风日清和，早朝人散，开窗散帙，卷轴数千，堆满几榻，唐宋名迹，目不给赏，无论元明。内珰叉画，伸纸以待。相与啜茗，尝赐食，评真赝，考跋尾。其绢纸黗黕，印记不可辨者，诸前辈必就元指问，以元年幼目力足，且识古篆文也。编考既毕，至未时，闻乾清宫大钟鸣一二声，乃散直，出东华门。”[14]

乾隆五十八年癸丑（1793）

《石渠宝笈》续编成书。

乾隆五十九年甲寅（1794）

七月，宋葆淳在扬州购得程振华旧藏《厉鹗自书先秦货布记册》一件，他将此册赠给了京中的翁树培。翁树培颇为珍爱，自嘉庆间开始有翁树培、黄易等多人题跋。参见《爱日吟庐书画录》卷四。

嘉庆元年丙辰（1796）

七月，黄易在翁树培处观《厉鹗自书先秦货布记册》，所作题识甚为翔实。

嘉庆十七年壬申（1812）

季秋，《厉鹗自书先秦货布记册》由孙均在北京购得，显然是翁树培过世后流出。

嘉庆二十年乙亥（1816）

《石渠宝笈》三编成书。

18 世纪下半叶至 19 世纪初，杭州扬州天津等旧文化中心已从繁盛转向平淡、凋零甚至荒芜。大量精英文人、顶级艺文材料和相应的品鉴活动集中于京师宫廷之中。地方文人则以前辈为榜样，努力维护文脉传承，如杭州东轩吟社诗人群。

嘉庆二十五年庚辰（1820）

杭州振绮堂汪远孙从家藏厉鹗手稿中检出《东城杂记》，稍加厘定，校勘付梓，从此《东城杂记》告别了仅有几个不全钞本流传的时代，“开始以一个更完整也更精当的刻本形式广为传播”。[15] 此即《东城杂记》振绮堂本。

道光八年戊子（1828）

正月廿一日，赵钺、蔡焜、李堂等人移先生木主于西溪交芦庵，姬人月上附祀。东轩吟社诗人有诗文记录此事，见《清尊集》卷五胡敬《厉樊榭徵君栗主移奉交芦庵记》。

汤贻汾为榆荫楼主人奚疑作《溪楼延月图》，并题以词，“溪楼延月”成为一个画题。

道光十年庚寅（1830）

五月初二，厉鹗生日，奚疑召集同人集榆荫楼置酒题诗，祭祀樊榭先生，请费丹旭写《溪楼延月图》，绘厉鹗在溪楼迎朱氏姬人故事，延续汤贻汾的“画题”。此后每年五月初二，奚疑集同人在溪楼，展画祀之。

是年，戴熙偕友人至西溪交芦庵祭祀厉鹗，归而写为长卷，山水萦纡，萝茑幽蔚，樊榭诗所谓‘一曲溪流一曲烟’者，尽此尺幅中矣。

俞樾《春在堂随笔》卷五记此事甚详：“厉樊榭征君墓在西溪法华山之王家坞，因即奉栗主于西溪交芦庵，事详吴谷人祭酒《樊榭征君墓田碑记》。道光庚寅，戴文节偕徐、汪两君至庵祀征君，归而写为长卷，山水萦纡，萝茑幽蔚，樊榭诗所谓‘一曲溪流一曲烟’者，尽此尺幅中矣。旧藏章次白广文梅竹山房，乱后失去，丁君松生又购得之，因付交芦庵僧收藏，以存名迹。时交芦庵亦因乱后倾圮，如冠九观察出资修葺，并属何子贞先生书征君及月上姬人栗主，仍奉庵中。今又得文节此卷，名流韵事，后先辉映，足为西溪生色矣。松生以示余，故纪其略焉。”[16]

道光十一年辛卯（1831）

五月初二，汪远孙等赴交芦庵祭拜先生。

秋七月，钱塘汪氏振绮堂开雕汤漱玉所编《玉台画史》，此书是受厉鹗《玉台书史》启发而作。

道光十二年壬辰（1832）

五月初二，费丹旭摹先生像两件，一赠奚疑，一件用于东轩吟社同人祭祀，吟社同人赋诗题咏摹像之事。

同年冬十月，费丹旭作《杭世骏等四先生像》，摹绘杭世骏、金农、厉鹗、丁敬四先生，此册现藏浙江省博物馆。[17]

道光十三年癸巳（1833）

五月初二，汪远孙及东轩吟社同人集水北楼，悬费丹旭摹绘先生像祭祀，题诗其上，附交芦庵保存，“永为瓣香之奉”。

道光二十六年丙午（1846）

春，震泽杨复吉借钞知不足斋传钞本《东城杂记》，刻入“昭代丛书”戊集。

光绪十年甲申（1884）

钱塘汪氏振绮堂刊《樊榭山房集》初刻本问世，此后不断完善，卷前有木刻吴忠本题“樊榭先生小像”，此图原本即费丹旭绘《四先生像》中之《厉樊榭先生像》。高学治光绪十九年癸巳作像赞。

光绪刻《樊榭山房集》，黑口，木夹板，线装十册。卷前有总目、“四库全书提要”、“国史文苑传”、木刻吴忠本写“樊榭先生小像”、写刻光绪十九年（1893）癸巳高学治撰像赞、乾隆四年（1839）厉鹗自序。正文包含：《樊榭山房集》十卷、《樊榭山房续集》十卷、《樊榭山房文集》八卷、《游仙百咏》三卷、《秋林琴雅》四卷、《集外曲·迎銮新曲》二套、集外诗、集外词、集外文等。可称《樊榭山房全集》。

光绪十一年乙酉（1885）

汪曾唯请诸可宝补作《溪楼延月图》，诸可宝有《溪楼延月补图题记》，记庚、辛之难，交芦庵毁废，以及旧藏《溪楼延月图》灭失之事，此为误解，交芦庵所藏为费丹旭摹厉鹗遗像，并有东轩吟社诗人题诗其上，并非《溪楼延月图》。

1913 年

8 月，平湖葛嗣浵编纂的《爱日吟庐书画丛录》付梓，其父葛金烺所编《爱日吟庐书画录》卷四记："《厉鹗自书先秦货布记册》纸本，高九寸二分，阔一尺一寸二分。" 葛嗣浵所编《爱日吟庐书画别录》卷四则收有厉鹗行书七言楹贴一件，在介绍作品材质、尺幅、内容之外，又简介厉鹗生平，如下评价引人注意："（厉鹗）诗于渔洋（王士祯）、竹垞（朱彝尊）外独辟一径，书亦秀雅绝伦。此联栩栩欲仙，超乎笔墨之外，尤觉神妙。南田或能到此，他人非所望也。"虽然这件楹帖事实上是一件赝品，但后代文人对樊榭手迹的喜爱和追摹，由此可见一斑。

1919 年

日本学者青木正儿写作并出版《金冬心的艺术》，在这本小书中，他用相当多的篇幅介绍了扬州画派核心人物金农和同乡好友厉鹗的交游及相互影响。但青木正儿在文中有误读史料之处。

1928 年

《清代学者象传》付梓，其中有樊榭先生肖像。《清代学者象传》由番禺叶衍兰、叶恭绰祖孙共同编写而成。叶衍兰费时 30 余年，摹写学者像 171 人（其中部分为大兴黄小泉摹绘）。樊榭肖像为壮年文士样貌，屈腿坐于榻上，意态闲适自如。上海古籍版《樊榭山房集》和浙江古籍出版社《厉鹗集》均引用此像。

1932 年

10 月，郁达夫在杭州写作《碧浪湖的秋夜》，描写樊榭与朱氏姬人往事。文载 1933 年 1 月 1 日《东方杂志》第 30 卷第 1 号。

同年，日本收藏家山本悌二郎编纂《澄怀堂书画目录》，在第八卷收有厉鹗书写于乾隆十四年己巳（1749）的古诗小帧一幅。山本悌二郎的说明文字，深受葛嗣浵所编《爱日吟庐书画别录》卷四中对厉鹗的评价影响，

1936 年

吴世昌发表《密宗塑像说略》，刊于国立北平研究院编:《史学集刊》第一期。文中考察杭州宝成寺麻曷葛剌佛，引用了厉鹗雍正五年（1727）到宝成寺访古后所作的《吴山咏古诗》之一《麻曷葛剌佛并序》。

1937 年

蔡冠洛编纂《清代七百名人传》一书，将厉鹗列入“金石书画”类目，与释道济、邹一桂等人并列。

1956 年

瑞典学者喜龙仁主持编写的七卷本著作《中国绘画》[18]出版，其引用的 23 种基本中国古籍和工具书中就有《南宋院画录》。

1957 年

年初，浙江师范学院图书馆自上海购得《厉樊榭手书白石道人歌曲》一册，夏承焘先生为考辨该书是否确为厉鹗手书，于 1957 年 2 月 8 日携书对比了浙江省博物馆所藏曾鲸绘《张卿子像》上樊榭手书题赞，得

出该书为他人过录版本的结论。

1980 年

美国纳尔逊—阿特金斯美术馆和克利夫兰艺术博物馆合办“八代遗珍”中国绘画大展，在自汉代至清代的 282 件作品中，有一件是绘制于乾隆八年（1743）的《九日行庵文宴图》卷，此卷图绘当年农历九月十九日“扬州二马”在其行庵所举办的一场雅集，图后有厉鹗长篇题跋，文辞晓畅典雅，清楚记录了聚会所在、缘起以及图中聚会人士的种种形态。在克利夫兰艺术博物馆所出的相关图录中，何慧鉴全文翻译了厉鹗的跋文，并详细解读。[19] 此画在海外中国研究者中知名度颇高，常为学者所引用和阐释。

同年，高居翰主持编写的《中国古画索引》[20] 一书出版，其参考和引用的必备参考书，《南宋院画录》亦在其中。

1981 年

当年出版的《启功丛稿》中有讨论董源《龙宿郊民图》一文，启功先生谈到此画入清内府后，“有乾隆御题诗、跋，以不得命名之故，遂以‘龙而见雩’之义当之，谓是雩祭、祷雨之事。厉鹗《樊榭山房文集》卷八《龙宿郊民图跋》亦指为雩祭。文繁不具引。”[21]

1985 年

整理标校厉鹗《樊榭山房集》的陈九思先生特别指出：“……其（樊榭）有关议论考证诸篇，如……《董源龙宿郊民图跋》等，纠正前人谬误，论据充实，说理详明，见解卓确，可供学术研究者之参考。”[22] 在这之后台北“故宫博物院”的王耀庭也注意到了厉鹗文章和乾隆题跋的高度相似，但他只是谨慎地表示困惑，并未展开讨论。[23]

1990 年

宿白先生发表《元代杭州的藏传密教及其有关遗迹》，此文考察了吴山宝成寺造像、论述了西天元兴寺遗迹、流放萨迦派重要人物于江南、织造西蕃幡画（唐卡）、刊雕西蕃经咒、版画等史事，这其中宝成寺造像和西天元兴寺遗迹，宿白都引用了厉鹗的诗文，赞扬其《麻曷葛剌佛并序》“既确且详”，而《元西天元兴寺钟题名跋》则是“宋宫五寺可进一步考述其历史者”的仅存文献。[24]

注释

1. 申屠青松误记厉鹗“为陆时化《书画说铃》撰序”，参见《厉鹗年谱长编》，浙江工商大学出版社，2016 年，第 91—92 页。
2. 见《樊榭山房集》卷七《新安吴东岩孙妇朱儒人殉节诗》，《樊榭山房集》，上海古籍出版社 2012 版，第 544—545 页。
3. 许宏泉：《近三百年学人翰墨（清中卷①）》，中华书局，2013 年，第 9 页。
4. 中国人民大学清史研究所编:《清史编年第五卷》,中国人民大学出版社,1988 年，第 15 页。
5. 夏承焘：《〈厉樊榭手写白石道人歌曲〉考辨》，《人文杂志》，1958 年 2 月号，第 75 页。

6. 金平:《苏轼〈表忠观碑〉历史沿革考述》,《东方博物》2007 年第 1 期, 第 31 页。

7. 田洪等编：《傅申书画鉴定与艺术史十二讲》之第九讲“乾隆丙寅（1746）：乾隆在书画鉴藏史上的丰收年”，浙江大学出版社，2017 年，第 327—366 页。

8. 董邦达绘《西湖十景图卷》，现藏台北“故宫博物院”，馆藏号：故—画—001688—00000。

9. 方盛良：《清代扬州徽商与东南地区文学艺术研究》，人民文学出版社，2008 年，第 256—257 页。

10. 参见政协天津市红桥区委员会、天津博物馆编:《水西余韵》, 天津古籍出版社, 2008 年，第 117 页。

11. 此套作品现藏台北“故宫博物院”。

12. 《知不足斋抄校本南宋院画录（外一种）》，中华书局，2016 年，第 1—2 页。

13. 黄千惠：《玉台书史女书家研究》，“台南大学”国文系硕士论文，2013 年，第 23—24 页。

14. （清）沈初：《西清笔记》之阮序，丛书集成初编据功顺堂丛书本排印，商务印书馆，1936 年。

15. 王霖：《〈东城杂记〉中的美术史料》，载《新美术》2012 年第 12 期，第 51—53 页。

16. （清）俞樾《春在堂随笔》，光绪刻春在堂全书本，参见《樊榭山房集》，上海古籍出版社，2012 年，第 1756、1787 页。

17. 《中国古代书画图目——浙博》浙 1—701［清］费丹旭，杭世骏等四先生像册，纸 墨 壬辰（道光十二年，1832）22.8cm×30.05cm。

18. Osvald Sirén, *Chinese Painting: Leading Masters and Principles,* Lund Humphries The Ronald Press Company, New York, 1956.

19. Wai—kam Ho, Sherman E. Lee, Laurence Sickman, Marc F. Wilson, *Eight Dynasties of Chinese Painting: The Collections of the Nelson Gallery—Atkins Museum, Kansas City, and Cleveland Museum of Art.* The Cleveland Museum

of Art，1980.

20. James Cahill，*An Index of Early Chinese Painters and Paintings: T'ang，Sung，and Yuan，* University Of California Press，1980.

21. 启功：《启功丛稿》，中华书局，1981年，第284页；启功著《启功丛稿 题跋卷》，中华书局，1999年，第175页。

22. 厉鹗 著，董兆熊注，陈九思标校：《樊榭山房集》，上海古籍出版社，2012年第2版，前言，第4页。陈九思先生前言写作于1985年1月。

23. 王耀庭：《传董源〈洞天山堂〉、〈龙宿郊民〉初探》，载《故宫学术季刊》第二十三卷第一期（2005秋季），第229页。

24. 宿白：《元代杭州的藏传密教及其有关遗迹》，《文物》1990年第10期，第55—71页。宿白此文考察宝成寺造像、论述了西天元兴寺遗迹、流放萨迦派重要人物于江南、织造西蕃幡画（唐卡）、刊雕西蕃经咒、版画等史事。1995年宿白对文章再次修订重排，增补部分注释，又据沈卫荣《元朝国师胆巴非噶玛巴考》，增录程钜夫《雪楼集》卷七《凉国敏慧公神道碑》和柳贯《柳侍制文集》卷九《护国寺碑》中两段重要文字，以说明元代在涿州建护国寺，奉祠摩诃葛剌神事。（宿白：《中国石窟寺研究》，北京，文物出版社，1996年，第313—330页。）1996年，他又增补插图一帧，说明一则。（宿白：《藏传佛教寺院考古》，北京，文物出版社，1996年，第365—387页。）

附录二：厉鹗艺术史相关诗词文一览

（以《樊榭山房集》为核心）

诗词文题目	写作时间	书写内容
《续游仙百咏》之“深洞烟霞是太初，石床昼卷水帘疏。真文一卷虬龙篆，不是人间世俗书。”	《游仙百咏》始作于康熙四十九年庚寅，此后又作“续”和“再续”。康熙五十二年癸巳六月，300 首全部撰成。	论书
《再续游仙百咏》之“云笺五色展青箱，诏写瑶镌向碧堂。龙篆芝书人不识，墨花飞出满天香。”		论书
《金寿门见示所藏唐景龙观钟铭拓本》	康熙五十三年甲午	钟铭拓本
《观汪青渠所藏嵩山诸碑版拓本六首》	康熙五十三年甲午	碑版拓本
《过丁茜园斋观陈洪绶合乐图》	康熙五十四年乙未	观画
《题画松鼠》	康熙五十四年乙未	题画
《汪青渠送研光笺》	康熙五十四年乙未	笺纸
《江上访金寿门出观颜鲁公麻姑山仙坛记米海岳颜鲁公祠堂碑拓本》	康熙五十四年乙未	拓本
《题沈其章秋林积雨图》	康熙五十五年丙申	题画
《观吴耕民所藏唐泰山摩崖碑拓本同绘卣作》	康熙五十五年丙申	摩崖碑拓
《秋日同王菊存汪青渠杨开绪渡湖至壑菴由幽居洞上看摩崖家人卦登慧日精舍访亦谙上人际晚下山寻明昌化伯墓不得泛舟而还得诗四首》之二	康熙五十五年丙申	看“家人卦”摩崖
《莲居》，诗中有“流传李先辈，瘦硬小碑存。中有李长蘅书碑，绝佳。”句	康熙五十五年丙申	访碑
《题陈子健所藏宋人画太真按舞图》	康熙五十六年丁酉	题画
《题水居逭暑图》	康熙五十六年丁酉	题画
《督牛犁我田欧阳圭斋句也寿门为图因题其后》	康熙五十七年戊戌	题画
《菩萨蛮 题呵手梅妆图》	康熙五十七年戊戌	题画

<table>
<tr><td>《题陈楞山秋林读书图》</td><td>康熙五十八年己亥</td><td>题画</td></tr>
<tr><td>《卖花声 徐翩翩书扇自称金陵荡子妇》</td><td>康熙五十八年己亥</td><td>观书扇</td></tr>
<tr><td>《玲珑四犯 恽正叔西湖泛月图为陈玉几赋》</td><td>康熙五十八年己亥</td><td>题画</td></tr>
<tr><td>《高阳台 题华秋岳横琴小像》</td><td>康熙五十八年己亥</td><td>题画</td></tr>
<tr><td>《九月五日南山纪游三首》之《石屋》</td><td>康熙五十九年庚子</td><td>摩崖题名</td></tr>
<tr><td>《高阳台 成窑九十九子瓷合金寿门索赋云是宫中妆具也》</td><td>康熙五十九年庚子</td><td>古瓷器</td></tr>
<tr><td>《李森劫钵图吴耕民索赋》</td><td>康熙六十年辛丑</td><td>题画</td></tr>
<tr><td>《题文五峰兰亭图》</td><td>康熙六十年辛丑</td><td>题画</td></tr>
<tr><td>《声声慢 题符幼鲁风雪归舟图》</td><td>康熙六十年辛丑</td><td>题画</td></tr>
<tr><td>《南宋院画录序》</td><td>康熙六十年辛丑</td><td>书序</td></tr>
<tr><td>《题亦谙山人黄山图》</td><td>康熙六十一年壬寅</td><td>题画</td></tr>
<tr><td>《题金绘卣江声草堂图》</td><td>康熙六十一年壬寅</td><td>题画</td></tr>
<tr><td>《题吴丈志上小像》</td><td>康熙六十一年壬寅</td><td>题画</td></tr>
<tr><td>《西湖月 明慈圣李太后赐画九莲观音像在灵隐寺借秋阁》</td><td>康熙六十一年壬寅</td><td>记绘画</td></tr>
<tr><td>《满江红 郑义门自号五岳游人索予题其纪游画册》</td><td rowspan="12">这批词均出自樊榭词集《秋林琴雅》，此书于康熙六十一年壬寅秋付梓，因此创作时间不晚于康熙六十一年秋。</td><td>题纪游画册</td></tr>
<tr><td>《摸鱼子 宛陵梅文常为予写西溪卜居图因题其上兼怀尊人耦长先生》</td><td>题画</td></tr>
<tr><td>《清平乐 陈楞山松泉试茗图》</td><td>题画</td></tr>
<tr><td>《惜红衣 赋团扇上蕙草美人》</td><td>观团扇画</td></tr>
<tr><td>《翻香令 题赵意田倚楼图》</td><td>题画</td></tr>
<tr><td>《燕山亭 唐开成陀罗尼石幢在龙兴寺幢为处士胡季良书埋地中已久下有舍利五十四粒崇祯丙子忽放光掘得之都穆赵崡诸人所未见者也同徐丈紫山赋此解俟好古者采焉》</td><td>佛教经幢</td></tr>
<tr><td>《百字令 表忠观怀古》</td><td>古碑</td></tr>
<tr><td>《霜天晓角 华秋岳松月图》</td><td>题画</td></tr>
<tr><td>《南楼令 醉仙图》</td><td>题画</td></tr>
<tr><td>《三部乐 流求纸》</td><td>流求纸</td></tr>
<tr><td>《买陂塘 题洞庭龙女图檃括湘夫人辞》</td><td>题画</td></tr>
<tr><td>《水龙吟 题董羽出水戏珠龙图上有御前之印并宣和御押》</td><td>题画</td></tr>
<tr><td>《渡江云题汪祓江红药桥边吟客图》</td><td>题画</td></tr>
<tr><td>《金以宁斋中观苏汉臣扫象图》</td><td>雍正元年癸卯</td><td>绘画</td></tr>
<tr><td>《严朗屋写小像为杜子春事索题四首》</td><td>雍正元年癸卯</td><td>绘画</td></tr>
</table>

《题沈栾城歌诗图》	雍正元年癸卯	绘画
《同栾城耕民游艮山山在城东北高可二丈许盖土阜也旁列古松三四晚风肃然残雪在地卧残碑已中断读之不甚了了乃元艮山土神庙碑大德已亥绍兴路儒学录古杭沈德章记并书庙不知毁于何时作诗纪之》	雍正元年癸卯	访古读碑
《题盛啸厓樵秋图》	雍正二年甲辰	题画
《功千见示刘松年溪山楼阁图用坡公集中韵》	雍正二年甲辰	观画
《题沈启南冷泉亭图次韵》	雍正二年甲辰	题画
《惠山听松菴观王孟端竹炉诗画卷次吴文定公韵》	雍正二年甲辰	观画
《题余葭白青灯雪屋图》	雍正二年甲辰	题画
《点绛唇 题授衣读书稻田隅图》	雍正二年甲辰	题画
《菩萨蛮 马佩兮梅花卷子寓骑省之戚徵予赋此》	雍正二年甲辰	观画
《和余葭白题唐子畏画韩熙载夜宴图》	雍正三年乙巳	观画
《题马佩兮所藏马麟摹黄筌春波鸂鶒图》	雍正三年乙巳	题画
《吴中有书贾来广陵出古钱三百余见示刀布正伪诸品皆备汪君祓江拓其文凡四以遗予一曰千秋万岁面有龙凤形一曰长生保命面有北斗及男女对立状一曰斩妖伏邪面有立神一蹲虎一符篆一一曰龟鹤齐寿面无文盖古厌胜钱也暇日装潢成册为诗题后并邀祓江同作》	雍正三年乙巳	古钱拓本
《汪为山亦赠予厌胜钱拓本文曰金玉满堂篆书面有双龙绕之上有柄作片云形大径二寸续装于册更为赋诗》	雍正三年乙巳	钱拓本
《十月十八日同余葭白陈授衣闵廉风游禅智寺》（诗中注：寺有石刻吴道子志公像，东坡和苏伯固游蜀冈送李孝博使岭表诗。）	雍正三年乙巳	石刻像等
《画松歌送沈丈樗崖归宣城》	雍正三年乙巳	题画
《正月八日城南纪游二首》之《梵天寺》《崇圣院》	雍正四年丙午	壁间石刻题字
《题陈惟允采菱图》	雍正四年丙午	题画
《寄题姚玉裁莲花庄图》	雍正五年丁未	题画
《六月十日同丁敬身石贞石游龙兴寺观唐开成二年陀罗尼石幢为处士胡季良书》	雍正五年丁未	佛教经幢
《〈西湖清趣图〉跋》（落款：秋九月六日作）此画现藏美国弗利尔美术馆	雍正五年丁未	撰并书画跋，手迹。
《赵饮谷买得乐安长公主小玉印出以相示予定其为明光宗女熹宗时所称皇八妹者因赋长歌》	雍正五年丁未	小玉印
《题周兼南唐小周后写真四首》	雍正五年丁未	题画

《吴山咏古诗二首》之《麻曷葛剌佛并序》及《铁四太尉并序》	雍正五年丁未	宗教造像
《清平乐 题饮谷说劒图》	雍正五年丁未	题画
《题大宗松吹书堂图》	雍正六年戊申	题画
《四月十五日同施自勗吴尺凫游西山入龙泓洞》	雍正六年戊申	摩崖题名
《雨中集秋声馆观唐于府君墓志铭砖》	雍正六年戊申	墓志铭甎
《六月一日午睡梦程友声醒时见壁上悬垂虹檥棹图乃友声为余作者》	雍正六年戊申	观画
《八月十八日同丁敬身游龙华寺寻石壁上宋人题名登慈云岭观永寿院宋仁宗佛牙赞吴越摩崖篆字》	雍正六年戊申	摩崖题名
《九月一日同丁敬身张希亮金以宁符圣几游天龙寺石壁上有太平兴国六年心经门外八卦田即宋郊坛故迹次登天真寺灵化洞侧刻字云梁龙德元年岁次辛巳十一月壬午朔一日天下都元帅吴越国王镠建置钱王拜郊台也此寺登眺最为江山胜处》	雍正六年戊申	摩崖刻字
《同尺凫敬身过湖登慈云岭观废石龙净胜院崖上北宋僧冲羽书唐右补阙梁肃心印铭下方家峪寻刘娘子寺已废惟凤凰泉犹存饭于观音洞僧舍而归得诗三首》	雍正六年戊申	摩崖印铭
《题松风流水图》	雍正六年戊申	题画
《马秋玉佩兮招饮出观顾定之墨竹上有张伯雨郑元佑朱泽民题句》	雍正七年己酉	观画
《题七姬权厝志拓本张羽文宋克书卢熊篆盖》	雍正七年己酉	厝志拓本
《明郑贵妃书泥金普门品经同丁敬身作四首》	雍正七年己酉	明人书经
《陈玉几梅花芭蕉小幅跋》	雍正七年己酉	画跋
《功千送高丽墨用山谷和文潜谢穆父赠松扇韵》	雍正八年庚戌	高丽墨
《敬身用山谷韵乞高丽墨于功千而墨仅二枚一赠尺凫一以赠仆竟无以应也次韵荅之仆亦同作》	雍正八年庚戌	高丽墨
《和功千遗敬身流求扇以偿高丽墨之请三用前韵》	雍正八年庚戌	高丽墨
《圣因寺观贯休画十六罗汉》	雍正八年庚戌	观画记录
《瘗鹤铭》	雍正八年庚戌	摩崖
《焦山古鼎》	雍正八年庚戌	古鼎
《题华秋岳诗卷》	雍正九年辛亥	题友人诗卷
《意林所藏宋徽宗鸜鹆图同确士作》	雍正九年辛亥	观画
《题李迪竹雀图》	雍正十年壬子	题画
《佩兮南斋观倪元镇赠�伯盛静寄轩诗真迹次韵三首》	雍正十年壬子	观前人真迹
《沈石田合子会词真迹次韵》	雍正十年壬子	观前人真迹

《朱碧山银槎歌为秋玉赋》	雍正十年壬子	骨董
《题陈授衣闭门觅句图》	雍正十年壬子	题画
《题冒辟疆姬人金圆玉水墨秋葵图》	雍正十年壬子	题画诗
《冒辟疆姬人花卉册》跋[1]	雍正十年壬子	画跋
《国香慢 壬子冬至后三日过马半槎南斋炙甜香以供客风味幽绝前明宣宗时禁中制也坐上索予谱斯阕成半槎谓予云昔熊讷斋请詹天游赋软香庆清朝慢云愿扫陈言君于此题当与天游竞爽矣明日以绿笺请予书之装成小轴高西唐篆其首曰甜香新唱》	雍正十年壬子	书写词笺
《题姚玉裁夜雨图为悼令弟炳衡作也》	雍正十一年癸丑	题画
《一角编序》	雍正十一年癸丑	书序
《赏延素心录题辞》	雍正十二年甲寅	书题辞
《石经考异序》	雍正十三年乙卯	书序
《题敬身所藏宋石刻刘商观奕图拓本次沈启南韵》	雍正十三年乙卯	题石刻图拓本
《南乡子 题挥扇士女图》	雍正十三年乙卯	题画
《赵忠毅公铁如意歌》	乾隆元年丙辰	古器
《题禹尚基画白桃花》	乾隆二年丁巳	题画
《题贞松慈竹图为归安陈节母作凡五章》	乾隆二年丁巳	题画
《题敬身所藏崔子忠伏生授经图》	乾隆二年丁巳	题画
《龙尾石松皮砚铭》（落款："乾隆丁巳冬樊榭生厉鹗为龙泓樵客丁先生造。"）	乾隆二年丁巳	砚铭
《落梅风 双调 华秋岳为予写西溪卜居图因题其上》	乾隆二年丁巳	题画
《题汪近人移居图》	乾隆四年己未	题画
《东坡先生墨妙亭诗残刻十七字石斋黄公得之琢其背以受墨名曰断碑砚今归桐溪汪氏拓其文装于册来索诗》	乾隆四年己未	碑砚拓本
《题汪近人煎茶图》	乾隆四年己未	题画
《题张情田种瓜图》	乾隆五年庚申	题画
《韩晋公五牛图药山携示书画二种》	乾隆五年庚申	观画
《贾秋壑玉枕兰亭》	乾隆五年庚申	观书法
《烂溪舟中为吴南磵题赏雨茅屋图》	乾隆五年庚申	题画
《题芮衣亭观察望云图》	乾隆六年辛酉	题画
《杭郡庠掘地得苏文忠公表忠观碑宋刻二片》	乾隆六年辛酉	古碑
《题东坡先生雪浪石盆铭拓本即用雪浪石诗韵》	乾隆六年辛酉	盆铭拓本
《题姜学在画松为鲍西冈运判作》	乾隆七年壬戌	题画
《题西冈小蔟园图十二首在长兴县署》	乾隆七年壬戌	题画

《借秋阁》诗注："阁中有贝叶经一函，明慈圣太后赐九莲观音像一轴。"	乾隆七年壬戌	观经书、绘画
《松霭山房》诗注："'松霭'二字扁，朱竹垞太史八分书。"	乾隆七年壬戌	记朱竹垞八分书扁
《题姚敬直西塞山居图》	乾隆七年壬戌	题画
《抱云峰并序》	乾隆七年壬戌	赏石
《题王麐徵义桥村斋图四首》	乾隆七年壬戌	题画
《冬十二月十五日雪中同敬身集谷林南华堂观蜀广政石经残本宋廖莹中世彩堂刻韩集作》	乾隆七年壬戌	石经残本
《奉题旌门桑孝子文侯先生抱铛图先生名天显》	乾隆七年壬戌	题画
《和沈房仲论印十二首》	乾隆八年癸亥	论书、画、印等
《题沈石田蹇驴觅雪图》	乾隆八年癸亥	题画
《题周少穆所藏马和之小景二首》	乾隆八年癸亥	题画
《诸公诗来兼咏山石予诗似有未尽再用前韵赋一首》	乾隆八年癸亥	论画
《同寿门敬身登宝石山天然图画阁予不游此已十四年矣用前韵题壁》	乾隆八年癸亥	记沈周游踪
《汉铜雁足镫歌为半槎赋》	乾隆八年癸亥	汉代铜镫
《五月二日集小玲珑山馆观李遵道古木幽篁图款云至治癸亥十一月廿有五日蓟邱李士行遵道制》	乾隆八年癸亥	观画
《汉铜龙虎鹿卢镫歌为敬身作铭四字曰"宜子孙吉"》	乾隆八年癸亥	汉代铜镫
《曲阳孙晴崖明府寄唐北岳庙李克用题名碑拓本》	乾隆八年癸亥	题名拓本
《题友人读书图》	乾隆八年癸亥	题画
《九日半槎招集行菴以仇英画渊明像为供分得归字》	乾隆八年癸亥	观画
《九日行庵文宴图记》	乾隆八年癸亥	撰并书图记，手迹。
《梅花纸帐歌》	乾隆八年癸亥	题画
《十一月三十日集小玲珑山馆分咏得寒林》	乾隆八年癸亥	题画
《洞庭叶震初为同人写行庵文宴图岁晏濒行自作渔隐小照索题》	乾隆八年癸亥	题画
《摄山杂咏十二首》之《明徵君碑唐高宗御撰相王府侍书高正臣奉敕书》《舍利塔》《千佛岭》《白鹿泉》	乾隆八年癸亥	记访碑、佛塔、佛像、摩崖等
《自栖霞至金陵道中有梁始兴王憺安成王秀吴平忠侯景墓石麒麟墓碑犹存蒋王庙在钟山之麓太平门外城下即后湖也得四绝句》	乾隆八年癸亥	南朝墓葬遗存
《洪熙古刺水歌同全谢山作》诗注：铜罐上刻云洪熙元年熬造古刺水一罐净重八两罐重三筋。	乾隆八年癸亥	古铜器

《浮山禹庙观山海经塑像三十韵》	乾隆八年癸亥	塑像
《集方环山斋题明宁献王画》	乾隆八年癸亥	观画
《程振华藏先秦货布记》（落款：“乾隆癸亥孟冬小雪后二日。”）	乾隆八年癸亥	先秦货布
《题汪旭瞻芦溪书隐图》	乾隆九年甲子	题画
《试灯前一日同人集赵谷林小山堂观流求国官工松元泰新刻墨谱用山谷松扇韵》	乾隆九年甲子	墨谱
《晓行苏堤作二首》之二：“破晓招寻不待呼，山烟水雾敛还无。楼头柳眼如窥宋，堤上花枝总姓苏。价重十千春易买，才高八斗景难摹。惠崇小有丹青手，肯为佳游写作图。圣因寺大恒长老为作《春湖月泛图》。”	乾隆九年甲子	论画
《陈居中蛮王入贡图》	乾隆九年甲子	观画
《苏文忠公雪浪石盆铭拓本向见于马君嶰谷斋中曾和公雪浪石诗韵今年春曲阳孙明府以一通远寄复用前韵赋一篇》	乾隆九年甲子	拓本
《觉范画梅为敬身作》	乾隆九年甲子	论画
《过张聚五斋观王叔明为陶九成作南村图次卷中全思诚韵》	乾隆九年甲子	观画
《倪穟畴给谏庚申夏日在京师曾作城东访友图并系以二绝句寄金江声副使于上谷盖追写丙申春同访余不值事也江声亦题二绝句装潢成册穟畴癸亥奉使江南殁于太和今春江声归里始得见之感叹不足如数题后》	乾隆九年甲子	观画
《五月二日嶰谷半槎招同人集小玲珑山馆题五毒图》	乾隆九年甲子	题画
《复园池上红板桥新成同人分得文韵》	乾隆九年甲子	撰并书诗
《中秋日陆芸轩招同人游南屏观米南宫摩崖琴台字分韵》	乾隆九年甲子	摩崖
《朱泽州鹿田招同人游宝奎寺分韵寺为宋相乔行简舍宅有理宗摩崖见沧二字》	乾隆九年甲子	摩崖
《正月四日雪霁游天竺寺归访巨公于灵隐寺出观宋天圣四年免赐田税牒至晡并湖而还得诗三首》	乾隆十年乙丑	宋天圣四年免赐田税牒
《钱舜举摹周昉内人双陆图为梁菽林作》	乾隆十年乙丑	绘画
《宣德窑青花脂粉箱歌次毛西河太史韵为汪伯子作》	乾隆十年乙丑	古瓷器
《碧山草堂椽笔歌》	乾隆十年乙丑	大笔
《题朱丈鹿田苏门灌畦图》	乾隆十年乙丑	题画
《题北岭将军庙二首》	乾隆十年乙丑	古碑
《游兰亭》	乾隆十年乙丑	访碑

《张卿子先生画像赞》（落款“乾隆丙寅夏五十一日，同里后学厉鹗顿首拜赞。”）	乾隆十一年丙寅	观画题赞，手迹。
《李迪秋原放牧图为旭瞻作》	乾隆十一年丙寅	观画
《题吴志行从军图》	乾隆十一年丙寅	题画
《马和之小景跋》（落款“乾隆丁卯正月二十二日钱塘厉鹗跋”。）	乾隆十二年丁卯	画跋
《当湖冯孝子锜扶榇归里图》	乾隆十二年丁卯	题画
《分赋钟馗画引》（《樊榭山房全集》之集外文作此名，《韩江雅集》卷十一则名为《展重五集小玲珑山馆分赋钟馗画并序》）	乾隆十二年丁卯	为观画雅集作序
《五月十五日客广陵马半槎招集小玲珑山馆为展重午之会出诸家钟馗画索题予得出猎图》	乾隆十二年丁卯	题画
《方君任见示后周西岳华山碑且索赋诗》诗注：天和二年，万纽于瑾撰文，赵文渊字德本奉敕书	乾隆十二年丁卯	碑拓
《题嶰谷所藏郭河寒风密雪图》	乾隆十二年丁卯	题画
《瓶花斋百八瓷酒器歌吴君尺凫故物令嗣敦复乞诗》	乾隆十二年丁卯	瓷酒器
《西溪山庄晓起看梅》有“逃禅工画本，千树见应稀。”句	乾隆十三年戊辰	论画
《题查七伦镊白图》	乾隆十三年戊辰	绘画
《题莲坡澹宜书屋种竹图二首》	乾隆十三年戊辰	题画
《题方正学先生双松图为莲坡作款云：洪武八年花朝，写祝丹崖老先生嵩寿，后学方孝孺。》	乾隆十三年戊辰	观画
《题莲坡双凤图》诗注：莲坡于丙寅春梦双凤飞集屋櫋，各衔金篆字，一曰“贞”，一曰“福”。后纳二小姬，名适与之同，因作此图。	乾隆十三年戊辰	观画
《吴氏家藏十三银凿落歌为蔚洲作》	乾隆十三年戊辰	古银酒器
《题汪复园亭角寻诗图三首》	乾隆十三年戊辰	题画
《题赵子固墨兰嶰谷所藏》	乾隆十三年戊辰	观画
《题女士画扇三首渔川所藏》	乾隆十三年戊辰	题画
《堇浦招同诸公凤凰山看桃花作》“来访西天寺里钟，碧藓蚀残蒙古字”下有诗注：“乙丑三月六日，顾丈月田招看花于此，觞咏乌龙古庙中，今下世已五年，为之泫然。庙有元西天元兴寺钟一口，上有江浙行省平章达识帖睦尔题字并蒙古字经。”	乾隆十四年己巳	钟铭
《题穆门虎邱中秋夜泛诗画卷三首画为华秋岳笔》	乾隆十四年己巳	绘画

《题张渔川所藏周昉宫姬调琴图》	乾隆十四年己巳	题画
《萧照中兴瑞应图曹勋赞并书。明吾杭陈瓠庵故物，今在广陵吴氏。》	乾隆十四年己巳	观画
《魏景初帐构铜歌》诗注：状圆如筒、径一寸、长四寸许，中空而底方，旁出歧枝有孔，上有字云：“景初元年五月十日，中尚方造，长一丈，广六尺，泽漆平坐帐上广构，铜重二斤十两。”凡三十二字，八分书。邗上方西畴所藏。	乾隆十四年己巳	古铜器
《大理石屏歌徐陶尊索赋石屏二：一为“山高月小”，一为“水落石出”，盖天成景也。》	乾隆十四年己巳	大理石屏
《题陶尊绿杉野屋图》	乾隆十四年己巳	题画
《同丁龙泓过潮鸣寺访大圜上人观戴进画功德诸像立轴残本》	乾隆十四年己巳	观画
《题华秋岳浴鹅图》	乾隆十五年庚午	题画
《题友人北墅耕读图》	乾隆十五年庚午	题画
《满庭芳 中吕宫 题王茨檐北郭移居图二曲》	乾隆十五年庚午	题画
《题文待诏石湖诗画卷二首同嶰谷半查作》	乾隆十五年庚午	题画
《腊月十一日同人集堇浦桂堂为恒公四十寿时恒公住持上天竺寺是日为堇浦作山水小幅》	乾隆十五年庚午	观画
《同吴可堂河渚探梅》，有“繁花乱插天作纸，疏影横眠池是谱。纵饶画手有汤杨，那比春工多活趣”句	乾隆十六年辛未	论画
《挽方环山》	乾隆十六年辛未	悼念画家
《汪巢林八分书歌》	乾隆十六年辛未	论书
《水龙吟 题吴东壁大洋泛月图》	这些词是《樊榭山房续集》卷九和卷十中时间不确定的作品。《续集》付梓于乾隆十六年，因此这些词的创作不晚于此时。	题画
《清平乐 春游士女图》		观画
《台城路 题周雪舫运判万夫人八分遗墨》		题论书法
《声声慢 题停琴士女图》		题画
《醉太平 题村学堂图》		题画
《一半儿 仙吕宫 题吴抱村闲居消夏图》		题画
《小桃红 越调 横波夫人画兰扇敬身索赋》		题画兰扇
《折桂令 双调 题殿画乞巧图》		题画
《折桂令 双调 题徐安生桂花湖石小幅为丁龙泓作》		题画

《题范宽秋山过雨图分得顶字》	樊榭诗未入集者，散见于各处，这些是补收入《续集集外诗》中不能确定时间的。《题纸窗竹屋图》引自《韩江雅集》卷八，当作于乾隆十二年之前。	题画
《题秋轩先生蕉窗学易图》		题画
《雪后宝石山二首》之一：“林坡荦确如香篆，湖色沿洄似玦环。瞥见郭熙小平远，斜皴粉墨写寒山。”		论画
《朱璧溪山钓雪图》		观画
《题新修云林寺图为巨涛和尚作一百韵》		题画
《题纸窗竹屋图》		题画
《河传 题顾升山蔬果画册》	《续集集外词》	题画册
《蕉叶学书赋 》	此为《樊榭山房文集》中写作时间不确定的文章。	论书
《方君任隶八分辨序》		论书
《戈达夫法书通解序》		论书
《六艺之一录序》		论艺
《汉印谱序》		印谱
《续泉志序》		古泉
《杭可庵先生遗像记》		画记
《盆山小隐图记》		画记
《耕岩草堂图记》		画记
《神龙兰亭拓本跋》		论神龙兰亭本
《吴越武肃王登云台题字跋》		题字
《下天竺寺山天宝六载余杭郡太守张守信题名跋》		题名跋
《元西天元兴寺钟题名跋》		钟铭
《董源龙宿郊民图跋》		画跋
《书马文毅公汇草辨疑后》		论书
《古铜佛降生像记》	此为《樊榭山房文集集外文》中写作时间不确定的文章。	古铜佛
《定武兰亭跋》		定武兰亭
《为吴蔚洲作〈观西洋画〉两首》	集外佚诗，创作时间不明。	论画
《邵文庄公温砚炉为方西畴作》[2]	见《韩江雅集》卷十，当作于乾隆十二年之前。《樊榭山房集》失收。	论砚

注释

1. （清）方浚颐.《梦园书画录》、清光绪三年定远方氏成都刻本、卷十六。《樊榭山房集》未收此跋。
2. 此为扬州诗人群体同题集咏倡和诗，题咏者有胡期恒、方世举、程梦星、厉鹗、马曰琯、张世进、汪玉枢、方士倢、马曰璐、陈章、闵华、陆钟辉、张四科。参见《韩江雅集》卷十之《邵文庄公温砚炉为方西畴作》，《扬州文库》第五辑（83），广陵书社 2015 年，第 267—270 页，厉鹗诗在第 268 页。

参考文献

一、古代著作（古籍善本）

1.（清）查为仁，厉鹗笺．绝妙好词笺，（宋）周密辑，清乾隆十五年查氏澹宜书屋刻本，天津图书馆藏。

2.（明）张泰阶编，四朝宝绘录清刻本，藏板金匮书屋，知不足斋正本，浙江图书馆藏。

3.（清）厉鹗撰，樊榭山房集清乾隆刊本，武林东街金洞桥绣墨斋开刊，浙江图书馆藏四库进呈本。

4.（清）厉鹗撰，樊榭山房续集清乾隆刊本飏锦斋田翠舍刊，浙江图书馆藏。

5.（清）厉鹗撰，樊榭山房全集清光绪甲申钱塘汪氏振绮堂刊本，浙江图书馆藏。

6.（清）厉鹗撰，东城杂记清乾隆间稿本，浙江图书馆藏。

7. 厉樊榭手抄白石道人歌曲小玲珑山馆钞本，浙江大学西溪校区图书馆藏。

8.（清）华喦撰，新罗山人诗册清乾隆间稿钞本，浙江图书馆藏。

9.（清）华喦撰，离垢集清乾隆间墨迹本，无锡博物院藏。

10.（清）闵华撰，澄秋阁集，清乾隆十七年刻本。

11.（清）袁枚，小仓山房诗集，清乾隆五十八年刻本。

12.（清）阮元辑录，淮海英灵集，清嘉庆三年小琅嬛仙馆刻本。

13. 清尊集，清道光振绮堂刻本，天津图书馆藏。

14.（清）陆心源，穰梨馆过眼录，清光绪十七年吴兴陆氏家塾刻本。

15.（清）吴修，复园红板桥诗（一卷），武林掌故丛编第八集，光绪癸未秋八月丁氏嘉慧堂本。

二、古代著作（点校本及影印本）

1.（宋）周密．武林旧事[M]．杭州：浙江古籍出版社，2011.

2.（明）田汝成辑撰．西湖游览志[M]．尹晓宁，点校．上海：上海古籍出版社，2017.

3.（清）厉鹗．樊榭山房集董兆熊，注．陈九思，标校．上海：上海古籍出版社，2012.

4.（清）厉鹗．厉鹗集[M]．罗仲鼎，俞浣萍，点校．杭州：浙江古籍出版社，2016. 此本以民国十一年商务印书馆《四部丛刊》影印汪氏振琦堂刻本为底本，并收录上海古籍版《樊榭山房集》中《续集》《集外诗文》各一卷，此外还补录厉鹗独撰的《南宋杂事诗》一百首，《东城杂记》两卷等。

5.（清）厉鹗辑．南宋院画录校释图笺[M]．胡小罕，胡易知，校笺．杭州：浙江人民美术出版社，2015.

6.（清）厉鹗撰．知不足斋钞校本南宋院画录（外一种）[M]．北京：中华书局，2016.

7.（清）厉鹗辑．玉台书史[M]．刘幼生，点校．杭州：浙江人民美术出版社，2012.

8.（清）厉鹗辑撰．宋诗纪事 [M]. 上海：上海古籍出版社，2013.

9.（清）厉鹗撰．湖船录 [M]// 西湖文献集成：清代史志西湖文献专辑：第 8 册．杭州：杭州出版社，2004.

10.（清）厉鹗等撰．增修云林寺志．[M]. 魏得良，标点．杭州：杭州出版社，2006.

11.（清）厉鹗撰．辽史拾遗（王云五主编“丛书集成初编”之“辽志及其他一种”）[M]. 上海：商务印书馆，1936.

12.（清）吴颖芳，丁敬，金农，魏之琇，奚冈，撰．西泠五布衣遗著 [M]. 方田，点校：杭州：浙江古籍出版社，2015.

13.（清）丁敬撰．丁敬集 [M]. 杭州：浙江人民美术出版社，2016.

14.（清）丁敬撰．武林金石记 [M]. 杭州：西泠印社，1916.（此书版记：丙辰七月西泠印社吴隐石潜聚珍版印。书口：西泠印社聚珍版山阴吴氏“遯盦金石丛书”。）

15.（清）丁敬．砚林印款．[M]// 丛书集成续编本：第 105 册．台湾新文丰出版公司。

16.（清）金农撰．冬心先生集（雍正十一年广陵般若庵刻本）[M]. 上海：上海古籍出版社，1979（据南京图书馆藏本影印）.

17.（清）金农撰．冬心先生题画集 [M]. 上海：上海人民美术出版社，1986.

18.（清）金农．冬心先生集 [M]. 侯辉，点校．杭州：西泠印社出版社，2012.

19.（清）全祖望撰．朱铸禹，汇校集注：全祖望集汇校集注 [M]. 朱铸禹，汇校集注．上海：上海古籍出版社，2000.

20.（清）杭世骏．杭世骏集 [M]. 蔡锦芳，唐宸，点校．上海：浙江古籍出版社，2015 年．

21.（清）华嵒撰．离垢集（中国台湾图书馆藏钞本）[M]// 清代稿本百种汇刊 第 66 册 集部 离垢集．台北：中国台湾文海出版社，1974.

22.《清代诗文集汇编》编纂委员会编．清代诗文集汇编 265 沙河逸老小稿 嶰谷词 兰雪堂诗文集 锄经余草 锄经续草 野航诗钞 容安诗钞 容安齐诗集 爱日堂吟稿 [M]. 上海：上海古籍出版社，2010 年。

23.（清）马曰琯等撰．韩江雅集（十二卷）；（清）马曰琯，马曰璐等撰林屋唱酬录（一卷）、焦山纪游集（一卷）；（清）马曰琯，马曰璐程梦星等撰广陵倡和集（二卷）；（清）王藻编广陵倡和录（三卷），南京图书馆藏乾隆写刻本。以上影印本见：扬州文库. 第五辑. 诗文集类：第 83 册 [M]. 扬州：广陵书社，2015.

24.（清）金农撰．冬心先生集（四卷）、续集（二卷）、三体诗（一卷）、甲戌近诗（一卷）、冬心斋研铭（一卷）；（清）郑燮．郑板桥集；（清）方士庶撰．环山诗钞；（清）马曰琯撰．沙河逸老小稿（六卷）、嶰谷词（一卷）；（清）马曰璐撰南斋集（六卷）、南斋词（二卷）；（清）闵华撰．澄秋阁集（十二卷）。以上影印本：扬州文库. 第五辑. 诗文集类：第 89 册 [M]. 扬州：广陵书社，2015.

25.（清）李斗撰．扬州画舫录 [M]. 汪北平，涂雨公，点校．北京：中华书局，1960.

26.（清）吴敬梓．儒林外史汇校汇评本 [M]. 李汉秋，辑校．上海：上海古籍出版社，2010.

27.（清）阮元辑．两浙輶轩录（四十卷）[M]// 续修四库全书·一六八三·集部·总集类．上海：上海古籍出版社，2002.

28.（清）丁丙编．武林坊巷志（第二册）[M]. 杭州：浙江人民出版社，1986.

29.（清）鲍廷博撰：《鲍廷博题跋集》，浙江古籍出版社，2012.

30.（清）袁枚．随园诗话 [M]. 杭州：浙江古籍出版社，2016.

31.（清）沈德潜编．清诗别裁集（下）[M]. 上海：上海古籍出版社，2013.

32.（清）葛金烺，葛嗣彤撰．爱日吟庐书画从录（全三册），[M]. 慈波，点校．杭州：浙江人民美术出版社，2013.

32. 于安澜编．国朝画徵录 [M]. 上海：上海人民美术出版社，1963.

三、工具书

1.（明）黄汴．天下水陆路程 [M]. 杨正泰，校注．太原：山西人民出版社，1992.

2. 中国人民大学清史研究所编．清史编年第二卷（康熙朝）上、《清史编年第三卷（康熙朝）下》，中国人民大学出版社，1988 年。

3. 中国人民大学清史研究所编：《清史编年 第四卷（雍正朝）》，中国人民大学出版社，1988 年。

4. 中国人民大学清史研究所编．清史编年第五卷（乾隆朝）上、清史编年第六卷（乾隆朝）下 [M]. 北京：中国人民大学出版社，1988.

5.（民国）庞元济撰．虚斋名画录·虚斋名画续录 [M]. 李保民，校点．上海：上海古籍出版社，2016.

6. 戴文节茭芦庵图卷 [M]. 上海：中华书局，1919.

7. 徐珂编纂．清稗类钞（第 44 册 植物 下 第 5 版）[M]. 上海：商务印书馆，1928.

8. 蔡冠洛编纂．清代七百名人传 [M]. 上海：世界书局， 1937.

9. 叶衍兰，叶恭绰编．清代学者象传合集 [M]. 上海：上海古籍出版社，1989.

10. 刘再苏选编．名人楹联真迹大全［M］．上海：世界书局，1925.（再版：刘再苏编辑．名人楹联墨迹大观 明·清·民初二百余名家墨宝集萃［M］．武汉：湖北美术出版社，1998.）

11. 高野侯等．楹联墨迹大观（第一册）［M］．上海：中华书局，1928（北京中国书店1984年影印出版）．

12. 汪文娟编．历代名人楹联墨迹［M］．上海：上海人民美术出版社，2001.

13. 王宝洺主编．楹联书法［M］．北京：北京燕山出版社，2010.

14. 上海博物馆编．上海博物馆典藏丛刊·上海博物馆藏楹联（全二册）［M］．上海：上海书画出版社，2020.

15. 蔡鸿茹．中华古砚100讲［M］．北京：百花文艺出版社，2007.

16. 段书安编．中国古代书画图目索引［M］．北京：文物出版社，2001.

17. 天津市规划和国土资源局编著．天津城市历史地图集［M］．天津：天津古籍出版社，2004.

18. 杭州文物考古所编．南宋太庙遗址［M］．北京：文物出版社，2007.

19. 宋画全集（第二卷第一册）［M］．杭州：浙江大学出版社，2009.

20. 余绍宋．书画书录解题［M］．江兴佑，点校．杭州：西泠印社出版社，2012.

21. 杨仁恺．中国古代书画鉴定笔记（伍）［M］．沈阳：辽宁人民出版社，2015.

22. 申屠青松．厉鹗年谱长编［M］．杭州：浙江工商大学出版社，2016.

四、今人专著

1. 王世杰，那志良，张万里主编．艺苑遗珍（名画第一辑）[M]. 开发股份有限公司，1967.

2. 香港艺术馆中国文物集珍：敏求精舍银禧纪念展览（*Anthology Of Chinese Art*）[M]. 香港：城市委员会（The Urban Council），（Hong Kong Museum of Art）制作，1985.

3. 启功．启功丛稿 [M]. 北京：中华书局，1981.

4. 启功．启功丛稿 题跋卷 [M]. 北京：中华书局，1999.

5. 钱钟书．宋诗纪事补正 [M]. 沈阳：辽宁人民出版社，2003.

6. 钱钟书．谈艺录 [M]. 上海：三联书店， 2011.

7. 钱钟书．七缀集 [M]. 上海：三联书店， 2011.

8. 文物出版社资料室编．扬州八怪 [M]. 北京：文物出版社，1981.

9. 薛永年，薛锋．扬州八怪与扬州商业 [M]. 北京：人民美术出版社，1991.

10. 小莽苍苍斋，中国历史博物馆编．小莽苍苍斋藏清代学者法书选集 [M]. 北京：文物出版社，1995.

11. 小莽苍苍斋斋主，陈烈编．小莽苍苍斋藏清代学者书札（套装上中下册 修订版）[M]. 北京：人民文学出版社，2014.

12. 薛永年．华嵒研究 [M]. 天津：天津人民美术出版社，1984.

13. 上海博物馆单国霖主编．华嵒书画集 [M]. 北京：文物出版社，1987.

14. 朵云编辑部编．清初四王画派研究论文集 [M]. 上海：上海书画出版社，1993.

15. 卢辅圣主．华嵒研究（朵云第57集）[M]. 上海：上海书画出版社，

2003.

16. 宿白．藏传佛教寺院考古 [M]. 北京：文物出版社，1996.

17. 沈卫荣．西藏历史和佛教的语文学研究 [M]. 上海：上海古籍出版社，2010.

18. 夏承焘．夏承焘集（第七册）天风阁学词日记（三）[M]. 杭州：浙江古籍出版社、浙江教育出版社，1997.

19. 徐邦达．古书画讹伪考辨（叁）（《徐邦达集 12》）[M]. 北京：故宫出版社，2015.

20. 田艺珉．清初“四王”摹古研究 [M]. 北京：故宫出版社，2016.

21. 刘金库．南画北渡——清代书画鉴藏中心研究 [M]. 台北：石头出版股份有限公司，2007.

22. 方盛良．清代扬州徽商与东南地区文学艺术研究 [M]. 北京：人民文学出版社，2008.

23. 明光．清代扬州盐商的诗酒风流 [M]. 北京：社科文献出版社，2014.

24. 徐小虎（Joan Stanley—Baker）. 被遗忘的真迹——吴镇书画重鉴 [M]. 桂林：广西师范大学出版社，2012.

25. 冯明珠主编．乾隆皇帝的文化大业 [M]. 台北：台北“故宫博物院”，2002.

26. 何传馨主编．十全乾隆：清高宗的艺术品味 [M]. 台北 ：台北“故宫博物院”，2013.

27. 邱士华主编．行箧随行：乾隆皇帝南巡行李箱中的书画 [M]. 台北：台北“故宫博物院”，2017.

28. 政协天津市红桥区委员会，天津博物馆编．水西余韵 [M]. 天津：天津古籍出版社，2008.

29. 郭喜东，张彤，张岩．天津历史名园 [M]. 天津：天津古籍出版社，2008.

30. 天津博物馆编．鹾之韵——长芦盐业与天津城市文化 [M]. 天津：天津人民美术出版社，2016.

31. 叶修成．紫芥掇实：水西庄查氏家族文化研究 [M]. 天津：天津古籍出版社，2017.

32. 卓军，徐飞主编．吴山 [M]. 北京：研究出版社，北京，2009.

33. 朱金坤总主编．西溪画寻 [M]. 杭州：西泠印社出版社，2010.

34. 张毅、李开林编．清代诗学名家书画评论汇编 [M]. 天津：南开大学出版社，2016.

35. 浙江省博物馆编．漂海闻见：15 世纪朝鲜儒士崔溥眼中的江南 [M]. 北京：中国书店，2016.

36. 许宏泉．近三百年学人翰墨（清中卷 1）[M]. 北京：中华书局，2013.

37. 凌中翔主编．翰墨留香：浙江三百年学人书法集 [M]. 杭州：浙江人民美术出版社，2017.

38. 中国国家博物馆编．中国国家博物馆馆藏文物研究丛书・书法卷（清代）[M]. 上海：上海古籍出版社，2018 年。

39. 何奕恺．清代学者象传研究 [M]. 上海：上海古籍出版社，2010.

40. 徐雁平．清代世家与文学传承 [M]. 上海：三联书店，2012.

41. 尚小明．清代学人游幕与清代学术（增订本）[M]. 北京：东方出版社，2018.

42. 黄惇．中国古代论印史（修订本）[M]. 上海：上海书画出版社，2019.

43. 浙江省博物馆编．幽居与雅集：明清山水人物画中的文士生活

[M]. 杭州：浙江人民美术出版社， 2019.

44. 夏飘飘 . 厉鹗与康乾诗坛 [M]. 北京：社科文献出版社，2020.

45. （日）近藤秀实，何庆先 . 图绘宝鉴校勘与研究 [M]. 南京：江苏古籍出版社，1997.

46. （日）小林斗盦编 . 篆刻全集：丁敬、蒋仁、黄易、奚岗 .4. 中国〈清〉[M]. 东京：二玄社，2001.

47. （澳）安东篱著，李霞、李恭忠译 . 说扬州：1550—1850 年的一座中国城市 [M]. 北京：中华书局，2007.

48. （韩）朴元熇 . 崔溥漂海录校注 [M]. 上海：上海书店出版社，2013.

49. （韩）朴元熇 . 崔溥漂海录分析研究 [M]. 上海：上海书店出版社，2014.

50. （美）欧立德 . 乾隆帝 [M]. 北京：社科文献出版社，2014.

51. （美）文以诚 . 自我的界限：1600—1900 年的中国肖像画 [M]. 北京：北京大学出版社，2017.

52.（美）彭慧萍 . 虚拟的殿堂：南宋画院之省舍职制与后世想象 [M]. 北京：北京大学出版社，2018.

53.（美）张勉治 . 马背上的朝廷：巡幸与清朝统治的建构（1680—1785）[M]. 南京：江苏人民出版社，2019.

54. （日）青木正儿 . 金冬心的艺术 [M]. 杭州：浙江人民美术出版社，2019 年。

五、期刊、论文集文章及硕博论文

1. 吴世昌 . 密宗塑像说略 [M]// 国立北平研究院编 . 史学集刊（第一期），北平，1936.

2. 夏承焘．“厉樊榭手写白石道人歌曲”考辨[J]. 人文杂志，1958（2）．

3. 蒋华．清汪士慎的《十三银凿落歌》[J]. 文物，1979(6).

4. 徐邦达．南宋帝后题画书考辨[J]. 文物，1981(6).

5. 丘良任．扬州二马及其《小玲珑山馆图记》[J]. 扬州师范学院学报（社会科学版）．1983(3).

6. 蒋华．略述汪士慎及其生平友好[J]. 扬州大学学报（人文社会科学版），1985(4).

7. 高念华．杭州龙兴寺经幢辨正[J]. 杭州师范学院学报（社会科学版），1987(3).

8. 黄涌泉．试论罗聘《敬身先生倚杖坐石图》[C]//西泠印社编．印学论丛西泠印社八十周年论文集杭州：西泠印社出版社，1987.

9. 薛永年．商品经济与扬州八怪[J]. 美术，1989（3）．

10. 涂宗涛．介绍厉鹗的两首佚诗[J]. 杭州师范学院学报（社会科学版），1989（5）．

11. 宿白．元代杭州的藏传密教及其有关遗迹[J]. 文物，1990(10).

12. 陈汉民，洪尚之．杭州西湖苏轼书迹著录若干疑误考辨[J]. 浙江学刊，1994（4）．

13. 杨丹霞．方士庶与行庵大树图[J]. 收藏家，1996（1）．

14. 庄素娥．扬州八怪和扬州盐商的关系[J]. 扬州八怪书画精品展，“国立历史博物馆”，1999.

15. 严迪昌．谁翻旧事作新闻——杭州小山堂赵氏的“旷亭”情结与《南宋杂事诗》[J]. 文学遗产，2000（6）．

16. 严迪昌．往事惊心叫断鸿——扬州马氏小玲珑山馆与雍、乾之际广陵文学集群[J]. 文学遗产，2002（4）．

17. 方小壮．“浙派”宗师——丁敬研究[D]. 南京艺术学院博士论文，

2003.

18. 武佩圣．金农及几位扬州画家之生平与绘画活动 [J]. 东南大学学报《哲学社会科学版》，2003（5）:3.

19. 田晓春．凭仗君扶大雅轮——从樊榭集外书札一通之考证论厉鹗在雍乾诗坛的地位 [J]. 西北师大学报《社会科学版》，2004（41）：2.

20. 张鹏．辽墓壁画研究——以庆东陵，库伦辽墓和宣化辽墓为中心 [D]. 中央美术学院博士论文，2004.

21. 王耀庭．传董源《洞天山堂》《龙宿郊民》初探 [J]. 故宫学术季刊，2005（23）：1.（秋季）。

22. 郑幸．丁敬与厉鹗交游考论 [J]. 浙江树人大学学报，2005(5).

23. 张帆．试谈辽庆东陵墓葬建筑和壁画的特点 [J]. 文物建筑，2007(1).

24. 金平．苏轼《表忠观碑》历史沿革考述 [J]. 东方博物，2007(1).

25. 方盛良．樊榭词新论 [J]. 文学遗产，2007（3）.

26. 方盛良．清代士商互动之文化原生态个案考论——厉鹗与“小玲珑山馆” [J]. 文学评论，2007（4）.

27. 王小恒．厉鹗的文学思想与诗词创作 [D]. 西北师范大学硕士学位论文，2007.

28. 赖天兵．飞来峰郭经历造像题记及相关的元代释教都总统所 [J]. 文物世界，2008(1).

29. 张兵，王小恒．厉鹗扬州交游考略 [J]. 西北师大学报《社会科学版》，2008（3）.

30. 查永玲．试析费丹旭人物画的背景设置 [C]. 澳门艺术博物馆编《像应神全——明清人物肖像画学术研讨会论文集》，澳门艺术博物馆，2008.

31. 张朋川．《韩熙载夜宴图》系列图本的图像比较——五议《韩

熙载夜宴图》图像 [J]. 南京艺术学院学报（美术与设计）2010（3）

32. 王丽娟 .“扬州二马”文学活动研究 [D]. 扬州大学硕士学位论文，2010.

33. 马雅贞 . 从《玉台书史》到《玉台画史》：女性艺术家传记的独立成书与浙西的艺文传承 [J]. 清华学报，2010（40）：3.

34. 罗宏才 . 唐景云钟诸种拓本与相关问题考论 [J]. 碑林集刊（十六），2010.

35. 郭建平 . 论明清时期的画学著书风气——以知不足斋本《南宋院画录卷》鲍廷博题跋为线索 [J]. 首都师范大学学报（社会科学版），2011（5）.

36. 张兵，侯冬 . 卢见曾幕府与清代中期扬州诗坛 [J]. 甘肃社会科学，2012（2）.

37. 陈慧丽 . 清初诗人徐釚研究 [D]. 苏州大学硕士论文，2012.

38. 毛波 . 唐代书法家胡季良考略 [J]. 湖州师范学院学报，2012（34）：4.

39. 任道斌 . 沈周与浙江 [J]. 苏州文博论丛，2012.

40. 王耀庭 . 清方士庶《仿董源夏山烟霭图》的画缘与人缘 [J]// 云林宗脉——新安画派学术研讨会澳门：澳门艺术博物馆，2012.

41. 王霖 .《东城杂记》中的美术史料 [J]. 新美术，2012（12）.

42. 王霖 . 贯休《十六罗汉图》考——以杭州西湖圣因寺藏本为线索 [J]. 新美术，2013（5）.

43. 吴美凤 . 明代宫廷绘画史外一章——从慈圣皇太后的“绘造”谈起 [J].《故宫学刊》2013（2）.

44. 金雪 . 海宁馆藏费丹旭作品四种小考 [J]. 东方博物，2013(47)：（2）.

45. 于中航，孙忠梁 . 记厉鹗，周京与汪沆书 [J]. 文物，2013 年（4）.

46. 刘正平．南屏诗社考论 [J]. 北京大学学报（哲学社会科学版），2013（50）：3.

47. 杨晓海．杭州吴山宝成寺麻曷葛刺造像研究 [D]. 中国美术学院硕士学位论文，2013.

48. 闫建科．王蒙《芝兰室图》和俞和行书《芝兰室图记》[J]. 荣宝斋，2014（1）.

49. 范景中．纸尾草 [M]// 齐鲁书社编．藏书家 第 11—13 辑 合订本 珍藏版 上济南：齐鲁书社， 2014.

50. 周安庆．南唐董源《龙宿郊民图》的来龙去脉之谜 [J]. 文物鉴定与鉴赏，2014（8）.

51. 王启元．慈圣皇太后，《九莲经》与万历佛教 [J]. 佛学研究，2014（23）.

52. 杨欢．瓶花斋吴氏父子生平考 [J]. 艺术科技，2015（2）.

53. 郭建平．从画学著录手跋看清代江南文人的互动圈层——以《一角编》等手跋为线索 [J]. 厦门大学学报（哲学社会科学版），2015（4）.

54. 吴华峰．《樊榭山房集》佚文辑考 [J]. 文献，2015（4）.

55. 樊祎雯．解密清代叙事画巨制《乾隆南巡图》[J]. 艺术市场，2016.

56. 尹吉男．政治还是娱乐：杏园雅集和《杏园雅集图》新解 [J]. 故宫博物院院刊，2016（1）.

57. 黄千惠．《玉台书史》女书家研究 [D]. 台南大学国文系硕士学位论文，2016.

58. 王兴臣．杭州宝成寺变迁考 [J]. 杭州文博，2016(1)

59. 赖天兵．杭州吴山元代宝成寺救八难摩崖造像考 [J]. 杭州文博，2016(5).

60. 陈越，唐卫萍．州吴山宝成寺麻曷葛刺造像二胁侍身份献疑

[J]. 杭州师范大学学报（社会科学版）,2016(6).

61. 范金民 . 朝鲜人眼中的中国运河风情——以崔溥《漂海录》为中心 [M]// 漂海闻见：15 世纪朝鲜儒士崔溥仪眼中的江南北京：中国书店，2016.

62. 梅雨恬 . 戴熙绘画风格研究 [D]. 中国美术学院博士论文，2016.

63. 郑幸 . 钱塘吴氏与瓶花斋书事考述 [J]. 浙江学刊 ,2017(1).

64. 李方红 .《南宋院画录》内容与版本考述 [J]. 美术研究，2017（3）.

65. 王照宇 . 金农《人物山水图》册系列图像研究——以“故宫本”为核心 [J]. 荣宝斋，2018（4）.

66. 章震宇 . 周二学《赏延素心录》研究 [D]. 中央美术学院人文学院硕士论文，2018.

67. 王小恒 . 论浙派扬州诗人群落的“同题集咏”唱和活动——以“扬州二马”为中心 [J]. 内蒙古社会科学（汉文版），2019（5）.

68. 杨可涵 . 香远益清——王蒙《芝兰室图》新考 [J]. 中国美术，2019（5）.

69. 常青 . 元代杭州的藏传佛教：宝成寺摩崖龛像调查研究 [J]. 美在成久，2019（7）.

70.（日）田上惠一 . 苏东坡《表忠观碑》刻石考 [J]. 段毅琳、堀川英嗣译 . 中国书法 ,2020(1).

六、西文著作

1.Ernst Boerschmann, *Baukunst und Landschaft in China*. VERLAG VON ERNST WASMUTH A.G., BERLIN, 1926.

2.Osvald Sirén，*Chinese Painting: Leading Masters and Principles,* Lund Humphries The Ronald Press Company，New York，1956.

3.James Cahill，*An Index of Early Chinese Painters and Paintings: T'ang, Sung and Yuan,* University Of California Press，1980.

4.Wai—kam Ho, Sherman E. Lee, Laurence Sickman, Marc F. Wilson, *Eight Dynasties of Chinese Painting: The Collections of the Nelson Gallery—Atkins Museum,* Kansas City, and Cleveland Museum of Art. The Cleveland Museum of Art，1980.

5.Ginger Cheng—chi Hsü, *A Bushel of Pearls:Painting for Sale in Eighteenth—Century Yangchow.* Stanford University Press, 2002.

七、日文著作

1. 青木正児.『金冬心の芸術』，彙文堂書店，1919；再録：『青木正児全集 6』，春秋社，1969.

2. 山本悌二郎纂：『澄懷堂書画目録』，东京，文求堂，1932.

3. 常盘大定，关野贞.『中国文化史迹』第四辑，法藏馆刊行，1939。

4. 田村実造・小林行雄：『慶陵 東モンゴリアにおける遼代帝王陵とその壁画に関する考古学的調査報告 上・下』，（全 2 册）京都大学文学部，1952—1953；田村実造『慶陵の壁画』，同朋舍，1977.

后 记

本书是在笔者的博士论文《清代诗人厉鹗的艺术活动研究》基础上修订而成，如今得以出版，是众多师友督促和帮助的结果。

对厉鹗的学术兴趣，始于研究生学习阶段，在对吴山宝成寺麻曷葛剌造像的研究过程中，这位清代杭州诗人和学者为我们留下的材料，其中饱含着博学与敏锐，令人印象深刻。后来请教范景中老师，如何评价厉鹗，他说这是一位历史感很强的诗人，由此，我产生了进一步研究樊榭先生的想法。在不断搜寻和解读材料的过程中，18 世纪中叶中国东南地区文化的种种面貌，极为生动地呈现出来，厉鹗和他的朋友们在“盛世”中的动力、压力，与我自己所处时空的种种产生了微妙的互动，历史不再是晦涩的文字，难解的图像，他们以鲜活的生命力进入了我的世界。

经过博士阶段近四年的学习和写作，在众多师友的热心支持和鼓励下，目前我终于基本完成了对厉鹗艺术活动研究的初步工作，由于自身理论水平和学术能力的局限，这个成果肯定是不完善的。但我自信，本书对于相关研究工作，是有巩固基础、填补空白作用的，在读者们的批评和指正下，这或许也是未来我继续前行的一个再出发点。

从 2010 年进入中国美院学习开始，十年转眼过去，在这十年的学习和工作中，我得到了学院无数师友的帮助，感恩之情，深深铭记在心。

首先感谢导师毕斐教授，他以自身高标准的学术工作，为学生树立了典范，在博士学习阶段的四年里，他对我的学术研究方向给予充分的支持和鼓励，并赋予我极大的自由度。但在日常，他对学术道德和规范的严格强调，对学术工具搜寻与使用的指导，则极大帮助了我相关工作的进展。

我要深深地向范景中老师致谢，是他的启发和护持，才让我的研究落到实处，当我在开题报告会说到需要调查天津博物馆相关材料时，范老师主动提到可解决这个问题。2019 年 10 月，范老师帮助我联系了天津博物馆李凯先生，在李凯先生安排下，我赴天津考察，得到了天津博物馆历史部岳宏主任，书画部邢晋主任的接待。在他们专业和热情的指导下，解决了我研究中的众多疑难问题，面对展现在我眼前的天博藏诸件相关藏品，特别是厉鹗隶书五言楹联“相见亦无事，不来忽忆君”，突然深深感受到了当年厉鹗及其杭州友朋在天津，受到水西庄主人查氏兄弟热情相待的温暖和感动。

感谢杭州园文局吴山景区管理处王兴臣先生，中国社科院历史所张翀先生，上海博物馆凌利中老师，浙江省博物馆桑椹老师、魏祝挺老师，感谢曹蓉、王照宇、李良、杨雨瑶、陆一中、胥瑾等同学和好友，在我写作及搜集材料过程中，他们提供了重要的参考资料，或者解读了疑难，雪中送炭，暖人心怀。其实这个名单很长，在此向学院内外帮助过我的诸位师友一并致谢。

感谢中国美术学院出版社章腊梅老师的耐心指导和辛勤工作，让本书顺利完成。

最后感谢我的家人，在人生道路上追寻身心的富足，你是我永远的伙伴。

责任编辑：章腊梅
装帧设计：谢先良
责任校对：杨轩飞
责任印制：娄贤杰

图书在版编目（ＣＩＰ）数据

诗心游艺 ：清代诗人厉鹗的艺术活动 / 杨晓海著
. -- 杭州 ：中国美术学院出版社，2021.8
（艺术史研究丛书）
ISBN 978-7-5503-1891-5

Ⅰ．①诗… Ⅱ．①杨… Ⅲ．①厉鹗（1692-1752）—生平事迹 Ⅳ．①K825.6

中国版本图书馆 CIP 数据核字(2021)第 055379 号

诗心游艺——清代诗人厉鹗的艺术活动
杨晓海　著

出 品 人：祝平凡
出版发行：中国美术学院出版社
网　　址：http://www.caapress.com
地　　址：中国·杭州南山路 218 号 / 邮政编码：310002
经　　销：全国新华书店
制　　版：杭州海洋电脑制版印刷有限公司
印　　刷：浙江省邮电印刷股份有限公司
版　　次：2021 年 8 月第 1 版
印　　次：2021 年 8 月第 1 次印刷
印　　张：29.5
开　　本：710mm×1000mm　1/16
字　　数：450 千
印　　数：0001—2000
书　　号：ISBN 978-7-5503-1891-5
定　　价：118.00 元